New Techniques of
Grief Therapy

Bereavement and Beyond

重新建立依附

哀傷治療的新技術

Robert A. Neimeyer
羅伯特・奈米爾
—— 編者 ——

何雪菁 —— 譯者　　　　　　　　　　審閱 —— 翁士恆

目錄 | 重新建立依附：
哀傷治療的新技術

審閱者序　從失落中重建依附　翁士恆 6
各界推薦 9
前言 12
如何使用本書 16
系列共同主編序 19
促成本書的專業工作者 21

PART *1* 建立工作架構 27

1 重新建構持續性連結：哀傷治療歷程分析 28
2 找尋失落意義的團體：原則、歷程與步驟 73
3 創傷性喪慟中找尋意義的文化敏感工作方法 106
4 背負求死心願：醫療協助死亡之心理 120
5 非死亡失落的哀傷 130
6 哀傷治療中的創傷後成長與專家陪伴關係 139

PART *2* 評估哀傷 145

7 持續性複雜哀慟量表（PCBI） 146
8 生命事件社會意義量表（SMILES） 156
9 關係品質量表——喪親版（QRI-B） 165
10 死亡畫面量表 174

PART 3 穿越喪慟 183

11 哀傷風格網格 184

12 哀傷之舞 198

13 旋陣行走練習 203

14 創傷繪畫 211

PART 4 訴說模糊性失落 217

15 你失去什麼？ 218

16 寫給愛、時間與死亡的信 223

17 人與動物連結 231

PART 5 練習自我照護 237

18 MyGrief.ca 線上支持資源 238

19 區分哀傷與憂鬱症 244

20 專注凝視 251

21 治療師自我照顧的舞蹈與動作 257

PART 6 培養慈憫心 263

22 寬恕治療 264

23 寫一封慰問信 269

24 主題分析 275

PART 7 與情緒工作 281

25 平衡關懷與挑戰 282

26 外化的對話 288

27 心靈城堡 294

28 重新決定與重新確認 302

29 形象化的故事 308

PART *8* 利用圖像 319

30 正念攝影 320
31 失落過後的自我之屋 326
32 無人島 333
33 我心之門 338

PART *9* 修改個人意義 345

34 失落過後重構自我 346
35 重新鞏固記憶 354
36 自我身分星座圖 362
37 多自我對話模式 369
38 運用象徵重新框架 376
39 硬幣療法 382

PART *10* 重新確認依附 387

40 變遷之輪 388
41 感官傳送門 394
42 用積木工作 401
43 安全堡壘地圖 408
44 生命場上的球員 414
45 心靈習慣 421

PART *11* 與逝者對話 427

46 尋求逝者的觀點 428
47 與內化他者對談 434
48 誘發性死後溝通 439

PART 12 肯定生命價值 445

49 尊嚴療法 446

50 紀念遠足 452

51 分享盤 457

52 人生所學 463

PART 13 重說失落故事 469

53 哀傷對話 470

54 回應式寫作對話 480

55 書寫療癒 491

56 慈悲卡 498

PART 14 促進支持 507

57 設想生活轉換 508

58 有意義的對話 514

59 對望凝視 522

審閱者序　從失落中重建依附

經過了疫情肆虐的歲月，距離《重新凝視失落》出版已經悄然過去了六年。這段期間，我們共同見證了世界的劇烈變化，也進入AI時代的起點。人與人之間的連結模式因此產生深刻轉變。虛擬世界裡，情感不再只能倚賴面對面的交流，而能透過網路與社群媒體開出各種細緻而多元的花朵，讓心靈的連結獲得新的意義途徑。

這些新的途徑，也擴展了「保留」愛與記憶的方式。從過往需要依賴物件、儀式與語言維繫與逝者的關係，到如今我們可以透過數位影像、語音資料甚至AI模擬對話來保存記憶、延續聯繫——科技彷彿成為了另一種「安全堡壘」，讓人在哀傷之中得以重拾對生命意義的觸碰。於是我們不得不重新思考：我們應該如何向人生道別？又該如何保留與摯愛之人的情愛意義，讓那句「say goodbye」真正成為「say hello again」的開始？

正是在這樣的時代脈絡下，《重新建立依附》一書的繁體中文版問世，顯得格外具有深刻意義。這不僅是一本介紹新技術的專書，更是一本從心理學與生命敘事中尋找「如何再次連結」的手冊。身為本書的審閱者，我有幸能夠一字一句地細細閱讀，感受到這本書所蘊藏的厚度與真摯情感。這是一本穿越悲傷治療歷史，並將創新與人性共融的著作。

我同時也參與了約翰・鮑比（John Bowlby）依戀三部曲的付梓過程。呼應

著本書的是，人類依戀的情感本質，不只是出於生理需求，更是為了尋找一個穩定的「安全堡壘」來面對這個世界。而當這個堡壘因死亡或分離而崩解，個體會啟動一連串的悲傷反應：否認、解組、憤怒、絕望，直到慢慢走向一種新的適應。

但這個「適應」並非意謂著放下甚至切斷與逝者的關係，而是從外在現實的斷裂走向內在世界的永存，也因此能從已經建立的安全堡壘重新由內在拓展其根基。近年來持續性連結（continuing bonds）的概念提醒我們，哀傷不必以「切斷關係」為終點，而是可以透過轉化的方式，將與逝者的關係重新安置在內在世界。這與客體關係理論精神分析取向所提到的「永恆客體」（eternal object）觀點相呼應——重要他者雖已不在現實中，卻轉化為我們心理結構中穩定的一部分，成為內在陪伴的力量所在。

《重新建立依附》正是這樣一本讓人重新理解哀傷歷程的書，它不僅梳理了失落、創傷與憂鬱三者的交錯邊界，也提供明確的診斷指引與評估工具。身為助人工作者，我深知在陪伴個案面對喪親與失落時，常常要遊走於「同理感受」與「臨床鑑別」的交界上。每一位前來諮商室的案主，或者是我們在社區、在診間所陪伴的病友，都有著複雜而獨特的生命故事，這本書提供了極具實務價值的理論基礎與評量架構，使我們能更清楚地辨識與介入。

書中亦邀集了諸多創意與經驗兼具的治療師，分享他們如何透過音樂、敘事、虛擬實境等方式，與案主共同重建與逝者的聯繫。這些方法突破了傳統悲傷處理僅著重於言語治療的限制，拓展出一種更貼近人心、也更符合時代精神的治療路徑。哀傷，不再只是個人的祕密情緒，而是一種可以被集體理解、被科技支援、被人性重新擁抱的情感歷程。

一路從《重新凝視失落》到《重新建立依附》，我們彷彿目睹了悲傷治療領域的一段歷史進程：從描述與理解，到介入與創造；從認識失落的深度，到開展持續連結的可能。這不只是學術的發展，更是我們如何在失落之後繼續愛、繼續活下去的指引。本書承先啟後，更是一個邀請，邀請讀者走向意義建

構的豐富歷程。

我認為，對於助人工作者而言，最能發揮本書效益的方式，是將它與六年前同樣由張老師文化所出版的《重新凝視失落》一書搭配使用。兩本書在內容上彼此呼應、相得益彰，共同構築了關於悲傷臨床工作的理論與實務基礎。

《重新凝視失落》提供了完整的「失落經驗」評估架構，對於「延長性悲傷症」（Prolonged Grief Disorder）的診斷標準、心理動力與介入策略有翔實的探討，為臨床人員提供一種理解哀傷歷程複雜性的透鏡。而《重新建立依附》則更進一步，著重於「如何重新建構意義」、「如何在失落後與逝者持續對話」、「如何透過關係重建來走過傷痛」等實務技術的拓展。書中提供多樣化的工具、活動設計與治療模式，對於從事心理治療、諮商與悲傷陪伴工作的專業人員而言，都是極具操作性的資源。

誠摯推薦讀者可將這兩本書一併購買、搭配參照，從「評估與理解」走向「重建與轉化」，不僅可以更有信心地面對個案的哀傷歷程，也能依據不同個案與情境，靈活選擇最合適的臨床應用方式。在悲傷之路上，每個人都值得被溫柔看見，而這兩本書正提供了一種看見與陪伴的雙重眼光與雙重支持。

願本書能成為每一位心理工作者、悲傷陪伴者與曾歷經喪親之痛的人手中的一盞燈——在失落中，為愛保留位置；在哀傷裡，重新建立依附；在說再見的同時，也輕聲地對生命說：你好，我還在愛著。閉起眼，於是可以重新感受，深愛之人就在身旁，不曾遠離。

翁士恆
2025 年初夏

各界推薦

　　臨床工作者想要——更需要——超越理論的內容來指引他們與喪親案主的工作。他們尋尋覓覓希望能找到有效的具體操作指南，協助其案主應對不論是由死亡或非死亡失落所引發的各類型哀傷。過去的文獻找不到能提供專業工作者如此豐富多樣的介入模式之鉅作，可以幫助哀悼之人指認、表達並轉化其失落的反應，重新確認意義，重寫生命敘事，並發展與已故心愛對象健康的持續性連結。對於所有與喪親者工作的人來說，不論是剛入門的學生或經驗純熟的治療師，本書都是不可多得的寶藏庫，更是所有人的案頭必備書。

——Therese A. Rando，博士，美國創傷壓力專家學院專業認證（Board Certified Expert in Traumatic Stress, BCETS），喪慟創傷專業認證（Board Certified in Bereavement Trauma, BCBT），著有《複雜性哀悼治療（暫譯）》（*Treatment of Complicated Mourning*），合著《治療創傷性喪親：實務工作者指南（暫譯）》（*Treating Traumatic Bereavement: A Practitioner's Guide*）

　　Neimeyer 博士為我們帶來了精彩絕倫的哀傷諮商與治療系列第三部傑作。書中共五十九個深入淺出的章節，作者來自世界各地，探討人們經歷喪親之慟或非死亡性失落而嘗試活出意義時，所面臨的種種挑戰。本書聚焦於支持他人

回應這些挑戰時可運用的實務技術（如同書中許多真實案例所示），不僅涵蓋給實務工作者的創新方法，也協助進階學習者的理解，更為兩者都帶來智慧。

　　——**Thomas Attig**，博士，著有《我們如何哀傷：重新認識世界（暫譯）》（*How We Grieve: Relearning the World*）

　　終於等到了！終於有一部作品不僅探討與死亡有關的哀傷，也處理源於非死亡失落的哀傷，本書提供各種方法協助正在走過一般性與創傷性生命變遷之人。Neimeyer 博士與數十位充滿創造力的作者共同推出本書，灌注本書深厚的臨床經驗、藝術才能與新穎的教育方法，不僅豐富了心理治療領域，更滋養了無數案主的生命。

　　——**J. Shep Jeffreys**，教育博士，家族治療師，任職約翰霍普金斯大學醫學院精神病學與行為科學系（Department of Psychiatry and Behavioral Science, Johns Hopkins School of Medicine），著有《幫助哀傷之人：當哭泣已經不夠（暫譯）》（*Helping Grieving People: When Tears Are Not Enough*）

　　本書延續 Neimeyer 博士的使命，再次為失落與哀慟領域的臨床工作者帶來深具創意的見解與介入模式。來自全球各地的作者們更貢獻無比珍貴的實用工具與案例報告，使讀者的學習經驗扎根穩固。無論你是領域新手，還是經驗豐富的實務工作者，本書都將拓展並深化你的視野。我的建議是——讀就對了！

　　——**Simon Shimshon Rubin**，博士，以色列海法大學（University of Haifa）失落、喪慟與人類復原力研究國際研究中心（International Laboratory for the Study of Loss, Bereavement, and Human Resilience）主任，著有《失落與喪慟工作（暫譯）》（*Working with Loss and Bereavement*）

這部眾人引頸期盼的作品滿載著為死亡與非死亡失落個案所設計的治療練習，以及這些練習會如何、在何時與對誰適用的專家指導。書中靈活多樣的技術有助於因應那些造成重大打擊的生命事件，將成為每位臨床工作者專業工具箱裡必備的利器。

——**Donna Schuurman**，博士，美國道奇哀傷兒童與家屬中心（Dougy Center）推廣與訓練部主任

本書承襲兩部前作，提供深植於理論亦經實務驗證的實用技術，絕對是不可或缺的資源。書中除了清楚介紹各項技術，更藉由個案實例具體說明。不論是學生、臨床工作者或研究人員，都將在書中找到裝滿實用新工具的寶庫，幫助他們支持正在經歷死亡或非死亡失落的哀傷之人。本書的豐富內涵拓展了我們對於哀傷者的回應方式，能夠以更具創意也更有效的方法與他們工作。

——**Christopher Hall**，澳洲哀傷與喪親中心（Australian Centre for Grief and Bereavement）執行長

前言

人世無常，我們卻生來渴望依附。這句精練短語直指人類處境的核心，也是許多充滿智慧的傳統（特別是佛教）所深刻領悟的真理。換言之，我們珍愛的每一個人與地、所有計畫、財物與名位，最終都將消逝，至多撐到我們自己撒手人寰那一刻。至少，就世俗意義而言的確如此。如果所謂好好活著，指的是將自己投注在與他人連結的生命之中，這也代表隨著我們前行，穿越生命中接踵而來且不曾停歇的變遷，能夠逐漸培養出一種從容，讓我們放下依附自己世界的有形表達，以更永續的方式重新建構依附關係。

本書奠基於以下前提：生命本質是轉瞬即逝且不斷變遷，我們幾乎無時不在面對原本賦予我們存在意義的既有連結戛然而止；而當我們走入變化發生之後的未來，生命亦開啟我們與人事物建立嶄新連結的可能性，正是這些連結能夠重新喚醒存在的意義。然而，這種因為投入關係而產生的反覆失落幾乎無可避免會帶來哀傷，促使我們回顧、重新確認或重新建構意義的世界。每一次，在實體人事物逝去的那一刻，意義世界便會泊回我們心間。不論失落導向諮商與哀傷治療背後的學科、機構或社會脈絡為何，核心目標都是要開拓個人與社會資源以擁抱上述改變。承襲本系列前作，本書的目標是希望擴充創新想法、資源與實務工作的知識庫，以豐厚諮商與治療工作的內涵及創見。

本書架構

本書包含五十九個簡短章節，劃分為十四部，各部藉由其中的數個章節聚焦於一項目的。第一部**建立工作架構**將後續章節的許多技術置於情境之中——包含敏銳回應且即興發揮的個別治療所產生的自發性流動，以及計畫性團體介入的嚴謹結構——亦探討如何以具有文化連貫性的視角看待在失落中找尋意義的過程；該部的其他章節則反思臨終抉擇的倫理難題、非死亡性失落的模糊性與重要性，以及失落後成長的可能。第二部**評估哀傷**提供了四種新的評估工具，用以衡鑑哀傷與喪親歷程中的個人與社會性複雜課題，分別評量相關症狀集合的作用結果、可能造成的創傷失落對於生者意義世界所產生的衝擊、哀悼者與逝者生前的關係，以及其他人在哀傷者試圖理解失落時給予的回應。第三部**穿越喪慟**描繪幾項有創意的具體做法，以辨識並處理人們各自不同的哀傷風格，同時培養更充分的自我認識，除了看見自己如何走過失落的起伏地景，亦想像如何以更聚焦且覺察的方式度過失落。

第四部**訴說模糊性失落**所承擔的獨特挑戰是替那些比較抽象、隱微卻無所不在的失落發聲，並使其得到認可。這類失落包含寵物死亡，以及形形色色同樣難以消受的生命變遷，只是它們缺乏一般喪慟經驗的明確性與被承認的機會。第五部**練習自我照護**帶來前所未有針對該主題的網路資源，匯集實證導向的具體做法、個案研究影片，以及提供給經歷失落的成人與兒童之心理教育素材。該部亦有章節旨在協助案主和治療師區辨哀傷與憂鬱症，如何汲取各方資源回應這兩種經歷當中隱含的需求，以及如何運用瑜伽、舞蹈與肢體動作自我療癒。第六部**培養慈憫心**讓讀者練習如何在精神上回應生者或逝者，其中包含撰寫致哀信給喪親者之具體引導，藉此擴展讀者以同理心從自我連結他人的能力。

第七部**與情緒工作**的各章作者除了協助治療師在與經歷痛苦的案主工作時，取得介於支持與挑戰對方之間的微妙平衡，練習與案主外化的痛苦進行更

具創造力的對話，更運用各種隱喻性技術，在案主難以放棄那帶來痛苦卻又已然熟悉的感受時，協助辨認並處理其不甘心，方能擁抱脆弱與深刻轉化的可能。第八部**利用圖像**除了應用具體的攝影畫面外，也汲取從繪畫或幻想中誕生的圖像，以探索失落對情緒與關係所造成的衝擊。第九部**修改個人意義**介紹數項技術流程，並以實例闡明。有的章節簡要精實，有的資訊豐厚，指出如何在作用複雜的治療對話與身分認同的組構過程中，促成案主反思、重新定位與建構自我，亦能重新鞏固回憶。

第十部**重新確認依附**首先介紹變遷之輪的完整概念，以整合我們生命基底的依附、失落與意義重建之必然階段，接著提供多項實用工具，用於銘記並跨越哀傷所帶來的巨大挑戰，同時建構與逝者及他人之間的新連結。第十一部**與逝者對話**藉由各式各樣別具創意的引導式想像對話，進一步深化重組依附關係的主題。第十二部**肯定生命價值**介紹在臨終照護與喪親個案中訴說並見證病患生命尊嚴的具體方法，從自傳式訪談到哀傷治療中對於逝者的象徵性肯定等。第十三部**重說失落故事**摘選劇場、敘事與表達性藝術當中的做法，包括案主自己私人的日誌書寫、與諮商師的治療工作，或者對某些個案可能是透過集體性的社群脈絡等，目的都是協助案主形成對自身需求與價值觀更深刻的認知。第十四部**促進支持**提供促進反思的資源，對於必須與心愛之人協調艱難生活轉換的案主來說，不論溝通對象是即將接受輔助式照護的年長親屬、面臨死亡的心愛之人，或者正為了相同失落哀傷的親近之人，都有助於建立更深刻也更能感同身受對方處境的連結。綜合以上各章，本書與本系列前作相輔相成，大幅擴展哀傷治療師可以運用的工具與技術。

致謝

最後，我希望感謝數十名來自世界各地的同事，他們將自己的熱忱與心血投注於這項出版計畫，特別是那些在心理治療、諮商、教練與表達性藝術領域

中第一線的工作者，他們少有機會分享自己運用於個案工作中智慧又深邃的實務經驗，而他們的貢獻絕對不亞於同樣促成本書的許多著名理論家與研究者，是這些實務工作者使哀傷治療能夠為本書所探討的療癒藝術注入不可或缺的內涵。能與上述各群體的許多人成為朋友，我深感榮幸。

在此也想向 Routledge 出版社的組稿編輯 Anna Moore 女士致謝，是她始終不懈地推動本書與其前作的出版進程，才讓這部「大系列中的小系列作品」得以問世。最後，我希望誠摯感謝多位案主，願意在書中分享自己的故事、痛苦與希望，對於我們這些陪伴他們在失落過後重新辨識或重拾生命意義的工作者來說，這份願意是莫大的啟發。在許多層面上，他們是我們的最佳良師。

Robert A. Neimeyer 博士

於美國俄勒岡州波特蘭

如何使用本書

　　本書內容廣博，讀者大可依據個人與專業工作的脈絡，以不同方式閱讀其中多元的主題。以下分別為三種類型的潛在讀者，即臨床工作者與教練、研究人員，以及教育工作者，提供幾點建議。

　　臨床工作者與教練廣泛而言包含心理學家、諮商師、治療師、社會工作者、機構牧師、生涯教練，以及其他在不同情境下以失落經驗與生命轉折為工作焦點的專業人士。這類讀者可將本書視為指引其哀傷治療工作概念的來源，甚至是提供數十種具體方法的指導手冊，以為其輔導歷程注入力量與新意。第一部的各章首先將特定技術置於不同脈絡之中，例如複雜性喪慟個案的哀傷治療、意義導向團體工作之系統化標準程序、文化敏感的介入模式、醫療協助死亡、模糊性非死亡相關失落，以及創傷後成長。第二部的評估資源則進一步延展本書的臨床實用性，使極為重要的量表及問卷（包含分數計算方式）變得容易理解操作，協助實務工作者辨識案主個人與社會層面的脆弱點，並獲得關於治療介入效力的參考證據。第三至十四部為本書核心，包含數十個介紹技術的章節，廣泛汲取從體驗、口語、表達、認知到身體導向的各種工作取向，邀請讀者瀏覽探尋臨床指引與啟發；這些章節亦依據主題組織成不同部分，方便有目的地檢索，讓處理特定治療議題與目標的讀者各取所需。

　　研究人員可以在第一部找到以實證為基礎的哀傷與失落後成長模式之實用

介紹，擴展了本系列前作所涵蓋的文獻（Neimeyer, 2012, 2016; Neimeyer, Harris, Winokuer, & Thornton, 2021）。第二部對於研究人員來說可能別具價值，其收錄基於心理計量學的新評估工具，不僅使喪慟者所面臨的特定心理社會挑戰變得較易評估操作，亦提供有根據且可靠的方法來評估目標性介入模式的成效。第三部開始的章節若從心理治療研究的角度來看，類似一本治療技術操作手冊或指南，清楚闡述的技術內容邀請讀者更深入探究，有助於大幅推進相關研究。因此，不論在理論、技術或心理計量層面，本書一承前作，不僅能釐清哀傷治療領域的科學前景，也培養更具創意的實踐。

最後，**教育工作者**很可能注意到，本書及其兩部前作都很適合作為以喪慟與哀傷治療為主題的大學進階課程與研究所課程讀物。除了第一部深入淺出介紹以意義為基礎的實踐方法外，其他部分亦詳盡指示具體的介入方法，有效減緩學生在銜接理論與實務時所面臨的焦慮。此外，本書架構鼓勵體驗式學習，可以以各章節為基礎指派與學生或其案主失落經驗有關的閱讀素材。例如，全書十四部可拆分納入整學期的課程大綱，作為每週閱讀進度：第一部於第一週與第二週閱讀，第三部於第二週閱讀，第四部於第三週閱讀，依此類推，亦可將幾個比較短的部分合併，或將第二部的評估量表打散加入與各量表內容相近的週別，以促進學生的自我評估。由於許多章節所介紹的技術很容易在團體中執行或作為個人作業，因此可以鼓勵學生從大部分單元中各選一項方法，思考如何應用於自己曾經歷的死亡或非死亡失落，或是針對其應用經驗撰寫簡短的反思報告。在適當保護個人資訊的前提下，此種反思將使學生以連結自身生命的方式更深刻理解特定概念、歷程或技術，然後才應用於臨床情境當中；此外，對於自身經驗的反思也能創造充滿活力且經常觸動人心的課堂討論。最後，各章參考文獻中所列書目亦可引導學生取得課外資源，作為構思課堂報告或專題研究之學習輔助。誠然，本書採用的這種架構足以說明，為何「哀傷治療的技術」系列前作已經是數堂心理學、諮商與社會工作研究所課程大綱上的指定讀物，亦用於教牧訓練與哀傷治療專業進修課程。

總結而言，希望本書的架構與內容足以回應哀傷治療與研究領域中不同關係人的需求，促成更多跨領域交流的結晶，以及教學、科學與實務工作的三方整合。

Robert A. Neimeyer 博士

參考文獻

Neimeyer, R. A. (Ed.). (2012). *Techniques of grief therapy: Creative practices for counseling the bereaved*. New York: Routledge.

Neimeyer, R. A. (Ed.). (2016). *Techniques of grief therapy: Assessment and intervention*. New York: Routledge.

Neimeyer, R. A., Harris, D., Winokuer, H., & Thornton, G. (Eds.). (2021). *Grief and bereavement in contemporary society: Bridging research and practice*. New York: Routledge.

系列共同主編序

我們懷著熱切之情等候盼望，終於迎來「哀傷治療的技術」系列叢書第三冊。本書一承前作傳統，匯集由多位資歷出眾且經驗豐富的治療師所提供的多元想法與實用引導，這些專業工作者曾在萬千脈絡中與面對各類型失落的哀傷個體工作。書中所呈現的嶄新理論基石更擴大了我們對於哀傷的理解，相關主題如意義創建（meaning making）、持續性連結（continuing bonds）、非死亡失落與哀傷（non-death loss and grief）、文化敏感度（cultural sensitivity）、醫療協助死亡（medical assistance in dying），以及在重大失落發生後走向創傷後成長（posttraumatic growth）的可能性。還有許多章節探究喪親研究領域新發展出來的評估工具，可納入臨床應用，讓治療師有機會更理解案主的歷程──也讓案主更認識自己的經驗。

「哀傷治療的技術」系列所共有的底蘊或許在於意識到哀傷是一種普世經驗，只是展現在案主身上可能有多不勝數的各種形式，如同本書各章節對此所給予的生動刻劃。書中的許多技術看似簡單，卻不減其深度，尤其當運用在治療關係的脈絡下更是如此。另一項給我們的提醒是哀傷歷程並無明確可循的地圖，沒有任何一種哀傷治療的方法適用於所有案主；即便如此，治療師仍然很有可能從書中某一個章節、某一段說明或某一種技術得到啟發，擴充自己的「工具箱」並深化治療工作。讀者無論是從頭讀到尾，或者擷取片段閱讀，書

中的各種點子與實用方法都為投身於哀傷工作之人帶來更豐富的資源。毫無疑問，讀者將在書中發現廣博的知識與智慧、實用的建議，以及我們以自身生命經歷失落的各種方式——探尋為其銘感哀傷的理由。

Darcy Harris 博士，家族治療師

系列共同主編

促成本書的專業工作者

Anita Bakker，荷蘭勒斯登變遷學院（De School voor Transitie, Leusden）；info@anitabakker.com。

Benjamin W. Bellet，理學碩士，美國麻薩諸塞州波士頓哈佛大學心理學系；x01735@gmail.com。

Paul A. Boelen，博士，荷蘭烏特勒支市烏特勒支大學（Utrecht University）；P.A.Boelen@uu.nl。

Allan Botkin，心理博士，美國伊利諾州芝加哥哀傷與創傷性失落中心（Center for Grief and Traumatic Loss, LLC）主任；DrAL53@aol.com。

Jamison S. Bottomley，博士，美國南卡羅萊納州南卡羅萊納醫科大學（Medical University of South Carolina）；bottomle@musc.edu。

Laurie A. Burke，博士，美國俄勒岡州波特蘭博克心理服務診所（Burke Psychological）；laburke@burkepsychological.com。

Sara Gody Jackson Bybee，美國猶他州鹽湖城猶他大學（University of Utah）護理學院；sara.bybee.lcsw@gmail.com。

Lawrence G. Calhoun，博士，美國北卡羅萊納州北卡羅萊納大學夏洛特分校（University of North Carolina Charlotte）；lcalhnjr@uncc.edu。

Judy H. F. Chew，博士，加拿大亞伯達省卡加利大學（University of Calgary）安健中心；chew@ucalgary.ca。

Harvey Max Chochinov，醫學博士，博士，加拿大溫尼伯市曼尼托巴大學（University of Manitoba）精神病學系特聘教授；hchochinov@cancercare.mb.ca。

Lisa L. Clark，博士，美國田納西州孟斐斯市聖裘德兒童研究醫院（St. Jude Children's Research Hospital）；Lisa.Clark@stjude.org。

Claudia Coenen，哀傷諮商專業認證，超個人心理學碩士（Master in Transpersonal Psychology），美國紐約州哈德遜私人執業；claudia@thekarunaproject.com。

Elizabeth Coplan，文學士，美國華盛頓州西雅圖市哀傷對話計畫（Grief Dialogues）；ecoplan@coplan.com。

Shelly Cory，文學碩士，加拿大虛擬臨終關懷中心；shelly@virtualhospice.ca。

Rhonda Davis，道學碩士，社工碩士，臨床社工師，美國北卡羅萊納州戴維森郡臨終關懷中心；rhondainsight@gmail.com。

Kenneth J. Doka，博士，美國紐約州新羅謝爾市新羅謝爾學院（College of New Rochelle）；kndok@aol.com。

Gilbert Fan，專業實踐博士，新加坡國家癌症中心心理社會腫瘤科；mssgfan@nccs.com.sg。

Riet Fiddelaers-Jaspers，博士，荷蘭黑澤失落處理專業中心（Expertisecentrum Omgaan met Verlies, Heeze）；riet@rietfiddelaers.nl。

Denise van Geelen-Merks，荷蘭蒂爾（Tiel）；info@denisevangeelen.nl。

Darcy Harris，博士，家族治療師，加拿大安大略省倫敦市西安大略大學國王大學學院（King's University College at Western University）；darcy.harris@uwo.ca。

Cynthia Louise Harrison，社工碩士，註冊社工師，加拿大安大略省倫敦市私人

執業；thialouise@gmail.com。

Elizabeth Sheppard Hewitt，社工碩士，加拿大紐芬蘭與拉布拉多省聖約翰斯東部健康局（Eastern Health, St. John's）；Elizabeth.SheppardHe@easternhealth.ca。

An Hooghe，博士，比利時包特瑟姆失落中連結中心（Verbinding in Verlies [Connection in Loss], Boutersem）與比利時魯汶大學醫院脈絡中心（Context）婚姻與家族治療師；an.hooghe@verbindinginverlies.be。

Erica D. Huber，理學士，美國俄勒岡州波特蘭；artist.erica@gmail.com。

John R. Jordan，博士，美國羅德島州波塔基市（Pawtucket, RI）私人執業；Jjordan50@gmail.com。

Agnieszka Konopka，博士，荷蘭海牙私人執業；agnieszkakonopka@yahoo.com。

Sherman A. Lee，博士，美國維吉尼亞州紐波特紐斯克里斯多福紐波特大學（Christopher Newport University）心理系；sherman.lee@cnu.edu。

Geok Ling Lee，博士，新加坡新加坡大學；swklgl@nus.edu.sg。

Wendy G. Lichtenthal，博士，美國紐約州紀念斯隆凱特琳癌症中心（Memorial Sloan Kettering Cancer Center）與威爾康奈爾醫學院（Weill Cornell Medical College）；lichtenw@mskcc.org。

Christopher J. MacKinnon，博士，加拿大魁北克省蒙特婁市麥基爾大學（McGill University）；christopher.mackinnon@mcgill.ca。

Joshua Magariel，執照臨床社工師，美國伊利諾州芝加哥四季安寧緩和療護機構（Seasons Hospice & Palliative Care）；joshua.magariel@gmail.com。

Katarzyna Małecka，博士，波蘭羅茲社會科學大學（University of Social Sciences, Łódź）英文系；kmalecka@san.edu.pl。

Melissa Masterson，文學碩士，美國紐約州布朗克斯郡復敦大學（Fordham University, Bronx）心理系；Mmasterson1@fordham.edu。

Evgenia (Jane) Milman，博士，美國德州奧斯丁聖愛德華大學（St. Edwards

University, Austin）心理系；evgenia.milman@mail.mcgill.ca。

Lori Montross-Thomas，博士，美國加州拉荷亞加州大學聖地牙哥分校（University of California San Diego, La Jolla）家庭醫學與公共衛生系；lpmontross@ucsd.edu。

Nancy J. Moules，博士，加拿大亞伯達省卡加利市卡加利大學護理系；njmoules@gmail.com。

Robert A. Neimeyer，博士，美國俄勒岡州波特蘭失落與變遷研究學院主任；neimeyer@portlandinstitute.org。

Fred Nelson，社工碩士，加拿大虛擬臨終關懷中心；fnelson@mymts.net。

Carolyn Ng（吳嫣琳），心理博士，新加坡波特蘭失落與變遷研究學院；carolyn@portlandinstitute.org。

Joanne Ng，理學士，新加坡兒童癌症基金會（Children's Cancer Foundation）；joanne.ng@ccf.org.sg。

Aliza A. Panjwani，文學碩士，美國紐約州紐約市立大學（City University of New York）心理系；Apanjwani@gradcenter.cuny.edu。

Cindy S. Perkiss，執照臨床社工師，美國賓州溫德穆爾（Wyndmoor）；CPerkiss@aol.com。

Alyssa Rheingold，博士，美國南卡羅萊納州南卡羅萊納醫科大學精神病學與行為科學系國立犯罪受害者研究與治療中心（National Crime Victims Research and Treatment Center）臨床作業部主任；rheingaa@musc.edu。

Peter Rober，博士，比利時魯汶大學脈絡中心；peter.rober@kuleuven.be。

Kathleen Rogers，藝術碩士（創意寫作），美國田納西州孟斐斯大學（University of Memphis）藝術系；thebluestgreen@gmail.com。

Edward K. Rynearson，醫學博士，美國華盛頓州西雅圖華盛頓大學（University of Washington）維吉尼亞梅森醫學中心（Virginia Mason Medical Center）離別與失落服務（Separation and Loss Service）；edward@rynearson.com。

Diana C. Sands，博士，澳大利亞自殺喪親強烈哀傷中心（Bereaved by Suicide Centre for Intense Grief）；dianasands@karridale.org。

Antonio Sausys，美國加州費爾法克斯；antonio@yogaforgriefrelief.com。

Jessica Sawyer，理學士，美國田納西州孟斐斯市孟斐斯大學諮商、教育心理與研究系；jessie-sawyer@hotmail.com。

Rickie Simpson，博士，進階護理師－臨床護理專家，美國維吉尼亞州伍德布里奇斯特拉福大學（Stratford University, Woodbridge）護理系／私人執業；rickie.simpson@verizon.net。

Geert Smid，博士，荷蘭烏特勒支市烏特勒支大學；g.smid@centrum45.nl。

Erica G. Srinivasan，博士，美國威斯康辛州威斯康辛大學拉克羅斯分校（University of Wisconsin-La Crosse）；esrinivasan@uwlax.edu。

Kerry-Lyn Stanton-Downes，心理治療研究生，英國心理治療委員會（UKCP）與英國心理諮商與心理治療協會會員（MBACP）。

Edith Maria Steffen，博士，英國倫敦羅漢普頓大學（University of Roehampton）；Edith.Steffen@roehampton.ac.uk。

Leigh Stephens，社工碩士，加拿大魁北克省蒙特婁市魁北克漸凍人協會（ALS Society of Quebec）；Lstephens73@gmail.com。

Nele Stinckens，博士，比利時魯汶納雅德心理治療中心（Naiade Center for Psychotherapy）；nele.stinckens@naiade-therapie.be。

Dina Szynkarsky，社工碩士，加拿大魁北克省蒙特婁市麥基爾大學健康中心；dina.szynkarsky@muhc.mcgill.ca。

Janie Taylor，文學士，美國田納西州孟斐斯大學心理系；taylor.janie22@gmail.com。

Richard G. Tedeschi，博士，美國北卡羅萊納州北卡羅萊納大學夏洛特分校；rtedesch@uncc.edu。

Jessica Thomas，博士，美國俄勒岡州波特蘭路易斯克拉克學院（Lewis and

Clark College）教育與諮商研究所婚姻、伴侶與家族治療學位；jessicathomas@lclark.edu。

Nils Van Uffelen，理學碩士，比利時拉姆索企業職涯教練（Executive Career Coaching, Ramsel）；nilsvanuffelen@gmail.com。

Deborah Ummel，博士，加拿大魁北克省舍布魯克大學（Université de Sherbrooke）；deborah.ummel@usherbrooke.ca。

César Valdez，執照碩士社工師，美國密西根州安娜堡療癒夥伴心理治療訓練聯盟（Partners in Healing Psychotherapy Training Affiliates）；cesvaldez@gmail.com。

Florence Vinit，博士，加拿大魁北克省魁北克大學蒙特婁分校（Université du Québec à Montréal）；vinit.florence@uqam.ca。

Doris Chambers Vaughans，博士，執照專業諮商師，國家認證諮商師，美國阿拉巴馬州塔斯卡盧薩認知治療中心（Tuscaloosa Center for Cognitive Therapy）；dorisvaughans@yahoo.com。

Andrea Warnick，護理師，文學碩士，註冊心理治療師，加拿大安大略省多倫多安德莉亞·沃尼克諮商組織（Andrea Warnick Consulting）；aw@andreawarnick.com。

Leo Wilhelm，荷蘭海牙變遷學院；info@troostcoach.nl。

R. Jane Williams，道學碩士，博士，美國賓州伯利恆市莫拉維亞神學院（Moravian Theological Seminary, Bethlehem）；williamsrj@moravian.edu。

Joah L. Williams，博士，美國密蘇里州密蘇里大學堪薩斯分校（University of Missouri-Kansas City）；williamsjoah@umkc.edu。

Andria Wilson，理學碩士，美國田納西州孟斐斯大學心理系；andriawilson@yahoo.com。

Jakob van Wielink，荷蘭勒斯登變遷學院；jakob@deschoolvoortransitie.nl。

PART 1
建立工作架構

1
重新建構持續性連結：
哀傷治療歷程分析[1]
Robert A. Neimeyer and An Hooghe

　　在探究哀悼者與逝者持續性連結（continuing bonds）的先鋒研究（Klass, Silverman, & Nickman, 1996）發表二十五年後，當代的喪慟理論學者與實務工作者顯然已經接受了此連結對於哀傷治療的重要性（Neimeyer, 2015b）。然而，諮商過程的幽微互動是透過關係緊密且作用複雜的治療對話開展，我們所關注之個案與逝者之間的關係，究竟可以如何指引我們所開啟的互動？本章的目的，就是希望藉由深度檢視一場意義重建取向（Neimeyer, 2001, 2015a）哀傷治療的實際會面來回答這個問題。我們會先簡要描述從此種觀點出發的幾項根本主題，接著細部呈現一則個案研究，作為本章的概念鷹架。

失落與意義重建

　　從建構主義（constructivist）的角度看出去，哀傷的一項核心歷程在於試圖重新確認或重新建構受到失落挑戰的意義世界（Neimeyer, 2006a）。然而，

---

[1] 本章節精簡版發表於 Klass, D., & Steffen, E. (Eds.). (2018). *Continuing bonds in Bereavement: New directions for research and practice*. New York: Routledge，經同意收錄於本章。

這並不意謂著所有的喪慟經驗都包含對於意義的追尋，因為有些東西如果從一開始就不存在，那也無須追尋。因此，若生命中的重要之人是以我們認為「合情合理」的方式過世，也就是其死亡相當符合我們對於何謂生命以及生命應該如何的敘事，那麼該事件對於我們的生活實踐模式、人際關係鷹架以及對世界的設想等存在基石，可能只會帶來極微小的挑戰。然而，當重要之人的死亡是突發、駭人、不得其時或殘酷粗暴，甚至剝奪了我們身分認同與安全感所仰賴的靈魂人物時，我們可能隨即被拋入一場椎心刺骨的追尋當中，窮盡所能在這場失落以及對方逝世之後的生命裡找到意義。而當我們無法為發生在自己身上的事件找到意義，就可能陷入擾人心神、盤據心思且歷時長久的哀傷，甚至面臨生命威脅（Prigerson et al., 2009）。

時至今日，大量證據指向支持上述意義重建模式的要點（Neimeyer, 2019）。舉例來說，研究發現無法為失落找到意義與強烈的哀傷症狀有所相關，此種現象可見於當家庭成員預見自己接受緩和療護的至親即將離世（Burke et al., 2015），也出現於喪親的青年人（Holland, Currier, & Neimeyer, 2006）、失去孩子的家長（Keesee, Currier, & Neimeyer, 2008; Lichtenthal, Currier, Neimeyer, & Keesee, 2010），以及老年喪偶者。前瞻性研究發現，當年長的鰥寡者無法為失落找到意義，可以預測他們在伴侶過世後十八到四十八個月之間出現適應困難（R. A. Coleman & Neimeyer, 2010）。此外，也有研究證明，試圖在失落中找尋意義，可以為自殺、他殺與事故致死所造成的衝擊提供有效的中介緩衝，此種追尋意義的掙扎幾乎可以斷言是這類暴力性死亡與自然原因死亡之間最大的差異（Currier, Holland, & Neimeyer 2006; Rozalski, Holland, & Neimeyer, 2016）。相反的，若能夠在失落中找到意義，則可預測後續四年的健康與正向情緒（R. A. Coleman& Neimeyer, 2010），並且減輕由高度「核心」或具有生命決定性的死亡事件所造成的衝擊，大幅消解其有害影響（Bellet, Neimeyer & Berman, 2016）。

有鑑於愈來愈多證據支持意義創建（meaning making）在喪慟中扮演的角

色，針對喪慟後調適的理論進而涵蓋兩種類型的敘事活動（Neimeyer, 2019; Neimeyer & Thompson, 2014）。第一種敘事活動需要**處理死亡本身的事件故事**（event story），及其後續對於我們生命的潛在意涵。理解事件故事在面對恐怖且悲劇性的失落時格外重要，需要採取創傷知情的方法整合死亡過程的敘事（Perlman, Wortman, Feuer, Farber, & Rando, 2014; Rynearson & Salloum, 2021）。第二種敘事活動則試圖**開啟與逝者關係的背景故事**（back story），目的是解決未竟事宜（unfinished business），並恢復一定程度的依附安全感。由於這種做法通常需要個案投入並體驗與逝者有關的鮮明回憶或畫面，因此，在重組持續性連結的治療工作中，需要採用對於依附理論知情的方法進行哀傷治療（Kosminsky & Jordan, 2016; Rubin, Malkinson, & Witztum, 2011）。對於每位個案，都可以同時採用上述兩種或者其中一種敘事處理過程，從而開展出各式各樣創新的治療技術（Neimeyer, 2012b, 2016; Thompson & Neimeyer, 2014）。

個案實例

　　Inge 與 Erik 夫妻倆四十多歲，是住在比利時的佛萊明人（Flemish），家中還有兩個孩子，分別四歲與七歲。他們前來魯汶大學醫院（University Hospital in Leuven）名為「脈絡」（Context）的婚姻與家族治療中心尋求伴侶治療。兩人同時向治療師 An Hooghe 坦承，相識十年來，他們的關係漸行漸遠，與此模式連帶出現的，是 Inge 全心投入在國際商業顧問的工作當中。歷經伴侶治療八次會面的真誠參與，雙方都表示對彼此有更深的認識，感覺更加親近，也在生活中調整行為以容納更多相處時光，並且重新許下對於關係的承諾。然而，在探索各自重要家庭關係的過程中，Inge 告訴 An，她在十七歲那年失去母親，訴說時

悲傷與淚水洶湧而至。當然，Erik 原本就知道這件事，只是他從未見過 Inge 的母親，Inge 自己也很少提到媽媽。幾次會面下來，大家都注意到 Inge 對於母親的哀傷仍然占據著生命中一個悲傷又脆弱的位置，每次治療對話只要談及此事，她就會難以招架，淚流滿面。隨著婚姻治療畫下圓滿句點，Inge 向 An 提出請求，希望進一步與她約定個別療程來處理長久以來盤據心頭的哀傷，而她覺得若丈夫在場，治療會太過困難。夫妻倆對於這項安排都欣然同意，預計等 Inge 能為這份深沉又無所不在，以至於似乎無可言表的悲傷找到言語述說時，再回到伴侶治療中分享她的故事。

　　接下來十次的哀傷治療會面，Inge 始終深深「陷」在哀傷裡，幾乎完全無法碰觸童年或者曾與母親共度的回憶。看著 Inge 與自己的生命歷程明顯脫節，而且每次只要提到二十多年前母親逝世時她的痛苦便顯而易見，An 說：「彷彿這一切都被放到另一個非常安全的地方，這樣她平常才有可能好好工作與生活。」兩人謹慎緩慢地推進治療工作，終於漸漸開啟一些關於 Inge 母親的回憶，而且隨著 Inge 愈來愈能夠「抱持」（hold）這些回憶，她們也邀請 Erik 再次加入對話，讓 Inge 分享她的故事。就在此時，Robert Neimeyer（下稱 Bob）造訪比利時，帶來為期數天的哀傷治療專業訓練，由於 Inge 的英文流利近乎母語，便開啟了讓 Inge 與 Bob 進行單次治療的可能性，以此補充 An 所打下的工作基礎。夫妻倆討論過後接受了這項提議，決定讓 Inge 與 Bob 單獨會面，過程錄影，而 Erik 則與 An 以及另外十五位治療師在另一間房間觀看治療進行，如此可以緩解伴侶雙方同在現場而想照顧或「拯救」彼此的衝動。就在上述安排下，Bob 迎接 Inge 與 Erik 的到來，並刻意限縮事前得到的背景資訊（他只知道 Inge 在母親逝世後為哀傷所苦），如此才能讓 Inge

以自己的方式將問題呈現給 Bob，以避免受限於原初的諮商設置。此外，Inge、Bob、Erik、An 以及由其他治療師組成的反思小組都同意，在單獨會面結束後，先讓大家圍圈，以尊重的態度分享對於治療過程的問題，最後再將夫妻倆交還給 An，繼續處理會面帶來的隱含意義。以下內容為會面錄影的逐字稿，中間穿插 Bob 以第一人稱寫下關於治療工作的反思，特別聚焦於重啟並重組 Inge 與母親的持續性連結。章節末尾則摘要後續伴侶治療的會面內容，為此次向 Bob 諮詢所留下的影響提供一種觀看的角度。

失去平衡

治療師（下稱治；以荷語開頭）：Inge，*dank je wel nog eens*（再次謝謝妳）。我等不及想知道一些關於妳的經驗，也在想是否可以先問問，對於接下來這一個小時妳有怎樣的希望或期待，這次會面可以怎樣幫助妳？

Inge（下稱 I）：嗯，我其實沒有太多期待，也不確定會發生什麼事，不過有件事情可能對我有幫助，那就是找到不同方式來思考，嗯……思考（沉默良久）你在世界上以及他人之間的**位置**，特別是當局面發生改變，例如失去某人之後，如何重新回到**平衡狀態**。

治：是啊，因為失去某人會使我們**失去平衡**（手臂與上半身模仿走鋼索的動作），進而發現很難重新找回自己在世界上的立足點，也就是一處能夠踏實踩著的**所在**。而妳所經歷的失去，就我所知，是指失去母親嗎？（個案點頭，淚水迅速湧上）而且光是提到她的名字，這份感覺就在妳心中升起。（個案開始哭泣）是啊（語氣溫柔）。

所以那是什麼感覺呢（以手在上半身的高度比畫，像一座上湧的泉水），如果請妳用文字描述，即使文字只夠描述部分體驗，妳會怎麼形容此刻出現的感覺？

I：嗯（嘆氣）⋯⋯好像**被淹沒**（治：被淹沒，是的。）（停頓）而且有點像在**重溫過去**（哭泣）。

治：重溫過去，是指重溫她去世時的經驗？

I：（點頭同意，落淚。）

治：所以將妳淹沒的感受是一種⋯⋯？

I：是，嗯，就是失去，失去平衡，失去你原本認為自己宇宙運轉的整個方式。看著這種運轉方式不再，從此消失，被改變，同時覺得這完全超出你的掌控。

當我提出邀請，讓 Inge 說出她期待這一小時的會面可能如何幫助她——這份邀請是為了促進案主於共同建構治療時的「能動性」（agency）（Coleman & Neimeyer, 2014）——Inge 在停頓過後，以一種與自己稍有距離的第二人稱聲音，表示她想找到一種方式來理解失落過後自己在世界上的「位置」，恢復「平衡」的感覺。聽到她以聲音強調的這些**質性言詞**（quality terms）[2]開始形塑關於她存在位置的潛藏隱喻（Neimeyer, 2009），我呼應這些關鍵語詞，稍微「演出」畫面，讓隱喻在治療室裡更加具體生動。隨著我們尋找能夠初步把握感受的語言，並且自然而然開始探討關於母親逝世後，Inge 在失去平衡與連貫性的宇宙

---

2 譯注：quality term 指藏在案主話語中，格外清楚且精確透露出案主定位的語言轉折處。其蹤跡通常見於個案使用的隱喻、伴隨言詞的抑揚頓挫（如音調或音量變化）或者非語言的臉部表情與手勢強調。詳見本系列前作，Robert A. Neimeyer 主編，《悲傷治療的技術：創新的悲傷輔導實務》（章惠安譯，台北市：心理，2015），pp. 12-13。

中的位置，可以看見光是提及她的失去，就激起強烈的情緒與淚水。

宇宙中心

治：是啊，這是非常、非常難以接受的世界秩序的改變，妳被留在原地，要試著重新認識那個世界，也重新認識自己，因為兩者都在這次經驗中被改變了⋯⋯妳母親在這個世界，也就是妳童年和青少年的宇宙中，占有怎樣的位置呢？

I：她走的時候我十七歲。（治：十七歲。）那時她已經斷斷續續病了好久，但是她走的時候還是讓人措手不及，因為我們不太談這些事情，而且她在家裡很大程度又是支柱的角色。她是主導性很強的人，這樣說沒有不好的意思，只是她在職場上被叫作「柴契爾夫人」（治：啊，柴契爾夫人，那位鐵⋯⋯）鐵娘子！（微笑並且稍微笑出聲）。她真的是，但不是不好的那種，只是她不管做什麼都要照自己的意思來，控制大小事務，**掌管**一切。某方面來說，她清楚知道自己想要什麼、該怎麼做，還有什麼時候行動。

治：那時是有秩序的，而她似乎就是幫忙建立並確保這些秩序運作良好的人。

I：是的，而且她不只對我們這些孩子，對其他親戚和我父親也是如此。那時候因為沒有很穩定的平衡，所以她很大程度就是掌管者，符合掌管這個詞的各種意義。

治：所以某方面來說，她很像是這個家族太陽系的引力中心，對嗎？（個案點頭）所以幾乎就像是，在太陽隕落之後，整個星系要如何重新組織起來，對嗎？

I：對（停頓良久，靜靜哭泣）。

我們探索母親在家族裡的「掌管」位置，這使 Inge 滿懷情感形容母親是「柴契爾夫人」，即 1980 年代作風強勢的英國首相，其堅毅不屈的政治意志使她獲得「鐵娘子」的封號，仰慕她的人也以此相稱。我稍微延展 Inge 關於母親過世後宇宙失衡的隱喻，她因此半晌不能言語，只是靜靜啜泣，最後由我溫和介入。

介紹心愛之人

治：我在想，如果妳不會不舒服的話，能不能跟我一起做一個簡短的練習，那就是，我想邀請妳跟著我暫時閉上眼睛（治療師也隨個案閉上眼睛）。讓我們專注在呼吸……只要讓我們的肺吸氣再吐氣……吸氣再吐氣（語速緩慢，同時睜開眼睛注意個案的非語言行為），用一種自然的韻律。只要感覺每一次呼吸，也許那種被淹沒的感受都能釋放一點點，認識到那種感受永遠都可以觸及……而且它可能想告訴我們什麼……教導我們關於這位女性的事，這個人在世的時候是妳的母親，而現在，在重要意義上仍然是妳的母親（個案睜開眼睛）。而此刻我們坐在這裡對彼此說話，也有點像是用我們可以的方式邀請她加入對話。我們的目標除了一起更認識妳是誰、妳需要什麼，也想更了解她是誰，以及此刻她如果看見自己的女兒承載著這份哀傷，可能會需要什麼。（個案靜靜點頭）所以我在想，妳是否願意或能夠稍微介紹她，這位鐵娘子（個案笑出聲），也是這個類似宇宙的掌管者以及中心。她的大名是？

I：Yvette。（治：Yvette。）嗯，她不管做什麼都很努力，不過她自己的出生是個意外。在她出生的那個年代，意外懷孕是很嚴重的。（治：啊。）而她自己，還有我們小時候都覺得，她生命中多數時候都覺得自己是沒人要的。（治：哇。）所以這算是滿重要的一段。她讀了很多跟這有關的書。雖然她從來不跟我們談這些事，但我們可以感覺到，她對於自己父母有那種不被他們要的感覺。

治：而且好像費了很大功夫，過了好些年才理解這一切？才能說出「我是誰，我屬於哪個位置」？

I：是的，還有終於得到她父母的認可，雖然從來沒有認可到她真正滿意的程度，這點讓人很挫敗。我想這可能是她之所以這麼努力的原因。（治：啊。）因為她覺得這是需要自己去彌補的。所以她是那種連蔬菜都要在花園裡自己種的人，衣服也全都是自己做的。（治：哇。）她還當老師，做過很多事情。甚至連晚上要去醫院看病之前，都會先洗好自己的衣服，確定家裡食物充裕，而且所有衣服都洗完了才走。她都是手洗，即使隔天就要進醫院也一樣。可以說她像是一股百折不撓的力量（微笑）。

面對 Inge 非常難以調節而且使她感到孤立的哀傷，我從類似冥想時刻的正念呼吸開始，先配合她的呼吸速度，再漸漸放慢到讓她與我的呼吸同速。隨著她強烈的情緒在呼吸練習中軟化，而且她自然地再次與我交流，我邀請 Inge「介紹她的心愛之人」，帶著欣賞的眼光為我召喚母親，以重新碰觸看似斷裂的連結（Hedtke, 2012）。由此而生的是一種初萌芽對於母親不懈工作哲學感到驕傲的敘事，Inge 猜想這種工作哲學可能根植於母親是非預期懷孕出生而不受歡迎的孩子，還有她一輩子都試

圖為此彌補的努力。

尋求連結

治：是啊，幾乎像一股百折不撓的力量。所以對她還有對你們來說，親眼看著這股力量必須奮力與病魔纏鬥，該有多麼奇怪。（個案：是啊。）是某種癌症嗎？

I：對，病了好幾年。那段期間，也是我整段高中生涯，她的病況時好時壞。那時候我還年輕，會去醫院看她。我很**喜歡**那些時刻，因為她會好好坐著，沒有在忙，我就可以跟她說話！（與治療師一同笑出聲）她會跟我聊天，我們一起享受特別的時光，所以有些時候她的疾病其實不構成那樣的**威脅**……

治：幾乎像**朋友**一樣？

I：對，有一些不一樣的東西。

治：而且開展出空間來容納一種特殊的母女對話，這是不一樣的情境，先前因為母親總是馬不停蹄而難以擁有。

I：確實。但也有些時候，她真的病得很嚴重，會要我唸書給她聽。她有一本 Siegel 的書，就是醫師作家 Bernie Siegel，她讀很多關於正向思考帶來自我療癒的書。而且那時她忍受著劇烈疼痛，到末期因為癌症擴散，她非常痛。我們會唸書給她聽，而且是英文書（笑）。然後她會說：「讓你們一直唸英文給我聽，這樣可以嗎？」（治：哇。）我們就會坐在她身邊，有時候唸書……

治：所以妳出色的英語能力，有一部分其實來自與她連結並且為她朗讀的煎熬過程嗎？

I：有可能。

治：哇，所以妳為她朗讀有點像是妳給她的**禮物**，但她也將此回贈給**妳**，甚至現在又透過妳再轉給了**我**。

I：（含淚微笑）她是英文老師（柔聲說）。

治：啊，她是**英文老師**（點點頭）。

I：所以大家才叫她柴契爾夫人（微笑），她是擁有鐵腕的英文老師！（兩人都笑了）

治：真是太貼切了！只可惜我不是美國總統雷根（Ronald Reagan），沒辦法跟她對應，成為故事裡跨海結盟的另一方。不過可以用這種方式認識她實在太有意思了。如果請妳勾勒出她外表給人的感覺，會是一幅怎樣的畫面呢？

開始碰觸到母親個人的背景故事後，Inge 描述母親像一股百折不撓的力量。我複述她的話，並且加上「幾乎」來修飾，藉此輕巧開啟通往死亡過程這道事件故事的門。隨之浮現的內容令人驚奇：母親患病期間其實友好多於威脅，疾病讓她原本高強度的活動慢下來，讓一種特殊的母女連結得以存在。重要的是，這份連結包含長時間的英語交流，由 Inge 在母親接受治療時為她朗讀，除了深化她自己的語言能力，也鞏固了母女關係。透過一個稍加推想的步驟，朗讀可以設想為不只是母親遺留的禮物，也是滿懷愛的孩子給予病中家長的回禮。接著將這兩點連結到我們的對談也使用相同語言，讓我們串回起點，同時持續喚起母親的在場，她是這場治療三人行當中的第三位參與者（Rynearson, 2012）。

邀請母親到場

I：我有帶她的照片，可以給你看！

治：當然，如果妳願意讓我們看看她。

I：我這邊有一張她的照片（拿出一張裱框的黑白相片）。

治：啊，是她（興奮的樣子）。

I：她看起來還真的有點像柴契爾夫人！（兩人笑出聲）

治：這張照片裡，好像看到一種表情，幾乎像在微笑，而且她眉毛彎彎的，妳在這樣的表情裡看見什麼？

I：嗯，她的力量吧，我想。（治：是。）因為拍這張照片時她已經在奮鬥了，那時候她已經生病。這張照片是在她去世不久前拍的，大概六個月前吧。

治：妳那時候不知道，對嗎？（個案將相片平放在兩人中間的小桌子上，治療師輕輕拿起相框，調整支架讓相片站立）。我們可以把她放在這裡嗎？因為我們確實是在邀請她加入我們今天的對話（個案幫忙將相框放好），也許可以讓我們有一種她在場的感覺，讓妳有她在場的感覺，跟妳一起進行這項困難的工作，跟著妳面對在她肉體死亡後妳們的關係與隨之而來的痛苦。（個案啜泣，治療師溫和遞上一張面紙）

I：謝謝（擦拭眼鼻）。

透過在治療空間中為母親找到實體的「位置」，我們也將母親安排為 Inge 治療過程中的潛在支持角色。Inge 深受觸動，在認識到哀傷存在的同時，接受了母親的這個位置。

凍結的哀傷

治：好……此刻的妳覺得，在她去世這麼多年之後，妳需要的是什麼？顯然這當中有一些什麼在此刻深深觸動了妳。但怎樣才能幫助妳面對那些東西呢？

I：（停頓）這個問題我也想了很久。嗯，因為感覺還像是不久之前，至少對我來說是這樣。我不覺得現在的感受相較於五年或十年前有什麼改變。仍然太過，嗯……**赤裸裸**。

治：仍然太過赤裸裸。而當妳說「感覺不像有改變，至少對我來說是這樣」，是否有一種感覺是對其他人來說，事情**已經**改變，甚至對於那些原本認識她，或者認識妳也愛妳的人來說，似乎他們對於她離世的哀傷或感受已經往不同方向開展了？

I：我主要是在想正常來說**應該**如何。（治：啊哈。）一般認為這種事情多多少少會過去，我想我的手足，至少就我所知，跟我的感覺就不一樣，我猜，不過即使一樣，我也不覺得他們會跟我分享，我不知道。我只是在想，這應該是，應該是一件我現在要可以談論，而不會覺得像被淹沒的事情。

治：「**應該**」……這個應該是誰說的呢？是人們口中的期待，還是以某種方式存在於文化當中，或者……？

I：是吧，我想（停頓）。也可能是一種我對**自己**的期待，覺得我應該要能走出來了。

治：所以幾乎像是有一部分的妳（舉起右手代表那一部分）在說，「Inge，妳應該要能從這件事裡走出來了，妳應該要可以在提到她的時候不掉眼淚」，但是還有另一部分（舉起左手）非常柔軟、非

常痛，也非常悲傷（個案落淚，但維持堅定的眼神接觸），感覺整個宇宙的秩序失衡，以某種方式偏移，而妳也感到失去平衡。

I：從那時就，無法平衡。（治：一直無法平衡。）而我想像（停頓，哭泣）隨著時間過去，我能以某種方法重新找回平衡。

治：嗯，覺得時間會治癒傷口。（案：對。）我們好像有某種文化建議的療癒處方，是不是？不過看起來對妳並不管用。

當我試著辨別出隱含在 Inge 悲傷之中的需求，她馬上表示，喪親之慟雖然已經從幾年前變成幾十年前的事，卻仍然「赤裸裸」著並且沒有改變。隨著我溫和探究 Inge 對於哀傷歷程的期待底下，可能由何種大環境或家庭論述支撐，她提到自己的手足並沒有被失落如此糾纏，同時暗示她自己「應該」要走出來了。我感同身受地將她的狀況架構為包含兩個聲音的內在對話，除了認可她對於自己的哀傷歷程可能有兩種定位，也促進更多自我慈憫（self-compassion）而非自我批判。

失去家中的安全感

I：是的。而且她去世的時候，我感受到的是（停頓良久）……我們在家不太談這件事，所以我想我們每個人都有自己的情緒，然後各自帶著情緒盡可能過下去。所以我們之間沒有很多對話。我想我感覺到的，是不再有……**安全所在**了，沒有**保護**了（治：沒有安全所在。）因為她就像是我們家的支柱。

治：保護者，支持者，家中秩序之所繫，而現在就像是家中的梁柱倒了。

I：對，而且始終沒有真的能替代的東西，所以我們全都跌在地上，各

自尋找回去的路。

治：所以她不只是支柱，也像家裡的**地面**或**地基**，讓你們每個人找到自己立足的方式，由此建立彼此間的關係。（個案點頭）但是當地面崩塌，大家就像迷失進各自的世界。（案：對。）了解。（停頓）妳提到你們試著尋找回去的路，你們一家人有找到嗎？家裡除了一個兄弟、一個姊妹，還有爸爸是嗎？

I：還有爸爸，也是那陣子過世。

隨著我們繼續探索失去母親對她來說的意義，以及對她現在生命的影響，Inge 以生動隱喻指出彷彿安全基礎崩解，這份基礎原本由她對母親的依附關係所提供，此外，母親逝世後，家人之間的關係也因此分裂破碎。

沉默的故事

治：你們三個兄弟姊妹後來有找到重新連結的方式嗎（個案搖頭表示沒有），還是……？

I：不算有。（治：不算有。）我想我們還處得來，大家會見面，也在父親過世時一起處理他的後事。不過我們從來不談那段經歷，也從來不會分享感受。

治：所以有很多沒說出口的話，也有很多沉默的故事留在你們心裡，只是世界上沒有人聽見。

I：對（數度點頭）。

治：妳有向外找到其他人可以傾聽這些妳家人無法聆聽的故事嗎？關於

母親、她的疾病、她的死亡，還有在那之後妳的人生？

I：說實話，從來沒有。我有跟一些朋友聊過，也稍微跟我先生講過，可是……

治：妳得到怎樣的回應？

I：就像我原本預期的……傾聽，他們會傾聽。可是這是如此難以承受……我想因為這種感覺如此難以承受，我試著不要讓它鬆開（雙手向外張開）。

治：噢，我了解。所以一部分是為了避免壓垮他們，妳就自己把它收起來？或者是避免壓垮妳自己？

I：避免壓垮我自己。然後讓我跟他們落入某個位置……會很尷尬，我不知道怎麼脫身。

治：是啊。那妳此刻與我在這裡，妳的感覺如何呢？妳顯然經驗到這種情緒的一部分，也透過眼淚、表情和話語將它表達出來。

I：我想現在還好，不再覺得被淹沒，此時此刻沒有。因為我想描述它，就是，不是只是經驗它，我正在盡我所能不要被動地待在裡面。所以我想有好一點。

雖然對於失落的敘說會自然而然發生在從親密個人到與社會緊密交織的各個層次（Neimeyer, Klass, & Dennis, 2014），但是以 Inge 的案例而言，她的哀傷已經化為一個沉默的故事，在滿是他者的世界上找不到聽眾（Neimeyer, 2006b）。這點很大程度源於自我審查，目的是避免激起讓自己或他人難以招架的感受，這種做法常見於共同經歷重大失落的家人之間（Hooghe, Neimeyer, & Rober, 2012）。然而，在此個案中，迴避體驗哀傷的核心痛苦似乎只是讓人更長時間受其影響，也使 Inge 與家

人、她自己，甚至某種意義上也與母親漸行漸遠。在此需要的，似乎是在信任關係的輔助情境下，考量到其哀傷基本上難以言表的特性，**讓個案以安全且受到支持的方式探索這份哀傷**。

類比傾聽法（Analogical Listening）[3]

治：好，讓我問妳一個問題，看看對妳來說是否合理或值得一試，但是完全不用勉強。如果我們試著接受剛才提到關於描述感受的邀請，讓妳在不被吞沒的情況下，描述妳是如何帶著這份關於母親的哀傷，好嗎？也許我們可以試試看內在掃描，並且視覺化妳是如何帶著這份哀傷（閉眼，用手在上半身比出一道緩慢的波浪），容許它從一個距離很近但妳並非置身其中的地方對妳說話（用手比出與一個內在形體靠近的樣子）。這會是妳想做的嗎？能夠為它找到文字，卻不被那些文字淹沒（手勢表達湧向個案的波浪）？

I：是。我不知道能不能做到，但我想試試看。

治：妳想試試看？

I：我覺得會有幫助，因為那就是我體驗到的，沒有刻意，但就是我此刻的體驗。我試著讓它變得有幫助，試著描述給你聽，而不只是被它淹沒。我想我跟朋友講的時候比較有被淹沒的感覺，但現在我很想試著去說明，所以我也覺得這是較好的做法。

治：好，那麼我想邀請妳，有點像我們幾分鐘前做的事，只要讓我們自己（語速放緩，閉眼）閉上眼睛，然後進入一個安靜呼吸的空間，

---

3 譯注：類比傾聽法通常會引導案主針對當下的體驗喚起隱喻式畫面，以捕捉文字難以描摹的感受，其目的在於聽見潛藏於案主故事底層的東西，以找到跳脫「理性」思維的前進之道（Neimeyer, 2012a）。

讓我們的胸腔以一種自然沉穩的節奏起伏（張開眼睛注意個案的非語言訊息），把氣吐掉再吸飽。我們只要試著清理出一個空間，一個在我們之間同時環繞著我們的空間，邀請這個感覺前來（停頓），用一種能夠賦予它形狀和聲音的方式。就像帶著敬意邀請一位訪客，但是沒有要對方從此住進來。而我想邀請的，如果妳覺得可以的話，閉上眼睛，只是像掃描一樣（手在身體前面緩慢地上升再下降）掃過妳的身體，也許讓妳的意識朝內並且向下（用手比出向下的動作），然後進入體內的空間，可能是軀幹或任何一個牽動它的地方，同時妳只要問自己：「此刻我是在體內的哪個部位帶著這份對母親的哀傷？」（停頓）然後等它開口，用手比出來（以手指輕觸胸口）妳感覺到哀傷存在的位置。

I：（嘆氣，擦眼淚，輕聲啜泣的同時將手放在肚子上。）

治：嗯，好像在妳的腹部，大概是，身體裡一個很深的地方，對嗎？可以維持將眼睛閉上的隱密感（自己也閉上眼睛，將手放在腹部，個案跟隨動作），只要在這個地方問自己（語速非常慢），在這個容納悲傷的實體位置上問：如果這份悲傷有形體或形狀的話，那會是什麼呢？

I：（停頓）像一塊不規則的東西，很容易變化和擴張（手指伸縮示意）。

治：一塊不規則的東西，可以變化擴張（模仿並放大個案的手勢）。妳用手指，是在表現擴張和收縮的形狀嗎？

I：對。

治：剛才妳注意到這塊東西的時候，它有顏色嗎？（閉眼，個案隨著閉眼。停頓）如果它有顏色，可能是哪種或哪些顏色呢？

I：紅紅紫紫的。

治：紅紅紫紫。（停頓）顏色是不變還是變化的？

I：變化的。

治：變化的。描述一下它的變化，看起來像是從什麼變成什麼呢？

I：像浪一樣。

治：浪啊，海上的浪還是……（用手比海浪）

I：會上湧然後再平靜下來。

治：啊，上湧再平靜，就像那樣擴張再收縮（以手比出擴張與收縮）。這麼說貼切嗎？

I：嗯。

治：好（閉眼，個案也閉眼）。有沒有跟這幅畫面，這種上湧再平靜的畫面，相連的感覺呢？某種身體或情緒的感受？

I：一種緊繃感，肌肉的緊繃感。

治：肌肉的緊繃感，像在腹部嗎？（案：對。）嗯，好。我在想現在能不能請妳將注意力放在那些腹部的肌肉。收緊它們，幾乎像是做仰臥起坐那樣，像在運動。妳能感覺到肌肉收緊嗎？

I：可以。

治：這樣做的時候，那個形狀、畫面或顏色有改變嗎？

I：（停頓）稍微穩定一點（笑）。

治：更穩定，沒有那麼浮動。

I：對。

治：如果妳鬆開繃緊的肌肉……跟我一起鬆開一下子，也許做一個腹部與橫膈膜的深呼吸，那個畫面會發生什麼事呢？

I：（停頓）它變得比較，怎麼說，沒有那麼（微笑，用手比出平撫的

動作）……就是比較平靜，開展，彷彿它躺下來了。

治：噢，彷彿它躺下來了（微笑）。

I：好像不再是海浪，而是比較……

治：沒那麼動盪。（案：對。）那樣上湧又落下，更像是漸漸平息，是更平靜的水域？

I：對（停頓）。

　　當我邀請 Inge 透過專注呼吸的步驟進行類比傾聽，以培養一種從容不迫的內在意識（Neimeyer, 2012a），她很快就感覺到自己容納痛苦的部位，將其視覺化──是一塊紅紫色的不規則形狀（幾乎像瘀青一般），感覺在腹部。隨著我們探索其感官特性是如同海浪般地擴張與收縮，Inge 接受我的鼓勵，有意識地增加收縮的張力，接著（可能很驚訝地）發現這樣做帶來更高的「穩定性」。我再請她放鬆張力，此時她注意到這種感覺「平靜」或「躺下」了，代表她對於自己如何經受這份感覺可以有所控制，這使得進一步探索她與容納在腹部的哀傷之間的關係變得足夠安全可行。

內在對話

治：很有趣（輕聲說）。現在，把注意力放到很靠近那個像水一樣擴張的地方，不要放進去，不要沉沒到裡面，只要像站在岸邊就好，不知道妳願不願意傾聽它？聽它想告訴妳的任何事情。如果它有聲音，會怎樣說話？有怎樣的聲音性質？（個案嘆氣）再吐氣一次（輕輕吐氣，個案跟隨）。妳想像它會怎樣說話，用怎樣的聲音？

Ｉ：我沒辦法想像它有聲音。

治：它會用什麼方式溝通它想告訴我們或教導我們的東西呢？

Ｉ：（停頓）在我看來它不太像會溝通，反而更像是要處理並且**帶著**的東西。

治：要處理並且帶著的。

Ｉ：而不是會溝通或者⋯⋯

治：好的，好的。那我在想，如果從那個妳現在靠近但沒有走進去的地方，能不能試試看說一些話，看它們對妳來說是否真實？如果不符合，妳可以調整成符合妳的說法，類似像「我願意帶著你」（停頓良久）。妳需要怎樣調整這句話來讓它符合妳的狀況？（個案開始哭）跟這句話一起出現的是什麼感覺？

Ｉ：（啜泣）我本來要說，「這樣帶著你，我很辛苦」。

治：這樣帶著你，我很辛苦。

Ｉ：（點頭同意。）

治：這樣帶著你，我很辛苦。那就用這句話：「這樣帶著你，我很辛苦。」告訴它，不管它是男是女或有沒有生命，辛苦的是什麼。（停頓良久）妳覺得帶著這個會擴張收縮，有時沉靜有時激盪的黑暗空間，難的是什麼？

Ｉ：（長時間停頓）我猜，帶著它之所以這麼難，是因為有時候感覺它太難以承受、太巨大了，會把我吞掉。感覺我必須跑在它前面。

我們在尋找方法與這個圖像對話時，發現它沒有這麼「可溝通」，反而更像是要「帶著」的東西，只是帶著它得付出巨大的情緒代價。即使反覆努力，希望建立相對於這份感覺靠近且安全的距離來探索與它的

關係，Inge 仍然輕易被哀傷的大海吞沒，看起來有滅頂的危險。在此需要的似乎是某種程度的分離，讓接觸感覺成為可能，但是需從一個更遠的地方。

外化（externalizing）感官體驗的感覺

治：是妳必須跑在它前面的東西？如果妳能直接對著這份感覺說出剛才那些話呢？我在想，我們能不能在這裡給那個圖像一個位子，讓它與我們同在，卻是在妳之外，這樣可以嗎？（治療師加入第三張空的椅子面對個案，讓三張椅子構成一個三角形）所以如果我們在這裡放一張舒服的椅子給它休息，讓此刻的它不需要繼續停留在妳的腹部，不知道妳能不能回到剛才那句話，把它說出來，告訴這個妳體驗到的感覺，可以嗎？（兩手比向空椅）「有些時候，帶著你讓人難以承受。」妳想怎麼向它說呢？

I：有些時候，帶著你讓人難以承受（哭泣）。而且好像永遠也不會變簡單。照理說，隨著時間過去應該要變得比較簡單，或者我應該好起來，但我感覺自己隨時隨地都要小心翼翼，才不會被它吞沒。

治：試試看說這句話，感受一下它是否符合：「好像我必須保持警戒，或用某種方式自我防衛。」妳說的「小心翼翼」是怎樣的感覺？妳會怎麼描述？

I：這種感覺也像是失去我的位置和宇宙。所以我無法從內在擁有一個安全的位置來帶著你。

治：所以妳沒有安全的位置？

I：沒有有力量的位置。

治：沒有有力量的位置來帶著你。

I：所以我隨時都得用盡全力。

治：啊，是。這個有力量的位置如果有實體形狀或結構的話，會長什麼樣子呢？

I：（停頓）很直挺挺，類似長方形，非常方正。

當 Inge 與此刻外化的感覺說話，她道出了自己掙扎的本質：被奪去母親提供的安全基礎，她「無法從內在擁有一個安全的位置來帶著（她的哀傷）」。隨著我們將她內在凝視的眼光從視覺化的痛苦轉向帶著這份痛苦所需的力量，Inge 簡短勾勒出這份力量的形貌：直挺而方正。她語言與手勢的幾何形狀指出了下一步行動。

起身面對感覺

治：要不要站起來？我們站起來試試看。（兩人起立，個案輕聲笑）所以我們現在這樣方方正正的（站成類似立正的姿勢，像士兵一樣）。現在感覺和同樣這個圖像的關係如何（手往下比向椅子）？它還是沉靜的樣子嗎？或者有比較激盪？是怎樣的呢？

I：很激盪。

治：很激盪？

I：對。

治：如果只是看著它（指向那個感覺），感覺如何？從這個站立的位置（舉手指向身體）面對它？相較於坐在它旁邊，有沒有什麼不一樣？（治療師說出「坐」的時候，再次慢慢坐下，個案跟著坐下）

Ｉ：沒有，感覺都一樣。不管它是什麼形狀或者我是什麼姿勢，它都壓倒一切。（治：了解。）所以我才試著把它裝進一個盒子裡（個案用手在腹部的高度比出盒子）（治：噢，裝進一個盒子裡。）確保它不會超出某些界線。

治：噢，了解。就是那個類似腹部的緊繃感（用手比出緊閉的盒子），就是為了把它裝進盒子裡？（案：對。）（停頓）如果它滲出盒子或者翻倒出來（以手勢表達這些動作），就會感覺更難以承受？

Ｉ：（點頭同意。）

看來內在的力量還不夠，哀傷很快就從體內的盒子裡滲漏或漫溢出來。還需要一些其他的東西。

與母親諮商

治：有沒有誰或什麼東西能夠幫助妳帶著這種感知，這份感覺？

Ｉ：我常常想這個問題，但我不知道。（停頓）我不知道（哭泣）。

治：我在想，此刻在這份清晰的痛楚中，如果妳能看著母親的眼睛，她可能怎樣告訴妳，要如何從一個有力量的位置帶著痛苦（將照片轉向個案，端詳照片裡的母親）？關於這點，她會傳達什麼訊息給我們呢？

Ｉ：我記得她會唸書給我聽，那些她一直在看關於正向思考的書。

治：Bernie Siegel 之類的書。（案：對。）所以她可能想給妳怎樣的示範或訊息？

Ｉ：她是個很堅強的人，她會說我應該停止抱怨，繼續前進。

治：停止抱怨，繼續前進。

I：對，她大概只會說：「咬牙吞吧。」

治：而她自己在罹癌過程也確實做到這點？（個案點頭）有沒有什麼時候是連她都覺得太難了？

I：我想是有些時候對她來說很難，但她幾乎不會表現出來。

治：她有那股力量足以容納動盪，容納痛苦，用她自己的方式（案：是啊。）……不希望妳看見。（停頓良久，個案凝視母親）如果邀請她進入這個關於痛苦和哀傷的對話裡，要是這麼做可能讓事情不一樣的話，會是哪裡不一樣呢？同時擁有這份非常內在的哀傷，這個紅紅紫紫、在水中活動又充滿彈性的形體（手在腹部比出波浪般擴張又收縮的形狀），然後帶進母親的秩序、專注和力量（做出垂直挺立的手勢，與圓圈結合，接著兩手拳頭互握，手的動作與口語描述同步）來承擔哀傷？

I：（哭泣）這很難，因為就是她**造成**的。

治：因為是她造成的？了解……所以是因為她離世而造成哀傷，這如何讓邀請她變得很難呢？

I：（點頭）有時候想到她是很好的，會帶來力量，但有時候想到她會讓那份感覺更難以承受。所以想她並不是**安全的所在**。

治：不是安全所在，了解……所以有時候妳需要跟她保持一點距離，就像妳需要跟這份感覺保持距離一樣？

I：對。我以前會——這件事我跟人說過，對方很驚訝——直到大概一、兩年前，我幾乎每天都會跟她說話，沒有說出聲音或說出口，而是用想的。

治：在心裡說？妳有寫下來嗎？例如寫成一封給她的信，或者……？

I：沒有。

治：那妳有沒有曾經感覺她回應妳，有點像是把它變成對話，而不是獨白嗎？

I：有時候，在有事情的時候……例如像今天是她生日（微笑）。

治：今天是她生日？

I：今天是她生日！（治：啊〔語調溫暖〕。）所以我覺得這是非常奇妙的安排。我們家老二也在同一天出生。我記得自己那時候跟她對話，我說：「我不想要他在十三號星期五或在星期天出生，因為那幾天醫院沒有醫生。」所以他就在三天後我媽生日那天出生了。所以有些情況——這可能只是我自己想的——有些情況我會感覺有一些部分是對話。

治：是啊。那當妳感覺到此時此刻的對話似乎真的有她在，而且她會回應，這如何影響那個紅紅紫紫的……？

I：會讓它平靜下來。感覺很棒，因為那是一種在場，我猜是我感覺到她在場甚過缺席。

治：妳感覺到她在場甚過缺席。

I：（點頭同意）但也有的時候當我想到這件事，只會感覺她不在。

治：是，所以我在想，如果妳覺得可以的話，能不能把這張椅子給媽媽（將椅子拉近）而不是給哀傷？（案：好。）我們可以讓哀傷去任何它想去的地方，不管是回到妳身體裡，或者暫時去走廊待著。（個案微笑並笑出聲：好。）我們有點像是邀請母親來坐這張椅子，我不確定是不是應該為她唱生日快樂歌，還是……

I：（笑著說）可能不要。

治：可能不要，但我們可以用某種方式來祝賀她生日。（看著他放到椅

1 | 53

重新建構持續性連結：哀傷治療歷程分析

子上的母親相片）……現在我看照片裡的她好像很開心，帶著微微的笑。

I：（微笑看著照片）對，是啊。

當我們思考什麼可以幫助 Inge 帶著哀傷，很自然就轉向她原本的安全基礎：母親，她透過相片的形式明顯在場。然而，必須先承認並且克服初始障礙——媽媽不苟言笑的嚴厲態度，以及或許更重要的是，與媽媽有關的回憶交融在她死去的痛苦畫面中。為了想辦法以和緩甚至有點逗趣的方式進入這段關係，也為了開始區分 Inge 仍然需要的母親，以及關於母親離世的哀傷，我讓哀傷離開椅子，邀請母親坐下。Inge 的目光滿懷期待，這表示現在可以採取進一步更新連結的做法了。

重新協調依附關係

治：妳知道哀傷有一件很困難的事情，我覺得，是某方面來說我們必須調和一項變化，也就是從失去我們所擁有的（伸出雙手比向相片，個案的目光亦回到相片），過渡到試著重新擁有我們所失去的（將雙手內收回腹部，彷彿要把相片放進身體裡，個案以目光跟隨治療師的動作），然而在過程中，卻沒有對方的實質存在來為這項變化定錨或提供結構（個案點頭）。幾乎像是我們必須找尋方法，為這個安全的基礎與秩序（用手比出直立的結構）找到一個在我們心裡的位置（將手勢收近，覆蓋在心上）。

I：是啊……（語調溫柔充滿感情）。

治：所以我們可以帶一些我們需要的東西走（身體前傾，像要前進）。

（個案：是。）有時候聽見對方的聲音，或者邀請那個聲音前來，就是一種方式。就像對話完還能聽見回音，對嗎？妳曾經有過這種感覺嗎？

I：嗯，有。

治：這種時候妳會聽見她說什麼？

I：嗯，像是有時候我旅行到國外的城市，我會聽到她說話，然後我會說，「媽，看我現在在哪裡」，特別是我還年輕，剛開始工作出差的時候，而且我可以聽到她說，「哇好棒喔！」（治：啊！）「妳旅行這麼多地方，做了好多我從來沒有機會做的事情。」（治：啊……）那些對話很棒。

治：她會像在為妳加油，而且因為妳活得精彩而歡欣鼓舞。

I：對呀，很鼓勵我。

治：很鼓勵妳。彷彿妳走進一個更大的世界並不是拋棄了她。她以某種方式陪伴妳往前，還會評論妳的經驗。

I：（微笑）對。有時候我真的有這種感覺，像是我們在布置聖誕樹的時候，我都用那些舊的裝飾品（用手比出勾狀裝飾物），我拿給孩子們看，然後我會看見她，我還會放我們之前的音樂，就是放那些她以前常常放的舊唱片。以前她會要我們一起裝飾聖誕樹，即使其實我們已經長大了，不想一起裝飾了。現在換我跟我的孩子也一起這麼做，我感覺她可能以某種方式在一旁看著。

治：是啊，好美的畫面。我的意思是，我有一種感覺，彷彿妳是一個居中的**環節**（舉起右手），連接起她（手舉高）和這些孩子（手往下探，像伸入下一個世代），甚至到他們現在有點不情願的程度，他們現在在裝飾聖誕樹年紀有點**大**了吧（語氣輕鬆幽默）。但這是家族

文化的一部分（語速放緩，變得認真），而妳正在用某種方式傳遞珍貴又獨特的東西，可能是透過妳掛在樹上的裝飾品說出關於她的故事（雙手與手指形成勾狀裝飾物，並掛上眼前的一棵「樹」）。妳掛上去的，是回憶和連結。

一開始，我先用貼近經驗（experience-near）的語言和手勢，簡短勾勒我們工作的基本原理：哀傷過程的一部分是將一種可以帶走且源於與逝者持續關係的安全基礎，在心有所感的層次上，納入我們不斷前進的生命當中。Inge 與此強烈共鳴，給出兩個生動的例子，一個是當她開始在世界上活得精彩，實現母親的夢想，她會自豪地在心中與媽媽對話；另一個則是佳節時溫柔憶念母親、她的音樂和她的故事。每一個與孩子一起掛在聖誕樹上的裝飾品都是一條與母親的連結，如同 Inge 自己也是跨世代故事當中的一個環節。

涵容感受

I：是啊，所以有些東西讓我在**多數**時候可以說，當我想到她，感覺是正向的。比較麻煩的是那種我並不想要卻自己出現的感受（擦眼淚）。

治：啊，是的（若有所思地抬頭一瞥，輕輕搖頭）。所以有時候那些感覺會不請自來。而且當然啦，即使它們源於愛，卻仍然帶著強烈的失落感。我在想，這種時候，有沒有可能找到方法請母親前來，與這些感覺同在，幾乎像是來幫助妳**帶著**它們，妳知道的（伸出攤開的雙手，彷彿托著某樣東西）（個案點頭）。當妳描述這個像盒子

的東西（手在腹部的高度比出盒子的形狀），彷彿把感受都裝在裡面，妳那時說盒子是用什麼做的？

I：不知道，金屬或某種很堅固的東西吧。

治：類似鐵嗎？

I：對！

治：妳以前怎麼稱呼媽媽呢？

I：噢！鐵娘子！

治：鐵娘子。也許她正是能在這件事情上幫助妳的不二人選。也許她特別擅長的，正是妳現在需要的一些力量，因為此刻妳要帶著這種感覺，並且分享給那些願意置身其中即使只是片刻的人。妳不需要獨自面對這件事。

I：是啊（點頭）。

　　隨著開始重寫與媽媽依附關係的內容，Inge 坦承問題：儘管有意喚起的回憶可能帶來喜悅，然而當回憶不請自來時仍然會帶來痛苦。我接著繞回向人求助以承載哀傷的隱喻，並且由此聯想至前面 Inge 與我共同構想的容器：這個盒子像母親一樣堅固如鐵。這個令人驚喜的連結使 Inge 展露笑顏，而我則感覺對她有一股強烈的情緒與欽佩，也感受到她在數十年膠著之後開始敞開心扉，接受深刻的關係重建。

重新投入與媽媽的關係

治：（話語充滿情緒）這可以是一個妳讓母親直到現在都能給妳的愛的禮物，對嗎？（停頓，個案哭泣點頭，滿載情緒哽咽）有沒有什麼

她的紀念物是妳收藏在身邊的?

I：好多喔，我有她的珠寶，她的日記我還沒讀。之前正要開始看，又覺得日記太個人了，也不是她兒女該看的（笑），所以讀了一點點之後……

治：（開玩笑地說）可能，有些故事我們都還沒準備好要聽！（兩人一起笑）

I：總之我有很多她的東西。我今天還戴上她的**訂婚戒指**（得意指向戒指）。我從來不戴它的，可是我覺得今天……

治：我可以看看嗎？（個案伸手要脫戒指）不用脫，戴著就好……好漂亮（身體前傾，觸摸戒指欣賞）。

I：所以今天我把它戴上是因為我覺得……

治：是，這是顆很大的鑽石，對嗎？繞著它的是其他寶石嗎？還是鑽石的底座？

I：我想應該只是底座。而且我從來不戴它，平常都只放在浴室的一個盒子裡。

治：一枚**訂婚**戒指。而妳**現在**仍然投入在與她的關係中，不是嗎？此時此刻妳正在與她交流。[4]

I：對。

治：（語帶情緒）這像是她給妳的一種禮物（停頓，個案輕聲哭泣點頭），是她**在場**的禮物。而她**確實**以某種方式與我們同在，就在這一刻，就在妳戴戒指的動作裡（停頓良久，個案點頭，凝視戒指並

---

4 譯注：Bob 這段話分別使用 engage 一詞的三種意思——除了表示與人訂婚（be engaged to），亦可指投入或參與某事（be engaged with），或者與某人交流（engage with）。因此，Inge 母親的訂婚戒指（engagement ring）除了象徵她在世時的婚約外，透過 Inge 將戒指戴上，也象徵女兒重新投入與母親的關係，並且在她戴著戒指講述母親故事的過程中持續與她交流。

且呼氣出聲）。也許這個妳不假思索的動作（遞給個案一張面紙，替換她用過的那張），把戒指帶來並且戴在手上——幾乎像是出於直覺地認識到，這正是妳需要更多一點的東西。不是她的缺席，而是她的在場，而且以這種實體的方式邀請她來。妳把她帶到這裡和我在一起（看向椅子上母親的照片，並以手勢示意），邀請其他人來聽故事。彷彿妳傾聽並等待機會來說出關於她生命的美好與悲傷，說給那些願意聽她故事的人。其實，**還有其他人也願意聽的**（個案點頭，專注看著治療師），如果我們仔細尋找的話。

在 Inge 和我很大程度共享的深刻情緒中，我們發現她臨時起意在這一天，即母親生日當天，第一次戴上她的訂婚戒指，這當中有一個非同尋常的連結物件（linking object），有助於鞏固母女倆在數十年失去連結之後對彼此的「重新投入」。這個「在場的禮物」原本由母親贈予女兒，又透過 Inge 驕傲地戴上戒指前來與我諮商而回饋給母親，此刻更充分喚起母親來到治療現場，以及更重要的是，進入 Inge 持續進展的生命中。我以話語為她重新定位，回到更廣大的人際世界——特別是與 Erik 的關係，他正和 An 還有其他人在另一個房間裡觀看——進而指出 Inge 已經邁出堅定的步伐，一步步為能夠聽懂的人重新翻開母親的故事，藉此暗示如何透過邀請母親前來，為母女共同經歷的生命找到社會與個人層次上的意義。

總結反思

治：（繼續說話，語帶情緒）我們來到這次會面的最後幾分鐘了。

Inge，我只想特別指出，妳的故事觸動了我。觸動我的是妳帶著超越母親死亡的愛，將它放在心中的位置，帶著它穿越自己的生命，妳的生命持續受到不只是母親的缺席，還有她的力量所影響（個案點頭）。這感覺像是給她的禮物，而且不是為了她生日特意準備的，而是在重要意義上，她日復一日與妳同在（個案哭泣微笑）。（停頓）我在想，我們療程的最後幾分鐘，妳有沒有什麼想告訴我的想法、問題或疑慮，關於我們今天談到的任何內容，或妳想帶著這些東西去到哪裡？

I：我覺得聽到這些讓我發現，自己原來一直試著把她裝進一個盒子裡，很大程度也把**感覺**裝進去。但是對我來說（語速放緩，若有所思），也許會讓我比較好過的，不是把感覺裝進盒子，而是讓她來幫助我經歷感覺。

治：（以充滿情緒的聲音總結）「也許會讓我比較好過的，不是把她裝進盒子，而是讓她來幫助我經歷感覺。」我想沒有人能說得比這更貼切了（兩人熱淚盈眶）。

I：因為從前我都把這看成負面的東西，或許它並不是。

治：或許它並不是負面的東西，對嗎？或許那片沉默的海洋也可以成為別的，而不只是一處險惡的空間，像是它可能成為某種並不負面的東西？

I：是啊（點頭）。她走的時候我就有過這種感覺，因為那時與她好親近，我覺得，所以在她生命告終之後，我似乎被**排除**了。

治：在她生命告終之後，妳似乎被**排除**了。

I：（啜泣）好像有什麼東西是我知道必須用盡全力才能繼續擁有的……

治：是她要求妳的，還是……？

Ｉ：不是。而是她曾經是安全的所在，她離開之後，那時的我就必須自己照顧自己，在沒有安全所在的情況下證明自己的價值。

治：就像她那樣。

Ｉ：對。

治：就像她那樣，努力證明自己的價值？（個案點頭同意）不過妳是用過去式在描述，隱含的意思好像是可能不用**一直**這樣？也許有**不同的**方法找到安全感，或者……？

Ｉ：（點頭）我發現，還年輕的時候，我以為只要努力工作掙得一席之地，就會感覺比較好。後來我發現，如今我都四十歲了，這種感覺卻從來沒有真的變過，所以問題不在於讓自己愈來愈厲害，因為我可以在很多事情上不斷進步，但是感覺本身卻毫無變化。

治：也許這是她人生的啟示？（個案不斷點頭）所以什麼才是（語速緩慢）妳需要的呢？如果不是更努力工作的話？她的生命是不是還有第二種訊息，可以給我們一些提示？有沒有其他方法呢？

Ｉ：（停頓良久）我不知道。

治：**似乎**還有些什麼，對嗎？妳隱約看見，就在剛才那個想法裡，妳說不要用裝進盒子的方式自己帶著憂傷，而是讓她幫助妳面對（個案點頭）。彷彿那份重量是妳們共同承擔的。我已經開始想像邀請她參與的方法。也許這個（指向戒指），這枚**訂婚**戒指正是邀請她來的方式，但也許還有其他方法？

Ｉ：是（點頭），是啊。

我總結會面的關鍵主題，肯定 Inge 在重建與母親的關係上雖然剛剛

起步,卻進展非凡,接著我邀請她分享自覺此刻的位置。她的回應是道出新的覺察:數十年來她掙扎著將哀傷與母親都收進盒子,形成一種延續的複雜性哀傷(prolonged complicated grief),過往二十三年幾乎毫無變化。當面對哀傷且失去曾經由母親提供的「安全所在」,她原本的解決方式是向母親看齊,努力不懈地投身工作來「證明」自己,在社會上占有一席之地。然而,現在她意識到,再多的成就都不是解方,同時隱約看見一種在根本上改變的可能性,那就是邀請母親更大程度地參與她的生命,也許能幫助她重拾所需的力量與安全感。我們在收尾的幾分鐘裡,為這個燦爛燃起的可能性再添柴火。

未來的腳步

治:其他方法可以是什麼呢?我猜妳正在邀請她進入這個對話,對嗎?和我一起的對話。(個案:對。)這是妳踏出的一步。有沒有朝著相同方向的下一步呢?

I:(停頓)很難說。因為已經過了這麼久,我如今所在的世界已經完全不同了。

治:是啊,世界已經變了,而妳還在試著理解它。不過看起來妳也一直嘗試找到一個對妳**母親**來說安全的世界,對嗎?

I:對。

治:如果能讓母親的故事繼續**活**在這個世界上呢?誰可能在有些時候和妳一起做這件事?就像一起裝飾聖誕樹那樣,不過不用等到 Kerstfeest(荷語,即聖誕節),是嗎?

I:是(笑)。我的家人,孩子們。跟他們比較困難,因為我覺得我必

須給出最好的。

治：當然。但也許所謂**最好**的定義可以是（雙手比出流動狀）有彈性的，不用那麼……（比出盒子），妳知道的？

I：是。

治：（視線往上，輕輕點頭）我有個想法……媽媽生前會寫日誌，顯然她寫了很多對她來說很個人、重要又充滿情感的內容。我猜**妳**對她來說也是很個人、重要又充滿情感的對象。我在想有沒有可能，就像妳會和母親對話，甚至可以想像自己寫信給她，有沒有可能想像**她**用同樣方式寫一封回信給**妳**，可以嗎？（拿起紙筆）她會說些什麼呢？她都叫妳 Inge 嗎？

I：對。

治：所以如果妳寫了一封信給「親愛的媽媽」，現在換成她寫給「親愛的 Inge」，這封信會長什麼樣子呢？（停頓）這或許是可以實驗看看的，像是給她妳手上的筆（伸手把筆遞向個案）還有妳的手（作勢書寫）。因為我相信妳**確實**有她在心裡（比向心頭），以某種方式帶著她。她以各種形式與妳同在（手比向訂婚戒指）。也許她可以發出一些聲音。（個案：是啊。）這可以是她的生日禮物。（個案數度點頭：是。）一封給 Inge 的生日信。妳現在有在看治療師嗎？

I：我之前找 An，現在也會找她，有的。

治：是，妳會去見 An。所以我在想，如果我們可以，或說如果我可以，幫忙把這個瘋狂的想法告訴 An，就是類似跟母親通信的做法，只是一種嘗試，邀請母親再多參與一點點，妳會感興趣嗎？

I：會。

治：妳覺得自己能做到嗎？

I：可以（數度點頭）。

治：所以我接下來會做的，是花點時間跟 An 聊聊，稍微跟她分享這個想法，和她一起腦力激盪，然後也許妳們倆可以試試看，再看妳感覺如何，不是非得繼續做下去。

I：嗯，這是個好主意。

治：是個好主意。嗯，妳是個好女兒（個案輕笑出聲，深受感動），而且我覺得妳**繼續**在給她妳的愛的禮物，就在她生日這天（個案透過淚水維持與治療師堅定的眼神相會，治療師彎身向前，充滿力量地與她握手）。非常謝謝妳。

為此次會面畫下句點的是希望而非哀傷的眼淚，期待媽媽的故事可能在世界上更廣為流傳，而當女兒向她依然需要的母親伸出雙手，可以透過治療師的協助，得到想像的回應。這次會面在握手中結束，所致敬的，不僅是個案母親誕生的日子，這一天，也象徵母女關係在綿延的愛裡獲得新生。

治療後記

An 在另一個房間裡觀看治療會面實況錄影，事後她表示：「Erik（和我）幾乎整段會面都在哭，感謝能隔著一段距離見證這個過程，聽見 Inge 說很多母親的故事。正如 Erik 後來所言，這些故事是他從來沒有聽過的。會面結束後，他說希望這能促使兩人分享更多（關於 Inge 母親與哀傷）的故事，因為感覺這種做法真誠開放，非常有助於連結。」果不其然，Erik 的願望圓滿地在幾天後實現，也就是夫妻倆的下一次婚姻治療會談當中。該會談結束後，An 立刻依據她和 Inge 與 Erik 共同決定於過程中記下的筆記，動筆完成摘要並寄

給 Bob，「作為一份源於感激之情的禮物」，摘要寫道：

> 我剛剛和 Inge 與 Erik 會面，當然我們回顧了上週的治療。以下是他們告訴我的：
>
> **哀傷從盒子裡移動到一個外化卻仍可觸及的位置**
>
> Inge 非常訝異在與 Bob 會面後，開始對母親有了「不同的感覺」。使用**兩張椅子**，一張給哀傷與難以承受的悲傷，另一張給母親，對她來說極為關鍵，現在她終於可以在哀傷歷程中首次（！！）將這兩個外化的「他者」分開。更重要的是，現在看見並思念母親時，不再只有強烈哀傷（因為哀傷是在另一張椅子上）。從週三開始，她可以在不受哀傷干擾之下和母親的回憶連結，思念她，喚起各式各樣的回憶。她現在可以開啟諸多往事，是與母親有關的各種情境的孩提記憶（週末一起待在家裡、母親工作或準備晚餐的時候、與家人共同出遊）。她發現自己多年來都將母親關在悲傷的盒子裡，讓她無法在難以承受的悲傷之外接觸到母親。
>
> 使用兩張椅子非常有助於 Inge 將兩者分開，也結合你說的，「我們需要死去的人幫助我們面對哀傷，也幫助我們能再次與他們連結。」
>
> **Inge 發現母親角色的重要性**
>
> 與 Bob 會面幾天後還發生另一件事，Inge 重新認識到母親角色對於孩子來說極為重要。她和 Erik 有兩個小孩，現在她開始思考自己作為母親對他們來說的重要性，還有思考她希望成為他們生命中怎樣的存在。這點深深打動我，因為這是另一件她原本就在苦苦掙扎的事情，想找到她作為母親對孩子來說的意義。哇！！

給母親的禮物

我們將這些關於母親的新舊回憶聯想為給予逝去的她的禮物（畢竟有哪位母親會希望自己的回憶只引起痛苦與悲傷，而不想要有人記得呢！？）。作為母親（或家長），我們希望自己的孩子想到我們時臉上浮現的是微笑。你大概猜到了，這點深深觸動我的情緒！！

Erik 的在場

Erik 補充表示，他非常感謝能加入她，在另一個房間見證這場會面。他強調自己有機會從一個可以避免想出手幫忙或安慰 Inge 的地方觀看會面，而不是在她身邊，這點非常重要。這樣他可以更專注聆聽妻子對你說的話。Inge 也同意：如果 Erik 當時處在同一個空間，她會呼應他的頻率，想照顧他，或害怕造成他的負擔，反而使他成為自己的負擔。獨自與 Bob 會面給她「至少某種掌控感」。

見證過這場會面之後，Erik 覺得開啟了可能性或空間，可以在這個週末問 Inge 關於她母親的問題，像是「妳小時候週末都和母親做什麼？」

反思小組的重要性

夫妻倆都強調，有機會聽見我們對於會面的反思非常重要。這給他們機會再次回顧會面，而且從比較外部的觀點看待，「某方面來說讓它更正常客觀，沒有那麼『不正常』。」

Bob，對我來說這是一次非常重要的哀傷治療訓練，（各項衝擊中我僅舉一例）我現在對在治療工作中使用椅子來外化感受與逝者充滿動力。謝謝你，Bob！！一項立即的「證據」是：在 Inge 與 Erik 之後的下一場會面中，我用了好幾張椅子……結果令人驚豔！！！

——溫暖的 An

結語

　　隨著當代關於持續性連結的學術研究問世，如同本書所充分收錄的內容，為哀傷治療帶來臨床與概念上的貢獻。我們在本章探究這項進展，所循的脈絡是一個將哀傷歷程視為意義重建的模式（Neimeyer, 2019），據此幫助個案認出、以符號象徵、以語言述說，並重新協調滿載情感而受到失落挑戰的意義世界。儘管此種哀傷工作導向可以（也確實已經）寫成結構化並納入特定單元與技巧的治療標準程序（Neimeyer & Alves, 2016；亦可參見第 2 章），我們仍在此強調，回應性心理治療（responsive psychotherapy）[5]不論何種類型，介入模式都高度依據個案調整，亦多即興發揮，這點特別貼近建構主義實務工作的核心（Neimeyer, 2009; Neimeyer & Mahoney, 1995）。依據此種觀點，治療對話是以合作共構的方式展開，治療師「緊跟在個案身後領導」（lead from one step behind），深化並指引對方投入哀傷過程浮現的隱含問題、重要情緒並體驗僵局。常見的結果是治療過程產生一系列「創新時刻」（innovative moment, IM），也就是個案與治療師都能發現新穎的意義，體現為新奇的反思與行動，並且開始重新構想關於個案延續性劇烈哀悼的主流敘事（dominant narrative）（Alves, Mendes, Gonçalves, & Neimeyer, 2012）。誠然，若仔細分析建構主義、存在主義（existential）以及以人為本的（person-centered）內行治療師與喪親個案工作的歷程，可從中清楚看見哀傷治療過程持續耕耘嶄新時刻與提升療程結果有所關聯（Piazza-Bonin, Neimeyer, Alves, Smigelsky, & Crunk, 2016; Piazza-Bonin, Neimeyer, Alves, & Smigelsky, 2016）。正如與 Inge 的治療工作所示，當治療師足夠敏銳地呼應個案在意義創建上漸增的力道，結果可能是個案快速重建自己容納哀傷的方式，以及與此同樣重要的，重建其如何容納與

---

[5] 譯注：此處「回應性」除了指治療師給予外顯的言語回應（如指示或建議），更多時候是抱持敏感度因應案主在心理治療即興舞台上拋出的「台詞」或表現（Neimeyer, 2009）。

逝者關係的方式。

　　有鑑於認知行為學說於當代心理治療中蔚為主流，讓人不免以非常認知取向的概念理解此種意義重建，將治療視為檢驗並修正個案在喪親脈絡下的錯誤詮釋或失調信念的過程（Malkinson, 2007）。我們不否認此種觀點有其功用，然而我們發現，以本章與其他個案（Neimeyer, 2004, 2008）為例的哀傷治療取徑更近似情緒焦點治療（emotion-focused）（Greenberg, 2010）、連貫性導向治療（coherence-oriented）（Ecker, 2012）與敘事治療（Hedtke & Winslade, 2016），它們共享建構主義或社會建構主義（social constructionist）的知識論。如同這些源流相近的治療模式，意義重建鼓勵個案「跟隨情感軌跡」（follow the affect trail），在治療對話的每次轉折中辨認出案主在意義重建過程中隱而未宣的**需求**與**意願**。治療對話本身被理解為敏銳細膩地投身在意義之中，這種意義僅部分透過外顯語言傳達，更大部分存在於雙方手勢、表情與肢體語言當中。甚至連口語本身也被當作多面向的資源，雖然呈現在逐字稿上不如錄影明顯，然而口語表達意義時，不只透過字面描述或說明，更藉由抑揚頓挫及語音強調，還有詩意及隱喻的交流（Mair, 2014; Neimeyer, 2009）。治療師與個案如同兩名爵士樂手或即興演員，各自回應對方丟來的「球」，巧妙地將治療推向兩人都無法預先知道的方向。

　　最後，雖然我們僅聚焦於一場個別治療，可能讓人誤以為我們將治療（特別是哀傷）視為高度個人化的心理歷程，然而我們由衷相信，**所有的哀傷治療都是未到齊的家族治療**（Hooghe & Neimeyer, 2012）。這項主張包含兩個層次。在第一個最明顯的層次上，正如持續性連結觀點所隱含的信念，哀傷治療的本質關乎生者與死者的關係，因此在類似 Inge 的治療會面中，喚起逝者的在場並加以應用是療程的關鍵要素。然而在第二個同樣重要的層次上，即使治療工作發生在最私密的治療會面當中，也會對個案重要他人的圈子帶來積極影響，包含改變對話、重新調整人際關係，並邀請將失落的事件故事或與逝者連結的背景故事整合進家族所共享的敘事。以 Inge 為例，這點被刻意安排在與

她和她丈夫的合作當中，藉由讓 Erik 在另一個房間裡觀看會面，伴侶雙方同時獲得緩衝與橋梁。接著再處理伴侶治療以及家庭生活的經驗，圓滿地串回起點，並且激勵個別諮商中所萌芽的改變持續開花結果。因此，與單一案主耕耘意義重建的治療師需要敏銳呼應相關聯的家庭、社會與文化論述，因為這些同時支撐也限縮治療成果，而後者又會進而微妙或扎實地改變前者。

　　總結而言，以持續性連結概念為方針的哀傷治療雖然也會支持喪親者度過失落後困擾的感受，其內涵卻遠甚於此。更根本而言，此種治療試圖跨越隱含在滲透性長期哀傷中的複雜課題，其做法是幫助哀悼者（a）處理可能是悲劇故事的死亡，並且（b）開啟他們與逝者關係的背景故事，除了化解其中的議題，也時常修復遭失落粉碎的部分依附安全感。藉由描繪 Inge 重新投入與母親關係的過程，我們希望對於有志加入此工作行列的同仁來說，不論其理論取向為何，皆有助於為他們揭下哀傷治療根本面向上的神祕面紗。

參考文獻

Alves, D., Mendes, I., Gonçalves, M., & Neimeyer, R. A. (2012). Innovative moments in grief therapy: Reconstructing meaning following perinatal death. *Death Studies, 36*, 785–818.

Bellet, B. W., Neimeyer, R. A., & Berman, J. S. (2016). Event centrality and bereavement symptomatology: The moderating role of meaning made. *Omega*. doi:10.1177/0030222816679659

Burke, L. A., Clark, K. A., Ali, K. S., Gibson, B. W., Smigelsky, M. A., & Neimeyer, R. A. (2015). Risk factors for anticipatory grief in family members of terminally ill veterans receiving palliative care services. *Journal of Social Work in End-of-Life and Palliative Care, 11*, 244–266. doi:10.1080/15524256.2015.1110071

Coleman, R. A., & Neimeyer, R. A. (2010). Measuring meaning: Searching for and making sense of spousal loss in later life. *Death Studies, 34*, 804–834.

Coleman, R. A., & Neimeyer, R. A. (2014). Assessment of subjective client agency in psychotherapy: A review. *Journal of Constructivist Psychology, 28*, 1–23.

Currier, J. M., Holland, J. M., & Neimeyer, R. A. (2006). Sense making, grief and the experience of violent loss: Toward a mediational model. *Death Studies*, *30*, 403–428.

Ecker, B. (2012). Overt statements for deep work in grief therapy. In R. A. Neimeyer (Ed.), *Techniques of grief therapy: Creative practices for counseling the bereaved* (pp. 152–154). New York: Routledge.

Greenberg, L. S. (2010). *Emotion focused psychotherapy*. Washington, DC: American Psychological Association.

Hedtke, L. (2012). Introducing the deceased. In R. A. Neimeyer (Ed.), *Techniques of grief therapy: Creative practices for counseling the bereaved* (pp. 253–255). New York: Routledge.

Hedtke, L., & Winslade, J. (2016). *The crafting of grief*. New York: Routledge.

Holland, J. M., Currier, J. M., & Neimeyer, R. A. (2006). Meaning reconstruction in the first two years of bereavement: The role of sense-making and benefit-finding. *Omega*, *53*, 173–191.

Hooghe, A., & Neimeyer, R. A. (2012). Family resilience in the wake of loss: A meaning-oriented contribution In D. Becvar (Ed.), *Handbook of family resilience*. New York: Springer.

Hooghe, A., Neimeyer, R. A., & Rober, P. (2012). "Cycling around an emotional core of sadness": Emotion regulation in a couple after the loss of a child. *Qualitative Health Research*, *22*, 1220–1231.

Keesee, N. J., Currier, J. M., & Neimeyer, R. A. (2008). Predictors of grief following the death of one's child: The contribution of finding meaning. *Journal of Clinical Psychology*, *64*, 1145–1163.

Klass, D., Silverman, P. R., & Nickman, S. (1996). *Continuing bonds: New understandings of grief*. Washington, DC: Taylor & Francis.

Kosminsky, P., & Jordan, J. R. (2016). *Attachment-informed grief therapy*. New York: Routledge.

Lichtenthal, W. G., Currier, J. M., Neimeyer, R. A., & Keesee, N. J. (2010). Sense and significance: A mixed methods examination of meaning-making following the loss of one's child. *Journal of Clinical Psychology*, *66*, 791–812.

Mair, M. (2014). *Another way of knowing: The poetry of psychological inquiry*. London: Raven Books.

Malkinson, R. (2007). *Cognitive grief therapy*. New York: Norton.

Neimeyer, R. A. (Ed.). (2001). *Meaning reconstruction and the experience of loss*. Washington, DC: American Psychological Association.

Neimeyer, R. A. (2004). *Constructivist psychotherapy. Series 1: Systems of psychotherapy* [VHS video/DVD]. Washington, DC: American Psychological Association.

Neimeyer, R. A. (2006a). *Lessons of loss* (2nd ed.). New York: Routledge.

Neimeyer, R. A. (2006b). Widowhood, grief and the quest for meaning: A narrative perspective on resilience. In D. Carr, R. M. Nesse, & C. B. Wortman (Eds.), *Spousal bereavement in late life* (pp. 227–252). New York: Springer.

Neimeyer, R. A. (2008). *Constructivist psychotherapy over time* [DVD]. Washington, DC: American Psychological Association.

Neimeyer, R. A. (2009). *Constructivist psychotherapy*. London and New York: Routledge.

Neimeyer, R. A. (2012a). Analogical listening. In R. A. Neimeyer (Ed.), *Techniques of grief therapy: Creative practices for counseling the bereaved* (pp. 55–58). New York: Routledge.

Neimeyer, R. A. (Ed.). (2012b). *Techniques of grief therapy: Creative practices for counseling the bereaved*. New York: Routledge.

Neimeyer, R. A. (2015a). Meaning in bereavement. In R. E. Anderson (Ed.), *World suffering and quality of life*. New York: Springer.

Neimeyer, R. A. (2015b). Treating complicated bereavement: The development of grief therapy. In J. Stillion & T. Attig (Eds.), *Death, dying and bereavement: Contemporary perspectives, institutions and practices* (pp. 307–320). New York: Springer.

Neimeyer, R. A. (Ed.). (2016). *Techniques of grief therapy: Assessment and intervention*. New York: Routledge.

Neimeyer, R. A. (2019). Meaning reconstruction in bereavement: Development of a research program. *Death Studies, 43*, 79–91. doi:10.1080/07481187.2018.1456620

Neimeyer, R. A., & Alves, D. (2016). Seeking meaning in loss: An online narrative constructivist intervention for complicated grief. *Grief Matters: The Australian Journal of Grief & Bereavement, 19*, 68–73.

Neimeyer, R. A., Klass, D., & Dennis, M. R. (2014). A social constructionist account of grief: Loss and the narration of meaning. *Death Studies, 38*, 485–498.

Neimeyer, R. A., & Mahoney, M. J. (1995). *Constructivism in psychotherapy*. Washington, DC: American Psychological Association.

Neimeyer, R. A., & Thompson, B. E. (2014). Meaning making and the art of grief therapy. In B. E. Thompson & R. A. Neimeyer (Eds.), *Grief and the expressive arts: Practices for creating meaning* (pp. 3–13). New York: Routledge.

Perlman, L. A., Wortman, C. B., Feuer, C. A., Farber, C. H., & Rando, T. (2014). *Treating traumatic bereavement: A practitioner's guide*. New York: Guilford Press.

Piazza-Bonin, E., Neimeyer, R. A., Alves, D., & Smigelsky, M. A. (2016). Innovative moments in humanistic therapy II: Analysis of change across the course of three cases of grief therapy. *Journal* of Constructivist Psychology, 1-20. doi:10.1080/10720537.2015.1118713

Piazza-Bonin, E., Neimeyer, R. A., Alves, D., Smigelsky, M. A., & Crunk, E. (2016). Innovative moments in humanistic therapy I: Process and outcome of eminent psychotherapists working with bereaved clients. Journal of Constructivist Psychology, 1-29. doi:10.1080/10720537.2015.1118712

Prigerson, H. G., Horowitz, M. J., Jacobs, S. C., Parkes, C. M., Aslan, M., Goodkin, K., Raphael, B., . . . Maciejewski, P. K. (2009). Prolonged grief disorder: Psychometric validation of criteria proposed for DSM-V and ICD-11. PLoS Medicine, 6(8), 1-12.

Rozalski, V., Holland, J. M., & Neimeyer, R. A. (2016). Circumstances of death and complicated grief: Indirect associations through meaning made of loss. Journal of Loss and Trauma. doi:10.1080/15325024.2016.1161426

Rubin, S. S., Malkinson, R., & Witztum, E. (2011). Working with the bereaved. New York: Routledge.

Rynearson, E. K. (2012). Invoking an alliance with the deceased after violent death. In R. A. Neimeyer (Ed.), Techniques of grief therapy (pp. 91-94). New York: Routledge.

Rynearson, E. K., & Salloum, A. (2021). Restorative retelling: Revisiting the narrative of violent death. In R. A. Neimeyer, D. Harris, H. Winokuer, & G. Thornton (Eds.), Grief and bereavement in contemporary society: Bridging research and practice (pp. 177-188). New York: Routledge.

Thompson, B. E., & Neimeyer, R. A. (Eds.). (2014). Grief and the expressive arts: Practices for creating meaning. New York: Routledge.

2

找尋失落意義的團體：
原則、歷程與步驟
Robert A. Neimeyer, Evgenia (Jane) Milman and Edith Maria Steffen

　　當代死亡學（thanatology）有一項值得關注的特點，即領域中超過半數為喪親研究，使其他所有研究類別在該領域的頂尖期刊中相形失色（Wittkowski, Doki, Neimeyer, & Vallerga, 2015）。這份對於哀傷及其處遇迅速擴大的關注，主要的驅力除了來自這個領域中歷史悠久的理論觀點（如依附理論）重新復甦（Kosminsky & Jordan, 2016; Shaver & Fraley, 2008），也因為新的失落調適模式日漸興起，持續擴展其實證基礎與臨床影響力（Neimeyer, 2015）。本章即援引一種將哀傷視為意義重建過程（Neimeyer, 2019）的失落調適觀點，以勾勒出新的介入模式，即找尋失落意義的團體（Meaning in Loss Group, MLG），其對象為在複雜性喪慟中掙扎的哀悼者；此外，將呈現這項方法應用於三種不同脈絡下的片段，以闡述其原則、歷程與步驟。我們會從簡短的研究回顧開始，確立工作基礎，接著提出有彈性的團體引導指南，希望提供給其他有意將此方法實踐於自身情境的臨床工作者與研究者。

意義重建與失落經驗

　　敘事建構取向（narrative constructivist approach）為喪親研究的「新面貌」

做出重大貢獻，此種取向預設**哀傷的一項核心歷程是試圖重新確認或重新建構受到失落挑戰的意義世界**（Neimeyer, 2006, 2001）。依據這項觀點，人類生來就是固執的意義建構者，始終試著將川流不息的事件圈點為富含意義的序列與反覆重現的主題，以藉此在某種程度上理解、預期並掌控我們經驗的世界（Kelly, 1955）。生活順遂時，這種組織經驗的活動於暗中進行，絕大部分落在可以言明的意識之外，形成在我們有意識的認知、意圖與行動後方的背景（Polanyi, 1958）。在此情況下，生命純粹地「合理」（makes sense），我們處於一個由重要之人與重要論述構成的社會中，扮演自己的角色，且必定參照這些人物與論述建構自己獨一無二的自我敘事（self-narrative），也隨之建構我們不斷演變的身分認同（Neimeyer, 2004; Neimeyer, Klass, & Dennis, 2014）。

然而，當遭逢不論何種類型的創傷生命事件，特別是當經歷了生命中重要之人的死亡，便可能對我們預設世界中所具有的理所當然造成嚴峻考驗，甚至將其完全粉碎（Janoff-Bulman & Berger, 2000）。生者可能因此被拋入由失落造就的陌生之境，被迫在失落過後痛苦迫切地找尋意義。此種意義創建模式在過去十年累積大量證據支持，涵蓋的樣本多元，包含因為自然或暴力死亡而失去心愛之人的喪親青年人、家長與年長者，這些研究顯示當個體難以在失落經驗中找到重要意義，容易出現強烈、複雜且延續之哀傷反應（Neimeyer, 2019）。反之，能夠將失落整合進自己意義系統的個體則呈現較輕微的複雜性哀傷症狀（Holland, Currier, Colemn, & Neimeyer），並且在事件過後一年半到四年間出現積極的情緒狀態（Coleman & Neimeyer, 2010）。最後，意義創建似乎提供緩衝，降低類似暴力死亡喪親（Currier, Holland, & Neimeyer, 2006; Rozalski, Holland, & Neimeyer, 2016）與失落造成的靈性危機（Lichtenthal, Burke, & Neimeyer, 2011）等風險因子所造成的強烈複雜性哀傷症狀；意義創建也調和「高度核心」（high centrality）的失落事件對於喪親調適所造成的衝擊（Bellet, Neimeyer, & Berman, 2017）。

本於上述證據基礎，人們提出愈來愈多元的意義導向敘事介入模式，隨之

產生各種心理治療與表達性藝術治療方法（Neimeyer, 2012b, 2012e, 2021; Thompson & Neimeyer, 2014）。此外，不少援引上述方法的治療也開始接受開放式與隨機試驗方法的評鑑，且結果令人振奮（Lichtenthal & Cruess, 2010; MacKinnon et al., 2012; Neimeyer & Young-Elisendrath, 2015; Saindon et al., 2014）。

找尋失落意義的團體介入模式

延續上述令人期待的進展，我們將勾勒找尋失落意義的團體（MLG）介入模式，此種模式經過在加拿大、英國與美國的多點合作得以發展優化。在此我們將引導讀者思考此種團體的幾項架構原則，接著描述團體的形式與步驟，並以其實際應用於三個國家的案例片段，說明各週單元內容。說明過程中，我們會點出單元間的差異變化，以提高各項差異對於不同情境或群體的適用性，也會提出歷程觀察與建議，供有興趣在各自脈絡下完整或部分執行此模式的工作夥伴參考。

原則

MLG 奠基於敘事建構主義的理論架構（Neimeyer, 2009），與其他同樣受此觀點啟發的治療方法有相同的核心原則。這些原則包含尊重個案是固執的意義創建者，並且將治療視為一段過程，目的是提升個案對於自身經驗的「鑑賞力」（connoisseurship），也就是幫助他們稱呼並認取自己回應生命情境時的細微差異，讓他們在繼續前行時更知情地做出選擇。以此介入模式的脈絡而言，這代表治療應該協助團體參與者提升自己對於哀傷的「情緒素養」（emotional literacy），透過各式各樣的步驟來探索、表達並重新協調受到失落挑戰與改變的隱含意義。除此之外，MLG 也體現其他原則，概述如下：

- 治療師工作時更像是「場邊的引導者」（guide on the side），而非「台

上的智者」（sage on the stage）。意思是治療的探索性高於心理教育性，而團體領導人所做的，是介紹給案主自我發現與賦能（empowerment）的方法，並支持他們實踐，而非採取一種專家的立場，教導一套經過認可的因應技巧，也不會以蘇格拉底式提問評論團體成員失效的念頭，或者化身為精通失落哀傷之正確反應的權威之士（Neimeyer, 2009）。

- **治療師專注於過程而非內容**。這點是延續前項原則的必然結果，即團體領導人介紹工具與主題供團體探索討論，但是交由團體成員決定這些工具與主題在他們各自獨特的失落脈絡中所具有的相關性。

- **所有改變都來自深度體驗的時刻，其他一切都只是注腳**。換句話說，團體單元的設計目標是促進案主以真切的情緒投入死亡的「事件故事」，以及與逝者關係的「背景故事」（Neimeyer & Thompson, 2014）。而對於此經驗偏向「認知」層面的反思則可以扮演鞏固而非激發改變的角色。

- 作為體驗學習（experiential learning）的一種形式，治療根植於具體經驗，促進個人反思，**讓案主認識新的想法與可能性，並且促發他們在改變過後的世界中積極嘗試**。正是透過感覺、反思、重新構想並採取行動的反覆歷程（Kolb, 1984），重新建構受到失落挑戰的意義世界。

- **新的意義產生於人際之間，而不只發生在個人內在**。在團體治療交互作用的場域中，與其他喪慟者動人心弦且時常生趣盎然的對話會促進個人經驗的發聲與認可，也提供機會讓案主以不同角度理解失落。另一種說法是，哀悼與意義是置身所在的（situated）詮釋性（interpretive）與溝通性（communicative）活動[6]，也是社會性建構的形式，而不僅僅是置身於個體內在的情緒或認知歷程（Neimeyer et al., 2014）

---

6 譯注：「置身所在」的意思是哀悼必然發生在某個家庭、社會、文化與歷史脈絡之中；「詮釋性」指個體面對迫人的情緒經驗，必然會試圖理解；「溝通性」指哀悼本質上必然嵌在個體與他人之間表現出來的口語、文字或非語言交流之中。詳見本系列前作，Robert A. Neimeyer 主編，《重新凝視失落：哀傷治療的衡鑑與介入》（翁士恆譯，台北市：張老師，2019），p. 30。

治療師

　　開始介紹 MLG 各單元內容之前,需要先說明有關團體領導者。至今,所有實踐此標準程序的領導人都是取得臨床或諮商心理學博士學位的心理治療師,或者由這些領域正在受訓或實習的研究生在博士層級的導師督導下執行。當然,其他療癒性專業的同等資歷,如社會工作、精神醫學、教牧關顧(pastoral care)[7]或進階護理同樣足以勝任。然而,特別當應用於複雜的喪慟個案,也就是涉及各類與哀悼者、死亡情境或逝者關係相關的風險因子時(Neimeyer & Burke, 2017),必須確保領導人具備充分的喪慟與團體工作專業訓練。除非在周密的支持與督導下,否則 MLG 的設計不適用於由志工或新手治療師帶領的喪慟支持脈絡。雖說如此,以下部分單元仍可選用於支持團體的脈絡,詳如後文所述。[8]

　　另外一項建議是團體應由兩位協同治療師共同領導。雖然有經驗的治療師自己就能成功領導,然而與同事合作代表在單一團體會面帶領不同活動時可以責任分工,一位治療師專注於團體經營,另一位則關注團體成員投入過程或情緒狀態的訊號。此外,在團體人數眾多且採行雙人小組(dyadic)的特殊形式時,協同領導更有實務操作上的優點,詳如下一節說明。這種做法在訓練脈絡下更是提供指導與示範的最佳結構,可以為仍在發展階段的治療師搭配一名更有經驗的同事,以推動並督導團體進行。

團體形式

　　實踐 MLG 的過程中,最理想的團體安排是一系列每次兩小時的會面,在

7　譯注:指基督教會神職人員對於教徒的主動關懷(或稱牧養)。
8　對於 MLG 標準程序的訓練與督導相關資訊有興趣的讀者,請聯繫本章節第一作者,電子郵件為 neimeyer@portlandinstitute.org。

每週同一天的同一時段，連續十二週。要注意避開重大宗教或非宗教節日，並且在預篩選會談（詳見本章後半）及潛在成員確認團體時程安排的可行性時，盡可能減少缺席。MLG 採封閉式團體結構，意即從初次會面到結束都維持固定成員，並期待大家每週都能參與（但仍保留彈性給無法預知的事件或病假）。由於各單元（與團體凝聚力）是經由一次次會面逐步建構，因此要注意團體在開始運作後就不再接受新成員。誠然，針對上述形式稍做調整依然可行（例如若團體人數較少，會面時間可以採一個半小時，甚至亦可改為一系列每次四到六小時的週末工作坊，總時數亦為二十四小時）。

MLG 的一項特點是在人數較多的大團體結構中頻繁安排雙人小組交流，詳見以下單元描述。意思是在會面過程中選定一個時間點，將團體的六到十二位成員分成兩兩一組，在組內一對一分享指定主題（例如介紹心愛之人、分享自己的生命章節或人生時間軸，或者讀出與逝者通信的想像信件）。這些組內交流通常很短（共十五到三十分鐘），在此期間，治療師會穿梭在各組之間，短暫停留與聆聽，有時提供支持或建議，或者在有人舉手表達疑問或擔憂時給予回應。雙人小組互動結束後，各組重新聚集成較大的團體，處理個別成員的觀察，處理時的但書是：雖然團體永遠歡迎自我揭露，但如果要分享的觀察是關於小組夥伴，則要先向對方確認。很多時候，這個接續的大團體會持續到會面結束，不過在某些情況下，也會將其安排在特定時限之內，把時間留給進一步的主題或活動。要注意每次會面讓不同成員配成小組，以避免形成小團體，也藉此在一次次會面中促進更全面的團體凝聚力。

雙人小組相較於一般更常見的全體性團體形式，有以下數項優點：

- **鼓勵更充分投入**，這點對所有團體成員皆然，因為兩兩一組分享時，每個人都有同等的「說話時間」。
- **限縮某些成員的主導地位**，例如比較多話、外向或高需求的成員。
- **治療師參與雙人小組**除了能給予特別高需求的參與者額外的時間與支持，也可以讓成員數為奇數的團體變成偶數。

- **雙人小組工作提供更多安全感與親密感**，特別在團體剛開始時，多數人對於向一群陌生人談論私人議題會感到卻步。
- **增加可利用時間**，因為有機會讓所有成員同時發言，所以不需要延長團體會面時間，也可以在實質上使團體多出一小時或甚至更多的對話時間（例如一個十人團體中，每位成員皆獲得七到十分鐘的狀況）。
- **為全體性大團體的處理工作預先準備**，透過雙人小組活動先累積豐富多樣的個人與互動性觀察。
- **提升體驗強度**，因為此種做法提供成員充分體驗所需的人際親密感、安全感與個別發言時間。雙人小組形式也能彌補若完全採全體性團體形式有時會出現的說教氛圍，藉此催化體驗強度。

除此之外，也能將比較大的八到十人團體拆成兩個比較小的四到五人團體，分別由一位協同治療師引導，這種做法可以有效應用在鼓勵成員分享個人書寫的團體歷程（例如再向你問候信件或虛擬夢境故事[9]）。此種結構如同雙人小組，能夠促進比較內斂的成員參與，同時帶出更具多樣性的回應，通常有助於成員順利轉接至大團體分享。

單元內容

不論是以線上治療（Neimeyer & Alves, 2016）或團體治療的方式執行，找尋失落意義的介入模式都是根據意義重建的原理，也就是將喪慟者視為因生命中重要之人逝世而面對兩項敘事挑戰（Neimeyer & Thompson, 2014）。第一項是**處理死亡本身的「事件故事」**，目的是理解該事件並且找到其對於自己作為生者的潛在意涵。第二項是**開啟曾與所愛之人共同經歷的生命「背景故事」**，目的是恢復並重建一定程度的依附安全感，同時解決與逝者有關的未竟事宜。

---

9 譯注：關於這兩種團體歷程的說明，請見下文第六次與第十次會面內容。

看待或投入這些挑戰時，重點在於不能將其視為只是「認知的」歷程，事實上，循著建構主義知識論的思維，它們具有情緒與行為上的深刻意涵。MLG作為一種聚焦於情緒的反思性敘事介入模式，首要目標在於將失落整合進生者更廣大的生命故事中，啟發而非否認案主向前邁進時的願望與行動。

案例團體背景脈絡

為了持續檢驗 MLG 的可行性，我們刻意在不同試驗中針對團體設定與結構的變化進行實驗。以下將簡要描述這些變化，指出每次試驗在團體領導、成員組成、會面形式與機構情境上的差異。接下來的小節會從三種情境中汲取更多片段，以說明各單元的技巧呈現以及團體經營與歷程的特性，內容參考會面筆記細節以及治療與督導錄音。

加拿大蒙特婁（Montreal, Canada）

團體由已取得諮商心理學碩士學位、現為同系所資深博士生的 JM 帶領，並且由具備四十年經驗的博士臨床心理師 RAN 每週透過視訊會議提供督導。團體辦在一個猶太社區服務組織，該組織提供一系列心理健康門診服務（照護對象不限猶太人）。潛在團體成員先接受預篩選以確認適合參與（詳見本章後續），最後篩選出八位參與者，包含七位女性與一位男性，年齡從二十三歲至五十九歲。所有參與者都失去親近之人，包括父母、配偶、孩子或手足，逝世原因各異，包含自然死因（如癌症、心搏停止）與暴力死因（如重大事故、自殺）。團體會面時間在晚上，每次九十分鐘，共十二週，中間偶爾跨週（例如因應重要的猶太教節日）。

美國孟斐斯（Memphis, USA）

團體由極具經驗的博士心理師 RAN 帶領，並且與兩名牧師合作，以喪慟

支持團體的形式於大型聖公會會所（Episcopal congregation）舉辦。依據該社群提供喪慟支持的做法，參與者並未經歷預篩選，不過多數都在團體開始約兩個月前參加過 RAN 帶來的教育性座談會「哀傷與意義的追尋」。三位協同治療師會在每次團體會面前碰面分配任務，並且在結束後簡短回顧。因應教會針對個別治療與整體計畫的時間限制，參與者每週會面一小時，採取總共七次會面的濃縮標準程序。十一名團體成員經歷的失落性質非常多樣，其中三位為模糊性非死亡失落（ambiguous, non-death losses）（Harris, 2020）（例如失去一段婚姻或職涯），一位抱著對於死亡必然性的整體憂慮（即個人死亡焦慮，同時害怕自己終將一死對於孩子所造成的衝擊，儘管他並沒有具體醫療風險或自殺念頭）。其他符合一般喪慟定義的案主組成也很多元，從晚年面臨伴侶壽終正寢到非常創傷性的失落，例如有位參與者經歷孫兒胎死腹中，數月後嬰孩的母親（即參與者的女兒）自殺，再隔兩個月，身為遺族的女婿最終也以自殺結束生命。另一位同樣經歷創傷性失落的參與者則是失去不只一位，而是兩位正值青年的孩子，都因自殺而離世。

英國倫敦（London, UK）

團體的兩名帶領者分別為擁有心理博士學位（PsyD）[10]與超過十年臨床經驗的諮商心理師 EMS，以及一位已有八年經驗的博士臨床心理師。團體工作由 RAN 在 JM 的支持下每週或隔週透過視訊會議督導。團體辦在英國倫敦羅漢普頓大學（University of Roehampton）的社會與心理轉變研究中心（Centre for Research in Social and Psychological Transformation, CREST）。MLG 的倫敦

---

10 譯注：PsyD 全稱為 Doctorate of psychology（心理博士），與 PhD in psychology（心理學博士）同為心理學領域博士學位。唯 PsyD 一般來說更著重臨床實務訓練，而 PhD 則更聚焦於學術研究。譯文中作「心理博士」者指 PsyD，若僅作「博士」則指 PhD。詳見 Michalski, D. S., & Fowler, G. (2016, January 1). Doctoral degrees in psychology: How are they different, or not so different? Psychology Student Network. https://www.apa.org/ed/precollege/psn/2016/01/doctoral-degrees。

團體特別針對非暴力失落，而且自始至終更融入持續性連結這項焦點。團體成員加入的管道包含羅漢普頓大學的諮商服務，以及兩個當地的喪慟服務單位，即位於里奇蒙（Richmond）的克魯斯喪慟支持機構（Cruse Bereavement Support）以及京斯頓喪慟服務機構（Kingston Bereavement Service）。經過預篩選後，有八位參與者加入團體，包含六位女性與兩位男性，年齡從二十多歲後半到八十多歲。他們失去的對象都是因為自然原因逝世，如癌症或心搏停止。參與者的失落樣態多元：其中三位失去一名家長，三位失去伴侶，一位失去兩名祖父母，一位失去一個孩子。團體每週會面一次，連續十二週，會面時間在晚上，長度兩小時，中間有一段十五分鐘的茶點休息時間，讓參與者彼此非正式交流，促進團體凝聚力。

預篩選會談

　　理想狀況下，我們建議治療師為所有潛在團體成員都安排三十到六十分鐘的個別預篩選會談，以評估他們適合參與團體工作的程度（也就是足以與他人共同進行治療工作的能力，評估資訊來自與他們討論過往的職場或治療團體經驗，加上篩選者的觀察）、悲痛程度（不會高到可能壓倒團體歷程，或者對於自己或他人構成風險而需要較密切的個別追蹤），以及對於團體的目標與期待（與預計提供的治療是否大致符合）。除了請會談者簡短描述自己的生活情況與失落經驗外，治療師會說明團體的大致結構與目標，進而告知可以加入團體，或者向對方建議其他服務（例如個別或家族治療，以及精神科諮詢），也會回應潛在參與者提出的問題。如此，會談者加入團體時將獲益於其與治療師已經開始發展的同盟關係（alliance），而治療師也在帶領團體之初就預先知道更多個別成員的情況、掙扎及強項。若無法執行預篩選，所面臨的風險是團體成員的異質性與需求程度可能較高，還有其他日後可能帶來挑戰的因素，尤其是對於經驗較少的團體引導者來說更是如此。

在孟斐斯教會舉辦的「哀傷支持」團體中，由於出現意料之外的非喪慟性失落成員（失去多年婚姻、對於生命有限的個人憂慮，以及退離畢生事業），因此需要靈機應變，重新架構數個單元的介入方法，詳見後續。此種團體組成也代表需要技巧性安排雙人小組工作，一開始讓非喪慟性失落的參與者彼此配對，相較於其他配對方式（例如讓一名為離婚而哀傷的案主搭配另一位因成年兒子用藥致死而苦苦掙扎的參與者），此種安排可以提升雙人夥伴對彼此的認同。同理，由於無法篩選發現部分成員極高的情緒壓力，就需要以純熟技巧引導團體歷程，並且特別依據其中兩位成員的需求調整（雙人小組工作時，兩人經常與團體領導人配對，以給予他們更多關注）。儘管這些努力大致成功，然而如果先經過謹慎的預篩選，可以讓成員有更多共通點，也能降低挑戰的程度而從團體中獲益更多。

　　若能徹底評估潛在參與者是否適合團體治療的形式，不只有助於辨識出最適合接受個別治療的個體，也讓 MLG 引導人得以預期潛在的破壞性人際動力，幫助接下來參與團體的成員準備好與其他哀傷者一起工作。MLG 的蒙特婁團體預篩選時，JM 一開始便探問會談者在各類團體情境中的經驗（例如「當你身處團體之中，不論在職場、朋友間或與親近的家人在一起，你通常遭遇什麼挑戰？又從團體中得到什麼收穫？」），接著提出開放式問題，評估會談者如何看待自己在團體情境中的貢獻。舉例來說，詢問潛在參與者：「你發現自己在團體中扮演怎樣的角色？像是照顧者、專家、理性的聲音、暗中觀察者，或眾人關注的焦點。請記得你的角色可能因為所在的團體不同而改變，也許在親近的家人身邊你是照顧者，但是在職場上是暗中觀察者。你想像自己在這個哀傷團體中會扮演什麼角色？」在其中一位會談者的案例中，她表示預計成為團體中的「哀傷專家」。這點在預篩選會談中獲得處理，首先認可這位會談者的好意，以及她對於哀傷歷程的洞見有其價值。接著，JM 特別說明，對於人們實際經歷的複雜掙扎，重要的是不要提供簡單解方，並強調每位哀傷者都有自己多樣且截然不同的真實。預篩選會談結束後，RAN 和 JM 探討多種不

同做法，盡可能降低此人自己宣告為「專家」所可能帶來的破壞性潛力，其做法包括策略性將她與治療師或其他自信堅定的成員配對為雙人小組，同時在團體之始就強調團體的常規是積極聆聽而非給予建議。

MLG 蒙特婁團體預篩選時，也有探索會談者能否包容哀傷的多樣化表現。其中一名會談者對於任何人「有辦法丟掉」逝者遺物表達出鄙夷。經進一步探問，發現她發展出鄙夷的姿態是為了回應那些不斷要她「清空」丈夫衣櫃才能「走出來」的指示。對於喪慟者而言，面臨與自己差異懸殊的哀傷表現可能很困難，尤其是如果他們自己曾經受到「正確」與「錯誤」哀傷方式的評判時，更是如此。

接下來會依序討論 MLG 的每一次會面，透過可行性試驗中的團體片段細部說明。我們會在過程中分享各項技巧如何實行與延伸的經驗總結與訣竅，以利未來重複推動這項計畫。

第一階段：重啟故事

第一次會面：互相認識。治療師在團體治療室門口迎接成員，歡迎他們加入，並鼓勵大家從圍成圈的椅子當中選一張坐下，室內光線為溫暖的自然光或白熾光。治療師先介紹團體規則與常規（例如資訊保密、輪流發言），接著說明團體會面的重點與架構，並且邀請成員簡要概述他們承受的失落，敘述時保持完整團體的形式，以促進成員間互相分享與支持。團體領導者接著引導成員討論他們對於團體治療的擔憂、希望與目標。會面結束前，邀請每位成員下次帶一個象徵逝者的特殊物件（例如所愛之人留下的珍藏物、一張相片，或者具有象徵意義會讓自己想到對方的東西）。若失落不涉及生命終結，成員可以帶一樣足以代表失落的物件（例如不再配戴的結婚戒指、過往演奏生涯留下的樂器）。

初次會面，我們建議引導者邀請成員提供失落概述時給予具體的分享方

向。MLG 的蒙特婁團體中，JM 指示成員：「描述自己得知或親身經歷所愛之人死去的那一天。」她接著向團體保證：「我們會在兩次會面之後再次回到你們的失落故事，完完整整地探索，確保我們給予這些故事應得的時間和關注。」提供這些明確的敘事界限除了可以幫助引導者管控團體有限的時間，也減緩參與者的預期性焦慮，認為自己在第一次向一群近乎陌生人的團體介紹失落經驗時，就要完整捕捉其內涵。重要的是，明確指出失落故事的焦點將有助於約束團體成員，因為他們的敘事可能不具結構，或者在情緒上使分享者自己與其他團體成員都難以招架，畢竟許多人在這場 MLG 初次會面之前可能從未遇過如此為數眾多又形形色色的哀傷敘事。

討論團體成員對於治療的希望、目標與擔憂，這不需要像是例行公事或老調重彈，事實上，藉由點出團體成員之間相近的感受，將是引導者在初期建立團體凝聚力的一次機會。此外，這也是引導者可以分享自己希望、目標與擔憂的平台，藉此培養同盟關係，並預先阻止在預篩選會談就已經注意到可能會有問題的團體歷程。例如在 MLG 的蒙特婁團體中，JM 表達她希望團體是一個尊重哀傷多元表現的安全所在，這點使團體成員開始討論要包容彼此經驗的差異。據此，JM 分享她對團體的希望、目標與擔憂，特別針對在預篩選過程就已經出現的潛在破壞性人際動力，促成一種不苛刻也不說教的討論。

第二次會面：介紹心愛之人。依據將關係連結理解為敘事的概念（Hedtke & Winslade, 2016），治療師鼓勵團體成員分享的不只是逝去之人，更是曾經活著的那一位。治療師將成員分成雙人小組後，會邀請大家在組內分享對於心愛之人的「豐厚敘述」（thick description），描述對方在世時是怎樣的人或怎樣的家人，特別是相對於案主而言。分享時可以用他們帶來的重要物件作為與逝者的「連結物件」，幫助案主描述並佐證說明心愛之人的特質、代表性強項，以及某個足以透露其為人的生命時刻。為了使過程更順利，會給小組夥伴可供參考的對談問題，例如「＿＿＿對你來說是誰？有＿＿＿在你生命中代表什麼？」、「有沒有什麼關於＿＿＿的故事是她會希望我們知道的？」，以及「＿＿

可能會說他欣賞你的什麼,又會告訴你可以怎樣處理此刻正在面對的挑戰?」與此同時,也會鼓勵成員發揮創意發想問題,可以朝他們感興趣的方向,或者依據所聽見關於逝者故事的線索發問。雙人小組階段會給每位夥伴至多十五分鐘,接著回到包含所有人的團體中處理,先讓每位成員向大團體介紹**小組夥伴**對於心愛故人的描述。聽見另一名成員向團體介紹自己的心愛之人,不僅促成共情相映(empathic mirroring)的感受,也促進一種「與自我拉開距離」(self-distancing)的觀點,幫助成員調節自身情緒並且更清楚看見關係(Kross & Ayduk, 2010)。對於模糊性失落的個案,領導者會邀請案主描述例如離婚前關係比較幸福時伴侶的樣子,或者描述那個失去事業或健康之前的自己。

如前所述,MLG 的倫敦團體自始至終都格外強調持續性連結,而「介紹心愛之人」(Hedtke, 2012)的活動特別切合這個焦點。在團體脈絡下,這項活動不只鼓勵個別成員重建有關自己與所愛逝者之間連結的敘事,也鼓勵將此連結分享給其他人,給予逝者一個在他人與生者之間的新位置。喪慟者與逝者間原本可能變得狹隘單一的關係,因此得以擴展為一個比較複合的關係與意義網絡,涵蓋過去、現在與未來。這個「重組會員」(re-membering)的過程[11](Hedtke, 2018)可以有各種形式,而在團體情境下則特別適合納入儀式、共同行動或身體化的意義。有鑑於此,倫敦團體的治療師保留第二次會面最後的時間介紹「團體遺物計畫」,邀請參與者考慮不同提議、貢獻自己的點子,並且在下次會面前思考替代方案。大家提出的構想包含製作失落收藏箱(Krawchuk, 2016)、一個回憶板用來釘上相片或寫著重要訊息的卡片,以及一張桌子可以放上心愛之人所留下具有意義的紀念品,團體成員表示他們偏好

---

11 譯注:重組會員指重新選擇要將哪些人事物以何種方式納入自己的生命當中。這項概念來自於將我們的生命想成一個俱樂部(club of life),當中影響程度不一的人事物就像俱樂部裡重要性不等的會員,而重組會員不僅關乎回憶(remembering),更代表我們謹慎決定這些人事物在自己生命中的影響力或重要性,重新定義其「會員資格」(re-membering)。

最後這個「遺物桌」的構想。在團體治療室的一側放上一張小桌子，邀請成員帶來富含意義的物件，會面期間可以放在桌上。一開始放上桌子的物品是成員介紹心愛之人時帶來的東西，例如有位參與者帶來已故母親的香水，那瓶香水彷彿能捕捉母親迷人的特質。藉由雅致瓶身與香水氣息帶來的感官質地，為逝者增添一種新的身體現實感，而且當下屋裡的每個人都能觸及。另一名參與者帶來一隻小巧的泰迪熊，連同另外一隻，是母親在她婚禮當天送的禮物。這兩隻小熊曾經是她婚禮捧花的一部分，代表當時無法出席的祖父母，也指向多個世代之間的持續性連結。一名喪妻的參與者帶來一隻原本放在太太桌上的小長頸鹿，表示有它在場，對他來說就代表「她在這裡！」另一位失去父親的參與者帶來一隻小鹿玩偶，是父親難得送她的禮物，當時送她是想告訴她自己多麼以她為榮。她告訴我們：「把它放在桌上讓所有人都能看見——這對我來說意義非凡。」

第二階段：處理失落事件故事

　　第三次會面：失落時間軸。為了循序漸進建立團體成員完整的生命路徑，同時追溯個人失落歷史，治療師輔導成員建構包含個人生命轉折重要時點的**失落時間軸**（Dunton, 2012），記下他們每次面臨轉折的情緒反應與實際回應，將其分段成不同標題的**生命章節**（Neimeyer, 2014）。另一種做法是鼓勵他們建構這個生命故事的「目錄」，而不用真的描繪出時間軸。對許多人來說，若能加上粉蠟筆的色彩並以圖畫或符號表達事件，則更能為時間軸作業增色。對於參與者來說，認知到過往穿插在生命故事中的失落，並將其按照時序排列，可以讓他們辨認出這些事件在塑造自我敘事的過程中扮演何種角色，也透露出他們過往的因應方式，以及作為韌性來源的個人生命史與人際關係。同樣的，在雙人小組中帶著尊重與好奇一同爬梳時間軸，經常能讓參與者辨認出當中反覆重現的主題（例如關於挑戰與生存、自我犧牲，或重新燃起希望），同時讓

經驗跨越時間連結至相關的家庭、文化或靈性的期待與資源。雙人小組進行約半小時後（即每位夥伴有十五分鐘），參與者回到全員團體形式，訴說他們最有意思的洞見與觀察。

　　向孟斐斯團體介紹時間軸時，成員們興趣濃厚。他們使用粉蠟筆與大開圖畫紙，藉由雲霄飛車、地圖與桌遊等各種主題元素描繪自己生命的跌宕起伏。儘管多數參與者是以文字標記並定義包含令他們欣喜的改變（初戀、生下孩子）與不願接受的改變（被裁員、失去關係、家人過世），但也有人運用符號傳達意義，而且這些符號通常圍繞著重要的日期或年紀。這項個人活動在銜接至雙人小組與後續大團體時引發熱烈討論，小組成員會使用彼此的時間軸向大團體更完整介紹自己的夥伴。處理工作繼續維持在完整團體的層次，由治療師拋出問題提取成員間共通或獨特的重大主題，以刺激大家思考，失落是以何種角色穿插在他們的生命故事中，同時想像如果故事能夠朝更有希望的方向發展，下一個章節可能是什麼樣子。由於幾乎所有成員都曾經遇過許多類似的失望、喜悅與掙扎，因此，不論他們第一次會面分享何種失落，此次會面都有助於深化對彼此的認同，並培養團體凝聚力。會面最後由領導者鼓勵成員在下次會面前採取一些具體的「行動步驟」，將他們的生命路線輕推往所願的方向。

　　第四次會面：意義重建會談（Meaning Reconstruction Interview）。治療師歡迎案主回來，簡短回顧過去一週大家嘗試行動步驟的經驗，肯定成功之處並協助排除障礙。由於成員在前一次會面已經勾勒出生命的失落地景，此次正好可以更全面地投入他們的失落故事，過程採用意義重建會談的大致結構（Neimeyer, 2006）。這個彈性架構建議一系列從**進入**（Entry）、**體驗**（Experiencing）、**解釋**（Explanation）到**開展**（Elaboration）的問題，各階段都有範例問題，可以依案主需求調整。治療師再次將成員分成雙人小組，鼓勵他們回想失落經驗的細節，當下自己如何回應，以及這份感覺從當時到現在如何演變（進入）；接著深入將關鍵場景以及他們身有所感的關聯情緒視覺化（探索）；再探問他們如何理解失落的意義，以及所有幫助他們理解的哲學或靈性

信仰（解釋）；最後詢問失落為他們的生命或自我感帶來何種更長期的含義或學習（開展）。

值得注意的是，若團體會面時間較長或人數較少，治療師可以採取重述死亡敘事的特殊步驟，目的是促進案主在創傷性失落經驗中較佳的情緒調節與意義理解（Neimeyer, 2012c）。此種做法來自 Rynearson 及其同仁發展的治療標準程序，其中包含鼓勵雙人小組放慢速度回顧死亡過程敘事中較難以承受的細節，由治療師給予支持，幫助他們更有力量掌握經驗，而不需依賴過去逃避的因應方式（Rynearson & Salloum, 2021）。在此情況下，體驗與解釋的問題最為重要，相較於如果失落比較屬於自然老死，或每位成員可以發言的時間較少，又或者只有一位治療師在場支持的話，則讓這些問題點到為止。這也指出當 MLG 明確聚焦於更具創傷性的喪慟經驗，若能額外安排團體或個別會面來執行這項步驟，將更有價值。

會面最後留給成員引導式的日誌書寫功課，鼓勵他們進一步依具體指示進行反思寫作，幫助他們鞏固對於經驗的意義理解與收穫發掘（Lichtenthal & Neimeyer, 2012）。

在 MLG 的蒙特婁團體中，意義重建會談尾聲再次回到全員團體，讓 JM 得以耕耘團體層次的意義創建，進而培養團體凝聚力。為了達成這項目的，意義重建會談當中的解釋與開展格外重要，因為這兩個環節鼓勵團體成員說出他們正逐漸浮現的意識，關於哀傷如何形塑他們所經驗到的世界、自己的生活、身分與未來，接著再由其他團體成員強化、挑戰或延伸這些意義創建的初步嘗試。JM 引導這段歷程的方式是邀請成員擴充其語言與非語言的細微表達，她所給予的評論例如「Michael，當 Alice 談到她在女兒死後失去純真，你嘆了一口氣——可以和我們分享你當下發生什麼事嗎？」或者「Alice，當 Michael 說自從太太死後，他真實察覺到對孩子滿懷情感的『那些微小時刻』，妳看起來深受觸動——能不能分享妳聽到這段話是什麼感覺？」JM 鼓勵團體成員詳加描述他們比較非制式且飽含情緒的細微反應，藉此引導團體以更專注當下也更

具體驗性的方式投入意義創建的歷程。若沒有此種歷程層次的引導，團體成員通常會傾向收束意義創建過程中內心深刻激盪的瞬間，偏好以智性且認知導向的方式回應彼此。

第三階段：探索意義來源

第五次會面：哀傷模式。接續前兩次會面所引出富含情緒意義的大量素材與會面後的日誌書寫功課，第五次會面讓案主有機會細細探究至今為止浮現的回憶、情緒與主題，藉由參照各種當代哀傷模式以獲得更深入的見解。為了促成這項目的，治療師簡要描述以下三種哀傷模式：因應喪慟的**雙重歷程模式**（Dual-Process Model），以及依據此模式，注意力如何擺盪於失落與生活修復之間（Stroebe & Schut, 2010）；喪慟的**雙軌歷程模式**（Two-Track Model），強調哀傷的生物心理社會症狀（biopsychosocial symptoms）以及與逝者生前和身後的關係（Rubin, Malkinson, & Witztum, 2011）；還有**假設撼動理論**（Shattered Assumptions Theory），描述悲劇性失落造成對於正義、可預測性與控制的隱含信念破裂（Janoff-Bulman & Berger, 2000）。對於各種模式，治療師都會與案主一同思考其概念適合應用在自身失落經驗的程度，除了讓案主獲得更深刻的理解，也為了考量各模式所隱含案主最需要治療關注的事項（例如主動尋求能付出關愛之人以重建遭到瓦解的信任感，以行為取向的活動幫助他們直面原本迴避的經驗，或者透過冥想與運動來調節失調的情緒）。成員於雙人小組中互相討論這些行動步驟，並承諾在接下來的一週至少練習一項行動。會面最後指派回家作業，即**再向你問候信件**（Hello Again Letter），詳如下述。要注意在進行這項容易引發情緒的作業時，需與案主合作建構安全且通常維護隱私的環境。

此次會面雖然將焦點放在描述幾種哀傷模式，卻不希望帶有說教色彩。據此，JM 在 MLG 蒙特婁團體中鼓勵成員透過經驗認識各個哀傷模式，做法是

介紹這些模式時會謹慎引用團體成員的個人經驗。舉例來說，JM 並不是細部描述雙重歷程模式後再請參與者提供相關實例，而是在討論一開始先指出「Jen，幾次會面前，妳表示整天獨自在家想著兄弟的死，讓妳的情緒精疲力竭。然後 Michael，你也提到同樣感到精疲力竭，因為你要讓自己刻意忙於工作與朋友，才能轉移注意力試著不去想女兒的死。那段討論讓我想到，有人將哀傷描述為移動在兩種狀態之間，有時聚焦於失落，就好像 Jen 剛剛的描述，也有時專注於再次投入生活，像 Michael 剛才所述。這種想法認為，如果只停留在單一導向可能會非常消耗，所以有幫助的做法是盡量在兩者之間交替。這樣描述感覺是否符合你們兩位的經驗？」如此，參與者初次認識各個模式便是透過親身經歷的現實脈絡，而不是一堂教學課程。

此次會面是團體成員參與 MLG 以來第一次被指派要在兩次會面間完成一項練習：再向你問候信件。可以預期的是，每當獲邀投入新體驗，而且這份體驗要求他們探索哀傷時，團體成員會出於焦慮而逃避。如果他們互相分享這種焦慮，有時反而會強化彼此對於這類體驗的逃避。因此，在 MLG 蒙特婁團體中，所有安排在兩次會面之間的練習都是在當次會面結尾才簡要介紹說明，歡迎大家在此時集中提出疑問或需要澄清之處。然而，為了引導團體遠離焦慮性思維反芻（rumination）與逃避，JM 並不鼓勵參與者討論他們對於即將進行的練習有何感受；反之，她會在下一次會面中探討完成練習的過程。在沒有預期性焦慮的情況下，這項事後反思可以促進意義創建並培養團體凝聚力。

第四階段：開啟與逝者關係的背景故事

第六次會面：再向你問候信件。第四階段標記一種轉換，從主要聚焦於死亡的事件故事轉換到專注於與逝者關係的背景故事，這份關係不只存在於對方在世之時，也超越所愛之人的死亡。依據當代喪慟研究的持續性連結模式（Klass & Steffan, 2017），此階段的目標是提供資源幫助喪慟者重建

（reconstruct）而非棄絕（relinquish）對於逝者的依附，以一種永續的形式在逝者實體缺席下肯認這份依附。第六次會面奠基於第二次會面介紹心愛之人的初步工作成果，檢視案主寫給喪慟者的未寄之信，目的是向對方說「哈囉」而非最終的「再見」（White, 1989）。許多案主不需進一步鼓勵就能在寫作時彷彿面對著逝者，寫進他們關係的核心，提及自己的現況以及後續的希望或計畫，有時自然而然碰觸到揮之不去的擔憂或懊悔，尋求或給予原諒，或者正面表達愛意。然而，如果成員不確定如何下筆，治療師可以提供以下任何一個未完成的句子作為「對話開場白」，例如**關於你，我最珍貴的回憶是……、我一直想問你的一個問題是……**，或者**我想把你留在我生命中，方法是……**（Neimeyer, 2012a）。在第五次和第六次會面之間完成這封信之後，案主兩兩一組向夥伴讀出信件內容（除非他們要求請夥伴讀給他們聽），目的是為見證、認可並探索信中滿載情感的感受與意義。讀完之後繼續在雙人小組中對話，討論雙方在書寫及朗讀過程浮現的情緒與洞見。接著回到全員團體形式，進一步處理書寫的內容和歷程，然後治療師告訴大家，下次會面前的回家功課是由案主代替心愛之人寫回信給自己，書寫時要回應自己信中隱含或明示的感受、問題與需求。若成員面對的是非生命終結的失落，可以寫信給先前的伴侶或自己，取代寫給逝者的信，也有同樣效果。

　　MLG 倫敦團體於此次會面將大團體拆成兩個小團體，分別由一位引導者主持。其中一位參與者 Eva 談到與父親生前的疏離關係。她解釋說父親從事助人專業工作，幫助了很多人，活得非常正向積極，希望讓自己的人生更有意義，但這對他身邊的人來說並不容易。Eva 寫信時納入引導者發給大家自由選用的提示語（如下文底線標示處），並讀出信件內容：

　　「<u>我一直想告訴你</u>，你對我來說一直都很重要，我仰望著你扭轉那些對你自己或他人來說艱難的局面或情境。<u>你從來不懂的是</u>，我在成長過程碰到很多內外在的問題，絕大部分是你無法改變的。」她停頓，接著說：「他完全不知道那對我來說是什麼感覺，真的很困難。他沒辦法知道長大對我來說是怎麼一

回事。」她繼續讀信：

「關於我，想讓你知道的是，雖然過了很久，但我很高興我們終究找到與彼此相會的道路。我現在了解，我們經歷的那些困難時刻其實只是過渡期，不論它們有多長，而且是真的很長，至少我感覺如此。然而在過程中一直都有成長的可能性，還有對彼此的欣賞。我一直想問你的一個問題是，當你自己的父親在戰爭期間被送進集中營，你在沒有他的情況下長大，還有當你的兄弟在戰爭中過世，那是怎樣的經驗？我想把你留在我生命中，方法是……（停頓，眼眶盈滿淚水）方法是我會記得我們曾經共同擁有的所有美好事物，一起運動、出國旅行，或只是簡單的晚餐、與家人的晚餐、聖誕大餐——對我來說非常特別。」Eva 停頓了一下繼續說：「因為你活過那樣動盪的時代，我也曾經歷非常不穩定的政治局勢，我很高興我們經過一切都能活下來，能有時間修復。現在的我只是很感恩我們倆曾經擁有的一切，那些是很正向的。」Eva 讀信的舉動讓小團體開啟一段對話，不只關於敞開自我與分享，也關於在團體中或者與心愛之人的關係裡完成這件事情的挑戰。另一名之前會面特別安靜的團體成員也說出對她來說敞開自我有多麼困難。團體中有一種慈憫之情（a sense of compassion），包含成員的自我慈憫，以及希望未來能更加敞開自我與人分享。活動尾聲，Eva 認真考慮要繼續寫信給父親，告訴他更多關於父女倆相距遙遠的那段日子裡她生活的模樣。

　　第七次會面：心愛之人的回信。團體成員於第六次與第七次會面之間完成指派作業，擬作一封彷彿由心愛之人所書寫的回信，接著在第七次會面中談論寫信時通常情緒鮮明的體驗，並且向小組夥伴讀出信件。這項活動的替代或附加做法是由夥伴也以情感豐富但不至於過度戲劇化的方式讀信給作者聽，透過作者之外的聲音深化信件是寫給自己的感覺。如同先前會面，雙人小組時得到的觀察會在接下來的大團體處理時間中得到總結與延伸。對許多案主來說，恢復與逝者（或其他想像通信對象）的象徵性對話會引出更多信件書寫，有助於將對方的聲音確立為一種「可以帶走的安全基礎」，即便其實體缺席卻依然可

及。據此，可以鼓勵成員繼續這種交流，探索原諒的主題，或者向通信對象尋求建議，談論此刻可能以何種具體步驟來修復自己的生活。為了鞏固這份持續性連結，會指派生命印記（life imprint）練習作為案主下次會面前的回家功課。

複雜性哀傷治療工作經常面臨的挑戰不僅在於促進案主創建關於失落的意義，也在於促進他們創建重新投入生活的意義。在雙重歷程模式的脈絡下，可以將複雜性哀傷者的意義創建歷程描述成為了發展失落導向（loss orientation）而犧牲了修復導向（restoration orientation）。回信書寫本身其實是一種失落導向的意義創建活動，然而，我們鼓勵 MLG 引導人藉由回信書寫所滋養的持續性連結，來引導團體成員重新投入生活。以下舉 MLG 蒙特婁團體成員之間的交流為例，參與者 Jen 向團體讀出小組夥伴 Karen 所寫回信的部分段落：

Jen：（讀出信件）「從前我總是告訴妳：『妳需要對的工具才能把生活過好。』妳竟然真的聽進去了！妳始終確保家裡的人擁有他們人生所需的工具。還記得妳會開車送 Annie（夫妻倆的孩子）去那個荒郊野外的數學家教家裡嗎？累死了，我們也沒有那麼多錢，而且 Annie 覺得數學家教有口臭不想去，（團體成員咯咯笑）但是妳確保 Annie 每週都去，現在她進醫學院了。我總說「那些她成為醫生之後將挽救的生命，要是那些人知道他們能活下來的原因是妳當初都有帶 Annie 去那位口臭的數學家教家裡，不知會做何感想？（團體成員咯咯笑）啊，此刻的我真希望當時能在那裡，給予妳走出這一切所需的工具。」
（Jen 停止朗讀，有一段停頓讓團體成員消化信件內容）

Karen：我不知道，只是感覺：我們應該要「走出這件事」嗎？這樣是在告訴我們在乎的人什麼呢？「我確實愛過你，但現在你不在了，我會走出去的。」不對！現在我丈夫不在了，我就是會痛苦，因為我愛過他。

Jen：我懂妳的意思：如果妳沒有痛苦，就削減了妳跟 Jack（Karen 丈夫）的關係。（Karen 點頭）

JM：嗯……與此同時，Karen，聆聽妳的信，聽起來 Jack 相信人要擁有生活所需的「工具」。我在想，要讓妳與他的關係繼續堅定不移，是否不只透過妳承受痛苦，而是透過妳去運用他曾經教妳的人生工具。

Jen：對，沒錯。我覺得 Jack 從前常常和 Karen 說的話很有智慧，我們都應該聽。我想到我女兒以前總是對所有事情都百分之百投入，即使只是小事也一樣，例如幫弟弟辦萬聖節派對，她也會用盡全力，布置鬼屋什麼的。所以也許這正是女兒給我的一種工具：凡事百分之百投入。也許我應該辦一場毫無保留的萬聖節派對，就像她從前那樣。我的意思是，雖然這樣做心還是會很痛，因為我更希望是她在這裡辦派對，但至少我正在運用她留給我的「工具」，感覺就像把她的特質留在我生命中。

Karen：Jen，Jack 如果聽見妳剛剛說的話，肯定會開心極了。他最愛當「尤達大師」給所有人建議了。他會很愛聽 Jen 讚賞他的智慧。（Karen 與團體都笑出聲來）

正如這段交流實例所呈現，哀傷團體的成員時常將投入生活視為對於他們與逝者之間連結的威脅。JM 以 Karen 的回信作業為基礎，將投入生活重新構想為一種看重並維持與丈夫持續性連結的方式。此次交流之後，JM 繼續試驗性地探索 Karen 可以用來修復生活同時重新確認她與 Jack 關係意義的「工具」。這段討論也依據其他團體成員的個別回信，調整成符合他們的版本。

第八次會面：生命印記。意義重建取向以後現代（**postmodern**）觀點看待自我，假設我們的人格建構是與他人無數段關係形成的混成品或遺留物，此處的他人特別指在我們生命中關係親密的角色。有鑑於此，生命印記這項練習鼓勵喪慟個案回溯逝者對於他們個人身分認同的影響，從手勢與慣性動作、職業與興趣選擇，到他們最經久不變的性格特質與價值觀（Neimeyer, 2012b）。團體成員在雙人小組中回顧上述多重印記，由夥伴鼓勵自己以回憶或故事的形式

細部開展這些存於身體或實踐之中的遺產，這種做法傳達的深層感受是逝者不僅在案主生命中持續存在，更是透過其生命而持續存在。雖然一般來說，這是對於案主珍視連結的深刻肯定，然而印記有時是矛盾或甚至負面的，此時，治療師會在收尾的大團體階段，藉由重新創造的儀式與成員共同探索拋棄或鬆開這些連結的方法。此次會面可以藉一項計畫做結，規劃一個向心愛之人所留印記致敬的活動，常見的做法是由案主參與富含意義的行動，例如造訪一個先前迴避的特殊地點（Papa, 2016），或以一項獻給所愛之人的善舉來紀念對方或實踐其價值觀（Cacciatore, 2012）。

第九次會面：進一步連結。此次會面由案主報告在經歷過去幾週與逝者關係背景故事有關的治療工作之後，對自己的觀察。治療師邀請案主討論與心愛之人的持續性連結還有哪些可能的表達方式（Klass, Silverman, & Nickman, 1996; Klass & Steffen, 2018），例如透過夢境，或者日常生活中體驗到對方有形或無形的存在，以及對許多喪慟者來說，是與逝者靈性連結的感受，隱含著能在死後世界再度連結的盼望。這些討論過程中，治療師緊跟在個案身後領導，跟隨對方給的線索，並特別注意應尊重其個人與文化的信念與做法。此次會面也可以當作一種彈性運用的「伸縮縫」，若案主選擇進一步探索信件往來或生命印記的做法，也可以更關注這些面向。

倫敦團體參與者於前次會面拿到一份講義，是關於體驗到對方「在場的感覺」（sense of presence），講義內容部分基於 EMS 先前的研究（如 Steffen & Coyle, 2011）。因此，會面一開始，大家就在團體中分享各種「在場感」的體驗。一名成員談及自己曾感覺到已故妻子的撫觸，或她就在自己身邊，特別是自己在教會的時候。這使成員開始討論有關人死之後的信念，在場的多元觀點原本可能使會面困難重重，不過大家談論這些議題時都帶著開放的態度與敏感度，也展現對彼此觀點的高度尊重。討論有來有往，其中一人分享經驗後，大家會一起思考如何理解這段經驗，例如採取傳統信仰的視角、另類靈性觀點，以及不同科學見解等。最後團體成員之間形成的交集包容了各種可能性，並且

接受有些事情終不可知的事實。這似乎也提供更多空間容納成員非常個人的意義，此種意義根植於與逝者相關的故事，也促進持續性連結。舉例來說，有位成員談到將吐司烤焦的味道與爺爺聯想在一起，而且她從小就知道這種味道代表爺爺在場，現在她也和孩子一起保留這項傳統，每當他們聞到吐司烤焦的味道時就會說「哈囉爺爺！」團體中其他人也接著分享自己家裡具有豐富象徵意涵的故事，類似 Gudmundsdottir 與 Chesla（2006）所謂「療癒的習慣與做法」。由於先前會面細緻討論過不同的解釋性立場，現在似乎可以放下解釋的需要，純粹讓這些與感受經驗相關的意義存在，而不需將其合理化。

中場休息後，團體進行一項視覺化練習，即「透過導引畫面想像連結」（Armstrong, 2012）。這項練習帶給許多團體成員在場感與連結的強烈體驗，其中一位參與者敘述她別具意義的溝通體驗。失去母親的 Tanya 想像自己走在沙灘上的畫面，她看見母親迎面而來。她問母親：「妳好嗎？」母親的貓像是要回答她的問題般，朝她跑了過來。Tanya 試圖理解這段體驗時，推斷母親一定過得很好，因為她生前始終愛著這隻貓，母女倆也曾在對話時聊到母親會在死後的世界再次見到牠。隨著 Tanya 反覆思索這則事件的意義，又有另一層意涵向她展開：她想到這隻貓也曾象徵性代表母親的一位阿姨，因此在想這其中是否隱含了要她聯絡這位阿姨的訊息，畢竟阿姨年事已高又身體虛弱，自己也好一陣子沒有她的消息了。Tanya 表示這對她來說是無比重大的啟示，而這讓團體得以再次開始探問如此重要的訊息可能從何而來——是一股更崇高的力量，還是源於內在的智慧————大家傾向達成的結論似乎是：重要的終究不是是否「真實存在」（real），而是是否「真實」（true）。

第五階段：整合鞏固

第十次會面：虛擬夢境故事（Virtual Dream Stories）。為了培養一種富含想像且「與自我拉開距離」的觀點（Kross & Ayduk, 2010），以促進案主整合

治療的工作成果，在第十次會面中，治療師會給成員八到十分鐘撰寫一段關於失落主題的簡短「假想」故事（Neimeyer & Young-Eisendrath, 2014）。之所以名為「虛擬夢境」，是因為這項方法的精彩之處就在於其童話或魔幻寫實的虛構風格。首先，提供案主六個元素，其中兩個是**情境**（例如創傷性失落、空屋），兩個是**有聲音的角色**（例如哭泣的孩子、會說話的動物），最後兩個則是可能的**象徵性物件**或特點（例如一座山、日落），接著鼓勵案主以任何他們喜歡的形式將這些元素融入敘事（Neimeyer, Torres, & Smith, 2011）。短暫的寫作時間有助於避免自我評判或編修的聲音干擾，不論故事情節是以直述或隱喻摘述案主個人失落故事的情節或主題，所完成的故事通常情緒力道強勁，而且在治療歷程的這個時間點充滿希望。成員在雙人小組內朗讀並討論完各自的敘事之後，治療師可以在全員團體中採用幾項額外技巧，使這項方法更往療癒的方向延伸（例如引導成員發想任兩個元素間的想像對話，或者提示他們從其中一項元素的視角重述故事，透過為敘事去中心〔de-center〕而發現其中新的可能意義）。其他替代做法包含刺激案主思考其故事揭露自己的何種需求，幫助他們規劃能夠滿足這些需求的具體步驟，並在接下來的這一週內執行（Neimeyer, 2012d）。

倫敦團體成員被要求以下列元素撰寫故事：一間空屋、一場風暴、風中的人聲、神祕的陌生人、深扎土壤的樹根、撕破的相片。以下是 *Julia* 所寫的故事，她年紀輕輕就失去祖父母，他們不僅僅是她的至親，也是小時候的主要照顧者：

狂暴之風的回憶

彷彿是風中的人聲，是 Heathcliff 還是 Rebecca？一定是 Heathcliff，是他的聲音穿越風暴交加的高沼地，是《咆哮山莊》[12]。

---

12 譯注：《咆哮山莊》（*Wuthering Heights*）為十九世紀英國作家艾蜜莉·勃朗特（Emily Brontë）所著經典小說，場景設定在英國北部的荒涼高沼地，男主角名為 Heathcliff。

我們都不喜歡這部作品,角色如此不討喜又傲慢。我想起來了,你喜歡的是 Du Maurier 寫的《蝴蝶夢》(*Rebecca*),改編成電影的那部[13]。一名神祕陌生人的飄盪之聲發出未曾聽過的呼喊,我很害怕,渾身顫抖彷彿這不是我的家,而是一間空蕩蕩的屋子。一些冬日奇談述說被人遺棄而鬼影幢幢的豪門深宅裡幽靈的故事。滿是節瘤的樹木隨著狂風嘯起,在黑暗之中猛拍窗戶。雨勢如此猛烈,我不像是坐在家中,而像是一艘在狂風怒號中劇烈晃動的船隻。電力停擺下,我的周圍看起來無比陌生。再一次,那個聲音穿過葉隙間的氣流向上升起,朝我逼近,隱約穿入花園,那是我們在晴日更盛的童年裡曾經與熊一起野餐並且讓洋裝沾上草汁的地方。老橡樹深扎入土的根部周圍匯聚著泥濘水窪,老樹在屋子出現之前已經屹立數百年,如今卻不再有家人前來欣賞。泥巴裡躺著夏日小屋被風暴吹破的殘片,那間夏屋其實也只剩一把骨架。還有你的相片也被樹枝勾破。新來的鄰居站在一片狼藉中問我是否還好,我不好,但我一個字也沒說,只是把自己送回蓋滿毯子的舒服床上。

Julia 先前分享過她一直無法回到已故祖父母曾經居住的屋子,那裡曾是她絕對安全的所在。她故事裡想像的屋子則完全不同,她寫的是自己曾經在那裡長大的屋子,而非不敢造訪的那一間。下一次會面中,*Julia* 告訴我們,她打算回到祖父母的家,這將是他們過世後她第一次回去,她說覺得自己現在準備好了,是團體幫助了她,為這次重要拜訪做足準備。

第十一次會面:儀式規劃。隨著治療接近結尾,治療師輔導團體成員規劃**紀念儀式**(ritual of remembrance)來緬懷所愛之人,或是舉辦**更新儀式**(ritual

---

13 譯注:《蝴蝶夢》(*Rebecca*)是二十世紀英國小說家杜莫里哀(Daphne Du Maurier)的代表作,小說描寫新婚的莊園女主人在進門之後發現自己置身於重重謎團與丈夫前妻 Rebecca 的陰影之下。這部作品後來改編為電影,由導演希區考克(Alfred Hitchcock)執導。

of renewal）象徵他們希望在未來擁抱的可能性（Doka, 2012）。舉例來說，案主可以執行傳承計畫，像是開辦或投入反映逝者核心價值的慈善事業，或者與家人共同規劃特殊節日的儀式，不僅向逝者致意，也讓家庭成員重新確立他們作為一個家庭單位將迎向的共有未來。依循上述方向有一些象徵性步驟可以馬上執行，但有些行動在本質上屬於更長期的計畫，也需要時間耕耘。團體成員接著在雙人小組中發展這些想法的細節，並且在會面結束前向大團體回報。另一項替代或補充活動是讓團體決定一項集體儀式，辦在最後一次收尾的會面，除了緬懷成員的心愛之人，也表彰團體本身的工作。

原本就在為逝者哀傷的團體成員可能難以面對 MLG 即將結束，因為這代表開始為團體的終結哀傷。因此，極其重要的是在此次結尾前的會面中保留空間，以正常化（normalizing）、認可並探索成員對於團體即將結束的預期性哀傷。在 MLG 的蒙特婁團體中，這項討論甚至讓成員開始規劃每月一次的非正式聚會，就辦在咖啡廳或彼此家中，藉此紀念團體曾經創造出關照失落並重新投入生活的「神聖」時光。同時我們也決定治療師應該不要參與這些聚會，以區分聚會與團體治療，維持專業界線。然而，團體成員決定在聚會結束後寫卡片或電子郵件給團體引導者，表達問候以及他們對團體治療經驗的感謝。

第十二次會面：儀式執行回報與結束團體。最後一次會面中，成員共同呈現或個別回報執行紀念儀式與更新儀式的成功經驗及後續行動，同時回顧治療旅程中使他們轉往更多希望與意義的轉捩點。治療師協助策劃這項行動或討論，藉由成員自選的簡單活動來肯定團體工作成果（例如請每位成員說出一件自己從 MLG 經驗中帶走的事情，並分享自己對於這段共度旅程的感受）。

倫敦團體決定分享與已故心愛之人有關而具有意義的食物，作為收尾儀式。團體一開始先回顧治療轉捩點，點燃了許多成員間互相肯定的火花。接著請他們展示自己帶來的食物，解釋食物的意義，然後進入一段比較長的中場休息，享用所有人帶來的食物，在這項社群儀式中紀念已故的心愛之人。有些成員帶來心愛之人生前最愛的食物，例如已故妻子喜歡的特定幾種巧克力、母親

生前向來愛吃的一種早餐穀物餅乾。一名成員做了已故伴侶最愛的米布丁，這是伴侶過世後她第一次做這道料理。還有一位成員帶來祖父生前錄下的音樂CD，裡面都是從前家族聚會上祖父經常放的音樂。團體成員品嘗彼此帶來的食物，聽著音樂聊天，一種社群感為十二週的團體治療畫下圓滿句點，參與者事後也表達他們對當時這項活動的安排有多麼開心。最後，大家在治療室中最後一次一起坐下，分享對於餐點以及團體結束的感受，也祝福彼此，待三個月後的跟進回顧會面中再見。

額外會面。由於我們的團體中許多個案涉及複雜性哀傷反應（Neimeyer, 2016a）及／或相當悲劇性的失落，例如痛失子女、近期喪偶，或者面臨因自殺、用藥過量或事故造成的暴力性突發死亡，因此也可以依據成員需求舉辦兩次額外會面，提供進一步支持並且強化治療收穫。最後，不論在研究或臨床脈絡下，我們都鼓勵治療三個月與六個月之後跟進評量案主狀況，評估治療進展經歷一段時間後的持久性與延續性，或者當案主持續掙扎於哀傷時，可能需要引介額外的個別治療。某些情境下，也可以在團體結束大約四到六週後舉辦一場「重聚」會面，讓成員有機會以相對比較不結構化的方式分享生活中的新發展，多數時候也能更新彼此的連結。

結論

我們在三種差異頗大的脈絡下，同時也是三個不同的國家測試 MLG 的可行性，採用經認可有效的工具評估處遇過程的意義創建與哀悼歷程（Neimeyer, 2016a），持續累積的測試經驗為這項創新介入模式後續的對照試驗奠定基礎。這些小規模無對照組的試驗取得非常令人振奮的初步資料，顯示參與者感受到複雜性哀傷與其他形式的痛苦減輕，並且更能在撼動生命的失落故事中找到理解方式與意義。因此，我們樂觀相信一種基於當代模式、方法與手段的意義導向治療將為哀傷處遇方法帶來不同凡響的貢獻，特別有助於那些面對悲劇

性失落出現痛苦長據心頭之人。此外，也期待更多人加入我們的行列，探索將這種創新取向運用在喪慟個案團體工作中的臨床實用性。

參考文獻

Armstrong, C. (2012). Envisioning connection through guided imagery. In R. A. Neimeyer (Ed.), *Techniques of grief therapy: Creative practices for counseling the bereaved* (pp. 256–258). New York: Routledge.

Bellet, B. W., Neimeyer, R. A., & Berman, J. S. (2017). Event centrality and bereavement symptomatology: The moderating role of meaning made. *Omega*. doi:10.1177/0030222816679659

Cacciatore, J. (2012). The kindness project. In R. A. Neimeyer (Ed.), *Techniques of grief therapy: creative practices for counseling the bereaved* (pp. 329–331). New York: Routledge.

Coleman, R. A., & Neimeyer, R. A. (2010). Measuring meaning: Searching for and making sense of spousal loss in later life. *Death Studies, 34*, 804–834.

Currier, J. M., Holland, J. M., & Neimeyer, R. A. (2006). Sense making, grief and the experience of violent loss: Toward a mediational model. *Death Studies, 30*, 403–428.

Doka, K. (2012). Therapeutic ritual. In R. A. Neimeyer (Ed.), *Techniques of grief therapy: Creative practices for counseling the bereaved* (pp. 341–343). New York: Routledge.

Dunton, A. J. (2012). Loss timelines. In R. A. Neimeyer (Ed.), *Techniques of grief therapy* (pp. 184–186). New York: Routledge.

Gudmundsdottir, M., & Chesla, C. A. (2006). Building a new world: Habits and practices of healing following the death of a child. *Journal of Family Nursing, 12*, 143–164.

Harris, D. (Ed.). (2020). *Non-death loss and grief: Context and clinical implications*. New York: Routledge.

Hedtke, L. (2012). Introducing the deceased. In R. A. Neimeyer (Ed.), *Techniques of grief therapy: Creative practices for counseling the bereaved* (pp. 253–255). New York: Routledge.

Hedtke, L. (2018). Remembering relations across the years and the miles. In D. Klass & E. M. Steffen (Eds.), *Continuing bonds in bereavement: New directions for research and practice*. New York: Routledge.

Hedtke, L., & Winslade, J. (2016). *The crafting of grief*. New York: Routledge.

Holland, J. M., Currier, J. M., Coleman, R. A., & Neimeyer, R. A. (2010). The integration of stressful life experiences scale (ISLES): Development and initial validation of a new measure. *International Journal of Stress Management, 17,* 325－352.

Janoff-Bulman, R., & Berger, A. R. (2000). The other side of trauma. In J. H. Harvey & E. D. Miller (Eds.), *Loss and trauma*. Philadelphia: Brunner Mazel.

Kelly, G. A. (1955). *The psychology of personal constructs*. New York: Norton.

Klass, D., Silverman, P. R., & Nickman, S. (Eds.). (1996). *Continuing bonds: New understandings of grief*. Bristol: Taylor & Francis.

Klass, D., & Steffen, E. M. (Eds.). (2017). *Continuing bonds in bereavement*. New York: Routledge.

Klass, D., & Steffen, E. M. (Eds.). (2018). *Continuing bonds in bereavement: New directions for research and practice*. New York: Routledge.

Kolb, D. A. (1984). *Experiential learning*. Englewood Cliffs, NJ: Prentice Hall.

Kosminsky, P., & Jordan, J. R. (2016). *Attachment informed grief therapy*. New York: Routledge.

Krawchuk, L. (2016). Loss boxes. In R. A. Neimeyer (Ed.), *Techniques of grief therapy: Assessment and intervention* (pp. 170－172). New York: Routledge.

Kross, E., & Ayduk, O. (2010). Making meaning out of negative experiences by self-distancing. *Current Directions in Psychological Science, 20,* 187－191. doi:10.1177/0963721411408883

Lichtenthal, W. G., Burke, L. A., & Neimeyer, R. A. (2011). Religious coping and meaning-making following the loss of a loved one. *Counseling and Spirituality, 30,* 113－136.

Lichtenthal, W. G., & Cruess, D. G. (2010). Effects of directed written disclosure on grief and distress symptoms among bereaved individuals. *Death Studies, 34,* 475－499.

Lichtenthal, W. G., & Neimeyer, R. A. (2012). Directed journaling to facilitate meaning making. In R. A. Neimeyer (Ed.), *Techniques of grief therapy* (pp. 161－164). New York: Routledge.

MacKinnon, C. J., Smith, N. G., Henry, M., Milman, E., Berish, M., Farrace, A., . . . Cohen, S. R. (2012). Meaning-based group counseling for bereavement: Results of a pilot study. *Journal of Palliative Care, 28,* 207.

Neimeyer, R. A. (Ed.). (2001). *Meaning reconstruction and the experience of loss*. Washington, DC: American Psychological Association.

Neimeyer, R. A. (2004). Fostering posttraumatic growth: A narrative contribution. *Psychological Inquiry, 15,* 53－59.

Neimeyer, R. A. (2006). *Lessons of loss* (2nd ed.). New York: Routledge.

Neimeyer, R. A. (2009). *Constructivist psychotherapy*. London and New York: Routledge.

Neimeyer, R. A. (2012a). Correspondence with the deceased. In R. A. Neimeyer (Ed.), *Techniques of grief therapy* (pp. 259–261). New York: Routledge.

Neimeyer, R. A. (2012b). The life imprint. In R. A. Neimeyer (Ed.), *Techniques of grief therapy: Creative practices for counseling the bereaved* (pp. 274–276). New York: Routledge.

Neimeyer, R. A. (2012c). Retelling the narrative of the death. In R. A. Neimeyer (Ed.), *Techniques of grief therapy* (pp. 86–90). New York: Routledge.

Neimeyer, R. A. (2012d). Virtual dream stories. In R. A. Neimeyer (Ed.), *Techniques of grief therapy: Creative practices for counseling the bereaved* (pp. 187–189). New York: Routledge.

Neimeyer, R. A. (Ed.). (2012e). *Techniques of grief therapy: Creative practices for counseling the bereaved*. New York: Routledge.

Neimeyer, R. A. (2014). Chapters of our lives. In B. E. Thompson & R. A. Neimeyer (Eds.), *Grief and the expressive arts: Practices for creating meaning*. New York: Routledge.

Neimeyer, R. A. (2015). Treating complicated bereavement: The development of grief therapy. In J. Stillion & T. Attig (Eds.), *Death, dying and bereavement: Contemporary perspectives, institutions and practices* (pp. 307–320). New York: Springer.

Neimeyer, R. A. (2016a). Complicated grief: Assessment and intervention. In J. Cook, S. Gold, & C. Dalenberg (Eds.), *APA handbook of trauma psychology*. Washington, DC: American Psychological Association.

Neimeyer, R. A. (Ed.). (2016b). *Techniques of grief therapy: Assessment and intervention*. New York: Routledge.

Neimeyer, R. A. (2019). Meaning reconstruction in bereavement: Development of a research program. *Death Studies, 43*, 79–91. doi:10.1080/07481187.2018.1456620

Neimeyer, R. A. (Ed.). (2021). *New techniques of grief therapy: Bereavement and beyond*. New York: Routledge.

Neimeyer, R. A., & Burke, L. A. (2017). What makes grief complicated? Risk factors for complicated grief. In K. Doka & A. Tucci (Eds.), *Living with grief: When grief is complicated* (pp. 73–93). Washington, DC: Hospice Foundation of America.

Neimeyer, R. A., Klass, D., & Dennis, M. R. (2014). A social constructionist account of grief: Loss and the narration of meaning. *Death Studies, 38*, 485–498.

Neimeyer, R. A., & Thompson, B. E. (2014). Meaning making and the art of grief therapy. In B. E. Thompson & R. A. Neimeyer (Eds.), *Grief and the expressive arts: Practices for creating meaning* (pp. 3–13). New York: Routledge.

Neimeyer, R. A., Torres, C., & Smith, D. C. (2011). The virtual dream: Rewriting stories of loss and grief. *Death Studies, 35*, 646–672.

Neimeyer, R. A., & Young-Eisendrath, P. (2014). Virtual dream stories. In B. E. Thompson & R. A. Neimeyer (Eds.), *Grief and the expressive arts: Practices for creating meaning* (pp. 62－65). New York: Routledge.

Neimeyer, R. A., & Young-Eisendrath, P. (2015). Assessing a Buddhist treatment for bereavement and loss: The Mustard Seed Project. *Death Studies, 39*.

Papa, A. (2016). Contextual behavioral activation. In R. A. Neimeyer (Ed.), *Techniques of grief therapy: Assessment and intervention*. New York: Routledge.

Polanyi, M. (1958). *Personal knowledge*. Chicago: University of Chicago Press.

Rozalski, V., Holland, J. M., & Neimeyer, R. A. (2016). Circumstances of death and complicated grief: Indirect associations through meaning made of loss. *Journal of Loss and Trauma*. doi:10.1080/15325024.2016.1161426

Rubin, S. S., Malkinson, R., & Witztum, E. (2011). *Working with the bereaved*. New York: Routledge.

Rynearson, E. K., & Salloum, A. (2021). Restorative retelling: Revisiting the narrative of violent death. In R. A. Neimeyer, D. Harris, H. Winokuer, & G. Thornton (Eds.), *Grief and bereavement in contemporary society: Bridging research and practice* (pp. 177－188). New York: Routledge.

Saindon, C., Rheingold, A., Baddeley, J., Wallace, M., Brown, C., & Rynearson, E. K. (2014). Restorative retelling for violent loss: An open clinical trial. *Death Studies, 38*, 251－258.

Shaver, P. R., & Fraley, R. C. (2008). Attachment, loss and grief: Bowlby's views and current controversies. In J. Cassidy & P. R. Shaver (Eds.), *Handbook of attachment: Theory, research and clinical applications* (2nd ed.). New York: Guilford Press.

Steffen, E., & Coyle, A. (2011). Sense of presence experiences and meaning-making in bereavement: A qualitative analysis. *Death Studies, 35*, 579－609.

Stroebe, M., & Schut, H. (2010). The Dual Process Model of coping with bereavement: A decade on. *Omega, 61*, 273－289.

Thompson, B. E., & Neimeyer, R. A. (Eds.). (2014). *Grief and the expressive arts: Practices for creating meaning*. New York: Routledge.

White, M. (1989). Saying hullo again. In M. White (Ed.), *Selected papers*. Adelaide, Australia: Dulwich Center Publications.

Wittkowski, J., Doka, K., Neimeyer, R. A., & Vallerga, M. (2015). Publication trends in thanatology: An analysis of leading journals. *Death Studies*, 1－10. doi:10.1080/07481187.2014.1000054

3

創傷性喪慟中找尋意義的文化敏感工作方法

Geert E. Smid and Paul A. Boelen

> 當禁令發表之後,跟著就是審判的言詞:「你必將死。」死是什麼意義,亞當自然是無從想像的;但假若我們設想這些話是對亞當頒布的,則他必然產生一種恐怖感。……恐怖感在此處僅是憂懼;因為亞當並不了解話中所說的究竟是什麼;此處我們所看到的又僅僅是憂懼的曖昧性。**能夠**之無限的可能性(被禁令所喚起的)愈來愈近,因為這個可能性指示著有一種可能性將作為它的後果而發生。
>
> 如此,純潔被帶至它最終的極限。它是關連於禁令及關連於懲罰而引的憂懼。它並非罪惡,然而它憂懼,似乎它已失陷了。
>
> 越此一步都是心理學所不能做到的,這是它所能達到的極限,並且在它對人生的觀察之中對此點可做再再的證論。
>
> ——Kierkegaard, 1844/1957, The concept of dread, pp. 40-41[14]

經常伴隨創傷事件如災禍、事故、戰爭或暴力犯罪等發生的,是痛失心愛

---

14 譯注:此處譯文引自孟祥森所譯《憂懼之概念》第 25 頁(齊克果著,王雲五主編,台北市:台灣商務印書館,1969)。

之人。因暴力事件失去所愛之人而產生的創傷性哀傷，也可能出現在經歷文化衝突與職業風險的倖存者身上。創傷性哀傷的概念可以理解為在非自然暴力性失落後出現的創傷性苦痛與分離苦痛兩者的結合。依據《精神疾病診斷與統計手冊》第五版（DSM-5）的診斷類別，創傷性哀傷反映出結合創傷後壓力症候群（posttraumatic stress disorder, PTSD）與持續性複雜哀慟障礙症（persistent complex bereavement disorder, PCBD）（Boelen & Smid, 2017）。PCBD 類似《國際疾病分類》第十一版（ICD-11）中之長期哀傷障礙症（prolonged grief disorder, PGD）。[15]而哀悼行為與面對喪親的方式屬於個體文化認同中非常重要的面向，亦深刻影響喪親倖存者在創傷性失落後如何找尋意義。所謂的找尋意義包含喪親者如何評價痛失所愛這件事，以及失落所隱含的後遺影響——這是一項涉及認知、情緒與靈性的歷程，目的是為了強化個體在其文化脈絡中與失落共存的能力。

　　本章的目的是要描述如何以文化敏感（culturally sensitive）的工作方法於創傷性喪親後找尋意義。我們會先敘述治療師如何探索意義的脈絡，包含面對喪親與哀傷，以及聆聽失落故事時可以採取的文化敏感方法。在本章的第二部分，會闡明與逝者象徵性互動的不同模式如何有助於從文化敏感的途徑找尋意義。我們將介紹幾種介入模式，以及以案主為難民與退伍軍人的個案片段來具體說明操作方法。

---

15 譯注：書中各類疾病中譯主要參考來源有二，其一為《DSM-5 精神疾病診斷準則手冊》（American Psychiatric Association 原著，台灣精神醫學會翻譯及審定，新北市：合記，2014），其二為衛福部公告之 2023 年版國際疾病分類第十版臨床修訂版（ICD-10-CM）中文版（詳見衛福部中央保險署網站：https://www.nhi.gov.tw/ch/np-3049-1.html）。

探索意義

探索面對喪親與哀傷的文化途徑

歷史創傷、失落與哀傷的概念指涉移民、少數族群、原住民族以及這些社群因為文化壓迫而遭受經久且跨世代的影響（Kirmayer, Gone, Moses, 2014）。具體而言，來自上述背景的個人可能在原生文化與主流文化之間出現信仰、期待與習慣差異時，經驗到**文化不一致**（cultural incongruity）（Bhugra & Becker, 2005）。與此概念相符的是，研究發現具有移民文化背景而暴露於災難中失去所愛之人的個體，相較於非移民的本地人，出現更高度也更持續對於壓力敏感的苦痛狀態（Smid, Drogendijk, Knipscheer, Boelen, & Kleber, 2018）。

儀式為喪親個體帶來強大的肯定性經驗，促成個體從一種社會狀態過渡至另一種，肯定逝者的重要性，疏導情緒，並提供媒介以承載社會性群體的延續性與社會凝聚力（相關研究如 Romanoff & Terenzio, 1998）。然而，在創傷情境下失去心愛之人通常代表無法執行文化上適當的儀式，這點可藉由以下個案片段說明。

Jack 今年二十五歲，來自賴比瑞亞（Liberia），被轉診前來治療 PTSD 與憂鬱症。十四歲那年，*Jack* 家遭到反叛份子襲擊，心愛的祖母癱瘓在床上被燒死。事發當時他不在家，而是被迫成為童兵。他的母親與兄弟姊妹失蹤，很可能已經亡故。（父親在 *Jack* 非常年幼時就已離家。）*Jack* 反覆做惡夢，夢中祖母提著一只行李箱出現，凝視著他。他的解釋是祖母將自己的死怪罪於他，因為他沒有在身邊保護她。他認為祖母的靈魂因為不曾舉行喪葬儀式而無法安息。他想接受她的死，卻不知道該怎麼做。

為了在臨床上判斷無法執行儀式造成的影響，治療師可以針對喪親與哀傷處理的文化途徑執行評估。為了達成這項目的，需要探索關於死亡、喪親與哀

悼的文化傳統，以及關於失去所愛之人的因應與求助活動。

探索死亡、喪親與哀悼的文化傳統。死亡相關儀式的一項關鍵功能在於提供結構化的途徑來哀悼並表達哀傷。儀式可能有其時程架構，包含死亡當下的哀悼、後續特定時間點要完成的行動，例如守靈或忌日紀念活動，也會規定應如何處理或清除逝者遺體，以及可以談論逝者的合適時間與方式（Cacciatore & DeFrain, 2015）。與逝者在夢中相會，以及喪親者何時看到、感受到、聞到逝者或與其對話，都可能有文化上的解釋。這類接觸之後，喪親者可能備受鼓舞，迫切渴望執行與逝者有關的儀式（Eisenbruch, 1990; Hinton, Peou, Joshi, Nickerson, & Simon, 2013）。許多儀式讓喪親者得以回顧與總結，或者向逝者表達歉意或謝意。哀悼儀式經常具**贖罪性**（piacular）（Durkheim, 1995），意思是若沒有執行會產生內疚感（guilt）。雖然有些儀式確實被視為會對逝者的死後生命造成影響（Hinton et al., 2013），然而一般來說，執行規定的儀式之所以必要，更是為了扮演好恰當的角色，或單純為了做應做的事（Staal, 1979）。有些宗教認為，死亡的方式（如自殺）對於逝者的死後生命有不同的隱含意義（Cacciatore & DeFrain, 2015），探索這些隱含意義將有助於支持喪親者以具適應性的方式因應。

探索失去所愛之人的因應與求助活動。許多喪親者會採取靈性、宗教或道德傳統上的做法，包含禱告或冥想，來因應痛失所愛之人。此外，他們可能參與敬拜儀式或宗教聚會，或者與其宗教團體內的其他人，以及宗教或靈性領袖對話。這些活動皆有助於因應失落，特別是處理內疚感。倖存者內疚（survivor guilt）常見於創傷性喪親倖存者，尤其是難民（Eisenbruch, 1990）。內疚的概念可以連結到文化中涉及死後的公平與後果等更廣泛的概念，例如佛教中**業**（karma）的概念包含一個人前世所造一切善惡的後果；因此，痛苦是過往惡業的報應結果，人只能透過行善積福才能期待來生過得更好（Boehnlein, 1987）。其他類型的幫助則可能來自親友或其他人的建議。對臨床工作者而言，核心在於探索案主或病患認為此刻會最有助益的上述或其他幫助，以面對

失去心愛之人的失落。

以下範例問題可以用來勾勒面對喪親與哀傷的文化途徑：
- 你的家人、朋友或社群中其他人逝世時，人們通常會如何安排喪葬事宜？
- 還有其他死後的儀式嗎？
- 對於哀悼或表達哀傷，是否有規定的期間？
- 人們會在什麼時候、以何種方式談論逝者？
- 當喪親者夢到逝者，或透過其他方式與之相會，這代表什麼意思？
- 你的家人、朋友與社群裡的人相信死後會發生什麼事？
- 你是否藉由靈性或宗教實踐幫助自己因應失去所愛之人？

治療師採用溫和的蘇格拉底式提問來進一步探索相關的信念、價值觀、傳統與意義。

失落故事

針對哀傷困擾的心理治療要素包含讓案主接觸關於失落與逝者的回憶，面對失落的現實與不可逆，並且正視隨之而來的痛苦（Boelen & Smid, 2017）。治療師聆聽案主敘說失落故事，以探索意義的其他脈絡性或心理性決定因素，也就是構成個案失落故事的特定事件或情境。治療師除了認識案主的文化、靈性、宗教與道德傳統，以及其與逝者的關係緊密程度外，還有幾種因素會影響案主如何評價創傷性痛失所愛的經驗，例如隨逝者離世而喪失的資源、司法程序、社會支持的可及性、過往創傷或失落經驗，以及精神問題的病史。治療師在辨別出這些因素後，除了採取以哀傷為焦點的特定介入模式與量身打造的心理教育之外，也可以給予實務建議與情緒支持。以下探討創傷性失落後心理教育的幾項元素。

創傷性失落可能使個體接收到違背其原本對自我、生命與未來積極信念的資訊，或者強化個人意義指派系統（meaning assignment system）中負面的信念

或**基模**（schema）（Beck, 2008）。舉例來說，早期失落以及其他發展過程的逆境經驗可能培養出對於自我的負面態度與偏見（Beck, 2008），而這些事件的意義轉化為經久不變的態度（例如無助感、無所不在的恐懼、憤怒或內疚感），再被創傷性失落所激發而又加重失落的負面意義。此外，個體的依附風格及其與逝者依附關係的性質也會形塑其哀傷反應（Maccallum & Bryant, 2013）。

此時，可以在心理治療中處理負向認知與假設，目的不在於「爭論」或「修改」案主對於這些廣泛主題的負向認知，而是探索如何在整合痛苦失落的同時維持對自我、生命和未來的積極觀點。自我責備以及負面看待社會環境的回應，可能導致內疚感與憤怒。若覺得死亡是因為疏於照護，例如孩童死亡的個案，自責往往特別顯著。治療師不能只是挑戰案主的自責，而是要幫助喪親者將無法阻止心愛之人死亡的認知同化進其自我肯定的觀點（Boelen, Van den Hout, & Van den Bout, 2006; Neimeyer, 2006）。

個體對於自身哀傷反應的解釋至關重要。喪親者可能將其情緒反應——包含強烈絕望感、負面想法以及與失落有關的鮮明畫面——詮釋為無法接受或難以忍受，抑或是自己即將失去理智或控制的徵兆。這類負面評價直接或間接助長持續性的分離苦痛與創傷性苦痛，直接助長是因其會加劇苦痛，間接助長則是因其會使案主更窮盡所能避免面對有關失落的刺激。

直接暴露於創傷性痛失所愛的恐怖細節會增加創傷性哀傷的風險，因為這類失落在根本上否定個體對於安全感、信任與控制感的核心假設，挑戰了喪親者對於世界與他人所維持的積極觀點。事實上，相較於非暴力死亡，暴力性死亡更容易產生痛苦的侵入性回憶（Boelen, de Keijser, & Smid, 2015）。而文化敏感的治療方式，意指治療師試著體會並理解案主實際生命的經驗性質與複雜課題，這也包含對方若曾於戰時逃離某個國家所目睹的殘暴行徑。

事態不明——即缺乏資訊，例如對方失蹤（模糊性失落）——也可能增加苦痛。無法解決的模糊性失落情況會削弱個體的掌控感（Boss, 2006），也可

能導致哀傷剝奪（disenfranchised grief）——即哀傷無法獲得社會情境中的他人認可，尤其當它是戰爭脈絡下諸多創傷性與失落事件的一部分時。西方社會的喪親儀式奠基於一種「放下」的模式，對於面對模糊性失落的非西方人可能沒有效果，也無法發自內心地感知。

不斷找尋逝者可能導致強烈的知覺促發現象（perceptual priming）[16]，且非常容易發現**相應觸發點**（matching triggers），也就是創傷或哀傷的提示物，讓創傷性失落及／或逝者的回憶再次被掀起，也可能使**新的生活壓力事件**變得更有壓力。所謂生活壓力事件包含喪親家庭中緊繃的人際關係，這在模糊性失落發生後相當常見（Boss, 2006）。**壓力敏感化**（stress sensitization）則是指暴露於極端的創傷性事件後，更容易受到新的壓力事件影響。考量脈絡的壓力敏感化模式（Smid et al., 2018）具體指出助長壓力敏感度提升的歷程有三種面向：認知、人際與神經生物面向。**認知**面向包含對於創傷相關回憶的反應增加、對於威脅的知覺提高，以及對於事件的負面解釋增強。**人際**面向包含更高的不信任感、易怒、冷漠或疏離，以及身分認同破裂。**神經生物**面向則包含不同神經生物系統因為先前的過度壓力所導致的反應增加。而對於壓力敏感的苦痛狀態所造成的障礙，可能使得案主所處脈絡中的機制失去其固有資源（例如創傷倖存者因為較為易怒而在職場衝突中丟掉工作），長期而言導致苦痛持續或增加。上述之相應觸發點、新的生活壓力事件以及壓力敏感化等三者，至少可部分解釋持續性哀傷反應隨著時間頻繁變化的特質。

找尋意義

文化係透過主體間際的知覺（intersubjective perceptions），也就是該文化

---

[16] 譯注：知覺促發是指先前的知覺刺激影響個體對於後續刺激的反應，此處指案主對於逝者的持續尋索可能影響他們對於逝者相關刺激的反應。

成員認為自己群體中廣為流傳的信念與價值觀所獲得的表現形式（Chi-Yue, Michele, Toshio, Garriy, & Ching, 2010）。重新建構文化主體間際的現實特別有助於面對不正義的感受或內疚感，正是這些感受使哀傷與 PTSD 症狀持續（相關研究如 Tay et al., 2017），而重建方式包含鼓勵案主或病患投入各種與逝者的象徵性互動。

與逝者的象徵性互動可以是書寫作業、想像對話以及文化適當的儀式體現，這些介入方法都有實證基礎，也是 PTSD 與長期哀傷治療方法的一部分，具體而言，包括 PTSD 的短期折衷心理治療（brief eclectic psychotherapy for PTSD, BEPP），一種基於證據的 PTSD 治療方法（Gersons, Meewisse, & Nijdam, 2015）；以及複雜性哀傷治療（complicated grief therapy, CGT），一種曾於不同文化情境下經隨機對照試驗（random controlled trials）證實有效的手冊化治療方法（manualized treatment）[17]（Shear et al., 2014; Shear, Reynolds, III, & Simon, 2016）。

書寫作業

書寫作業這項有效的工具能夠幫助案主評價意義（Neimeyer, 2012），並協助喪親者以自己的節奏勇敢面對失落的痛苦之處。未竟的道別信以逝者為書寫對象，讓案主寫下自己一直想向對方說的話，以及最思念對方的部分，表達對逝者的思念。對於難以涵容悲傷感受的人來說，這項作業可能有助於處理情緒並找到意義。

書寫一封憤怒之信，對於還糾結在不正義的感受中而難以處理憤怒的案主特別有幫助。信件書寫對象可以是殺人事件加害者、漠視的旁觀者、應負責任

---

[17] 譯注：手冊化治療方法是指已發展為手冊形式的療法，提供結構化與標準化之實務指導，以利臨床工作者取得療效。此種治療方法一般來說較為聚焦，亦符合實徵有效（empirically-validated）的心理治療研究取向。

的政府或其他機關，案主能在信裡毫無顧忌地表達憤怒，包含辱罵與激烈言詞。信件不會寄出，有時，也會將燒毀憤怒之信的環節整合進儀式當中。

Mustaph 三十六歲，是與家人一起逃難至荷蘭的伊拉克難民。抵達荷蘭兩年後，他接到一通電話，得知從小長大的家遭伊斯蘭國（Islamic State）襲擊，弟弟因此喪命，其他親人生死未卜。Mustaph 出現關於這場襲擊的惡夢。他充滿罪惡感並且思念著弟弟，經常對妻子和孩子生氣，更對恐怖份子充滿暴烈的憤怒。下一次的治療會面中，他寫了一封信。由於 Mustaph 不識字，因此信件內容是由他口述、口譯員翻譯，再由治療師寫下。信件一開始是復仇的幻想，隨著治療師正常化他的憤怒，Mustaph 感覺自己可以在信中自由表達具有攻擊性的念頭，在此之後，他決定將對加害人的審判交給阿拉（Allah）。Mustaph 也寫了一封信給弟弟，說他確信弟弟此刻在一個好的地方。

想像對話

治療師可以引導與逝者的想像對話，由案主向逝者說話並且代為回應（Jordan, 2012）。這項技巧可以減輕內疚感，並且有助於揭露仍需向逝者表達之事（所謂「未竟事宜」）。延續前面 Mustaph 的個案片段，以下說明想像對話的運用。

Mustaph 仍然感覺十分內疚，部分是因為他無法安葬弟弟。因此決定進行一場想像的對話，由 Mustaph 請求弟弟原諒，再代替對方回答。弟弟原諒了他，並且希望他能找到他們的父母，好好照顧對方。這場對話對於 Mustaph 來說就像在道別。

Jack 的個案也以類似的方式運用想像對話。

治療過程中，Jack 進入一場與祖母的對話。祖母坐在一張空椅上，原諒了他。她告訴 Jack 可以繼續過他的人生。Jack 也想像自己是國際法庭的法官，將那些反叛份子送進大牢。Jack 現在意識到他想重新展開生活。

治療師在想像對話中的角色除了鼓勵喪親者向失去的對象表達有意義的問題、想法與感受，也會認可對話過程中出現的情緒。

道別儀式

道別儀式傳統上舉行於沒有逝者遺體在場的喪禮，象徵與逝者更新後的依附連結：也就是依舊珍惜關於逝者的回憶，但是已不再象徵性地讓逝者繼續活著（Van der Hart & Boelen, 2003）。儀式可以是通往案主文化或靈性的橋梁，象徵延續與過渡，也形成和解與確認（Doka, 2012）。

由案主自己設計覺得適當的道別儀式，諸如拜訪某個特殊地點、發想紀念符號、執行文化合宜的儀式、摒棄與創傷性死亡情境相關的一切，或者燒毀憤怒之信，過程中治療師不會在場。道別儀式也隱含著離開治療師而與心愛之人再一次重逢，因此，會鼓勵案主向伴侶或親近的朋友分享道別儀式。

David 是一名五十五歲的荷蘭退伍軍人，已婚，育有兩個孩子。（十七歲那年）初次派駐海外期間，因為一場意外當場失去一位最親近的同袍。三十三年後，他初次前來治療。David 苦於其派駐經驗的侵入性回憶，睡眠被中斷，而且無法忍受吵鬧聲響。太太表示他會突然暴怒。David 迫使自己忙碌不已，且飲酒過量。他經常體驗到失去同袍的強烈哀傷，卻無法忍受隨之而來的情緒，也不曾去過昔日戰友墳前。治療聚焦於讓他能夠前往墓地，並承受與此關聯的情緒。當他三十五年來首次探訪同袍之墓，感覺悲傷席捲而來。他寫了一封信給對方，表達無助與悲傷的感受。治療的最後階段，David 決定在同袍墳前辦一場小型典禮作為道別儀式，計劃邀集幾名親近之人前來墓地，並朗讀這封信件，然後放了一個小小的紀念之物在墳前。隨著治療接近尾聲，David 感覺失去同袍的經驗似乎已經成為自己生命的一部分，幾乎不再有激動焦躁的時刻，這點由 David 的太太予以證實，她也很高興自己對於丈夫曾經歷之事獲得更深刻的理解。

可以將書寫作業與儀式結合，如同上述 David 的個案及以下個案。

George 現年三十七歲，來自賴比瑞亞，2001 年開始住在荷蘭。十三歲那年，他的妹妹被殺。十九歲時，父母遭叛軍殺害，而 George 被迫親眼目睹。他被叛軍俘虜，不得已成為童兵，也不知道父母的遺體被如何處理。George 反覆做惡夢並出現瞬間重歷其境（flashbacks），使他重複經歷父母遇害的過程。夜間試圖入睡時，父母被殺的侵入式回憶令他輾轉難眠數小時。他難以接受父母的死，懷著強烈內疚感，覺得沒有他們的生命毫無意義。接近父母忌日那幾天，他的身體會劇烈疼痛。George 很害怕失去控制，對於表達哀傷感到非常焦慮。治療師向他說明逃避對於症狀維持所帶來的影響，才幫助 George 走入治療。他提到自己童年早期安全幸福的歲月，以及他和父母溫暖的關係。透過漸進式暴露法，他說出當天父母如何慘遭殺害，以及他後來被叛軍抓走的細節。治療會面之間的時間很不好過，George 獲得一位朋友與宗教給他支持。治療師鼓勵 George 寫信給父母，寫下自己的現況以及對他們的感覺。一開始這件事對他來說很困難，但最後 George 表示寫這些信帶給他內在的平靜。George 表達更多自己的感受，也說出他如何掙扎著找尋父母死亡的意義。他思索父母如果還在，對於他現在的生活會說什麼，又會給他何種建議。這有助於將父母的回憶以有益的方式融入現在。George 開始規劃造訪他曾與父母共同生活的地方，還有他們遇害之處。他想和那裡的人對話，看看能否找出父母的遺體當時如何處理，他希望將他們好好安葬，也計劃前往當地教會，在那裡留下他寫給父母的信件，以為治療收尾。

結語

對於喪親倖存者而言，失去心愛之人的創傷性失落除了喚起強烈情緒，更喚起現在與逝者關聯的創傷、失落、命運，以及死亡之必然性本質所包含的不確定事物。許多關於死亡與死後生命的文化構想都在試圖填補這道源於人存在

的不確定性所形成的裂隙。丹麥哲學家齊克果（Søren Kierkegaard）對於心理學的重大貢獻被視為與佛洛伊德（Sigmund Freud）並駕齊驅，他曾在其書中解釋憂懼的概念（Kierkegaard, 1957），說明「未知」這項人們雖不理解卻又喚起諸多可能性之物，如何成為我們憂懼的來源，並與內疚、禁令及懲罰相連。時至今日，恐懼未知以及難以接受不確定之事對於解釋精神病理（包含可視為疾患的哀傷）之發展而言，仍然是關鍵的概念（Boelen, Reijntjes, & Smid, 2016），因此，哀傷治療中的一項關鍵療癒目標，在於協助案主找到有益而能促進情緒處理與哀傷解除的意義。如前所述，找尋意義是一項認知、情緒與靈性的歷程，目的在於強化個體在其文化脈絡中與失落共存的能力。因此，對於具多元文化背景、在創傷性喪親後出現 PTSD 以及 PCBD 或 PGD 的案主，可以在以暴露法為基礎的治療方式上加入以找尋意義為目標的介入模式，包含與逝者象徵性互動的各種方式。

致謝

筆者想感謝 Anouk van Berlo、Jannetta Bos、Annemiek de Heus 與 Marthe Hoofwijk 撰寫本章個案描述。

參考文獻

Beck, A. T. (2008). The evolution of the cognitive model of depression and its neurobiological correlates. *American Journal of Psychiatry, 165*, 969–977.

Bhugra, D., & Becker, M. A. (2005). Migration, cultural bereavement and cultural identity. *World Psychiatry, 4*, 18–24.

Boehnlein, J. K. (1987). Clinical relevance of grief and mourning among Cambodian refugees. *Social Science & Medicine, 25*, 765–772.

Boelen, P. A., de Keijser, J., & Smid, G. E. (2015). Cognitive-behavioral variables mediate the impact of violent loss on post-loss psychopathology. *Psychological Trauma: Theory, Research, Practice, and Policy, 7*, 382–390.

Boelen, P. A., Reijntjes, A., & Smid, G. (2016). Concurrent and prospective associations of intolerance of uncertainty with symptoms of prolonged grief, posttraumatic stress, and depression after bereavement. *Journal of Anxiety Disorders, 41*, 65–72.

Boelen, P. A., & Smid, G. E. (2017). Disturbed grief: Prolonged grief disorder and persistent complex bereavement disorder. *BMJ: British Medical Journal, 357*, j2016. doi:10.1136/bmj.j2016

Boelen, P. A., Van den Hout, M. A., & Van den Bout, J. (2006). A cognitive-behavioral conceptualization of complicated grief. *Clinical Psychology: Science and Practice, 13*, 109–128.

Boss, P. (2006). *Loss, trauma, and resilience: Therapeutic work with ambiguous loss*. New York: Norton.

Cacciatore, J., & DeFrain, J. (2015). *The world of bereavement: Cultural perspectives on death in families. International and cultural psychology*. Cham, Heidelberg: Springer International Publishing.

Chi-Yue, C., Michele, J. G., Toshio, Y., Garriy, S., & Ching, W. (2010). Intersubjective culture: The role of intersubjective perceptions in cross-cultural research. *Perspectives on Psychological Science, 5*, 482–493. doi:10.1177/1745691610375562

Doka, K. J. (2012). Therapeutic ritual. In R. A. Neimeyer (Ed.), *Techniques of grief therapy: Creative practices for counseling the bereaved* (1st ed., pp. 341–343). New York: Routledge.

Durkheim, E. (1995). *The elementary forms of religious life: The totemic system in Australia (translation K. Fields)*. New York: Free Press.

Eisenbruch, M. (1990). The cultural bereavement interview: A new clinical research approach for refugees. *Psychiatric Clinics of North America, 13*, 715–735.

Gersons, B. P. R., Meewisse, M. L., & Nijdam, M. J. (2015). Brief eclectic psychotherapy for PTSD. In U. Schnyder & M. Cloitre (Eds.), *Evidence based treatments for trauma-related psychological disorders* (pp. 255–276). Cham, Heidelberg: Springer.

Hart, O. van der, & Boelen, P. A. (2003). Therapeutische afscheidsrituelen in de behandeling van problematische rouw: een integratie [Therapeutic leave taking rituals in the treatment of problematic grief: An integration]. In O. van der Hart (Ed.), *Afscheidsrituelen – Achterblijven en verder gaan* (3rd ed., pp. 221–236). Lisse: Swets & Zeitlinger.

Hinton, D., Peou, S., Joshi, S., Nickerson, A., & Simon, N. (2013). Normal grief and complicated bereavement among traumatized Cambodian refugees: Cultural context and the central role of dreams of the dead. *Culture, Medicine & Psychiatry, 37*, 427–464. Article.

Jordan, J. R. (2012). Guided imaginal conversations with the deceased. In R. A. Neimeyer (Ed.), *Techniques of grief therapy: Creative practices for counseling the bereaved* (1st ed., pp. 262–

265). New York: Routledge.

Kierkegaard, S. (1957). *The concept of dread: Translated with introduction and notes by Walter Lowrie* (2nd ed.). Princeton, NJ: Princeton University Press.

Kirmayer, L. J., Gone, J. P., & Moses, J. (2014). Rethinking historical trauma. *Transcultural Psychiatry*, *51*, 299–319. doi:10.1177/1363461514536358

Maccallum, F., & Bryant, R. A. (2013). A cognitive attachment model of prolonged grief: Integrating attachments, memory, and identity. *Clinical Psychology Review*, *33*, 713–727.

Neimeyer, R. A. (2006). Complicated grief and the reconstruction of meaning: Conceptual and empirical contributions to a cognitive-constructivist model. *Clinical Psychology: Science and Practice*, *13*, 141–145.

Neimeyer, R. A. (2012). Correspondence with the deceased. In R. A. Neimeyer (Ed.), *Techniques of grief therapy: Creative practices for counseling the bereaved* (1st ed., pp. 259–261). New York: Routledge.

Romanoff, B. D., & Terenzio, M. (1998). Rituals and the grieving process. *Death Studies*, *22*, 697–711. doi:10.1080/074811898201227

Shear, K. M. M., Wang, Y. P., Skritskaya, N. P., Duan, N. P., Mauro, C. M., & Ghesquiere, A. P. (2014). Treatment of complicated grief in elderly persons: A randomized clinical trial. *JAMA Psychiatry*, *71*, 1287–1295. doi:10.1001/jamapsychiatry.2014.1242

Shear, M. K., Reynolds, C. F., III, & Simon, N. M. (2016). Optimizing treatment of complicated grief: A randomized clinical trial. *JAMA Psychiatry*, *73*, 685–694. doi:10.1001/jamapsychiatry.2016.0892

Smid, G. E., Drogendijk, A. N., Knipscheer, J. W., Boelen, P. A., & Kleber, R. J. (2018). Loss of loved ones or home due to a disaster: Effects over time on distress in immigrant ethnic minorities. *Transcultural Psychiatry*.

Smid, G. E., Groen, S., de la Rie, S. M., Kooper, S., & Boelen, P. A. (2018). Towards cultural assessment of grief and grief-related psychopathology. *Psychiatric Services*, *69*(10), 1050–1052. doi:10.1176/appi.ps.201700422

Staal, F. (1979). The meaninglessness of ritual. *Numen*, *26*, 2–22. doi:10.2307/3269623

Tay, A. K., Rees, S., Steel, Z., Liddell, B., Nickerson, A., Tam, N. et al. (2017). The role of grief symptoms and a sense of injustice in the pathways to post-traumatic stress symptoms in post-conflict Timor-Leste. *Epidemiology and Psychiatric Sciences*, *26*, 403–413. doi:10.1017/S2045796016000317

4

背負求死心願：
醫療協助死亡之心理

Christopher J. MacKinnon, Deborah Ummel, Florence Vinit and Erica Srinivasan

引言

2015 年 12 月，魁北克（Quebec）成為加拿大第一個將「醫療協助死亡」（medical assistance in dying, MAiD）之安樂死（euthanasia）合法化的省份。MAiD 為患有重大疾病而希望在醫師監督下結束生命之人訂定嚴格標準。2016 年，基於加拿大最高法院判決，MAiD 開始適用全國。

至今為止的文獻涵蓋各類研究焦點，大部分聚焦於臨床實踐指引、觀察性研究、建立 MAiD 執行標準與流程、辨識形成 MAiD 請求背後的因素，並詳細描述圍繞著自主結束生命權的相關倫理與道德上的優先排序（Oczkowski et al., 2017），然而，各式各樣關於 MAiD 的論述可能忽略了深埋於死亡請求中所需深入處理的心理歷程。為此，本文採取建構主義視角（Neimeyer, 2009），試圖釐清加速死亡（hastened death）請求中之更深的意涵。

本章先簡要勾勒 MAiD 於加拿大脈絡下的實行結構與理論架構，接著透過

建構主義對於 MAiD 的觀點[18]，闡述求死心願可能的底層心理面向，最後以其為臨床工作帶來的諸多意涵做結。

加拿大協助死亡的做法

2016 年 6 月以前，醫師或醫療照護團隊協助病人結束生命在加拿大屬於犯罪行為，但目前加拿大法律允許在符合特定標準下執行特定形式的安樂死。[19]執行標準如下：個體必須年滿十八歲以上，具決策能力，並且患有晚期且不可治癒之疾病或失能（disability）；此外，該疾病或失能必須造成心理與生理上不可承受又無法緩解的痛苦。MAiD 需在醫師監督下執行，由其開立導致死亡所需的處方。可否執行的最終決策會由兩位醫師評估，除了必須確認病患符合資格，他們也有權拒絕病患的請求。雖然沒有任何醫師會被迫執行 MAiD，然而加拿大法律要求所有公立機構都必須提供這個選項。

MAiD 的心理面向

世界上有些國家對於病患加速死亡的請求已有長遠歷史，並不陌生。2001 年，荷蘭皇家醫療協會（Royal Dutch Medical Association）宣告由存在苦痛、無意義或尊嚴喪失所導致的痛苦亦屬於醫療範疇。這項宣告實質上拓寬醫師協助死亡的請求中關於痛苦的定義，納入心理與精神病現象（Koopman & Boer, 2016）。

在此之後，荷蘭與比利時相繼將安樂死合法化，過去幾年更為自訴痛苦無

---

18 世界各國採行與 MAiD 相近的其他安樂死形式包含理性自殺（rational suicide）、醫師協助自殺（physician-assisted suicide）與醫師幫助死亡（physician aid in dying）及安樂死等。雖然這些臨終選項在實行上有差異，所求的結果卻都相同，也涉及許多相似的心理面向。因此，本文將替換使用 MAiD 與上述詞彙。

19 2016 年，加拿大第 42 屆國會第 1 會期立法修改刑法（Criminal Code）與其他相關法律（即 2016 年 6 月 17 日通過針對醫療協助死亡之《C-14 法案》）。

法忍受的病患擴展並增加此選項的可及性。兩國自 2007 年至 2016 年間，請求醫師協助死亡的總數以每年約 15％的比例呈現上升趨勢（Boer & Lic, 2017），亦有各類精神疾病患者，包含人格疾患（personality disorder）、憂鬱症（depression）、自閉症（autism）、厭食症（anorexia）與長期哀傷患者於荷蘭或比利時透過安樂死結束生命（Kim, De Vries, & Peteet, 2016）。該研究亦指出，雖然一般預期擁有安樂死的權利會降低整體自殺率，然而荷蘭相較於其他歐洲國家卻出現自殺率上升的特殊趨勢。

不論在歐洲或北美，可以肯定的似乎是多數 MAiD 請求都有其心理面向。過往研究指出，許多請求輔助死亡之人也會同時自訴承受情緒苦痛，包含失去意義、存在苦痛與哀傷，以及因為預期未來痛苦與失去控制而產生的焦慮（Breitbart et al., 2008; Mystakidou et al., 2005）。一項針對美國俄勒岡州（Oregon）採取協助死亡逝世者之家庭成員所做的研究，即探討病患對未來痛苦與失去控制的預期，研究指出患者會因為對於自己的死亡過程擁有掌控感而覺得安慰（Srinivasan, 2018）。許多研究的共通主題是憂鬱症與渴望加速死亡之間的關聯（Wilson et al., 2016），此外，社會性因素包含失去身分認同或角色、孤立感，以及希望避免成為他人負擔，也可能成為加速死亡的動機（Pearlman et al., 2004; Rodríguez-Prat, Balaguer, Booth, & Monforte-Royo, 2017）。最後，也有針對俄勒岡州《尊嚴死亡法案》（Death with Dignity Act）近二十年的資料，強調包含各心理層面之重大臨終議題（例如失去自主性、沒有能力參與為生活帶來愉悅的活動、失去尊嚴、失去控制身體功能的能力，以及成為他人負擔）（Oregon Health Authority, Public Health Division, 2018）。

評估 MAiD 的意義

想結束自己生命的追求始終是各種人類行為中最複雜，甚至可說是最不被理解的一種（Stillion & McDowell, 1996）。舉例來說，自殺對人們來說可能具

有各種意義，包含與心愛之人在死後重聚、作為報復某人的手段，或者是在無以為繼的局面中逃脫的出口（Sands, Jordan, & Neimeyer, 2011）。同理，渴望與決定採取 MAiD 的情況同樣具有各種面向，值得慎重思考關注。

建構主義取向經常發揮在需要深度反思並接受多重意義的情況，其主要關注除了個體賦予自己生命的主體意義之外，還有個體依循人生腳本所帶來的困難如何透過心理治療的介入，可能重寫（re-authored）為有助益的態度，以回應複雜的生命困境（Neimeyer, 2009）。建構主義者的工作對象是處於意義危機中，無法理解某件看似費解之事的個體。

意義也一直是存在主義心理學家的核心關注，例如早期對於**心靈性精神官能症**（noogenic neurosis）的構想便指出心理苦痛的來源為失去意義（Frankl, 1981）。[20]亦有研究指出，無意義包含疏離、無望、缺乏真誠、無法應對以及空虛感（Orbach, 2008）。此外，有人提出失志（demoralization）這項精神病學概念，以描述一種存在衝突（existential conflict）的狀態，其特性為無望、無助以及喪失生命目的和意義，與渴望加速死亡高度相關（Robinson, Kissane, Brooker, & Burney, 2015）。

對於更深刻意義的追求牽繫著加速死亡的渴望，這點亦符合近期文獻的發展方向（相關研究如 Rodríguez-Prat & van Leeuwen, 2017）。舉例而言，學者 Nissim 與其同仁（2009）以後期腫瘤科患者為取樣對象，指出三種意義類別支撐患者對於加速死亡的渴望。第一種類別中，參與者表示加速死亡是一種假想的退場策略，可以減緩焦慮並且為模糊不清的未來注入一份確定。第二種類別則是認定求死心願是為了逃脫鋪天蓋地的焦慮感、無助感或絕望，更是為了避免深陷其中遭到吞沒的唯一可能做法。最後一種類別則是將加速死亡理解為「放手」的展現。參與者在生命最終的數天或數週裡感覺自己屆臨存活的極

---

20 譯注：心靈性精神官能症由意義療法（logotherapy）創立者 Viktor Frankl 提出。他認為此種精神官能症並非源於心理（psychogenic）或身體（somatogenic），而是源於會探問存在意義的心靈（即希臘文 noö，英文多譯為 spirit）；當人尋求意義的意志受挫而引發存在挫折（existential frustration），便可能導致此種精神官能症。

限，也以某種方式接受生命的終結；也有一些參與者迎接即將來臨的死亡，開始退離社交互動並盡量減少外界刺激。

另一項相關研究由 Rodríguez-Prat 及其同仁發表，透過後設民族誌（meta-ethnography）方法系統性回顧文獻，進一步區分加速死亡心願底層的五種意義之次要主題。第一，死亡心願是為了訴求立即性解脫，代表的是無法承受的痛苦或難以接受的疾病。第二，死亡可以被視為一種避免或終結痛苦的方法，患者所訴說的痛苦涵蓋孤單、恐怖、依賴、疼痛、徒勞、失樂症（anhedonia），以及必須保護自我免於崩潰。第三，死亡心願可能與保護他人的無私渴望有關，不願意讓自己成為負擔。相較於拖累他人並讓所愛之人受苦，死亡是更好的選擇。第四，許多人到了生命尾聲會試圖重新掌控局面，尤其是失去功能性能力的患者。最後，該篇作者也描述病患同時面對兩種互斥的動機：他們渴望活下去，卻發現當生命中原本帶來意義與價值之事如今不再可得，自己不可能活下去。

上述兩篇研究可以代表以建構主義觀點探究渴求 MAiD 的研究動向，只是以此方向進行的研究目前仍然屬相對少數。以下我們會先討論治療師的角色，該角色與 MAiD 目標可能存在之既緊張又協調的狀態，接著探討以意義為本的取向思考 MAiD 對於臨床工作的意涵。

治療師的立場

至今少有文獻探討心理師於臨終照護中扮演的角色，一般來說更不會討論心理師於安樂死過程的角色（Haley, Larson, Kasl-Godley, Neimeyer, & Kwilosz, 2003），或甚至是反過來提供自殺防治的評估指引（相關研究如 Neimeyer, 2005）。通常治療師的任務是預防案主自殺，因此圍繞著 MAiD 的課題有關鍵性的兩難。若治療師的傳統角色是預防自殺，當他們與希望結束自己生命的案主工作時，如果他們仍然扮演某種角色，那會是什麼？

在加拿大，建議他人自殺或幫助他人在沒有醫療協助之下自殺均為可判處徒刑的刑事犯罪，然而，提供與 MAiD 相關的資訊並非犯罪行為。由此可以推論，一種符合道德且合法的心理介入模式應包含探索病患所產生之關於 MAiD 的主體間際意義。然而，任何找尋意義的介入模式也會馬上牽涉到以下幾項課題。

首先，治療師有義務決定自己在 MAiD 情境中是否確實扮演某種角色。例如加拿大魁北克省的法律，並未要求在 MAiD 資格審核過程需納入心理健康專業人員，各機構可以自行斟酌是否讓治療師（如社工、心理師）參與。

若治療師被要求參與評估過程，則可能帶來深刻的影響，其中一項就是治療師某種程度上為促使或阻擋病患取得 MAiD 的守門人。作為跨科醫療團隊的一員，治療師可能被要求回報會面結果，因此，知道病患轉診的目的與意義就非常重要。舉例來說，醫療團隊希望從治療師與患者的會面中獲得什麼？此外，當病患知道與治療師的對話內容將成為影響 MAiD 決定的資訊，很可能導致反應偏誤（response bias），例如病患或許覺得需要掩飾自己真正的心理狀態，以避免喪失 MAiD 資格。

臨床上，嚴重的憂鬱症個案確實有失去資格的可能性。在加拿大，罹患非末期疾病而嚴重憂鬱的病患若有立即性自殺風險，此時法律會凌駕個體權利，而治療師有法定義務依據自殺威脅的嚴重與緊急程度介入處理，打破保密協議並通報相關單位。在此情況下，自殺傾向造成的傷害被認為是嚴重的，因個體被視為失去自行做決定的能力。

然而，回到與 MAiD 有關的部分，早期對於理性自殺的定義排除嚴重情緒苦痛的個體（Siegel, 1986）。因此，重點在於考慮病患為其與治療師的對話賦予何種意義，一場以評估 MAiD 資格為目標的對話，相較於探索 MAiD 對患者所具意義的對話，兩者截然不同。

此外，當治療師在病患能否取得 MAiD 的問題上完全不扮演任何角色時，情況更是曖昧難解。廣義而言，心理治療的治療內涵可以理解為對於歷程的輔助，讓案主透過此歷程在回應他們尚未能夠越過的僵局時發現新的選項。但是

對於涉及 MAiD 的心理治療介入模式而言，可以（或應該）創建何種新的意義？採納這些意義又代表什麼呢？以 MAiD 的主體間際意義為核心的理想心理治療是否意圖創造新選項？若是如此，那些選項又是什麼？建構主義者的工作範疇就是將對個體而言已經不再適用的意義重新形構，就這點來說，與選擇 MAiD 的患者進行心理治療對話，可能代表治療師需要擁抱某個自相矛盾的立場，因為其肩負的任務是即使身處死亡迫近且將移除所有選項的陰影中，仍然催化選項的誕生。

對於臨床工作的意涵

以下總結段落關注的是何種方法可以開啟有關 MAiD 尚未言明的主體間際意義。當對話的對象是要藉由 MAiD 直面生命終點的個體，則治療師需具備豐富經驗與專業成熟度。病患對於任何有關 MAiD 的論述可能都會模稜兩可難以表態，因此，成熟的臨床工作包含容受無力感與意義模糊的狀態，以及治療師要與任何偏好的結果都保持距離。

首先，治療師應該試著區分患者對於加速死亡的渴望屬於狀態性（state）或特質性（trait）。狀態性渴望可以定義為暫時性的求死心願，而特質性渴望則已經存在更久也將更為持續。本章回顧的相關文獻明確指出，加速死亡的渴望可能不穩定也不確定，擺盪在狀態與特質兩端之間。回到 Nissim 及其同仁（2009）發表的有力研究，在經歷重大轉變，例如疾病初次確診或檢查結果不佳時，加速死亡的渴望可能更為顯著。在這些轉折點上進行臨床會面時，應該謹記患者關於死亡心願的絕望表達通常是一時的，此外，如同一般心理治療實踐，應該勸阻身處危機中的患者做出重大的人生（或死亡）決定。同理，正經歷多重成因劇烈疼痛的患者可能不在其最佳心智狀態下，難以找出所處情境的意義，此時應該將所有精力先放在控制疼痛，再考慮 MAiD（此舉亦符合緩和療護的最佳做法，Tucker, 2012）。然而，若患者能夠自己撐過絕望的歷程，

也許能找到其他使生命值得存續的意義來源。舉例來說，覺得自己是他人負擔而為此所苦的患者可能考慮 MAiD，然而，若能找到新的方式來面對成為負擔的想法，就能帶來嶄新觀點，因此改變採取 MAiD 的意願。

另一方面來說，必須擁有退場策略通常是比較穩固的特性，同時暗示在患者試圖掌控生命最終時刻的需求之下，或許另有底層意義。控制常常是一種因應焦慮的方式，而在此因應結構下可能存有許多具影響力的意義。舉例來說，很多人都有過被遺棄、忽略或背叛的生命史，並在身上留下印記，而在宛若生命尾聲的人生分水嶺上浮現（Back et al., 2008）。內化生命歷史的方式時常迫使我們重演僵化的腳本，像是可能完全不符現況的自我保護行為。

結語

> 無意義阻礙生命圓滿，因此等同疾病。太多事情——也許所有一切——都因為意義變得可以承受。
>
> ——榮格（Carl Jung），1963b，p. 340

驅使人們被 MaiD 所吸引的，部分源於在生理症狀中面對無法承受的內心狀態而產生的極度痛苦。如今，我們才正要開始勾勒提出 MAiD 請求的患者可能有的主體意義。為推進這項臨床與研究目的，建構主義心理治療提出了具說服力的典範（paradigm）。此外，一如其他形式的深度心理治療（depth psychotherapy）（Hollis, 2013），建構主義提供一種回顧追索的程序，以辨認經常支配個體生命的隱形故事（Neimeyer, 2009）。儘管許多請求 MAiD 的病患感覺深刻喪失意義與生命目的（Wilson et al., 2016），然而建構主義者是重建意義的專家。照亮病患關於死亡心願的主體意義世界，可能催生其他替代加速死亡請求的選項。在深度探索的起始點，一個可能的問題是：需求 MAiD 的病患，對他們而言，MAiD 代表什麼？

治療師肩負的另一項任務是，幫助病患忍受在是否進行 MAiD 兩者之間的

對立緊張（tension of opposites）（Jung, 1963a），也許要等到第三種選項，可能就在心理治療中與個案的會心過程中浮上檯面為止。如此，治療師可以找到自己的最佳位置，以同伴的角色陪伴病患，映照出他們的經驗，讓他們能夠做成決定。治療師或許也能幫助臨終病患，在死亡提出的困難挑戰沒有直截了當的解方時，設想如何以最佳方式自我調整，以應對自己的生死情境。

參考文獻

Back, A. L., Young, J. P., McCown, E., Engelberg, R. A., Vig, E. K., Reinke, L. F., ...Curtis, J. R. (2008). Abandonment at the end of life from patient and clinician perspectives: Loss of continuity and lack of closure. *Archives of Internal Medicine*, *169*(5), 474－479.

Boer, T., & Lic, T. (2017). Does euthanasia have a dampening effect on suicide rates? Recent experiences from the Netherlands. *Journal of Ethics in Mental Health*, *10*, 1－9.

Frankl, V. E. (1981). *Will to meaning: Foundations and applications of logotherapy*. New York: Meridian.

Haley, W., Larson, D., Kasl-Godley, J., Neimeyer, R. A., & Kwilosz, D. (2003). Roles for psychologists in end-of-life care: Emerging models of practice. *Professional Psychology: Research and Practice*, *34*(6), 626－633.

Hollis, J. (2013). *Hauntings: Dispelling the ghosts who run our lives*. Asheville, NC: Chiron.

Jung, C. G. (1963a). *Mysterium coniunctionis* (R. Winston & C. Winston, Trans.). New York: Bolligen Foundation.

Jung, C. G. (1963b). *Memories, dreams, reflections* (R. Winston & C. Winston, Trans.). New York: Vintage Books.

Koopman, J. J. E., & Boer, T. A. (2016). Turning points in the conception and regulation of physicianassisted dying in the Netherlands. *The American Journal of Medicine*, *129*(8), 773－775.

Kim, S. Y. H., De Vries, R. G., & Peteet, J. R. (2016). Euthanasia and assisted suicide of patients with psychiatric disorders in the Netherlands 2011 to 2014. *JAMA Psychiatry*, *73*(4), 362－368.

Mystakidou, K., Rosenfeld, B., Prapa, E., Katsouda, E., Tsilika, E., Galanos, A., & Vlahos, L. (2005). Desire for death near the end of life: The role of depression, anxiety and pain. *General Hospital Psychiatry*, *27*(4), 258－262.

Neimeyer, R. A. (2005). From death anxiety to meaning-making at the end of life: Recommendations for psychological assessment. *Clinical Psychology: Science and Practice, 12*, 354–357.

Neimeyer, R. A. (2009). *Constructivist psychotherapy: Distinctive features*. New York: Routledge.

Nissim, R., Gagliese, L., & Rodin, G. (2009). The desire for hastened death in individuals with advanced cancer: A longitudinal qualitative study. *Social Science and Medicine, 69*, 165–171.

Oczkowski, S. J. W., Ball, I., Saleh, C., Kalles, G., Chkaroubo, A., Kekewich, M., . . . Frolic, A. (2017). The provision of medical assistance in dying: Protocol for a scoping review. *BMJ Open, 7*(8), 1–5.

Orbach, I. (2008). Existentialism and suicide. In A. Tomer, G. T. Eliason, & P. T. P. Wong (Eds.), *Existential and spiritual issues in death attitudes* (pp. 281–316). New York: Lawrence Erlbaum Associates.

Oregon Health Authority, Public Health Division. (2018). *Oregon Death with Dignity Act 2017 data summary*. Retrieved March 31, 2018, from www.oregon.gov/oha/PH/PROVIDERPARTNERRESOURCES/EVALUATIONRESEARCH/DEATHWITHDIGNITYACT/Documents/year20.pdf

Robinson, S., Kissane, D. W., Brooker, J., & Burney, S. (2015). A systematic review of the demoralization syndrome in individuals with progressive disease and cancer: A decade of research. *Journal of Pain and Symptom Management, 49*(3), 595–610.

Rodríguez-Prat, A., Balaguer, A., Booth, A., & Monforte-Royo, C. (2017). Understanding patients' experiences of the wish to hasten death: An updated and expanded systematic review and metaethnography. *BMJ Open, 7*(9), 1–13.

Rodríguez-Prat, A., & van Leeuwen, E. (2017). Assumptions and moral understanding of the wish to hasten death: A philosophical review of qualitative studies. *Medicine, Health Care and Philosophy, 21*(1), 63–75.

Sands, D. C., Jordan, J., R., & Neimeyer, R. A. (2011). The meanings of suicide: A narrative approach to healing. In J. Jordan & J. L. McIntosh (Eds.), *Grief after suicide: Understanding the consequences and caring for the survivors* (pp. 249–281). New York: Routledge.

Siegel, K. (1986). Psychosocial aspects of rational suicide. *American Journal of Psychotherapy, 40*(3), 405–418.

Srinivasan, E. G. (2018). Bereavement experiences following a death under Oregon's Death with Dignity Act. *Death Studies, 43*(10), 647–655. doi:10.1080/07481187.2018.1511636

Stillion, J., & McDowell, E. E. (1996). *Suicide across the lifespan: Premature exits* (2nd ed.). New York: Routledge.

Tucker, K. L. (2012). Aid in dying: An end of life-option governed by best practices. *Journal of Health and Biomedical Law, VIII*, 9–26.

Wilson, K. G., Dalgeish, T. L., Chochinov, H. M., Chary, S., Gagnon, P. R., Macmillan, K., . . . Fainsinger, R. L. (2016). Mental disorders and the desire for death in patients receiving palliative care for cancer. *BMJ Supportive & Palliative Care, 6*(2), 170–177.

5
非死亡失落的哀傷
Darcy Harris

一天早晨，Patricia 與 James 在咖啡店相遇。Patricia 需要一個地方把筆電放下來，才能一邊工作一邊享用她的晨間咖啡，但是店裡已經沒有位子了。James 自己坐一桌，於是他讓出一張椅子與桌面空間給 Patricia。一開口，兩人就非常合拍。那時，Patricia 四十歲，James 五十三歲。接下來一年，他們約會、出遊，並且與彼此的家族成員和親近朋友見面。兩人簡直是天造地設的一對——連他們的狗都互相喜歡！他們結為連理，走入安適的日常生活，一起吃飯、遛狗、旅遊，週日早上讀報給彼此聽。兩人都沒有孩子，考量到年紀，他們也曾討論或許可以領養年齡較大的孩子，或成為寄養家庭，與有需要的孩子共享他們甜蜜的家。

一個週日早晨，James 醒來覺得不太舒服，頭暈又虛弱，他走出浴室時叫了 Patricia，接著就癱倒在地。Patricia 撥打 911 緊急專線，救護車將 James 載到最近的醫院急救。他們告訴 Patricia，James 經歷了一次嚴重中風，有很高的機會能活下來，只是可能變得無法說話且半身不遂。待情況穩定之後，James 被轉至復健中心，協助他盡可能重拾功能，並學習適應中風造成的缺損。

這時 Patricia 四十三歲，兩人沒有孩子，雙方的父母較為年長又有嚴重健康問題，所以沒有親人可以協助她照顧 James。她調整家中空間，方便輪椅移動並滿足 James 個人照護的特殊需求。她辭去工作來照顧 James，提前退休方

案付給她的薪水不到原本收入的一半。隨著時間過去，前來探訪的朋友愈來愈少，當門鈴響起，多數時候都是居家健康機構前來提供某項照護服務或者送來所需的醫療用品。James 通常能理解 Patricia 說的話，但是當 Patricia 聽不懂他想要或需要什麼的時候，他會變得困惑又暴躁，這時 Patricia 就會擔心他可能傷害自己。他們不再有性行為。Patricia 一個晚上要訂好幾次鬧鐘叫醒自己，為 James 調整睡眠姿勢，並且視他的需要扶他使用便桶。

幾個月照護下來，Patricia 會在 James 入睡之後，癱軟在臥室角落的椅子上。她審視自己的人生——或說僅剩的人生——不禁淚如雨下。她永遠不會有孩子了，連去商店買個東西都必須先安排好有人來陪 James。James 可能維持這個狀態數年，甚至變得更糟，而且她時常擔心自己可能無意間忽略某件重要的事情而導致併發症。她覺得氣力耗盡又孤獨無依。

上述情境包含許多失落經驗，然而，這些失落都不是因為死亡；相反的，它們是持續進行中的失落，不僅存在於 Patricia 與 James 的日常生活，還會隨著時間推移逐步交融滲透。本章將探討幾種非死亡性的**活著的失落**（living losses），以及這類失落的一些獨特面向與含義。

廣義看待哀傷

早期的喪親研究聚焦於將哀傷的概念視為分離苦痛的一種形式（Bowlby, 1998），哀傷被認為是依附對象（如父母、孩子、配偶或伴侶）死亡而依附連結斷裂的結果。近期則有大量研究（Field, 2006; Klass, Silverman, & Nickman, 1996; Stroebe, Schut, & Boerner, 2010）證實，許多喪親者仍然保有與已故心愛之人間的持續性依附連結，展現為持續發生的對話、夢境、徵兆、感覺心愛之人在他們後續生命中仍然看顧或指引自己，以及日常生活裡一種經常無形卻覺得心愛之人真實存在的感覺。研究人員因此總結指出，當心愛之人過世，依附連結不必然也跟著斷裂。隨著這些發現的內涵逐漸整合進文獻，可以清楚看見

雖然**依附風格**（attachment style）確實會對哀傷造成影響，然而實際的哀傷反應卻更為複雜，超出將哀傷視為分離苦痛的變化形式之一的假設，我們也不能再將哀傷簡單定義為依附連結斷裂或者基於依附對象死亡的失落。

學者 Bowlby 假設生命早期的依附經驗會使個體形成關於自我與世界的「運作模式」（working model），並指出重大失落可能會造成威脅，導致個體努力重新打造或重新架構這些模式，以符合失落過後的世界。接續 Bowlby 的研究成果，學者 Parkes（1975）描述「內在運作模式」（internal working model）的概念，將其延伸至「預設世界」（assumptive world）的概念，其中包含對過去的解釋以及對未來的期待，包含我們的藍圖與成見。學者 Janoff-Bulman（1992）接著指出預設世界此構想的三種主要類別，再由 Harris（2001）進一步擴充三種類別的內容，讓各個類別都能預設正面與負面情境。以下說明三種基本類別：

1. **個體期待世界與他人如何對待自己。**舉例來說，個體可能認為世界基本上是個良善之地，一般來說人們都值得信任，基本上也對其他人懷著善意。
2. **個體如何理解世界並為其附加意義。**這個類別通常包含正義與因果的概念，例如西方社會一項普遍的預設是只要勤奮工作就會得到報酬。
3. **個體如何看待自己在世界上或社會脈絡中的位置。**此類別中的一種觀點是自己具有價值與重要性，因為每個人本質上都具有價值與重要性。

預設世界使人能夠預測、理解並決定該如何回應發生的事件，以確保日常生活的穩定感與安全感。預設世界如同依附系統，最有可能在生命非常早期就已經形成，成為個體的一個核心面向。當一個人對於世界的預設遭到粉碎，或在重大事件發生後變得毫無意義，就必須重新打造預設世界，才能重新投入生活（Harris, 2020）。誠然，心愛之人的死極有可能造成此種崩解，然而，我們也可能因為生活轉換、關係終結或空間距離而失去在乎的人事物。我們可能失去自己重視且賦予意義的物件，可能失去與自己社群、國家或信仰的連結感，

甚至可能失去自己，不論是點滴流失或一口氣喪失。所有重大失落的核心都在於它們粉碎我們對於世界的預設，在此脈絡下觸發哀傷反應的，其實是喪失了有意義的預設世界之統攝性失落（Harris, 2020; Harris & Winokuer, 2016）。

　　回到 Patricia 在 James 中風之後的生活，我們可以思考其預設世界所受到的許多打擊。隨著朋友不再前來關心，Patricia 與人接觸的主要來源只剩下被派來協助照顧 James 的專業照護人員，她對於世界與他人的預設遭到挑戰。她認為人生該有的樣子，還有她與 James 兩人的未來計畫，都在瞬間一筆勾銷。毫無疑問，對於都還相當年輕的他們來說，中風前身強體健的 James 會出現這種健康問題肯定在他們的預料之外。最後，Patricia 對於自己的看法也改變了，從一名擁有充實事業與相愛關係的女性變成一名照顧者，要全天候在家看護現在完全依靠自己的丈夫。簡言之，Patricia 哀悼著許多使其預設世界完全粉碎的失落。

　　理解預設世界在日常生活中扮演的角色，給我們一個寬泛的架構來認識哀傷在死亡與非死亡失落經驗中扮演的潛在適應性角色。本章接下來會簡短討論不同類型的非死亡失落經驗及其代表的含義。能夠擁有對於這些經驗的描述性字眼，除了為研究與臨床實踐提供相當適用的概念詞彙外，對於實際經驗的人來說也可以達到賦能的作用。

無盡失落與慢性悲傷

　　許多非死亡的失落經驗本質上是持續進行且看不到終點。失落本身會要求受其影響的人終其一生不斷容納、適應與調整，這些持續進行的失落經驗就是一種**無盡失落**（nonfinite loss）。學者 Bruce 與 Schultz（2001）在研究中描述無盡失落的經驗有幾項根本特性：

- 對於未來將發生之事始終抱持不確定感。這種不確定感經常混合憂懼與慢性絕望。

- 經常感覺無法與主流以及一般視為「正常」的普世經驗產生連結。
- 他人時常不承認或不認可失落的嚴重性。這些類型的失落非常普遍受到社會誤解或被剝奪了哀傷的權利。
- 持續存在一種與該失落相關的無助與無力感受。

經驗到無盡失落的人必須反覆為失落做出調整並提供空間，與此同時，由於人們時常不太理解無盡失落，這份經驗可能不被人承認或認可。在沒有可見終點的情況下，支持系統可能乏於繼續給予失落者安慰的肩膀。當無盡失落者試著調和此刻因失落而面對的世界現實與原本所預期或展望的世界兩者間的關係時，調整便會持續進行。

慢性悲傷（chronic sorrow）是對於無盡失落的反應，其中持續存在的哀傷並不像長期哀傷或延遲哀傷（delayed grief）等是一種疾患，而是因為失落本身及其影響持續存在，而成為本質上不曾結束的獨特哀傷形式（Harris, 2011）。慢性悲傷與長期哀傷障礙的差異在於前者發生在**活著的失落**（非死亡失落），而且不屬於異常或有問題的徵兆。哀傷持續存在是因為失落的本質也是持續性的，也就是失落本身及其相關因子不斷浮現。慢性悲傷會出現在經驗到無盡失落的個體身上，也可見於失落者身邊的親近之人。事實上，有時慢性悲傷主要正是存在於那些陪伴無盡失落者的人，他們除了要持續調整生活以適應無盡失落後的新現實，還得痛苦又無助地看著心愛之人不斷掙扎因應失落經驗。

學者 Roos（2018）將慢性悲傷定義為「一連串具滲透性、深刻、持續且反覆的哀傷反應，肇因於重大失落，或者因為缺失了個人的重要部分（失去自我）或緊密依附對象的重要部分（失去他人）」（p. 25）。個體看待失落的方式決定是否會出現慢性悲傷。這是對於持續性失落經驗的反應，哀悼者所面臨的是，在現有的一切現實與舊夢依舊殘存之間所存在的痛苦落差。

Patricia 與 James 的情境提供一個很好的例子說明無盡失落與慢性悲傷。James 還活著，卻無法像之前那樣運作。兩人的關係因為 James 的溝通困難與持續性照護需求而永遠改變了，Patricia 的生活現在圍繞著 James 的照護打轉，

而且這種情況可能持續數年而看不到盡頭。由於 James 還活著而且很可能再活很久，兩人所經驗的哀傷很可能無法獲得承認。

模糊性失落

北美區域最駭人的模糊性失落經驗可說發生在 911 事件過後。2001 年 9 月 11 日，紐約世貿中心雙塔分別遭飛機衝撞，建築物在劇烈高溫與殘骸碎片的烈焰中崩塌陷落，數千名當時在雙塔裡上班的人受困罹難。多數遺族從未取得罹難者具體的死亡證明，因為所有 DNA 痕跡、衣物、飾品與個人物件都因為高溫與建物崩塌被完全摧毀。事件過後數週，公布欄、電線桿與許多公共場所貼滿心愛之人失蹤的照片。人們舉著這些照片在附近區域遊走，希望也許有人能向自己證實心愛之人已經被送去醫院，或者受到事件衝擊慌亂迷失，已經前往某處避難。空氣中除了哀傷，還有希望與不確定感——他們無法確知心愛之人的所在位置，在沒有證據證明他們死亡的狀況下，他們不可能知道如何採取下一步。

模糊性失落通常無法得到正式認可，也不可能終結，因此是特別令人感到壓力的失落經驗（Boss, 1999, 2009），而且必然出現於關係的脈絡之中，可描述為缺席／在場的動力模式，並區分為兩種類型：

1. 心愛之人身體缺席但是心理在場（例如被綁架、海上失聯、失蹤、離異或遺棄）。
2. 心愛之人心理缺席但是身體在場（例如創傷性腦部損傷、失智、自閉症、憂鬱症、成癮、慢性精神疾病）。

模糊性失落既不清楚也無法確定，有時，例如當某人下落不明或認知能力受損，人們不知道心愛之人是生是死，是在場或缺席，因此失落始終模糊不清。以認知受損的狀況來說，如果仍然穿插心愛之人能夠記得或認得的短暫時刻，更會強化失落與不確定的經驗。正因為沒有答案、沒有明確定義的失落，

也無法認定究竟發生什麼事，人們可能凍結在哀傷之中（模糊性失落哀傷的標準跡象）（Boss, 1999, 2009）。經驗到模糊性失落的人難以描述他們的經驗，身邊的人通常也不知道該如何回應，因此人們經常避開失落者，不會主動關心受到失落影響的人。以我們對 Patricia 與 James 的個案研究來說，James 間歇性的困惑與溝通困難形同兩人失去了關係。雖然 James 的身體還在，但是原本的那個 James 已經不在了，留下 Patricia 為情緒上的失落哀悼，而且自己的人生如今被照顧這名失去對象的生理需求所支配。

無形失落

　　無形失落（intangible losses）本質上比較抽象或具象徵性，可能涉及失去希望或夢想。這類型失落可能關乎存在基礎，或者涉及失去對世界或他人的信念、意義、信仰或失去靈性連結的感受。這些失落經常包含自我觀點的深度改變，或與失志情境、遭侵害與忽略的情境以及羞恥感顯著的經驗有關（Harris, 2011; Harris & Winokuer, 2016）。雖然這些失落無法直接觀察或辨認出來，對於經驗者來說卻通常是深刻又消耗。無形失落有時也稱為隱形失落（invisible loss），因為表象看來缺乏明顯的失落具體表現。很多無形失落具有象徵性，聚焦於希望、夢想、信念與認同。

　　無形失落可能包含：
- 失去保障感或安全感。
- 失去／改變自我感或身分認同。
- 失去純真。
- 失去自尊／自信。
- 失去信仰或希望。
- 失去熟悉感。
- 失去與自我或他人的連結。

相較於無形失落，有形的失落是直接可見、明顯或有具體證據的。有形失落與無形失落也可能同時出現，例如：

- 暴力攻擊使一名女性無法生育（有形失落）並且產生新的不安全感（無形失落）。
- 一個孩子死亡除了導致失去這個孩子（有形失落），也可能失去作為家長或手足的身分認同（無形失落）。
- 移居國外可能導致失去實體住家以及和朋友的緊密關係（有形失落），也失去熟悉感或歸屬感（無形失落）。

Patricia 和 James 同時經驗到有形與無形的失落。Patricia 失去的工作以及收入、習慣和日常生活的改變屬於有形失落，對於知道她狀況的人來說顯而易見；然而不被看見的是 Patricia 的無形失落——她失去對於兩人未來的希望和夢想、作為能幹職場女性的身分認同，以及她的同伴與知交。James 的有形失落包含所有因為中風而做出的生理調整與改變，也就是他失去獨立性與自我照顧的能力；他的無形失落則包含失去作為 Patricia 對等伴侶的身分認同、對於未來的希望與夢想，以及原本對自己的看法。

含義

對於處在持續性非死亡失落中的人來說，能夠稱呼並描述經驗會讓他們感覺被認可與賦能。雖然「哀傷治療的技術」系列作品原本是為了那些經驗死亡相關失落之人而寫，然而這些技術有許多也很適合在調整之後應用於非死亡的失落經驗。非死亡失落有兩個關鍵面向，第一是經常不被承認（與認可），第二是沒有既定儀式協助個體在面對失落時啟動重建預設世界的過程。若能調整應用諸如承認失落重要性以及支持重建預設世界等痛苦工作的技巧，將可為經歷各種活著的失落之人提供療癒基礎。所有重大失落經驗都在呼喚我們關注自己預設世界中遭受粉碎的部分，同時也提醒我們需要投身於哀傷歷程的修復作

業。藉由承認失落與哀傷，我們敞開自己，讓療癒與重建發生。重要的是，要記得哀傷並不會因為我們告訴自己（或別人告訴我們）它不應該是問題就會自動消失，關鍵在於，對經歷哀傷的人來說，沒有一種哀傷是微不足道的。

參考文獻

Boss, P. (1999). *Ambiguous loss*. Cambridge, MA: Harvard University Press.

Boss, P. (2009). *Ambiguous loss: Learning to live with unresolved grief*. Cambridge, MA: Harvard University Press.

Bruce, E. J., & Schultz, C. L. (2001). *Nonfinite loss and grief: A psychoeducational approach*. Sydney, Australia: Maclennan & Petty.

Field, N. P. (2006). Continuing bonds in adaptation to bereavement: Introduction. *Death Studies*, *30*(8), 709–714.

Harris, D. L. (2011). *Counting our losses: Reflecting on change, loss, and transition in everyday life*. New York: Routledge.

Harris, D. L. (Ed.). (2020). *Non-death loss and grief: Context and clinical implications*. New York: Routledge.

Harris, D. L., & Winokuer, H. R. (2016). *Principles and practice of grief counseling* (2nd ed.). New York: Routledge.

Janoff-Bulman, R. (1992). *Shattered assumptions: Towards a new psychology of trauma*. New York: Free Press.

Parkes, C. M. (1975). What becomes of redundant world models? A contribution to the study of adaptation to change. *Psychology and Psychotherapy: Theory, Research and Practice*, *48*(2), 131–137.

Roos, S. (2018). *Chronic sorrow: A living loss* (2nd ed.). New York: Routledge.

Stroebe, M., Schut, H., & Boerner, K. (2010). Continuing bonds in adaptation to bereavement: Toward theoretical integration. *Clinical Psychology Review*, *30*(2), 259–268.

6

哀傷治療中的創傷後成長與專家陪伴關係

Richard G. Tedeschi and Lawrence G. Calhoun

創傷後成長（posttraumatic growth, PTG）一詞於 1990 年代首次用於書面（Tedeschi & Calhoun, 1995），用來描述因對抗極高壓或創傷性事件而產生正向改變的經驗。本章將概覽 PTG 的三大要點，包含何謂 PTG 的概述、我們稱為**專家陪伴關係**（expert companionship）的治療立場，以及在哀傷治療中處理 PTG 的具體建議，希望為陪伴哀傷者的臨床工作人員提供指引（詳細說明請參考 Calhoun & Tedeschi, 2013; Tedeschi & Calhoun, 2004; Tedeschi, Shakespeare-Finch, Taku, & Calhoun, 2018）。

創傷後成長的要素

針對 PTG 要素（或統計術語所謂 PTG 因子）之統計研究發現五項穩定出現的要素：自我感改變；關係改變；感受力提升；浮現新的可能性與優先次序；個體的存在、宗教或靈性生命改變。PTG 出現在上述五項生命範疇是源自於人們奮力重新思考可以幫助他們理解自己、世界與未來的核心信念。這種個體的生命與世界之核心信念系統或預設遭受挑戰的狀況，學者 Janoff-Bulman（1992）將其描述為**預設世界的粉碎**。當這些核心信念受到挑戰，就需要更合

適的觀點，而努力發展這些觀點將帶來足以形成 PTG 的正向改變。為了培養這些改變，創傷倖存者需要體會其中矛盾的本質。PTG 是源於失去後的獲得，而上述 PTG 因子亦包含其他內在矛盾。

首先，關於個體的自我感如何變化，通常可以如此摘述：**我比原本以為的還要脆弱，也比原本想像的還要堅強**。生命中的危機是無可避免的提醒，讓我們看見艱難的挑戰不過是生命的一部分。然而，光是曾經面對危機，就已經灌注了我們一項認知，那就是自己比先前認為的更加堅強。

有人描述這樣的自我變化是擁有了更高的同理與慈憫之心，尤其是對於那些曾經歷相同困難或失落的人更是如此。正如一位痛失孩子的家長曾說：**我變得更能對任何正經歷痛苦或承受悲傷之人感同身受**。

「你會因此發現誰才是真正的朋友。」失落可能對關係造成壓力，但關係卻不一定能通過考驗。然而，人們經驗到的一項 PTG 元素是：從與失落的掙扎中更深地與（有些）他人發展親近感與親密感。與此同時，無法抵擋創傷性失落考驗的關係也可能被其他通過這項考驗的關係所取代。

PTG 的第三項元素是對於自己依舊擁有的事物具有更高的感受力。因為失去，能讓有些人更珍惜並感激自己仍然保有或重新拾回的東西。從哀傷之中可能出現感恩的心情，以及在每一天更用心體會每個經驗的決心。這些創造出更澄澈地活在當下的感覺，因為時時刻刻都很珍貴。

另一項元素是優先次序的改變。曾經重要之事如今變得不再重要，原本不重要的事現在卻變得重要。由於人們在失落過後常常難以維持舊有的優先次序，因此揭開新生活的可能性。

第五項元素是積極正視自己的存在或靈性的經驗變化。這並不代表個體必然變得更關注心靈或更虔誠，有些人所經驗到的成長是變得**更不信守教條或更不相信宗教**。當個體為了必須修改舊有信念系統而掙扎，可能會在其靈性範疇中產生身而為人與好好生活的嶄新意義與觀點。

專家陪伴者

受過良好訓練的臨床工作者是「專家」，其所受訓練告訴他們幫助哀傷與苦痛之人的最好方法，然而相較於專家與其所仰賴的技術，喪親者有時可能更需要一位好的**陪伴者**。我們希望指出，最優秀的臨床工作者除了的確是專家之外，他們的專業取決於如何成為一位陪伴者，並與案主走過一段漫長又艱辛的失落適應旅程。其箇中智慧，在於區分何時借助技術性與智識上的專業，何時單純地純粹是一位同理對方的夥伴。

PTG 應用於哀傷治療

首先，要能實踐專家陪伴關係的臨床工作者需要掌握 PTG 知識與其內涵。雖然本章前半提供的簡易說明有所幫助，但是臨床工作者需要知道的不僅如此，更應該查閱前文中所提及的相關資源。專家陪伴關係中，治療師的根本立場是先成為一名學習者與聆聽者。每一段哀傷經驗都不一樣，而專家陪伴者會以尊重的態度去認識這段轉變為悲劇的關係的獨特之處。此種態度也代表要敬重哀傷者的觀點，包含對方認為合適的哀傷與因應方式、願意接受幫助的程度，以及其文化與宗教傳統如何看待死亡與來世。若能帶著尊重向案主探問這些觀點，就可能帶來新的想法，形成 PTG 的基礎。

專家陪伴者在聆聽並透過案主認識其所描述的哀傷時，也要能從對方的話語中聽出或辨認出成長的主題。當這些主題出現，即使案主的描述並未明確使用 PTG 的語言，專家陪伴者也可以在適當情境與時機中，以成長的主題來標記出這些內容。

如果始終沒有出現成長的主題呢？可能的原因之一是成長尚未發生，此時專家陪伴者會鼓勵案主投入能催化自我成長的反身思考。然而，如果專家陪伴者合理認定成長已經發生，只是沒有表達出來，那麼在情境與時機適當之時，

不妨斟酌字句後溫和探詢，或許能對案主有所幫助。

重要警語

與哀傷案主工作時，必須謹記以下三點關於 PTG 的注意事項。首先，**PTG 並非普世皆然**。儘管 PTG 非常常見，卻也有許多人面對失落而沒有經驗到任何形式的成長。預設所有案主都會出現某種形式的 PTG 不僅是誤解，對於原本就在受苦的案主來說更會增添額外負擔。

PTG 經驗不會消除失去的痛。不應該誤以為 PTG 經驗將相對應削減由失去所帶來的哀傷與思念。比較好的做法是幫助喪親者體認到，長期而言當他們能夠稍微看見事件過後的意義，便能比較輕盈地承擔失落。對經驗失落的人來說，特別有幫助的做法是找到為他人付出的方式，以此作為緬懷失去之人而別具意義的使命。

如果 PTG 確實出現，通常會隨著時間浮現──不要催促案主。確實有些人在失落非常早期就表示經驗到 PTG，然而對於大多數人來說並非如此。專家陪伴者很清楚 PTG 有時需要歷經數月或數年的小心翼翼，才能開始認識與面對一項特定的失落。對於喪親者來說，這段歷程包含漸漸理解自己正在以及將有的經歷，發展出控制哀傷情緒反應的方法，找到他們能夠坦率對話的人（包含其他非專業人員的專家陪伴者），逐漸認識自己修改後的生命故事，以及創造為他人付出的做法與意涵。這條通往 PTG 的崎嶇之路，終究會在專家陪伴者的支持下逐漸清晰。

參考文獻

Calhoun, L. G., & Tedeschi, R. G. (2013). *Posttraumatic growth in clinical practice*. New York: Routledge.

Janoff-Bulman, R. (1992). *Shattered assumptions: Towards a new psychology of trauma*. New York: The Free Press.

Tedeschi, R. G., & Calhoun, L. G. (1995). *Trauma and transformation: Growing in the aftermath of suffering*. Thousand Oaks, CA: Sage Publications.

Tedeschi, R. G., & Calhoun, L. G. (2004). *Helping bereaved parents: A clinician's guide*. New York: Brunner-Routledge.

Tedeschi, R. G., Shakespeare-Finch, J., Taku, K., & Calhoun, L. G. (2018). *Posttraumatic growth: Theory, research, and applications*. New York: Routledge.

PART 2
評估哀傷

7

持續性複雜哀慟量表（PCBI）

Sherman A. Lee and Evgenia (Jane) Milman

目 的

　　哀傷是痛失所愛的一種情緒，一種既自然又極為痛苦的反應。雖然絕大部分喪親者最終都會適應失落，卻也有少數人經驗到延時且使人耗弱的哀傷反應（Bonanno & Kaltman, 2001）。研究人員發現，這些喪親過程的困難並不是源於如憂鬱症、創傷後壓力症候群與焦慮等一般性精神疾患，而是屬於哀傷的併發症狀（Boelen & Prigerson, 2007; Bonanno et al., 2007）。雖然有大量研究支持將哀傷視為有如特定疾病的存在（Boelen & Prigerson, 2012），然而這種病況直到相當近期才被正式認可，以持續性複雜哀慟障礙症（PCBD）的名稱納入《精神疾病診斷與統計手冊》第五版（American Psychiatric Association, 2013），**屬於有待未來研究的病況**，目的是促進對於延時且使人耗弱的哀傷形式之研究。隨後亦發展出持續性複雜哀慟量表（Persistent Complex Bereavement Inventory, PCBI）以協助此方向的實證探究（Lee, 2015）。

發展

　　發展 PCBI 是為了評量《精神疾病診斷與統計手冊》第五版中病理性哀傷的症狀。具體而言，PCBI 呼應手冊中 PCBD 的診斷準則 B 與診斷準則 C（APA, 2013, pp. 789-790）。診斷準則 B 沒有正式名稱，其症狀例如渴求、悲傷、心思被逝者及其死亡情境盤據等等。該小節內容反映了個體因為與依附對象分離而形成的**核心哀傷**（core grief）反應（Archer, 2008）。診斷準則 C 則分為兩個部分，第一部分稱為**對死亡的反應性苦痛**（reactive distress to the death），其症狀例如難以接受死亡、不可置信／麻木、難以正向緬懷、悲苦／憤怒、適應不良的自我評價與過度迴避（APA, 2013）；第二部分稱為**社會／認同斷裂**（social/identity disruption），其症狀例如求死欲望、難以信任他人、孤寂／疏離、空虛感、對生命角色感到困惑以及難以投入感興趣的事物（APA, 2013）。PCBI 不會評量診斷準則 A（與逝者的親近程度）、診斷準則 D（重大苦痛或損傷）與診斷準則 E（異常反應），因為這些似乎是作為診斷之限定詞（qualifier）而非哀傷特定的症狀。

格式與心理計量特質

　　PCBI 是一項自陳式評估工具，包含 16 個題項，目的是評量 PCBD 症狀（量表內容見本章附錄）。每個 PCBI 題項都依五點量尺評分（0＝沒有／完全不會，1＝輕微／偶爾或少於每一到兩天，2＝輕度／每幾天，3＝中度／半數以上的日子，4＝重度／幾乎每天），依據個案主觀報告自己在逝者過世後經驗到各項症狀的程度或頻率。PCBI 的 16 個題項組成三個分量表，分別探究 PCBD 的三個不同面向（核心哀傷、反應性苦痛，以及社會／認同斷裂），結合起來共同提供一項衡量 PCBD 整體症狀集合的工具。

　　PCBI 可以用幾種不同方法計分。如果採用 PCBI 的目的是量化 PCBD 症

狀的嚴重程度，建議以向度（dimensional）方法計分，此方法將各題項分數以相加或取平均值的方式結合，得到各分量表的分數以及一個全量表分數。題項1到4的分數結合會產生核心哀傷分量表的分數，題項5到10的分數結合會產生反應性苦痛分量表的分數，題項11到16的分數結合會產生社會／認同斷裂分量表的分數，題項1到16全部結合則會產生全量表分數。此種計分結果可以視為嚴重程度光譜上的點，分數愈高則反映出愈明顯的PCBD症狀。

如果採用PCBI的目的是形成PCBD的「診斷」，則建議以類別（categorical）方法計分，此方法將各題項分數用於確認特定閾值，再考量其他準則，有助於PCBD的診斷。要符合《精神疾病診斷與統計手冊》第五版對於PCBD診斷的準則組合與嚴重程度閾值，必須滿足以下條件：首先，逝者必須是與喪親者關係緊密之人（準則A）；第二，題項1至4當中至少有一項分數為3或4，而且這種情況從逝者過世後在成人身上持續至少十二個月，或在兒童身上至少六個月（準則B）；第三，題項5至16當中至少有六項分數為3或4，而且這種情況從逝者過世後在成人身上持續至少十二個月，或在兒童身上至少六個月（準則C）；最後，由PCBI題項分數3或4所定義的明顯PCBD症狀已經造成臨床上的嚴重苦痛或重要功能損傷（準則D），並且顯示出不合比例地超過或不符合個體文化、宗教或與年齡相稱的常模（norms）（準則E）。以類別方法得到的最終結果應該能決定受試者是否滿足PCBD診斷的條件。

PCBI展現的心理計量特質相當可靠。這項工具已經證實具有良好的內部一致性信度，包含其分量表（Cronbach's α > .80; Lee, 2015, 2017a）與全量表（Cronbach's α > .90; Lee, 2015, 2017a, 2017b; Lee, Callan, & Gibbons, 2016; Lee & Gibbons, 2017）。PCBI也展現穩定的再測信度，包含其分量表（組內相關係數 > .53）與全量表（組內相關係數 > .66）（Lee, 2015）。因素分析研究亦支持此工具測量哀傷症狀之特定層面（各題項與分量表）與整體層面（全量表）具有效度（Lee, 2015, 2017a）。此外，這些研究也同意PCBI之評測符合

《精神疾病診斷與統計手冊》第五版對於 PCBD 的準則。

　　PCBI 作為一項評量哀傷功能失調的工具，效度良好，這點展現在其與廣獲認可針對長期哀傷障礙症的評量工具之間具有高度相關（具收斂效度〔convergent validity〕），並且與針對憂鬱症、創傷後壓力與分離焦慮的評量工具之間呈現相對較低的相關性（具分歧效度〔divergent validity〕）（Lee, 2015）。此外，研究顯示 PCBI 與針對神經質（neuroticism）、依賴、有害健康的行為、負向宗教因應、自殺意念與意義創建的評量工具在可預期向度上具有相關性，驗證《精神疾病診斷與統計手冊》第五版與先前有關複雜性哀傷的研究（具構念效度〔construct validity〕）（Lee, 2015, 2017a; Lee et al., 2016）。PCBI 預測各類型損傷的能力超越了針對憂鬱症、分離焦慮與創傷後壓力的評量工具，這點是支持其效度與臨床實用性的進一步證據（具增益效度〔incremental validity〕）。

臨床應用

　　雖然 PCBI 臨床上最直接的應用為診斷，然而其分量表可以提供包含細微差異的 PCBD 症狀特性描述，為治療歷程提供資訊。為了具體說明臨床上如何將 PCBI 用於差異化的症狀描述，以下討論兩個個案，皆選自一項以喪親成人為樣本的研究。為求保密，不會使用參與者真名。

　　第一位案主 Jenna 為六十多歲女性，將近一年半前，配偶癌症過世。另一位案主 Rachel 也是女性，不到四十五歲，大約同時在一次醫療疏失的手術意外中失去母親。Jenna 與 Rachel 的喪親反應在 PCBI 的結果，可以透過類別方法計分，以判斷她們的 PCBD 症狀是否符合診斷閾值。兩人都表示一週至少有幾天會經驗到**核心哀傷**（CG）分量表中至少一項症狀，以及**反應性苦痛**（RD）與**社會／認同斷裂**（SID）分量表中之至少六項症狀。此外，Jenna 與 Rachel 也符合 PCBD 診斷的其他條件，包含症狀持續超過失落後十二個月，與逝者關

係緊密，並且所陳述之功能受損超出其文化常模。綜合上述資訊，顯示 Jenna 與 Rachel 兩人都在經歷 PCBD。

Jenna 在 CG 和 SID 分量表的分數最高，平均值分別為 3.25 與 3.50。PCBI 核心哀傷分量表顧名思義代表 Jenna 的 PCBD 症狀集合的核心——感覺情緒「卡在」哀傷中（例如「感覺一直思念或渴望逝者」），認知上也是（例如「逝者盤據心頭」）。而 Jenna 感覺「卡住」的經驗在 SID 分量表上呈現為高分，代表其認同感被削弱，並且難以找到有意義的方式重新投入持續前進的生活。事實上，針對「逝者不在之後，生命變得沒有意義或空虛」這個題項，她的回答是「幾乎每天」。若採用意義導向的介入模式，將能幫助臨床工作者在與 Jenna 工作時鞏固她的生命目標感（MacKinnon et al., 2015; Neimeyer, Milman, & Steffen, 2021; Neimeyer & Alves, 2018）。舉例來說，**我們的生命章節**這項技巧（Neimeyer, 2014）可以用來探索反覆出現且驅動 Jenna 生命敘事的主題，這些主題可能因為母親的死受到挑戰（例如家人優先這項主題可能因為在失落過後與家人失去連結而受到挑戰）。這項工作為確立 Jenna 人生轉向下一個「章節」打下基礎，臨床工作者可以接續鼓勵她投入與此人生方向相符的興趣與社會互動（例如規劃家庭晚餐，重新與家人連結）。

RD 分量表反映案主在情緒與認知上皆難以消化死亡事件及其終結性（例如「經驗到對於失落不可置信或情緒麻木」）。Jenna 在 RD 分量表上的分數相當低（平均值為 1.50），表示死亡事件並非其 PCBD 症狀中的顯著特點，因此，臨床工作者在選擇介入模式的主要焦點時，無須強調死亡本身。除此之外，Jenna 對於「覺得難以擁有關於逝者的正向回憶」這個 RD 題項表示「完全不會」，據此，基於 Jenna 願意投入有關配偶的回憶，臨床工作者應善用這項意願促使她重新投入生活。舉例來說，類似**生命印記練習**（Neimeyer, 2012b）或**與逝者通信**（Neimeyer, 2012a）等認知建構主義技術，可以凸顯 Jenna 與其配偶過去共有時光之中的生命目標與傳統（例如共享冒險精神）。接著可以採用行為活化（behavioral activation）這項複雜性哀傷治療（Shear,

2015）與哀傷的認知行為治療（Eisma et al., 2015）中的重要元素，以此安排特殊活動，肯認並緬懷 Jenna 已故配偶對其生命持續存在的影響。

如同 Jenna，Rachel 同樣呈現情緒與認知都「卡在」哀傷之中，其 CG 分量表平均值為 2.25。然而，與 Jenna 不同的是，Rachel 的 PCBD 症狀看來都圍繞著母親如何死亡，以及死亡的終結性，這點反映在其 RD 分量表平均值為 3.83。事實上，除了其中一項，Rachel 對於 RD 分量表上的所有其他症狀都回答「幾乎每天」，包含的題項例如「覺得極難接受逝者的死」以及「出現與逝者或死亡相關對於自己的負面想法（例如自責）」。若進一步與 Jenna 的哀傷經驗對照，Rachel 在 SID 分量表上的平均分數為 1.83，相對較低，表示她仍持續以有意義的方式投入生活。據此，在 Rachel 的個案當中，臨床工作者應聚焦於回顧其母親死亡的經驗，包含其中意外且可能不正義的本質，以及母親的死導因於原本以為值得信任的醫療專業人員出現行為疏失。為達成這項目的，臨床工作者可以採用暴露治療技術（exposure technique）這項屬於複雜性哀傷治療、認知行為治療與意義導向哀傷介入模式（Eisma et al., 2015）的技術，這將幫助 Rachel 探索並處理母親死亡當中特別突出的面向，同時建構其能力，使她能夠調節對於這些面向的苦痛本質所做出的情感回應。

Rachel 與 Jenna 雖然皆診斷為 PCBD，然而兩人的症狀側寫極為不同，本章透過摘要兩人案例，具體說明 PCBI 分量表可以如何用於臨床情境，為型態多元的哀傷表現打造各自適合的介入方針。

參考文獻

American Psychiatric Association. (2013). *Diagnostic and statistical manual of mental disorders* (5th ed.). Washington, DC: Author.

Archer, J. (2008). Theories of grief: Past, present, and future perspectives. In M. S. Stroebe, R. O.

Hansson, H. Schut, & W. Stroebe (Eds.), *Handbook of bereavement research and practice: Advances in theory and intervention* (pp. 45 – 65). Washington, DC: American Psychological Association.

Boelen, P. A., & Prigerson, H. G. (2007). The influence of symptoms of prolonged grief disorder, depression, and anxiety on quality of life among bereaved adults: A prospective study. *European Archives of Psychiatry and Clinical Neuroscience, 257*, 444 – 452. doi:10.1007/s00406-007-0744-0

Boelen, P. A., & Prigerson, H. G. (2012). Commentary on the inclusion of persistent complex bereavement-related disorder in DSM-5. *Death Studies, 36*, 771 – 794.

Bonanno, G. A., & Kaltman, S. (2001). The varieties of grief experience. *Clinical Psychology Review, 21*, 705 – 734. doi:10.1016/S0272-7358(00)00062-3

Bonanno, G. A., Neria, Y., Mancini, A., Litz, B., Coifman, K. G., & Insel, B. (2007). Is there more to complicated grief than depression and posttraumatic stress disorder? A test of incremental validity. *Journal of Abnormal Psychology, 116*, 342 – 351. doi:10.1037/0021-843X.116.2.342

Eisma, M. C., Boelen, P. A., van den Bout, J., Stroebe, W., Schut, H. A., Lancee, J., & Stroebe, M. S. (2015). Internet-based exposure and behavioral activation for complicated grief and rumination: A randomized controlled trial. *Behavior Therapy, 46*(6), 729 – 748.

Lee, S. A. (2015). The Persistent Complex Bereavement Inventory: A measure based on the DSM-5. *Death Studies, 39*, 399 – 410. doi:10.1080/07481187.2015.1029144

Lee, S. A. (2017a). Factorial structure of the Persistent Complex Bereavement Inventory: Testing a hierarchical factor model. *Death Studies*. doi:10.1080/07481187.2017.1348402

Lee, S. A. (2017b). *Persistent complex bereavement symptoms predict impairment above depression, posttraumatic stress, and separation anxiety: An incremental validity analysis.* Manuscript submitted for publication.

Lee, S. A., Callan, S. M., & Gibbons, J. A. (2016). School and religious factors impact the neuroticism-grief link in adolescents. *Death Studies, 40*, 601 – 606. doi:10.1080/07481187.2016.1198843

Lee, S. A., & Gibbons, J. A. (2017). The dark triad and compassion: Psychopathy and narcissism's unique connections to observed suffering. *Personality and Individual Differences, 116*, 336 – 342. doi:10.1016/j.paid.2017.05.010

MacKinnon, C. J., Smith, N. G., Henry, M., Milman, E., Chochinov, H. M., Körner, A., . . . Robin Cohen, S. (2015). Reconstructing meaning with others in loss: A feasibility pilot randomized controlled trial of a bereavement group. *Death Studies, 39*(7), 411 – 421.

Neimeyer, R. A. (2012a). Correspondence with the deceased. In R. Neimeyer (Ed.), *Techniques of grief therapy: Creative practices for counseling the bereaved* (pp. 259 – 261). New York: Routledge.

Neimeyer, R. A. (2012b). The life imprint. In R. A. Neimeyer (Ed.), *Techniques of grief therapy: Creative practices for counseling the bereaved* (pp. 274 – 276). New York: Routledge.

Neimeyer, R. A. (2014). Chapters of our lives. In B. E. Thompson & R. A. Neimeyer (Eds.), *Grief and the expressive arts: Practices for creating meaning* (pp. 80-84). New York: Routledge.

Neimeyer, R. A., & Alves, D. (2018). Seeking meaning in loss: An online narrative constructivist intervention for complicated grief. *Grief Matters: The Australian Journal for Grief and Bereavement*.

Neimeyer, R. A., Milman, E., & Steffen, E. M. (2021). The meaning in loss group: Principles, processes and procedures. In R. Neimeyer (Ed.), *New techniques of grief therapy: Bereavement and beyond*. New York: Routledge.

Shear, M. K. (2015). Complicated grief treatment (CGT) for prolonged grief disorder. In U. Schnyder & M. Cloitre (Eds.), *Evidence based treatments for trauma-related psychological disorders* (pp. 299-314). New York: Springer.

附錄：持續性複雜哀慟量表

指導語：針對各項敘述，請指出最適合描述你在逝者過世後經驗到該項活動的程度或頻率，並以相應的數字作答。

沒有	輕微	輕度	中度	重度
完全不會	偶爾或少於每一到兩天	每幾天	半數以上的日子	幾乎每天
0	1	2	3	4

1.	_____	感覺一直思念或渴望逝者。
2.	_____	感覺因為失落而產生強烈悲傷與情緒痛苦。
3.	_____	逝者盤據心頭。
4.	_____	死亡情境盤據心頭。
5.	_____	覺得極難接受逝者的死。
6.	_____	經驗到對於失落不可置信或情緒麻木。
7.	_____	覺得難以擁有關於逝者的正向回憶。
8.	_____	對於失落感到悲苦或憤怒。
9.	_____	出現與逝者或死亡相關對於自己的負面想法（例如自責）。
10.	_____	迴避所有讓自己想到失落的事情。
11.	_____	為了與逝者在一起而希望自己死去。
12.	_____	因為失落而覺得難以信任他人。
13.	_____	因為失落而覺得孤單或與人疏離。
14.	_____	認為逝者不在之後，生命變得沒有意義、空虛或無法繼續。

| 15. | _____ | 經驗到對於自己在生命中的角色覺得困惑，或因為失落而覺得自我認同被削弱。 |
| 16. | _____ | 因為失落而對於從事有興趣的活動或計畫未來感到困難或遲疑。 |

附注：PCBI 全量表之平均分數計算方式是將 16 個題項的分數加總後除以 16；核心哀傷之平均分數計算是將題項 1 至 4 加總後除以 4；反應性苦痛之平均分數計算是將題項 5 至 10 加總後除以 6；社會／認同斷裂之平均分數計算是將題項 11 至 16 加總後除以 6。PCBI 發布於公共領域，希望鼓勵將其應用於臨床評估與研究。複印與使用本量表無須經過正式同意，唯須正確引用本章。

8
生命事件社會意義量表（SMILES）
Benjamin W. Bellet

目的

　　目前大量哀傷研究指出，哀悼者為失落創建意義的能力會對喪親的結果帶來重大影響（Holland, 2016; Neimeyer, 2016）。當哀悼者難以接受摯愛死去的意義，失落與經驗失落之後的生命會顯得凶險又無謂，體現為與哀慟困擾相關的苦痛與功能失調。許多研究聚焦於更有效地評估意義理解困難，以及其與哀傷結果的關係。舉例來說，經過效度驗證的壓力生命經驗整合量表（Integration of Stressful Life Experiences Scale, ISLES）（Holland Currier, Coleman, Neimeyer, 2010）即在評估哀悼者將失落的微敘事（micro-narrative）整合進其自我敘事的有效程度。研究證明，由 ISLES 評量出的意義理解困難程度能夠具一致性地預測複雜性哀傷嚴重程度（Burke et al., 2014; Lee, Feudo, & Gibbons, 2014）、總體苦痛與功能失調（Holland et al., 2010）。

　　儘管我們必須考量到哀悼者個人內心在意義創建的努力，然而臨床經驗與愈來愈多研究指出，個體的努力從來不是發生在真空當中。依據社會建構主義所構想的哀傷模式，哀悼者試圖接受失落的掙扎永遠是一種「置身所在的詮釋性與溝通性活動」（Neimeyer, Klass, & Dennis, 2014, p. 1）。當哀悼者試圖理

解失落、紀念逝者並建構新的身分認同，這些嘗試都會被錯綜複雜的社會文化環境所影響、箝制或在其中得到認可。文化理解與人際互動除了會鼓勵與認可生者的努力，也可能透過剝奪哀悼者的權利與貶低逝者的重要性而對生者造成打擊（Doka, 2002; Neimeyer & Jordan, 2002）。

發展

此處所描述產生於人際間的「社會意義」與一般性社會支持不同。整體來說，獲得社會支持對於喪親的影響並不一致（Murphy, Chung, & Johnson, 2002），有時甚至是有害的（Burke, Neimeyer, & McDevitt-Murphy, 2010），取決於哀悼者是否認為這些社會支持有幫助。此外，支持雖有各種形式，卻只有其中幾種會影響哀傷者如何試著理解失落或經驗失落後的生活意義。

關於哀悼者所處社會環境可能作為怎樣治癒性或反療癒的因素，需要更細膩的方法來評估個體的社交世界對於哀傷所形成的作用，因此，我們希望發展出一套評量工具檢視社會環境的不同層次（兩人間、社群與文化層級的互動）如何影響哀悼者意義理解的嘗試。

格式與心理計量特質

生命事件社會意義量表（Social Meaning in Life Events Scale, SMILES）是一項包含16個題項的自陳式評量工具，用以評估社會互動具有多大程度去幫助或妨礙個體為其生命事件創建意義的努力（量表內容見本章附錄）。填答者指出自己對於各項敘述的同意程度，以1（強烈不同意）到5（強烈同意）表示。SMILES包含兩個分量表，分別反映社會互動對於創建事件意義的雙重角色。社會認可（social validation, SV）分量表評估社會互動多大程度促進與認可意義理解的努力（例如「跟別人談論這個事件讓局面更清晰」），分數較高則

代表社會環境對於意義創建的努力有所助益與支持。社會不認可（social invalidation, SI）分量表評量哀悼者的社會環境多大程度打擊或澆熄其意義理解的努力（例如「當我和別人談論這個事件，感覺與他們更遙遠」），分數較高代表哀悼者所處的人際情境會阻礙其意義創建的努力。

由於社會認可與社會不認可兩向度有著諸多差異，因此使用 SMILES 時不應將兩個分量表混合（即不應計算整份量表的總分）。一份對於 SMILES 效度初步驗證的研究以失去心愛之人的大學生為取樣對象，該研究顯示兩分量表為各自獨立且低度相關的因素（Bellet et al., 2018）。此外，兩分量表皆呈現高度內部一致性信度（SV 分量表 α = .84；SI 分量表 α = .91）。

依據兩分量表與其他喪親評量工具的收斂效度分析，進一步呈現不認可與認可兩項元素對哀悼者意義創建歷程所施加的不同影響。SI 分量表呈現出與喪親負面結果有更高的相關性，例如較高的複雜性哀傷嚴重程度分數（$r = 0.59, p < 0.1$），以及較低的整體健康分數（$r = -.25, p < 0.1$）。此外，SI 分量表所展現的增益效度在預測一般性健康問題上超出且高於一般性哀傷社會支持的影響，在預測複雜性哀傷嚴重程度上更完全蓋過一般性社會支持的角色，證明 SI 分量表對於理解社會互動如何影響哀傷症狀更貼近核心許多。另一方面，SV 分量表則與創傷後成長（PTG）分數更具高度相關（$r = .50, p < 0.1$）。兩分量表亦展現出區辨效度（discriminant validity），它們與一項一般性社會支持評量工具之相關雖然顯著，然而僅為中等程度，表示兩分量表不只評量是否存在一般性支持。整體而言，SMILES 評估兩種不同的構念（construct），且兩者對於預測正面與負面臨床結果都非常重要。

SMILES 分量表也展現對於失落所發生的情境具有敏感性，這是治療中的另一項重要考量。如同過往研究指出，暴力或突發性失落使哀悼者面臨更高的社會權利剝奪（social disenfranchisement）風險（Jordan & McIntosh, 2011），經歷此種失落的哀悼者相較於經驗自然可預期失落之人，呈現明顯較高的 SI 分數與較低的 SV 分數（Bellet et al., 2018）。

臨床應用

　　SMILES 最適合由臨床工作者用於了解案主在失落過後的意義追尋中其人際範圍之潛在障礙與資源，以提供更完整的臨床圖像。SMILES-SI 分量表上的高分預告失落的結果為誤解或汙名化，案主所出現複雜性哀傷症狀與功能失調的惡化風險較高。SMILES-SV 分量表上的高分則指出在支持性他人的幫助之下，有機會能對失落的結果促成意料之外的益處。為了表現 SMILES 應用於臨床情境，以下提供一則取自最初效度驗證樣本的個案研究，並描述臨床所得的洞見與行動方針，用以搭配從這份量表蒐集到的資訊。為求保密，個案描述中不會使用參與者真名或可供辨識的細節。

　　Beverly 是一位十九歲的高加索女性大學生，在施測量表的十三個月前經歷摯友自殺的失落。她經驗到嚴重的複雜性哀傷症狀，其複雜性哀傷量表修訂版（Inventory of Complicated Grief-Revised, ICG-R）（Prigerson & Jacobs, 2001）上的分數高於可能診斷（probable diagnosis）所確立的切截分數（Prigerson et al., 1995）。特別是 Beverly 表示，自己在失落過後經常不由自主接近與逝者有關的場所與物件，並不斷處於嚴重的過度警醒（hyperarousal）狀態，也出現顯著程度的功能損傷，且將之歸因於此失落經驗。

　　雖然在詢問其生命中是否有社會性支持角色時，Beverly 的回答是「有」，然而她的 SMILES-SI 分數卻道出一個更幽微也隱含更多問題的故事。她的 SI 分量表分數高於效度驗證研究的樣本平均值不只一個標準差，表示 Beverly 與該失落相關的諸多社會互動（或此種社會互動的缺乏）已經造成她理解摯友死亡的困難。或許因為被人誤解，Beverly 也強烈同意「不想因為談論這個事件而造成他人負擔」這個題項。

　　Beverly 的 SMILES-SV 分數接近效度驗證研究樣本的平均值，表示雖然她感覺被誤解並且無法公開談論失落，但也不是完全沒有潛在助力可協助她意義重建的歷程，尤其是 Beverly 強烈同意「別人可以透過聽我談論這個事件學到

珍貴的東西」這項敘述。

從 Beverly 的回答所描繪出的臨床圖像指出，對於這份她覺得別人無法理解或不願受其打擾的失落經驗，她自己還無法創建其意義。之所以如此困難，源於她的朋友是自殺身亡，此種死亡對她來說既不熟悉，又在其文化的哀傷主流論述中被汙名化，因此 Beverly 覺得無法帶著這份心痛去接近潛在的支持性角色。毫不意外的是，這種哀傷中的孤獨感會使人功能耗弱，同時伴隨極度的不安全感，並體現為過度警醒且吸引她靠近會聯想到逝者的事物。

引導 Beverly 進行治療時，治療師比較好的做法是不帶評判地投入治療會面，並且邀請案主詳述自己向他人講述哀傷敘事的經驗，目標是辨識並克服 Beverly 所感知到會阻止她與特定人物更親密分享的障礙。在適當情況下，治療師也可以建議她去尋找針對自殺的哀傷支持團體，無論是實體或線上皆可，讓 Beverly 能在一個更大的人際脈絡中以安全的方式認可個人的哀傷敘事。我們還能看見另外一個力量的來源，在於 Beverly 所表示，雖然她的故事被隱藏起來，卻擁有助人的價值。如果治療中後期出現成長的契機，治療師可以鼓勵 Beverly 探索自己的新角色，主動向其他自殺遺族伸出援手，或投入其他類似方向的倡議行動。由此，Beverly 便能從新的身分認同中汲取力量，作為一個說故事的人，化自己的經驗為禮物，贈予同被汙名的失落哀悼夥伴，與之同行。

參考文獻

Bellet, B. W., Holland, J. M., & Neimeyer, R. A. (2018). The Social Meaning in Life Events Scale (SMILES): A preliminary psychometric evaluation in a bereaved sample. *Death Studies*. doi:10.1080/07481187.2018.1456008

Burke, L. A., Neimeyer, R. A., Holland, J. M., Dennard, S., Oliver, L., & Shear, M. K. (2014). Inventory of complicated spiritual grief: Development and validation of a new measure. *Death Studies*, *38*, 239–250.

Burke, L. A., Neimeyer, R. A., & McDevitt-Murphy, M. E. (2010). African American homicide bereavement: Aspects of social support that predict complicated grief, PTSD, and depression. *Omega*, *61*, 1–24.

Doka, K. J. (Ed.). (2002). *Disenfranchised grief: New directions, challenges, and strategies for practice.* Champaign, IL: Research Press.

Holland, J. M. (2016). Integration of Stressful Life Experiences Scale (ISLES). In R. A. Neimeyer (Ed.), *Techniques of grief therapy: Assessment and intervention* (pp. 46–50). New York: Routledge.

Holland, J. M., Currier, J. M., Coleman, R. A., & Neimeyer, R. A. (2010). The Integration of Stressful Life Experiences Scale (ISLES): Development and initial validation of a new measure. *International Journal of Stress Management*, *17*, 325–352.

Jordan, J. R., & McIntosh, J. (Eds.). (2011). *Grief after suicide*. New York: Routledge.

Lee, S. A., Feudo, A., & Gibbons, J. A. (2014). Grief among near-death experiencers: Pathways through religion and meaning. *Mental Health, Religion & Culture*, *17*(9), 877–885. doi:10.1080/13674676.2014.936846

Murphy, S. A., Chung, I. J., & Johnson, L. C. (2002). Patterns of mental distress following the violent death of a child and predictors of change over time. *Research in Nursing & Health*, *25*, 425–437.

Neimeyer, R. A. (2016). Meaning reconstruction in the wake of loss: Evolution of a research program. *Behavior Change*, *33*, 65–79.

Neimeyer, R. A., & Jordan, J. R. (2002). Disenfranchisement as empathic failure: Grief therapy and the co-construction of meaning. *Disenfranchised Grief*, 95–117.

Neimeyer, R. A., Klass, D., & Dennis, M. R. (2014). A social constructionist account of grief: Loss and the narration of meaning. *Death Studies*, *38*, 485–498.

Prigerson, H. G., & Jacobs, S. C. (2001). Traumatic grief as a distinct disorder: A rationale, consensus criteria, and a preliminary empirical test. In M. Stroebe, R. O. Hansson, W. Stroebe, & H. Schut (Eds.), *Handbook of bereavement research* (pp. 613–645). Washington, DC: American Psychological Association.

Prigerson, H. G., Maciejewski, P. K., Reynolds 3rd, C. F., Bierhals, A. J., Newsom, J. T., Fasiczka, A., . . . Miller, M. (1995). Inventory of complicated grief: A scale to measure maladaptive symptoms of loss. *Psychiatry Research*, *59*, 65–79.

附錄：生命事件社會意義量表題項與指導語

請指出你對於以下敘述同意與不同意的程度（依據過往兩年間所經歷的一項特定失落，或該期間最高壓的生命事件）。請仔細閱讀各項敘述，並注意對於各個題項回答同意或不同意的意涵可能不同。

編號		強烈不同意	不同意	不同意也不反對	同意	強烈同意
1.	我擔心如果過度分享這個事件，別人會用不同的眼光看我。	1	2	3	4	5
2.	我很難讓別人理解這對我來說有多困難。	1	2	3	4	5
3.	跟別人談論這個事件讓局面更清晰。	1	2	3	4	5
4.	我想談論這個事件，但我不認為別人會理解。	1	2	3	4	5
5.	這個事件太過複雜，無法談論。	1	2	3	4	5
6.	敞開談論所發生的事情幫助我找到這個情況的解答。	1	2	3	4	5
7.	我避免與他人分享這個事件的故事，以避免他們的批評或評價。	1	2	3	4	5

8.	我不和別人分享這個事件的細節，因為它們不太合理。	1	2	3	4	5
9.	談論這個事件幫助我理解所發生的事情。	1	2	3	4	5
10.	當我和別人談論這個事件，感覺與他們更遙遠。	1	2	3	4	5
11.	當我告訴別人這個事件，我相信他們會感覺和我更親近。	1	2	3	4	5
12.	沒有人真的理解這個事件對我的意義。	1	2	3	4	5
13.	有人和我分享過關於這個事件有幫助的觀點。	1	2	3	4	5
14.	我感覺自己在這個事件中的角色被別人誤解了。	1	2	3	4	5
15.	在跟別人談過之後，我對於這個事件感覺更加困惑。	1	2	3	4	5
16.	分享自己關於這個事件的故事讓別人更具慈憫之情。	1	2	3	4	5
17.	自從這個事件之後，我在別人身邊感到更不自在。	1	2	3	4	5

18.	我必須省略某些細節，這個事件對別人來說才合理。	1	2	3	4	5
19.	別人可以透過聽我談論這個事件學到珍貴的東西。	1	2	3	4	5
20.	我不想因為談論這個事件而造成他人負擔。	1	2	3	4	5
21.	我曾經自在地與他人分享關於這個事件的自己私人故事。	1	2	3	4	5
22.	自從這個事件後，我感覺自己不像以前那樣融入他人。	1	2	3	4	5
23.	我處理這個事件的方式為我生命中的其他人帶來一個正面的例子。	1	2	3	4	5
24.	幾乎沒有人可以讓我傾訴這個事件。	1	2	3	4	5

附注：本量表可以用於計算兩種分量表的分數（社會不認可分量表與社會認可分量表）。計算社會不認可分量表請將題項 1, 2, 4, 5, 7, 8, 10, 12, 14, 15, 17, 18, 20, 22 與 24 加總。計算社會認可分量表請將題項 3, 6, 9, 11, 13, 16, 19, 21 與 23 加總。指導語中的括號內容可以修改，使量表適用於不同導向的群體。

9
關係品質量表——喪親版（QRI-B）
Jamison S. Bottomley and Robert A. Neimeyer

目的

　　臨床上的智慧與實徵證據皆指出，生者所感知到與逝者生前的親近程度與喪親歷程中較高的苦痛程度相關（Dyregrov, Frykholm, Lilled, Broberg, & Holmberg, 2003; Servaty-Seib & Pistole, 2007），因此不言可喻，各種失落型態哀傷反應之間的差異可能更高度對應於個人關係的親近程度，而非血緣上的親近程度或親緣類別[1]（Cleiren, Diestra, Kerkhof, & van der Wal, 1994）。然而，由於後者容易衡量，即使有研究指出關係的類別只能代表一項稍微充分的哀傷反應預測因子（Servaty-Seib & Pistole, 2007），也遠比個人關係的親近程度更普遍納入喪親研究當中（Burke & Neimeyer, 2013）。

　　還有另一個關係品質的向度也可能造成令人困擾的哀傷反應表達，使哀悼者在心愛之人過世後需面臨關係上的獨特挑戰，那就是喪親者與逝者生前的人際衝突。這項概念，即喪親者與逝者生前的衝突程度會影響哀傷症狀的路徑與表現，可以追溯至早期的精神分析理論。精神分析的哀傷理論假定失去一段衝突的關係與「病理性」（pathological）哀傷有關，因為關係的衝突向度會讓解

---

[1] 審閱者注：例如父子與叔姪為不同的親緣類別，也代表不同的親近程度。

決依附問題以及藉由情緒宣洩得到釋放的過程（或者佛洛伊德所謂**撤投注**〔decathexis〕〔Freud, 1917〕）更為複雜。這類主張可從一些將衝突與喪親併發症狀關聯的研究資料獲得證實，例如一份包含大量大學生樣本的研究指出，與涉及逝者的「未竟事宜」（如衝突或未解課題）相關的苦痛程度可以作為預測複雜性哀傷的有效因子（Klingspon, Holland, Neimeyer, & Lichtenthal, 2015）。

除了有證據顯示，基於各種原因，親近程度可有力地預測失落後的哀傷反應，亦有理論與實徵研究指出，高度的人際衝突會產生拖延且具「病理性」的喪親路徑，因此，對於研究與臨床實踐而言，能夠精確且不費力地檢視親近程度與人際衝突這兩項關係上的構念非常重要。可惜死亡學領域在過往研究親近程度與衝突時採用為特定目標所設（ad-hoc）的直覺測量方式，其效度與信度未經證實，因此必須建構新的工具，以提升對於哀悼者與逝者生前關係品質的評估——畢竟這些面向對於哀傷的結果影響重大。

發展

關係品質量表（Quality of Relationships Inventory, QRI）（Pierce, Sarason, & Sarason, 1991）是一項檢視關係品質不同向度的評估工具，這份心理計量上信效度良好的自陳式問卷包含 25 個題項，詢問作答者與一位特殊對象之間關係的特定面向。雖然 QRI 可以有效評估填答者與另一位指定之人間的關係品質，然而原始工具設計時並沒有考量到哀悼者與逝者生前的關係。此外，後續研究透過各種生者間的關係類型與多元族裔背景檢視 QRI 因素結構時，也產生莫衷一是的結果（Marques, Pinheiro, Matos, & Marques, 2015; Nakano et al., 2002; Reiner, Beutel, Skaletz, Brähler, & Stöbel-Richter, 2012; Verhofstadt, Buysse, Rosseel, & Peene, 2006），使這項工具的結構在實徵上顯得含糊不明。因此，為了發展出能夠評估哀悼者與逝者生前關係品質的工具，並協助辨認在重要關

係角色過世後可能需要治療介入的對象，我們希望開發出可以用於喪親情境的 QRI 更新版本。有鑑於此，原始 QRI 發展為改編版，使用符合喪親經驗的過去式語言，並適切命名為關係品質量表——喪親版（QRI-Bereavement Version），並且針對由喪親大學生組成的大量樣本施測，以釐清其因素結構（Bottomley, Smigelsky, Floyd, & Neimeyer, 2017）。

格式與心理計量特質

關係品質量表——喪親版（Bottomley et al., 2017）（量表內容見本章附錄）是一項包含 13 個題項的自陳式工具，評估喪親者與一位指定逝者生前的關係品質。填答者得到的指示是以 1（完全不會）到 4（非常）的四點式李克特量尺（Likert scale）指出問卷中 13 項敘述的頻率或強度。雖然原始 QRI（Pierce et al., 1991）是從三個向度（深度、支持與衝突）評估關係品質，然而一項針對 QRI-B 的探索性因素分析指出兩項顯著因素——親近程度與衝突（Bottomley et al., 2017）。在其親近程度分量表評估這段關係在逝者生前多大程度具有溫暖、支持與信任的特質（例如「你多大程度可以指望這個人在你有狀況時提供幫助？」、「這個人在你生命中曾經扮演的角色有多正向？」），若分數較高代表一段對於喪親者來說曾經親密、支持且具有重大意義的關係。而衝突分量表則是評估關係在逝者生前多大程度具有不和與惱人的特質（例如「這個人在世時有時會讓你感覺有多心煩？」、「你有多常需要努力才能避免與這個人衝突？」），分數較高則指向一段在逝者生前整體來說充滿衝突與爭執的關係。

QRI-B 評估關係品質時跨越兩個分別的向度（親近程度與衝突），因此這項工具不應該作為整體關係品質的衡量標準。QRI-B 產生的分數是為了反映與逝者生前的關係有多親近及／或衝突，而非親近與衝突兩項構念的總和。QRI-B 的兩分量表之間呈現可忽略的相關性（$r = .12$），進一步支持應該獨立

檢視兩者。此外，經證實兩分量表皆有良好的題項間一致性，α 係數分別為 .95 與 .88。

臨床應用

我們研究室中持續進行的研究已明確顯示，QRI-B 循著死亡前的關係親近程度與衝突兩向度，在預測喪親併發症狀的能力上超越其他相關風險指標，表示此量表是喪親研究領域中一項可靠的工具（Smigelsky, Bottomley, Relyea & Neimeyer, 2020）。雖然 QRI-B 的發展是為了研究與逝者關係所造成的影響，然而臨床實踐上，這份量表也能廣泛應用於辨識對喪親者具有意義之介入模式的潛在途徑，如同以下個案實例說明。

Teresa 是一位十八歲西班牙裔女性，接受症狀評估四個月前，祖母癌症逝世，她近期為此所苦。Teresa 的 QRI-B 指出她與祖母擁有一段緊密而支持的關係（親近程度 = 32），她仰賴祖母的智慧面對各種問題，並在苦惱時提供情感支持。祖母逝世後，如今 Teresa 掙扎著填補曾經由祖母滿足的人際缺口，並反覆艱難地意識到祖母已經過世。Teresa 在複雜性哀傷量表修訂版（ICG-R）（Prigerson & Jacobs, 2001）上的高分代表可將其診斷為複雜性哀傷，清楚可見需要介入，幫助她重新建構關於祖母死亡的意義，並適應祖母過世後的生活。基於 Teresa 與祖母關係緊密，加上她對於 ICG-R 特定題項的回答（例如「總是」在**思念或渴求**祖母，並且自從她死後就**感覺孤獨**），敏銳的治療師可能會想到適合採取通信練習或遺物工作。通信練習中，治療師邀請 Teresa 寫一封「未寄之信」給祖母，目的是向她「再次問候」，並更新被失落斬斷的連結（Neimeyer, 2012）。為了寫出信件，當治療師看見 Teresa 因哀傷而難以正常運作，可以先請她從「我想把妳留在我生命中，方法是……」這句引導語開始，在紙上手寫信件給祖母，當然這個起始句並非硬性規定。除了邀請 Teresa 持續以這種方式與祖母通信之外，治療師也可以鼓勵她想像祖母可能會有的回

應並據此寫下回信，尤其是在需要祖母的智慧之時。治療師還可以鼓勵 Teresa 執行一項緬懷祖母的遺物計畫，不僅深化這項圍繞著關係的治療工作，也為她提供安慰與力量的明確來源。透過此種歷程導向的工作，Teresa 能夠承認祖母離世所引發的痛苦，終能辨認並處理因祖母過世而留給自己那充滿力量的回憶與所隱含的禮物（Attig, 2012）。這樣做既能夠尊重 Teresa 的巨大哀傷，同時也提供空間讓她得以表達對於祖孫共有時光的感謝，最終修復連結，並重新建構因為祖母過世而受挫的意義感。

Monica 是一位二十歲的高加索女性，九個月前朋友在一場交通事故中喪生。量表評估的結果明顯可見她與這位朋友生前的關係雖然親近卻不理想，其 QRI-B 衝突分量表得到高分（衝突 = 20），Monica 表示她經常需要採取主動作為以避免與朋友衝突，而且在對方英年早逝前，她長時間都為了朋友生活的許多方面感到內疚。除了其 ICG-R 分數明顯達到複雜性哀傷的疑似診斷（suspected diagnosis）切截點之外，Monica 也苦於對朋友之死所懷的強烈內疚感與羞愧感，最後甚至覺得要為這起悲慘意外以及未能預防此意外負起責任。因為 Monica 與朋友的關係相當衝突，兩人又格外親近，並有內疚感與責任感作為關係的背景，敏銳的哀傷治療師應詢問是否有「未竟事宜」，並且能夠指出解決這些縈繞不去之議題的潛在途徑。其中一種能處理甚至緩解未竟事宜的方式是邀請 Monica 將朋友「請到椅子上」，進行一場想像的對話，直接向象徵性在場的朋友說話，接著採取朋友的立場給出可能的回應（Neimeyer, 2012）。透過這種方式指導 Monica，能讓她重新協調這段關係，以獲得更多清明洞見、內在和諧或和解。這份工作可能需要經歷幾次治療會面，最終讓 Monica 在繼續前進的同時也能對這段關係釋懷，甚至隨著她放下那些未能說出口而阻礙哀傷旅程的重擔之後，她將能汲取這段友情中較為美好的部分，將之化為持續存在的一股資源。

參考文獻

Attig, T. (2012). Reaching through sorrow to legacy. In R. A. Neimeyer (Ed.), *Techniques of grief therapy: Creative practices for counseling the bereaved* (pp. 277–280). New York: Routledge.

Bottomley, J. S., Smigelsky, M. A., Floyd, R. G., & Neimeyer, R. A. (2017). Closeness and conflict with the deceased: Exploring the factor structure of the quality of relationships inventory in a bereaved student sample. *OMEGA—Journal of Death and Dying.* doi:10.1177/0030222817718959

Burke, L. A., & Neimeyer, R. A. (2013). Prospective risk factors for complicated grief: A review of the empirical literature. In H. S. M. S. Stroebe, J. van der Bout, & P. Boelen (Eds.), *Complicated grief: Scientific foundations for healthcare professionals.* New York: Routledge.

Cleiren, M., Diekstra, R. F., Kerkhof, A. J., & van der Wal, J. (1994). Mode of death and kinship in bereavement: Focusing on "who" rather than "how." *Crisis: The Journal of Crisis Intervention and Suicide Prevention.* Retrieved from http://psycnet.apa.org/psycinfo/1994-41119-001

Dyregrov, A., Frykholm, A. M., Lilled, L., Broberg, A. G., & Holmberg, I. (2003). The Göteborg discotheque fire, 1998. *Scandinavian Journal of Psychology, 44,* 449–457.

Freud, S. (1957). Mourning and melancholia. In J. Strachey (Ed. & Trans.), *The standard edition of the complete psychological works of Sigmund Freud* (Vol. 14, pp. 243–258). London: Hogarth Press (Originally published 1917).

Klingspon, K. L., Holland, J. M., Neimeyer, R. A., & Lichtenthal, W. G. (2015). Unfinished business in bereavement. *Death Studies, 39,* 387–398.

Marques, D., Pinheiro, M. R., Matos, A. P., & Marques, C. (2015). Confirmatory factor analysis of the QRI father's version in a Portuguese sample of adolescents. *Procedia-Social and Behavioral Sciences, 165,* 267–274.

Nakano, Y., Sugiura, M., Aoki, K., Hori, S., Oshima, M., Kitamura, T., & Furukawa, T. A. (2002). Japanese version of the Quality of Relationships Inventory: Its reliability and validity among women with recurrent spontaneous abortion. *Psychiatry and Clinical Neurosciences, 56,* 527–532.

Neimeyer, R. A. (2012). Chair Work. In R. A. Neimeyer (Ed.), *Techniques of grief therapy: Creative practices for counseling the bereaved* (pp. 277–280). New York: Routledge.

Pierce, G. R., Sarason, I. G., & Sarason, B. R. (1991). General and relationship-based perceptions of social support: Are two constructs better than one? *Journal of Personality and Social Psychology, 61*(6), 1028–1039. doi:10.1037/0022-3514.61.6.1028

Prigerson, H. G., & Jacobs, S. C. (2001). Traumatic grief as a distinct disorder: A rationale, consensus criteria, and a preliminary empirical test. In M. Stroebe, R. O. Hansson, W. Stroebe, & H. Schut (Eds.), *Handbook of bereavement research* (pp. 613–645). Washington, DC: American Psychological Association.

Reiner, I., Beutel, M., Skaletz, C., Brähler, E., & Stöbel-Richter, Y. (2012). Validating the German version of the Quality of Relationship Inventory: Confirming the three-factor structure and report of psychometric properties. *PLoS One*, *7*(5), e37380.

Servaty-Seib, H. L., & Pistole, M. C. (2007). Adolescent grief: Relationship category and emotional closeness. *OMEGA—Journal of Death and Dying*, *54*(2), 147–167. doi:10.2190/M002-1541-JP28-4673

Smigelsky, M. A., Bottomley, J. S., Relyea, G. & Neimeyer, R. A. (2020). Investigating risk for grief severity: Attachment to the deceased and relationship quality. *Death Studies*, doi:10.1080/07481187.2018.1548539

Verhofstadt, L. L., Buysse, A., Rosseel, Y., & Peene, O. J. (2006). Confirming the three-factor structure of the Quality of Relationships Inventory within couples. *Psychological Assessment*, *18*, 15.

附錄：關係品質量表──喪親版

指導語：針對各個問題，請選擇能夠描述你與已逝心愛之人間關係的選項。

		完全不會	稍微	相當	非常
1.	你有多常需要努力才能避免與這個人衝突？	1	2	3	4
2.	你多大程度可以指望這個人在你有狀況時提供幫助？	1	2	3	4
3.	這個人在世時有時會讓你感覺有多心煩？	1	2	3	4
4.	這個人讓你感覺有多內疚？	1	2	3	4
5.	如果你非常親近的家人過世，你多大程度可以指望這個人幫助你？	1	2	3	4
6.	這個人在你生命中曾經扮演的角色有多正向？	1	2	3	4
7.	這段關係在你生命中曾經有多重要？	1	2	3	4
8.	如果這個人還活著，你跟對方的關係在十年後會有多親近？	1	2	3	4
9.	如果這個人還活著，而你們一個月都無法見面或說話，你會有多想念對方？	1	2	3	4

10.	你多大程度可以指望這個人在你非常生氣的時候聆聽你？	1	2	3	4
11.	這個人在世時讓你感覺有多生氣？	1	2	3	4
12.	你多大程度可以真的指望這個人在你承受壓力時讓你從憂慮中轉移？	1	2	3	4
13.	這個人有多常試圖控制或影響你的生活？	1	2	3	4

附注：此版本 QRI-B 經 Bottomley et al., 2017 同意重製。所有題項都應該依據表格中 1（完全不會）到 4（非常）的量尺給分。將題項 2, 5, 6, 7, 8, 9, 10 與 12 的分數加總可以計算親近程度分量表，將題項 1, 3, 4, 11 與 13 的分數加總可以計算衝突分量表。

10
死亡畫面量表

John L. Williams, Edward K. Rynearson and Alyssa A. Rheingold

目的

對許多哀悼者來說，回顧心愛之人的死亡情境是一件痛苦之事，卻也通常是整合失落現實過程中必要的步驟（Neimeyer, 2019）。然而，若喪親者面臨的是突發性且創傷性的死亡，例如他殺、自殺與事故致死，對於死亡過程的回想可能凌駕個體回顧其他有關逝者生命美好回憶的能力。因此，我們對臨終故事的固著可能劇烈衝擊哀悼者的整體心理健康並不意外，此種固著也是數種喪親相關心理健康問題（包含創傷後壓力症候群與長期哀傷）的一項關鍵特點（APA, 2013; Shear et al., 2011）。

實務上，能夠辨識生者多大程度經驗摯愛死亡的相關畫面，以及辨識死亡故事中最干擾生活的元素，可以指引臨床工作者找到方向，為生者打造合適的臨床介入模式。發展死亡畫面量表（Death Imagery Scale, DIS）（Rynearson & Correa, 2008）最初就是希望作為此種工具，幫助臨床工作者評估創傷性喪親家屬出現死亡畫面時的上述各面向，然而，這份量表也可能對經歷突發性自然死亡的家屬有所幫助。由於多數創傷性喪親者都會經驗到死亡相關畫面以某種程度反覆出現，因此，DIS 可以作為各類臨床工作者與服務提供者的有用工具，工作對象並不侷限於那些臨床上在哀悼過程出現最嚴重併發症狀的喪親者。

發展

　　臨床工作者與研究人員長期以來注意到許多喪親者，特別是經歷突發且創傷性失落者，會經驗到心愛之人死亡過程的情節反覆重播。這些再次經驗的侵入性畫面可能是生者曾親眼目睹的事件，或者並非親眼所見而是想像呈現的死亡事件畫面（Blakley, 2009）。即使作為生者的家屬沒有親睹死亡事件，他們也可能出現侵入性死亡畫面，畫面中有逝者、身為喪親者的自己，以及其他與死亡直接或間接相關之人。最早詳細描述死亡事件想像重播的一份臨床報告中，學者 Rynearson（1984）指出，該研究中 15 位他殺事件遺族樣本的所有生者都描述自己經驗到侵入性畫面重演，且畫面的共同特點是鮮明勾勒出其心愛之人死亡過程的事件。Rynearson 也指出，這種重演的畫面經常以惡夢的形式浮現，許多生者個案也表示，在這些惡夢情境中會出現試圖營救或拯救受害者的主題。此外，研究中所有生者都表示對那些應該為摯愛之死負責的人懷有某種程度的憤怒，有些個案甚至會表達報仇或報復的渴望。

　　由於發現這些死亡過程畫面對於臨床工作的重要性，及其與創傷性失落心理調適的關聯，Rynearson 發展出一項簡短的自陳式調查工具——死亡畫面調查表（Death Imagery Survey）——用以評估重演（reenactment）、拯救（rescue）、報復（revenge）以及重聚（reunion）畫面。重聚畫面類似重演畫面，通常代表生者心思貫注在逝者以及自己在死亡敘事中的角色，但是這些回憶的目的是重拾逝者生前的樣貌，也就是逆轉死亡事件。Rynearson（1995）的研究以 52 位他殺事件之遺族為樣本，比較尋求治療者與拒絕治療者，發現尋求治療的遺族相較於拒絕治療的遺族在重演畫面這項類別得到較高的分數（$p < .001$），這提供進一步證據證明臨床工作者在與創傷性喪親家屬工作時，評估並衡量死亡畫面可能會有所幫助。

　　除了上述死亡畫面的各個面向之外，臨床工作者也注意到許多生者會特別關注自己在死亡敘事中的角色（或沒能扮演的角色），尤其是那些執著於自己

竟未能阻止死亡發生或挽救摯愛生命的遺族，可能因為未能拯救心愛之人而經驗到強烈的內疚與懊悔（相關研究如 Shear & Mulhare, 2008）。依據我們的臨床觀察，創傷性喪親家屬過半數會出現懊悔（remorse）畫面，可能是因為創傷性失落在本質上被視為是可預防的。有鑑於此，最終將評估懊悔畫面的題項也納入 Rynearson 的死亡畫面調查表，發展出如附錄之 DIS。

格式與心理計量特質

DIS 的設計並非作為獨立的診斷工具，而是用來幫助臨床工作者更了解案主可能多大程度經驗到死亡相關畫面的各種類型。雖然 DIS 原本設計為自陳式評估工具，但是也可以由臨床工作者以半結構式訪談進行施測。DIS 包含 5 個題項，各自評估死亡畫面的一種面向，包含重演、拯救、報復、重聚以及懊悔。DIS 以 0（完全沒有）到 3（每天）的四點式量尺評估案主過去一個月各類型畫面出現的頻率，將 5 個題項的分數加總可得到介於 0 到 15 之間的整體分數，較高則代表畫面出現較頻繁。另一種應用方式是單獨考量各題項，以評估特定畫面類型出現的頻率。完整的 DIS 請見本章附錄。本章作者群近期亦發展出包含 19 個題項的擴充版 DIS，目前正接受嚴謹的心理計量驗證。然而，就本章目的而言，我們會提出採用原始 5 個題項 DIS 的初步施測資料。

在一份以美國西岸兩間診所共 130 位經歷暴力性失落並尋求治療的遺族作為資料來源的研究中（Baddeley et al., 2015），DIS 展現良好的內部一致性信度（$\alpha = .74$）。這些生者最頻繁出現的死亡畫面類型為重演、重聚與懊悔（樣本中近 81.5%表示過去一個月出現重演畫面），較少案主出現拯救或報復畫面。而生者所哀悼的死亡不論是他殺、自殺或車禍，過去一個月出現重演、重聚、懊悔或拯救畫面的狀況並無差異。然而，相較於自殺遺族，他殺遺族較常出現過去一個月之間某種形式的報復畫面（$p = .005$）。五種死亡畫面類型都與喪親相關苦痛的幾種向度，包含憂鬱、創傷相關侵入性症狀、逃避，以及過度警

醒症狀有關（r 值範圍介於 .18 ~ .55）。重演、報復、重聚與懊悔畫面也與長期哀傷症狀有關（r 值範圍介於 .35 ~ .54）。

臨床應用

　　DIS 目前已應用於兩項治療成效研究（Rheingold et al., 2015; Rynearson, Williams, & Rheingold, 2016），針對生者所經驗的死亡畫面之性質與頻率提供了珍貴洞見，這是其他評估與輔助工具無法捕捉的，並可幫助臨床工作者發展治療計畫，正如以下個案所示。案主為三十四歲女性，男友自殺過世三週後被轉診來接受評估。案主前來治療時，可以看見她無法平息思緒中頻繁重播的男友自殺畫面。

　　男友的死發生在另一個城市，數月前他被轉調至該處。男友移居之前，兩人有六個月如同田園詩般夢幻的交往關係，並計劃未來「去某個陽光普照的水邊定居」。正當案主為了兩人重逢準備之時，男友打來好幾通令人憂心的電話。「在那之前，我們從來沒有對彼此發過脾氣」，她回憶道。由於問題沒有解決，接下來一個月對方音訊全無，直到她透過一位共同朋友得知男友已經自殺。突如其來的自殺消息造成重創，且完全在預料之外。在此之前，他們沒有談過他所明顯流露的絕望感，男友也沒有留下任何遺言。

　　案主將「陽光與沙灘」與男友活著的圖像聯想在一起——這個圖像如今因為他自縊的畫面重現以及她認為「我當初應該阻止他」的懊悔自責而蒙上陰影。相關心理健康檢查呈現案主是一位聰明又成功的軟體工程師，否認自己有發展性或家族遺傳的精神疾病，包含憂鬱症。她偶爾使用酒精與大麻緩解間歇性焦慮（例如在男友自殺後的數週），其主要診斷包含出現焦慮症狀的適應障礙症（adjustment disorder）（創傷性哀傷）。

　　為了評估其急性死亡畫面的強度與頻率，案主完成 DIS，結果如下：出現男友上吊遺體所構成的侵入性視覺畫面，夾雜自己未盡義務的侵入性懊悔念

頭，共同干擾案主的專注，並且在白天觸發數次的恐慌發作（panic attack）。

在處理侵入性畫面以及由創傷性死亡造成的認知後果前，治療的初始目標在於增強案主的復原力。在經歷幾次會面，當案主從恐慌與愛人死亡的創傷性觸發中穩定下來之後，治療師鼓勵她以兩人充滿意義的正向關係回憶取代死亡過程的畫面。後續治療會面中，隨著與案主回顧兩人共同參與的活動照片，她開始專注於建構一個具有意義與連貫性的回憶系統。透過有意識地反覆選擇以關係中具意義的回憶取代重演畫面，案主不再受制於這些畫面，而能重新獲得自主的力量與之抗衡。

接下來的治療不需採取暴露法，也不需重新框架（reframing）重演畫面。經過十次個別會面（內容包含持續強化復原力的練習、協助穩定的認知介入方法、與家人的支持性會談、重回職場的準備、投入與朋友的交流及有意義的活動），案主的重演與懊悔畫面開始消退。若案主持續出現強烈且頻繁的重演畫面，可以採用重新暴露於死亡畫面以達成修復的特殊技術，然而此種情況並未出現在此個案聚焦且時間有限的介入模式處理過程中。

參考文獻

American Psychiatric Association (APA). (2013). *Diagnostic and statistical manual of mental disorders* (5th ed.). Washington, DC: Author.

Baddeley, J. L., Williams, J. L., Rynearson, E. K., Correa, F., Saindon, C., & Rheingold, A. A. (2015). Death thoughts and images in treatment-seekers after violent loss. *Death Studies, 39*, 84–91.

Blakley, T. (2009). Triggers, flashbacks, and fantasia: Intrusive death imagery following homicide loss. *Illness, Crisis, & Loss, 17*, 23–37.

Neimeyer, R. A. (2019). Meaning reconstruction in bereavement: Development of a research program. *Death Studies, 43*, 79–91. doi:10.1080/07481187.2018.1456620

Rheingold, A. A., Baddeley, J., Williams, J. L., Brown, C., Wallace, W. M., Correa, F., & Rynerson, E. K. (2015). Restorative retelling for violent death: An investigation of treatment effectiveness, influencing factors, and durability. *Journal of Loss and Trauma, 20*, 541–555.

Rynearson, E. K. (1984). Bereavement after homicide: A descriptive study. *American Journal of Psychiatry, 141*, 1452–1454.

Rynearson, E. K. (1995). Bereavement after homicide: A comparison of treatment seekers and refusers. *British Journal of Psychiatry, 166*, 507–510.

Rynearson, E. K., & Correa, F. (2008). *Accommodation to violent dying: A guide to restorative retelling and support* (Unpublished manuscript).

Rynearson, E. K., Williams, J. L., & Rheingold, A. A. (2016). Treating the narrative fixations of traumatic grief. *Grief Matters: The Australian Journal of Grief and Bereavement, 19*, 14–18.

Shear, M. K., & Mulhare, E. (2008). Complicated grief. *Psychiatric Annals, 38*, 662–670.

Shear, M. K., Simon, N., Wall, M., Zisook, S., Neimeyer, R., Duan, N., . . . Keshaviah, A. (2011). Complicated grief and related bereavement issues for DSM-5. *Depression and Anxiety, 28*, 103–117.

附錄：死亡畫面量表

以下清單是人們表示在朋友或親人過世後出現的各類型畫面（出現形式可能是透過清醒時的念頭或視覺「重歷其境」，或者入睡後的夢境）。請依據過去一個月的狀況，將你經驗到的所有畫面類型畫下底線，並勾選相應的頻率。

	頻 率			
	完全沒有	每個月一次	每週一次	每天
1. **重演**：我經驗到死亡情境重演的幻想（透過清醒時的念頭或視覺「重歷其境」，或者入睡後的夢境）。				
2. **拯救**：我經驗到拯救心愛之人免於死亡的幻想（透過清醒時的念頭或視覺「重歷其境」，或者入睡後的夢境）。				
3. **報復**：我經驗到為這份死亡報仇的幻想（透過清醒時的念頭或視覺「重歷其境」，或者入睡後的夢境）。				
4. **重聚**：我經驗到與已故家人及／或朋友重聚的幻想（透過清醒時的念頭或視覺「重歷其境」，或者入睡後的夢境）。				

5. **懊悔**：我經驗到自己原本應該以某種方式阻止死亡發生的幻想（透過清醒時的念頭或視覺「重歷其境」，或者入睡後的夢境）。

PART 3
穿越喪慟

11
哀傷風格網格
Robert A. Neimeyer

適合此技術的個案

哀傷工作坊、喪親支持團體與失落心理課程的參與者可以透過這項技術得到幫助，同時能以一種相對「安全」的方式探索自己的哀傷風格，並得以參照與比較他人的哀傷風格。然而，這項練習本身並非作為一套完整的治療，通常也無法取代在個人或家族脈絡下更為深刻的個別工作，尤其若悲劇性失落才剛發生不久時更是如此。

技術說明

隨著對於哀傷概念的設想日漸拓展深化，理論研究者、治療師與教育工作者逐漸意識到，個體處理失落的不同方式，很大程度取決於性別、族裔、經濟位置、宗教、年齡與其他喪親個體及其文化脈絡的特性。本章的技術即提供一個活潑且具互動性的結構，透過八至三十人的小團體，讓案主表達並探索哀傷風格的多元性。活動包含四個階段——**選擇標記物、網格定位工作、小團體工作**以及**大團體處理**——總時長約六十至九十分鐘。以下概述各階段內容，最後提出個案研究實例，並說明這項技術可能的變化版本。

概念架構

哀傷風格網格（Grieving Styles Grid）邀請參與者探索他們在兩條軸線上的定位，兩軸分別橫跨兩道光譜，即**坦然表達**（expressive）相對於**隱忍克制**（stoic），以及**持續性連結**（continuing bonds）相對於**放手**（letting go）。第一條軸線呈現個體偏好社會性表達更甚於獨自經驗哀傷，有研究者發現這項差異與性別角色的討論相關（Doka & Martin, 2010），也與喪親者的族裔有關（Rosenblatt & Wallace, 2005）。第二條軸線的定位依據則是相對於棄絕，參與者更重視維持與逝者的連結，反映出文化的規範（cultural prescriptions）（Stroebe, Gergen, Gergen, & Stroebe, 1992）與哀悼者個人的依附風格（Kosminsky & Jordan, 2016）。隨著參與者持續依據指示回應，他們最終會在一個包含四種哀傷風格的二維網格上（參見圖11.1）找到自己的位置，並且更深入體會自己與他人如何建構失落的意義，以及如何在失落中找到方向（Neimeyer, 2016）。

使用材料

哀傷風格網格的「桌遊」版本中，引導者會提供形形色色的標記物，例如不同顏色、形狀與質地的小石頭與貝殼，或者類似沙盒玩具的小偶（人形、動物、怪獸或象徵性物件皆可），加上一張足以覆蓋桌面（或者理想上更大）的網格桌布，格子數至少為 25 乘 25。另一種「行走版網格」的替代做法則不需要任何材料，如同本章**總結想法**所述，在這種模式中，參與者本身就是「標記物」，在一間沒有桌椅家具的大房間或者一大片開闊的戶外空間，依據自己對於指導語的回答前進或後退。兩種模式各有優點，記錄於本章之總結。

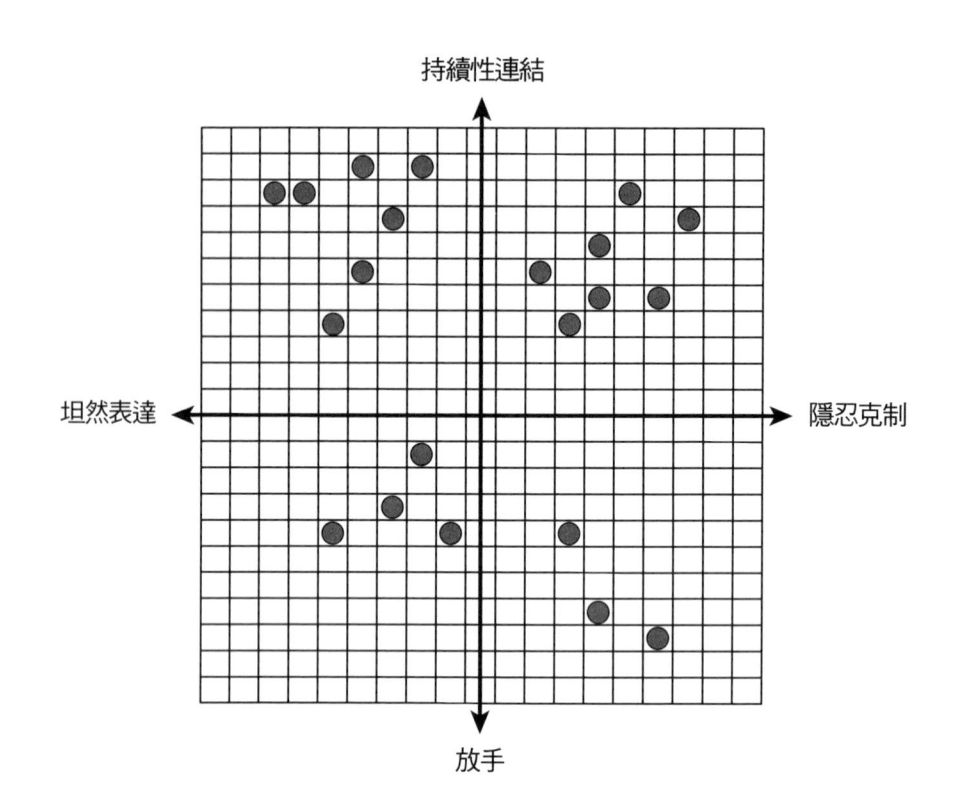

圖 11.1 哀傷風格網格，縱軸為持續性連結相對於放手，橫軸為坦然表達相對於隱忍克制，網格上的圓點為活動過後留下的標記物位置

選擇標記物

如果採用實體網格桌布，首先，引導者會邀請成員看向隔壁桌，在色彩亮麗的布巾上散布著琳瑯滿目的標記物，鼓勵他們從這些豐富多樣的選擇中，依直覺找到一個「代表自己」的獨特標記物，不需深思熟慮也無須給予明確理由。選定之後，大家圍著網格桌布將自己的標記物放在起始位置，也就是排列在**縱向**（或南北向）軸線上的任何一點，可以面朝任何方向。

網格定位工作

為了讓參與者認識網格方位，引導者會將**東**、**西**、**南**、**北**的簡易標示卡片分別放在網格相應的四個面上。採用東西南北標示是為了避免如「上下」、「前後」甚至「左右」等其他方位標記可能帶有的評價意涵。除此之外，羅盤方位點也能深化「在地圖上定位」（mapping）自己哀傷風格的隱喻，提供一套基礎詞彙，有助於定位完成後的經驗處理。一開始，引導者先將**西**和**東**的卡片放在網格的左邊和右邊，接著放慢速度讀出附錄 11.1 的問題，每讀完一題會稍微停頓，讓參與者依據自己選的答案將標記物移動相應的格數。針對各題，引導者會告知可否選擇多於一個答案（並據此移動各個所選答案對應的格數），或者只能選一個最符合的答案。然而，在回答完定位工作兩部分的所有問題之前，不會在網格軸線上標出**坦然表達**、**隱忍克制**、**持續性連結**與**放手**，避免傳達並影響參與者特定的反應心向（response set）[1]。一種簡單的做法是將這四項光譜元素分別寫在上述四張羅盤方位卡片的背面，待兩個向度的定位工作都完成後，只要把卡片**翻過來**，就能向參與者揭示各向度的內涵。

當所有參與者都依據自己對於**坦然表達 vs. 隱忍克制**（東西向）問題的回答移動完標記物之後，請他們不要改變標記物與縱軸的距離，而是將其移動到中間的橫軸上。引導者接著指向分別放在網格上下的**北**與**南**卡片，然後讀出附錄 11.1 當中**持續性連結 vs. 放手**的問題，同樣在讀完各題之後稍微停頓，讓參與者移動相應的格數。兩部分完成的結果是標記物會散布在網格各處，分布方式代表參與者看待其個人與文化哀傷風格的方式在兩向度光譜上的極端程度。接著引導者依據標記物之間的距離將參與者劃為「鄰近小組」，各組盡可能包含至少三位參與者。分組方式可以依據網格的四個象限，或是採用其他方式，

---

[1] 譯注：反應心向指填答者系統性地依據某種傾向，而非自己真正的感受或行為所做出的反應，例如為了符合社會期待或者塑造所欲呈現的自我形象。

例如將某個或兩個向度上比較極端或居中的成員分成一組。分組時也可能出現離群者——參與者自己也會注意到這點——不過為了接下來的小組工作,應該將離群的成員歸入與其標記物相對最靠近的群體。依上述方式形成組別時,會依據大團體總人數決定可行的小組數量,最理想的組數為三到五組。完成整個網格工作階段通常需要十五分鐘。

小團體工作

組成鄰近小組後,各組移動到不同房間或者大房間的不同角落,請參與者與組內其他人互相認識,並討論附錄 11.2 的問題。一開始先讓每個人分享是什麼吸引他們選擇特定標記物或角色來代表自己,這項破冰活動能有效促進後續對話。接下來的問題探索參與者看見同組成員時是否感到驚訝,以及隨著他們逐漸走向網格上的不同哀傷風格,與其他人形成或近或遠的距離時,有何感受;還有他們發現何種個人、家庭、社會與文化因素,可能有助於解釋成員間的相似之處。這些問題針對各種可能的風格同時帶來欣賞與批判的觀點,既思考長處也思考短處,邀請成員反思他們可以多毫不猶豫地肯認該風格,又多為其所苦或多想要抗拒,從而指向改變的可能等等。這個階段通常需要大約三十分鐘。

大團體處理

小團體工作結束前,各個鄰近小組會選出至少一位發言人,在所有人重新聚集成一個圓圈之後,由發言人向全體「報告」組內得到的觀察。報告者先聚焦說明,自己的組別最希望其他人理解關於此種哀傷風格的地方,接著分享組員感到驚訝之處、該組風格隱含的文化價值觀,以及整體而言對於其所分享的風格感到多自在或多不自在。確認各組聲音都被聽見之後,引導者邀請大家進

行比較全體性的討論,關於各組風格內部的個人差異、參與者對於別組分享內容的觀察,以及上述討論隱含每個人或各組成員在試圖活出或改變其哀傷風格時,會希望獲得何種支持等等。這個最終階段可以進行十五到三十分鐘,或者更長。

個案實例

共有二十位成年參與者加入一個包含數次會面的哀傷與喪親工作坊,他們的年齡、性別、族裔、宗教與國籍非常多元,但是所有人因為個別經歷各類型失落(父母或祖父母因病逝世、寵物死亡、童年失去手足、朋友自殺等)而充滿參與動機。由於先前的團體會面處理過這些各式各樣的失落,導入哀傷風格網格可以進一步探索參與者在心理與社會面向上回應失落的方式如何受到文化影響。引導者在會面前的準備階段,將三張桌子併成一個方形桌面,鋪上一張簡單的格子桌布以構成一面大型網格,網格中央橫軸與縱軸的交叉點用貼紙標示出來。另一張靠牆的桌子上有一條展開的布巾,形成類似「聖壇」的檯面,引導者在其上散置大約一百五十顆色彩紛呈的小石頭,有著不同的形狀與質地,有的光滑、有的粗糙,此外,還有其他自然物件(小顆松果、貝殼等)。引導者指著這些物件,邀請參與者檢視,同時指導大家「出於直覺,讓你的手選一個代表你的物件」。所選物件就成為各個參與者的標記物,由他們放在格子桌布尚未有任何標記的縱軸上。

接著,引導者將**東**與**西**的卡片分別放在網格最右邊與最左邊,然後放慢速度讀出第一向度的每一題,讓參與者上前將標記物移動相應格數。隨著問題繼續,團體成員顯得安靜而若有所思,持續在**坦然表達 vs. 隱忍克制**的向度上移動自己的標記物,直到它們拉出與縱軸間各自不同

的距離，形成幾個大致的群集。在進入第二向度的問題之前，引導者先請參與者在不改變由先前問題所拉開與縱軸的距離之下，將標記物上下移動至中間的橫軸。接著引導者將**北**放在網格上方、**南**放在下方，然後讀出剩下的問題，再次讓參與者依據指導語移動自己的標記物，這次它們散布在**持續性連結 vs. 放手**這個向度上的不同位置（參見圖 11.2）。完成後，這些自然物件如圖 11.1 分布於網格各處，接著引導者將它們分成四組，以此個案而言即網格的四個象限：坦然表達／持續性連結、坦然表達／放手、隱忍克制／持續性連結，以及隱忍克制／放手（若在其他團體中，也可能出現相同哀傷風格但程度不同的幾個群集）。接下來請參與者帶著自己的標記物加入所屬的鄰近小組，與組內成員共同前往屋內一角，將椅子圍成圈，討論附錄 11.2 的問題。

圖 11.2 參與者在哀傷風格網格上移動標記物

參與者首先描述為什麼選擇特定自然物件來代表自己。二十多歲的高加索男子 Steve 說，他拿的那顆松果之所以吸引他，是因為松果代表生命，有許多面向，而且已經準備好開啟自我，就像他一樣。另一位五十幾歲的西班牙裔女性 Toni 則是舉起一顆塊狀虎眼色的光滑石頭，表示她雖然不喜歡石頭「盒子般受限」（boxed-in）的形狀，然而其灰暗中蘊含光亮的色澤，對她來說能夠表達她的生命與失落。來自中國的研究生戴明告訴組內成員，選擇一顆小貝殼是因為他覺得自己「封閉」且自我保護。各組接著熱烈討論組內哀傷風格的共同點、他們如何理解此種風格的由來與長短處、組內成員多大程度認同或抗拒其家庭與文化的規範，以及他們是否希望改變、又希望如何改變等等。

　　引導者在各個鄰近小組都停留過幾分鐘之後，召集大家回到大團體，邀請各小組發言人報告，由此開啟討論。不出所料，首先發言的是自稱攤展之書的小組，其哀傷風格為坦然表達／持續性連結，成員都是年輕的高加索女性，讚揚開放分享哀傷及其相關情緒，還有持續與已故摯愛的回憶連結有哪些好處。接著是旅行者小組，他們的風格是坦然表達／放手，由組內唯一的男性擔任代表，表示他們雖然也喜歡溝通感受，卻覺得如此聚焦於失落對他們來說似乎太「沉重」，因此，他們更喜歡想比較正向的事物，繼續過日子。組內另外兩名比較年長的高加索女性中有一位也表示同意。小雕像小組的發言人代表隱忍克制／持續性連結取向的參與者，表示他們一開始很驚訝成員的背景，除了包含工作坊中所有非裔美國人女性之外，還有一位高加索男性與一位高加索女性。他們發現彼此之間的最大公約數是新教或天主教信仰的根，強調儀式以及在死後世界重新連結，而非長時間表達悲傷以及個人化的追念。最後，哀傷風格為隱忍克制／放手的三位成員描述自己是凍結小組，組

員包括一名中國男性、一名巴基斯坦女性，以及一名來自美國南方的中年白人女性。在初始的沉默之後，他們分享對於那位白人女性出現在一個主要為亞洲人的群體之中感到驚訝。他們找到的解釋是她成長於孤立的鄉村地區，因此，如同其他來自亞洲較為年輕的組員，她也內化了應該在心中而非社會情境中消化經驗的規範，聚焦於必須完成的實際任務與角色，在失落過後繼續前進。隨著各組成員逐漸發展出對於不同哀傷風格，包含他們自己哀傷風格的理解，大家在心領神會中默默點頭。

總結想法

這項技術如果採用接近「桌遊」的方式進行，如圖 11.2 哀傷風格網格活動照片，參與者可以一目瞭然自己相對於其他「玩家」的位置，這些「玩家」最終會形成不同的鄰近小組。這種版本的一項好處是鼓勵了「與自我拉開距離」的觀點，因為參與者確實以局外人的狀態，從外觀看自己在其中的位置。因此，接下來的處理工作會比較偏向認知與概念，在共同形塑出哀傷風格組別的個人與文化因素之間切換。

另一種「行走版網格」則不用標記物與網格桌面，也不需移動象徵性標記物，而是邀請參與者在一間空房間或戶外空地或球場上，回答引導問題以前進或後退。依據經驗，這個變化版更能達到「自我沉浸」，隨著參與者在不斷拋出的問題中逐漸靠近或遠離彼此，會產生更多情緒與自我覺察。接下來的小組工作通常更著重於因為移動以及與其他相同風格者連結所產生的感受，也比較不會注意到相距較遠的差異群體。引導者若意識到兩種版本提供上述些許不同的「效用」，可以依據情境，例如喪親支持團體、青少年哀傷輔導營隊、哀傷與失落的大學課程與專業訓練等多元脈絡，選擇兩者之中較合適的版本。在比較學術或專業的脈絡中，可以設定一段短暫的五分鐘「自由書寫」時間，將有

助於學習的深化與個人化，並鼓勵學習者以文字捕捉他們對於所遇見包含自己的多元風格與感覺印象最深刻的部分。不論何種版本，一般來說哀傷風格網格活動可以促進次團體內部的連結，鼓勵參與者認識差異，並尊重人們面對普世性失落的各種方式。

參考文獻

Doka, K., & Martin, T. (2010). *Grieving beyond gender*. New York: Routledge.

Kosminsky, P., & Jordan, J. R. (2016). *Attachment informed grief therapy*. New York: Routledge.

Neimeyer, R. A. (2016). Meaning reconstruction in the wake of loss: Evolution of a research program. *Behaviour Change*. doi:10.1017/bec.2016.4

Rosenblatt, P., & Wallace, B. (2005). *African American grief*. New York: Routledge.

Stroebe, M., Gergen, M., Gergen, K., & Stroebe, W. (1992). Broken hearts or broken bonds: Love and death in historical perspective. *American Psychologist, 47*, 1205–1212.

附錄 11.1：哀傷風格網格活動引導問題

第一向度：坦然表達 vs. 隱忍克制

1. （可複選）小時候當你因為失去某人或某樣東西哭泣時，身邊親近的大人會：
   - 鼓勵你談論感受？**向西**移動 2 步。
   - 給你非語言撫慰（例如擁抱）？**向西**移動 1 步。
   - 讓你獨自冷靜？**向東**移動 1 步。
   - 轉移你的注意力或者鼓勵你「要堅強」？**向東**移動 2 步。

2. （選擇一個最適合的答案）現在的生活中，當你感覺悲傷或哀傷時：
   - 可以說出三個以上你願意向他們說出自己感受的人：**向西**移動 2 步。
   - 只能說出一或兩個你願意向他們說出自己感受的人：**向西**移動 1 步。
   - 沒有任何人會讓你願意說出自己的感受：**向東**移動 1 步。
   - 很難向自己承認感覺到悲傷或哀傷：**向東**移動 2 步。

3. （選擇一個最適合的答案）當你的親朋好友社群*中有人過世時，社群裡的**多數人**會：
   - 分享自己對於逝者的個人感受：**向西**移動 2 步。
   - 說出像是「我很遺憾你經歷這樣的失落」之類的話：**向西**移動 1 步。
   - 說出像是「他現在與天父在一起了」或者「她回到天上的家」之類的話：**向東**移動 1 步。
   - 說出像是「神從來不會給予我們超出承受範圍的挑戰」或者「這是上帝試煉你信心的方式」之類的話：**向東**移動 2 步。

4. （選擇一個最適合的答案）當你的社群中有一位與你親近之人過世時，

---

* 此處社群（community）的定義是對於參與者來說最具意義的參考團體（reference group），可以理解為其所屬族裔的群體、家族或社交圈等。

你會：

- 寫一封個人化的安慰信函給喪親者：**向西移動 2 步**。
- 寄一封制式的致哀信函：**向西移動 1 步**。
- 說「如果有任何我能做的，請讓我知道」：**向東移動 1 步**。
- 避免碰到喪親者：**向東移動 2 步**。

5. （可複選）當你深陷於某人逝世的劇烈哀傷中，你會：
   - 尋求哀傷治療師或諮商師協助：**向西移動 3 步**。
   - 尋求與朋友或家人聊聊：**向西移動 1 步**。
   - 獨自面對痛苦：**向東移動 2 步**。

6. （選擇一個最適合的答案）以下何者最適合完成這個句子的後半段：「與他人分享哀傷是＿＿＿＿」
   - 我樂於採取的緩解方式：**向西移動 2 步**。
   - 對我來說尷尬但可以做的事：**向西移動 1 步**。
   - 聆聽者的負擔，所以我通常不傾向這麼做：**向東移動 2 步**。

第二向度：持續性連結 vs. 放手

1. （選擇一個最適合的答案）在我的社群中，有人逝世之後人們最常展現的傾向是：
   - 自然地分享關於逝者的故事：**向北移動 2 步**。
   - 將逝者珍藏在心中：**向北移動 1 步**。
   - 向逝者道別：**向南移動 1 步**。
   - 放下過去前進，將精力投注到其他地方：**向南移動 2 步**。

2. （選擇一個最適合的答案）你所屬的社群在葬禮結束後，是否有習俗或儀式會在每年或更頻繁的特殊紀念日上緬懷逝者？
   - 有：**向北移動 2 步**。
   - 沒有：**向南移動 2 步**。

3. （可複選）心愛之人過世後的幾個月間，你比較有可能：

   - 寫一封未寄之信給對方，表達你的感受？**向北移動 2 步**。
   - 在心中想像與對方的「對話」？**向北移動 1 步**。
   - 避免與他人談到逝者？**向南移動 1 步**。
   - 在他們浮上心頭時，試著去想其他事情？**向南移動 2 步**。

4. （可複選）如果拿到所愛之人身後留下的衣服、首飾或所有物，你會：

   - 公開穿戴或在家中展示其中一些物件：**向北移動 2 步**。
   - 將它們作為特殊紀念物轉贈他人：**向北移動 1 步**。
   - 將它們全部打包收進櫃子、閣樓或地下室：**向南移動 1 步**。
   - 將它們全部捐給慈善機構或丟掉：**向南移動 2 步**。

5. （選擇一個最適合的答案）如果你的一位心愛之人過世，你會傾向：

   - 將對方的照片放在家中或存在手機，與他人分享：**向北移動 2 步**。
   - 留下對方的照片給自己看：**向北移動 1 步**。
   - 留下對方的照片但是很少去看：**向南移動 1 步**。
   - 丟棄或刪除對方的照片：**向南移動 2 步**。

6. （可複選）如果你的孩子、手足或父母過世，你會：

   - 開啟一個遺愛計畫（例如成立獎學金、藝術計畫或網站）來緬懷對方：**向北移動 2 步**。
   - 以對方之名捐獻、行善或實踐助人行動：**向北移動 1 步**。
   - 避開會讓自己想到對方的活動或地方：**向南移動 2 步**。

附錄 11.2：給參與者的團體工作促進問題

小團體工作

請找到網格上與你位置相近的人，組成三到六個人的鄰近小組，各組移動到房間不同區域，接著在組內討論以下問題：

- 如果你選了一個象徵性角色或標記物作為你在網格板或桌布上的代表，請簡單說明為什麼你選了它，或者它如何代表你。
- 看看組內成員，了解彼此之間族裔、國籍、年齡、性別、社會階級、城鄉居住地、性傾向或宗教上的相近與相異之處。你是否處於原本預期的群體之中？或者你是否驚訝於某些人與你有著相似的哀傷風格？為何驚訝，或者為何並不驚訝？
- 與他人討論，當你在空間裡或網格板上一步步走向自己的位置時有什麼感覺。
- 思考你們組別的哀傷風格隱含何種預設、價值觀與優勢？什麼樣的脈絡、歷史或家庭因素促成此種哀傷風格？關於你所屬社群的哀傷風格，哪一點是你最珍惜的？
- 思考你們組別的哀傷風格是否有任何潛在的缺點或挑戰。在你的生命歷程中，你認為自己是以某種方式擁抱或者抗拒此種風格？對於你的抗拒或擁抱，你社群中的成員如果有所反應，是何種反應？如果你能改變關於自己所屬社群哀傷風格的一件事情，那會是什麼？

大團體工作

- 在組內選一位成員代表小組向大團體報告。其他成員協力幫助這位發言人表達關於你們的哀傷風格，作為一個群體，你們最希望其他人理解的是什麼。
- 讓這位小組發言人或任何一位成員分享，這個練習最讓組內所有人感到驚訝或有趣的地方。
- 開放全體討論。

12
哀傷之舞
Andria Wilson

適合此技術的個案

這項技術除了幫助經歷心愛之人死亡的青少年與成人，讓他們培養從哀傷中敘說意義的說故事能力，也能有效應用在不涉及死亡的無盡失落。這項活動不適合甫經歷創傷性失落的個體，或者會因積極反應而激發焦慮或苦痛的案主。引導者應創造一個安全的環境，讓參與者在活動過程探索自我並與他人情緒交流。

技術說明

發現生命意義的藝術要靠自己，端賴我們選擇以何種態度面對經驗，以及是否願意從經驗中探取意義與學習。沒有人可以免於潛在的哀慟之苦，只要我們選擇對他人的愛保持敞開與脆弱，終有一日會迎來無可避免的心碎，而我們能否接受並創造圍繞著哀傷的意義，決定性因素在於自己面對失落的態度（Lichtenthal & Breitbart, 2012）。此種信念是一種驅動人性的力量，來自於對目的與意義的追尋，曾由猶太大屠殺倖存者同時也是精神病學家維克多・弗蘭克（Viktor Frankl）以一句耐人尋味的話如此描繪：「人的主要關切並非追求

享樂或迴避痛苦，而是看見自己生命的意義。」對於準備好踏上修復式重述（retelling）與重修（repair）之旅的哀悼者來說，哀傷之舞可以促進成長，並提供了空間，透過自我引導的敘事技巧跨越失落。

　　愈來愈多與失落相關的研究指出，體驗性團體工作具有強大的療癒元素，這項方法透過情緒釋放、人際關係與重修練習，可以有效提高身體覺察並協助重建敘事（Dayton, 2004, 2015）。身為一名劇場與治療背景的大學口語訓練講師，我傾向採用體驗式技術來創造減輕焦慮並使探索、遊戲與說故事有機會發生的氛圍。我以結構化團體活動來建構課堂，這些活動簡單卻有著絕佳潛力能激發學生採取行動，同時讓他們調節情緒、創造有意義的連結以促進自我理解。藉由向心理劇學者 Tian Dayton 的社會計量（sociometry）與神經心理劇（neuropsychodrama）關係技術（2004, 2015），以及接受與承諾治療（acceptance and commitment therapy）（Hayes, Strosahl, & Wilson, 2012）取經，我納入能夠刺激失落與意義情緒整合的練習，提供一個安全空間分享與處理這些經驗。透過這項方法，我的學生成為彼此的治療見證者，在完成說故事作業的過程中相互提供緩衝、支持與鼓勵。

　　我為學生發展出哀傷之舞這項活動，希望讓他們透過接納與好奇的態度，帶著創造力探索意義的創建。學生在豐富字彙的指引下找到自己故事的方向，藉此獲得機會踩出一系列舞步讓身體動起來——投入一場與自我的親密舞蹈。這項歷程由團體成員選擇哪些字詞可能適用於自己，並且在敘說特定失落經驗的過程中自由地決定舞步。透過字詞選擇與舞蹈動作，學生從自己的失落中得到意義，最終向在場的其他人帶來一段簡短卻具修復性的故事重述。

　　介紹這項活動時，我是將它作為紀念演說的暖身。紀念演說中，學生會建構一段自我敘事與班上同學分享，將生命經驗所帶來的意義與目的擴大，藉此獲得擁抱自己故事的機會。我的學生來自艱困環境，經歷過重大失落，然而多數人並沒有一個支持性社群所構成的平台讓他們探索失落並將其正常化，因此，我提供自己的課堂作為一個「活的舞台」，在此展露傷害、培養韌性並且

從艱難中創造意義。這項活動給學生一個安全場所，投入他們內在以及人際間的情緒，移動觀看的角度，從同儕身上見證脆弱的力量。由支持性團體成員表達與見證的痛苦可以協助哀傷者走向失落的重新建構，創造一種得以重新框架痛苦的敘事（Dayton, 2004）。

個案實例

我預先布置空間，將印有大字的卡片放在地板各處。每張卡片上都有一個情緒，取自學生預先為演說準備的內容，演說的目的是紀念某個他們失去的特別之人或事物。學生都進入教室之後，我們開始討論身處艱難情境中可以自己選擇回應態度的這份自由如何成為一份禮物。我邀請學生接受而不批評自己失落的情緒反應——與情緒交朋友、靠向它，最後成為彼此的舞伴。唯有與痛苦合作並建立夥伴關係，才有可能延展自己，踏入不舒服的感受，從而揭露成長與意義。

簡短討論之後，我以自己為例說明這項活動。我提到十歲時失去親愛的祖父，此時我先站在「悲傷」這個詞上面，這是最初失去祖父的情緒。我解釋在這場舞之中，我可以自由選擇如何回應祖父去世這件事。我繼續這場舞，移動到「掙扎」這個詞旁邊，我試圖維繫與祖父的關係，同時又必須在沒有他的情況下繼續前進。藉由採取一種充滿愛且與祖父回憶連結的態度，我接受了失落，也發現其意義。伴隨接受而來的是仁慈與幽默——這些是祖父留給我的禮物，而我也持續在教學中運用這些禮物。這場哀傷之舞的結果是由我主導的，我從「悲傷」移動到「掙扎」，再到「幽默」，最後以「連結」作為舞蹈的句點。

不論學生想找尋方向並納入演說內容的經驗是失去心愛之人，或者非死亡的無盡失落，他們都會因此開始探索自己意義創建的歷程。我會

在學生踩出的每一個舞步之後,給他們時間與選擇相同字詞的同學彼此分享。這項活動自然流動的特質可以大幅減少理智的空間,而且是從揭露與見證情緒所產生的更深刻連結之中發展出來。去除認知過濾之後,身體藉由每一個所選的字詞自由表達。聚集在這些字詞周圍的人因而可以共同經歷笑聲、淚水、傷痛、連結,並培養復原的能力。

隨著敘事的建構與分享,學生暴露自己的情感與情緒,也使勇氣散播開來。「我本來沒有意識到我最好的朋友給了我什麼」,十九歲的 Jamal 說,「他遭到槍擊後,我覺得自己永遠失去了他,但是透過這個活動……我看見原來他教了我那麼多。因為他,我成為一個更好的朋友,也是更好的學生。就像是一部分的他仍然跟著我。」另一位年輕學生 Ebony 在「堅強」一詞上踩出她最後一個舞步,她說:「小時候我多次被強暴,很可怕。十七歲那年我懷孕了,但是我挺過了這一切。我是活下來的人,我很堅強。現在我可以教導女兒如何堅強。」活動進展得相當快速,透過每一個自己所決定的舞步,他們的身體朝著接受的方向移動,如同邀請失落並與其共舞。活動揭露他們相互連結與歸屬的自然傾向,學生成為彼此的療癒推手。

活動完成後,學生聚在一起消化他們的哀傷之舞,以及在這段經驗中發現的意義。這些資訊也納入他們下週的演說之中。

總結想法

學生對於活動的迴響令我感動。許多人表示與失落「共舞」讓他們有機會擁抱自己的脆弱,可以在一個歷來將坦露情緒視為弱點的文化裡,特別是一群大學年紀的人之中,將自我暴露並分享出來。哀傷一旦獲得見證與確認便充滿力量,經驗分享本身就能促進復原力,帶來成長與療癒。當喪親者選擇接受的

態度，就有機會發展出與失落更健康的關係，並創造前進的空間。向喪親者強調他們擁有選擇可以賦予其力量，即便失落並不可控，還是可以掌控自己面對痛苦的姿態。

哀傷之舞可以延伸應用於教育與治療團體，不論團體探索意義創建時希望處理的哀傷是來自痛失心愛之人或非死亡的無盡失落，皆可運用。我堅信意義可以從艱難之中被創造出來，喪慟的心碎固然艱鉅痛苦，卻能化作帶來療癒與希望的修復式敘事。

參考文獻

Dayton, T. (2004). *The living stage: A step-by-step guide to psychodrama, sociometry and experiential group psychotherapy*. Deerfield Beach, FL: Health Communications, Inc.

Dayton, T. (2015). *Neuro-psychodrama in the treatment of relational trauma*. Deerfield Beach, FL: Health Communications, Inc.

Frankl, V. E. (1992). *Man's search for meaning: An introduction to logotherapy*. New York: Simon & Schuster.

Hayes, S. C., Strosahl, K. D., & Wilson, K. G. (2012). *Acceptance and commitment therapy* (2nd ed.). New York: Guilford Press.

Lichtenthal, W. G., & Breitbart, W. (2012). Finding meaning through the attitude one takes. In R. A. Neimeyer (Ed.), *Techniques of grief therapy: Creative practices for counseling and the bereaved* (pp. 161 – 164). New York: Routledge.

13 旋陣行走練習

Jane Williams

適合此技術的個案

旋陣（labyrinth）行走這項活動適合能夠自己走路而不需他人協助的成年人，若案主不良於行，則可以改用手指代替。這項技術處理的是一般性、複雜性與衝突性哀傷，還有醫護和安寧照護人員的壓力與耗竭、兒童與青少年所經歷的初次失落（first loss），以及急救人員（first responder）的哀傷。

技術說明

哀傷可能使人孤立，特別在歐美文化中，哀悼者通常會在甫喪親前幾週得到大量湧入的關懷，然而在此之後就不再有太多的社會支持。喪親者經歷最初的震驚之後，可能面臨壓倒性的失落感，卻少有文化指引、社會支持或靈性資源幫助他們奮力穿越複雜的情緒。由於缺乏人際與靈性的同理支持，常常導致哀悼者收回強烈情緒並隱藏自己。特別在哀傷初期，他們需要一個安全的容納空間表達並探索失落經驗。

運用此技術時，哀悼者會踏入旋陣，沿著道路行走直到走出旋陣。他們走的是既定路線，只需踏上旅途並持續往前，在這份動覺（kinesthetic）經驗中

觸及激動的情緒並涵容它。

相較於迷宮（maze）的存在是為了使行者迷失困惑，旋陣的曲折路徑並沒有任何要步行者選擇是否轉向的節點，而且必然通往中心。走旋陣就像步行冥想（walking meditation）或正念（mindfulness）練習，哀悼者只需要持續將一隻腳放到另一隻腳前面，引發放鬆反應並且讓行走的自己連結哀傷旅程的內在智慧、意識靈光與嶄新洞見。

共有十一環的沙特爾旋陣圖（Chartres labyrinth pattern）（如圖 13.1）最常用於靈性相關脈絡，旋陣的路徑被視為祈禱的路途，而圖案的象徵意義則有其基督教淵源。旋陣行走的指導語（參見本章附錄）沿用古老典型的個人與靈性轉化三重歷程，即煉淨／釋放（Purgation/Releasing）、光照／接受（Illumination/Receiving）與結合／重入（Union/Re-Entering）。

圖 13.1 沙特爾旋陣

步行者從旋陣入口出發，沿著路走，直到抵達中心。他們可以決定在中心停留多久，接著重新踏上方才將他們帶往中心的同一條路，直到返回入口。由於旋陣的設計只有單一路徑，步行者不需謹慎思考即可深入體驗之中。走在蜿蜒道路上也經常激發具真知灼見的意識、宗教經文的篇章，並且讓意識之外的回憶在步行冥想的寧靜體驗中浮現。

穿越旋陣的旅程將成為人生——以及哀傷——的隱喻。感覺不知如何走出去，感覺迷失，感覺自己毫無進展，也感覺哀傷才剛剛消散，在下一秒卻又墜入深淵，這些在哀傷經驗中都很普遍，也常見於旋陣行走過程中。有些哀悼者一邊行走，一邊感覺逝者一路相隨，或者有天使或靈性存有陪在自己身邊。

幾乎所有步行者都表示在旋陣中心體驗到安慰與安全感，許多人對於中心的體驗是一個神聖的空間，接近神聖奧祕（Holy Mystery）或神。在這個神聖空間中，人們經常會釋放哀傷的深刻情緒——落淚、後悔、悲傷、內疚、憤怒——可以將這些交給神或者自己相信的更高力量（Higher Power）。許多哀悼者表示他們感覺獲得撫慰、接納，並且「被神捧在手心」。

離開中心返回入口的路上，步行者可能會意識到一種釋放，一種清理，感覺至少鬆開一部分原本帶進旋陣的東西，也打開內在空間接受生命中的療癒或新契機。光是能夠走過所有曲折彎繞的路徑而成功抵達中心，就會給人信心，知道離開中心亦將有路可循——在人生與旋陣中皆然。如果步行者在途中感覺到陪伴（不論是來自逝者或靈性導師），或者在旋陣中感覺被神捧在心上或掌中，這份經驗都能突破哀傷的孤立感，成為自己穿越哀傷之旅的回憶——以及希望。

然而哀傷療癒是一段歷程，儘管走一次旋陣就足以帶來安慰、釋放、洞見與治療功效，卻不代表不需要進一步的哀傷工作。許多為了處理哀傷走旋陣的步行者也都注意到，隔一段時間重新行走旋陣很有幫助，每次步行的回顧、釋放與敞開會更加深刻。每趟行走——即使由同一個人行走多次——都會產生獨一無二的經驗。走完旋陣之後不可或缺的，是與治療師或信任之人共同消化這段經驗。

個案實例

　　Joy 的三歲女兒，也是她唯一的孩子，近兩個月前因為一種罕見的病毒性腦炎去世。Joy 在女兒 Emmy 生命的最後兩個月每天都陪在身邊，看著幼小的孩子完全仰賴維生設備與呼吸器存活。那段期間，身為單親媽媽的 Joy 非常痛苦，難以接受女兒陷入無法逆轉的昏迷。在教會牧師、院牧、Emmy 的醫師以及一位親近友人的支持下，Joy 終於讓女兒脫離器材，在自己懷中嚥下最後一口氣。

　　Emmy 逝世六週後，Joy 前來參加安寧照護紀念日，她聽從治療師的建議加入旋陣步行活動，治療師自己也曾走過旋陣，鼓勵 Joy 將這項活動當作療癒哀傷的一項工具。為了給予支持，治療師陪伴 Joy 來到活動現場，除了從旁觀察，也在事後協助她處理經驗。

　　走完旋陣後，Joy 的治療師在另一個私密空間中，請她分享走旋陣與她目前的生命經驗是否有任何相似之處。Joy 想了一下，接著向治療師興奮地表示，她一開始碰到第一個轉彎時就想要放棄離開——面對彎路感覺像遭受阻礙，無法前往想去的地方——就像過去數個月間她覺得自己渴望與 Emmy 同在的願望受到阻礙。但是隨著她一次次在轉彎處暫停，她開始感覺 Emmy 會希望她繼續前進。她想起有一次 Emmy 拉著她的手涉水穿過一條淺溪，當時，（不會游泳的）Joy 想要退開。在旋陣中一如在小溪旁，Joy 強迫自己繼續，「因為 Emmy 會希望我這麼做」。接著，治療師問 Joy 抵達中心時發生什麼事，Joy 記得自己像一個迷路的小小孩，蜷起身體搖晃，不肯哭出來。她說某一刻，她突然意識到那不像是她在搖晃自己，而更像是有人擁抱搖晃著她。此時，她內在的某樣東西鬆動了，釋放出深處的嗚咽，她任其發生——這是自從 Emmy 在她懷

中死去以來都未能發生的事。

「當我終於停止哭泣張開眼睛，我感覺空空的——但不是空洞」，Joy 說，「我感覺 Emmy 很安全——而且我們會再次相見。」

她記得自己有寫日誌，但不記得內容。她打開日誌的那一頁給治療師看：

> 我一直如此害怕忘記 Emmy，害怕繼續過日子，害怕這代表我不夠愛她。我永遠不可能丟下她，但我也不需要一直沉緬於她的死。我可以想著美好的回憶，例如那天在小河邊她告訴我不用怕，如果我掉進水裡她會「救我」。Emmy 會救我——讓我不會沉入這世界的孤獨之中。我永遠是她的母親，她也永遠是我的女兒——此生與來世都不會變。

Joy 說從中心走出來的感覺與走入中心不同。釋放的經驗為荒涼的哀傷帶來希望——除了相信深不見底的失落感受與孤獨感不會始終跟隨自己，也確信了死亡不會抹滅連結。透過回憶，以及或許在類似旋陣行走的情境中，Joy 開啟了一種持續存在的非實體關係，藉此感覺自己與 Emmy 更深刻連結。儘管她的哀傷工作尚未完成，然而這是 Emmy 過世後她第一次覺得找到重新投入生活的理由。

總結想法

治療師如果希望將旋陣應用於哀傷工作，除了熟悉這項技術，自己也要至少走過一次。此外，應該提供案主有關使用旋陣，以及行走過程可能發生什麼事情的簡要資訊（詳見本章附錄）。儘管由案主獨自行走旋陣也會帶來珍貴收穫，然而多數治療師會希望在現場陪伴案主，觀察旅程的初始階段，並善用走

完之後的時間以幫助案主總結，同時整合過去完成的哀傷工作。正如同日誌書寫若只是釋放情緒而未尋求所寫內容的意義或洞見，通常效用不大，走旋陣若只是行走而沒有將旅途之中的收穫攤展開來，也會減少其效益。總結時可以思考的問題例如：行走過程中，你想到何種隱喻？是否有某一刻出現任何清晰的洞見？行走時是否浮現任何字詞或句子？行走時你感覺孤獨嗎？行走途中或者在旋陣中心時，你是否感覺到任何希望、安慰或力量？

另一種從旋陣行走中得到收穫的方式是治療師不出席，讓案主自己走完，然後依據行走經驗寫日誌或者創作拼貼圖畫或其他藝術作品，然後在下一次會面時將日誌或作品帶來進行治療工作。

有些情況下，若案主對於走旋陣裹足不前，或者害怕將情緒釋放出來，治療師或許能同意走在案主身後或身旁——不用說話，只是作為一名陪伴者，以自己無聲的存在讓案主獲得繼續前進的力量。走完之後，案主與治療師可以透過上述方式總結，治療師可能詢問案主覺得自己——現在或者未來——能否獨自走旋陣。

開放給大眾行走的旋陣資源相當普遍，以下連結提供一項找尋旋陣所在地的工具：https://labyrinthlocator.org/home。

延伸閱讀

Artress, L. (2006). *The sacred path companion: A guide to walking the labyrinth to heal and transform*. New York: Riverhead Books/Random House.

Bloos, I., & O'Connor, T. (2002). Ancient and medieval labyrinth and contemporary narrative therapy: How do they fit? *Pastoral Psychology, 50*(4).

Cunningham, M. (2012). *Integrating spirituality in clinical social work practice: Walking the labyrinth*. Boston: Pearson Education.

Hong, Y., & Jacinto, G. (2012). Reality therapy and the labyrinth: A strategy for practice. *Journal of Human Behavior in the Social Environment, 22*, 619–634.

附錄：旋陣行走指導語

準備行走：脫下鞋子……以印象式速記的方式記下你現在所處的人生階段以及此刻關注的事物……在入口停下來……緩慢深呼吸……然後用你自己的節奏開始行走……請記得，旋陣裡發生的所有事情都是你人生處境的隱喻。

啟程：旋陣的路只有一條，蜿蜒通往中心，途中沒有叉路或抉擇點。只要讓自己持續走在路上，最終總會被帶到中心。進出都是同一條路。你可能在途中遇見其他人以不同速度行走，此時，你可以繞過他們或放慢腳步。走往中心的路上也會有人與你反方向正要走出旋陣，只要側身讓他們通過，然後繼續走你的路。

三重靈性道路：踏入旋陣走往中心是放手的過程，你可能會感覺思緒慢下來，而且比靜坐冥想時更容易消散。你可能在曲折道路上感覺失去方向，不確定自己是否迷失。隨著你踏出每一步，專注於當下的體驗，不論那是什麼。

當你抵達中心，很多時候會覺得像踏入一個安全或神聖的空間。確實有許多步行者將中心與神聖奧祕連結——有時感覺像被神捧在手心。這是一個**接受**的地方，可以敞開心扉，將洞見、清明與經驗深刻情緒自由等禮物收下。你可以或跪，或站，或坐，自己決定想要停留多久。

等你準備好，就可以繼續踏上剛才進入旋陣的同一條路，然而，走出去的感覺會和走進來相當不同，此時，你會**整合**目前為止的收穫，並且將這些收穫帶進現實世界的生活之中。你經驗了某種轉化（不論它是否已經進入你的意識），接下來幾天這份轉化會更為清晰。

反思旅程：離開中心踏上歸途前，你可能會想轉身面對中心，說出禱詞，完成一項儀式性動作，或者稍作暫停。整趟步行結束後，花點時間將你獲得的洞見或未解的問題寫進日誌，或者以藝術媒材呈現出來。

再走一次：旋陣行走對於每個人來說都是獨一無二的，即使是同一個人，每一次行走也可能有完全不同且更深度的體驗。所以可以的話，就來旋陣走走吧，神聖道路在此等候著你。

14
創傷繪畫
Cincy S. Perkiss

適合此技術的個案

　　這項技術可以幫助在心愛之人死亡後出現創傷症狀的成人、兒童與青少年，讓他們藉由藝術與身體的途徑，喚起與死亡事件關聯的創傷圖像。然而，若案主沒有足以處理困難情緒素材的調適機制，則這項方法可能不適合。

技術說明

　　創傷性哀傷症狀包含侵入性回憶、迴避關於逝者或死亡事件的事物或情境、情緒麻木、過度警醒或關閉（shut-down）的生理及／或情緒症狀，以及其他情緒或身體症狀。這些創傷反應會因為許多伴隨喪親出現的歷程（思念逝者、發展出對逝者的持續性依附、緬懷過去、創建意義等）而被觸發，進而阻礙個體在哀傷歷程中找尋方向的能力，需要先處理，才有可能為逝去之人哀悼。

　　由 Lyndra Bills 博士發展出的創傷藝術敘事治療（trauma art narrative therapy, TANT）（2012）是一項結構化且創造性的認知暴露與敘事解決技術。依據其歷程結構，需按指定順序進行活動，首先請案主不依時序畫出創傷事件，接著由治療師協助案主重新排列畫作並敘說這些事件，以通往對事件的情

緒整合與意義的嶄新創建。依據 Bills 博士所述,這將使案主得以解決創傷經驗。繪圖時可以使用 11×17 英寸的辦公用紙(如本章案例)或者 12×18 英寸的圖畫紙[2],一般來說還會建議使用粗筆尖的各色麥克筆,可以幫助案主感覺更踏實。

Peter Levine 博士發展出的身體經驗工作(somatic experiencing, SE)(Levine & Frederick, 1997),為一套身體導向的創傷療癒方法。透過觀察追蹤身體感官感受以及想法與情緒,個體發展出能夠解消戰鬥(fight)、逃跑(flight)或僵住(freeze)等不完整反應的經驗。身體經驗工作的一項主要焦點為神經系統,協助恢復或建立自律神經系統的交感分支(sympathetic branch)(使心跳加速、血管收縮、血壓上升)與副交感分支(parasympathetic branch)(使心跳減緩、消化與腺體活動增加、括約肌放鬆)兩者間更順暢的節律。

身體經驗工作的兩項主要工具為滴定(titration)與擺盪(pendulation),運用於本章個案的繪畫過程。滴定讓情緒或生理反應放慢速度,使案主的神經系統能夠以原本無法採取的節奏處理並整合發生過的事件;擺盪則是在較高壓或具觸發性的素材與較安定或緩和的素材之間移動。此外,身體經驗的工作經常帶來修正與療癒經驗的創造,藉此促進動彈不得的生理與情緒狀態釋放,並為案主提供更佳的意義創建歷程。

筆者作為身體經驗工作者與 TANT 認證治療師,發現有效的做法是結合 TANT 的藝術作品排列與敘說,以及 SE 聚焦於身體的特性。

個案實例

Jennifer 三十七歲,已婚,育有兩個孩子,因為對女兒感到憂心而被

---

2 譯注:11×17 英寸即 27.94×43.18 公分,接近 A3 紙張大小(29.7×42 公分);12×18 英寸則為 30.48×45.72 公分,略大於 A3 紙張。

轉介來找我。Jennifer 看到女兒目前的掙扎近似小時候的自己，而她說小時候是母親幫助自己度過許多關卡。她描述自己的母親「很好聊，對我很接納，而且會鼓勵我做自己」。Jennifer 二十六歲那年，母親被診斷出肺癌，三個月後去世。母親生前不抽菸，五十八歲離世，始終是 Jennifer 生命裡穩定的存在。Jennifer 的父親喪妻後調適不良，現在身體與情緒都不健康，Jennifer 身為他的主要照顧者，並負責他的醫療、情緒與生活需求。我們一開始的工作大多聚焦於如何穿越並與人分擔照護父親的責任，協助她處理教養議題，並加強自我照護與情緒調節。然而，只要談到母親，Jennifer 就會淚眼婆娑，很難繼續說話。

我們共同工作一年半時碰到母親節，Jennifer 開始談到更多關於母親逝世的哀傷與創傷。現在的她比較能夠平衡生活中的各種需求，也變得更堅強，更能關注自己的情緒。她描述感覺卡在對於母親患病與死亡的震驚與創傷之中，十二年過了仍然無法輕易談及母親。Jennifer 也表示出現母親死亡的侵入性回憶，而且整體上感覺有部分的自己凍結在母親死亡那一刻。

母親生病時，二十六歲的 Jennifer 成為她的照顧者，也是家中「主要有功能的大人」。母親死後，這種狀況仍然持續，Jennifer 轉變為父親照顧者的角色，卻沒有任何人幫忙照顧 Jennifer 與她的哀傷。

運用 TANT 歷程的整體架構以及 SE 的滴定與擺盪方法，我鼓勵 Jennifer 畫下母親死亡那陣子的經驗，也是她感覺最嚴重「卡住」的地方。經過三次會面，她畫出五張畫。第一張畫描繪創傷事件發生前的一個「安全點」，雖然基於當時的情況還是有悲傷，卻沒有任何特別創傷之事。Jennifer 畫了一張死亡發生前的速寫，家裡「窗明几淨、平和整潔」，但她也提到「感覺一切都分得很開」，大家坐在不同位置，都在

自己的世界裡。第二張畫描繪母親剛過世時的一個「安全點」，此時清楚知道實際的死亡事件已經結束。對 Jennifer 來說，這個點出現在母親過世後隔日，當時她在衣櫃中翻找要穿去喪禮的服裝。先畫出這兩張圖就知道母親死亡事件有其開始與結束的邊界，並能為經驗定錨。這是 TANT 結構的一部分，也是 SE 擺盪技巧的實例（從相對不困難的素材移往比較困難的素材）。

第三張圖畫出母親剛死時的 Jennifer 與母親，畫裡她握著母親的手。Jennifer 描述當時感覺非常撕裂，同時希望留在母親身邊，體驗這一刻，又覺得身邊沒有其他有功能的大人，因此自己有責任處理所有細節。我們接著將三張圖畫照時序排列，開始創造一個較為連貫的敘事，過程中不時放慢討論速度以處理這份濃烈的素材（滴定）。這次治療會面後，Jennifer 回報她自然而然向孩子提到母親並與他們分享故事，這是先前一直太過困難的事情。她也表示感覺更能與回憶同在，也更能專注於與孩子分享回憶的樂趣。

下一次會面中，我們看著這三張畫，我問 Jennifer 喪禮後發生什麼事，據此，她又畫出兩張畫。第一張畫描繪喪禮後近親家人坐在客廳——又一次大家各據一角，都在自己的世界裡。她描述自己感覺極為孤獨且失去連結，很大程度反映出她在母親病中與死後的照顧經驗。當我問她希望當時的經歷可以怎樣不同，Jennifer 表示她希望那時有為母親舉辦坐七（shiva）——即猶太教守喪習俗，家屬會聚在一起長達七天，接受親朋好友、鄰居與其他親近之人的慰問，通常還會有每日的禱告禮拜與緬懷逝者的時間。如果當時有這麼做，就能讓母親的死慢慢化為現實，她也能從關懷者的社群中獲得安慰與扶助。然而這件事並沒有發生，而且 Jennifer 意識到母親一罹病，她馬上切割了自己的情緒以執行

照料母親與支持父親的任務。

最後這張坐七聚首的畫對 Jennifer 來說，是一份修正而療癒的經驗（此種經驗經常是 SE 療法的一部分）。隨著 Jennifer 想像坐七的期間，並且獲得時間與空間消化該習俗原本能帶來的情緒體驗（滴定與擺盪），她更能夠專注當下，從圍繞著母親患病與死亡創傷的震驚與喪失連結之中走出來。她因此能夠追憶母親，並且開啟一種持續依附的感受，現在的她可以從中汲取安慰與指引。此外，當父親在她畫出這系列畫作幾年後過世，Jennifer 看見自己對於關懷與支持的需要，因此她重新遵循了坐七習俗，讓自己與家人能夠經驗各式各樣湧現的情緒，開始哀傷的歷程。

總結想法

創傷性哀傷是難以招架的孤立經驗，若能幫助案主理解其症狀的本質與創傷有關，並提供方法發展出較連貫且可掌握的創傷敘事，將為他們帶來充滿力量的療癒工具。TANT 結構化的特性結合 SE 的介入方法提供臨床工作者創意性介入模式，幫助案主在有支持的情況下進入創傷性素材，有助於避免情緒氾濫（flooding），並培養支撐與處理情緒上困難素材的能力。本章案例也指出，不論面對創傷或喪親，支持性社群都極為重要。

參考文獻

Bills, L. (2012). *Trauma art narrative therapy: The Handbook*. Camp Hill, PA.

Levine, P., & Frederick, A. (1997). *Waking the tiger: Healing trauma: The innate capacity to transform overwhelming experiences*. Berkeley, CA: North Atlantic Books.

PART 4
訴說模糊性失落

15
你失去什麼？
Robert A. Neimeyer

適合此技術的個案

這項簡單而巧妙的技術特別適用於想要辨識並指認重要他人之死的各種主要（primary）與次級（secondary）失落之人，也能處理通常不被認出的較模糊失落。除了個別治療，此技術尤其適用於團體工作，可以培養對於自我與他人更深刻的理解。然而，這項技術不適合用在喪親初期的治療會面，此時案主的痛苦來源非常明確，擴大或深化對於其他各種生命失落的認識對案主來說可能會生硬無感或認為毫不相干。

技術說明

儘管我們很少停下來細想，但終有一日會失去所珍愛的每個人物、地方、計畫與物件——至少就世俗意義而言是如此。這項令人不安的認知使人意識到，我們經驗哀傷的時刻絕不僅止於家人或重要依附對象逝世之時，更涵蓋難以盡述的各種失落，可能模糊或抽象、漫長或深埋於文化之中、私密或隱形難見。當我們思考這些「非死亡終結」的失落是如何無所不在，可能來自於親近關係的解體、健康惡化、信念破裂與自我感消退（Harris, 2020），便可以清楚

看到只有一小部分深刻悲痛的生命變遷「被賦予權利」（enfranchised），如學者 Doka（2002）所言得到了社會認可與世俗禮儀的支持。其他失落，不論怎樣撕裂生活，一般來說都由人們私下默默承受，甚至連經驗失落衝擊的當事人都很難承認或以文字描述。

你失去什麼？ 是一項直截了當卻效果驚人的技術，能夠提升參與者對失落的意識，以及隨之而來對自己需求的意識。其進行方式為鼓勵成員反思，並分享失落經驗給一位願意專注同理的夥伴，可能是治療師，或者在喪親支持團體中的另一位團體成員。首先會從閉眼專注呼吸的覺察時刻開始，接著，讓參與者睜開眼睛與夥伴對視，由其中一人放慢語速反覆詢問：「你失去什麼？」另一位夥伴只要簡短回答一、兩個字詞或短句即可，無須詳述。對此，提問者停頓兩秒到四秒，接著只需輕聲說「謝謝你」，然後再停頓兩秒到四秒，並重複問題，由回答者再說出另一項失落。如此以從容不迫的速度讓問答循環持續五分鐘，揭露的內容通常會逐漸擴大、深化並延伸向比較不被承認、私密且根本性的失落。應用於團體情境時，會讓小組夥伴交換角色重複進行，接著引導他們進入第二次簡短的中場間隔，透過兩分鐘的呼吸覺察練習，重新找到平衡。接著再讓他們睜開眼睛，討論收穫與觀察。這項練習隨著回答者逐漸探入過往不曾說出口的模糊性失落，通常會滿載情緒，因為對方只是帶著感謝接收，不會試圖解決或安慰，純粹讓這些失落擁有名字，並且在夥伴不做特別反應的專注在場之下獲得宣告。因此，回答者一般都會感覺在脆弱時刻被安全「護持」（held），從而能有更深刻的自我慈憫，也更意識到自己的需求。相對而言，提問者經常受到回答者的勇氣與直率所觸動或鼓勵，除了可親眼見證失落的無所不在，也能從對方的示範中獲得鼓舞，進而反思自己的失落。

個案實例

為了準備成為未來的哀傷治療師，二十位學習者共同參與三個月的訓練課程，內容包含每週以各類治療技術反思自己的失落。為了讓成員有機會更認識模糊性失落（Boss, 2009）、無盡失落（Harris, 本書第 5 章）與慢性悲傷（Roos, 2018），團體領導人帶來「你失去什麼？」的活動。

隨著領導者帶領眾人進入簡短的正念時刻，屋內漸漸安靜，參與者閉上眼睛，專注於將呼吸放緩加深，同時讓自己向外求索的心平靜下來。接著，他們睜開眼睛看見自己剛才選擇的夥伴，由雙人小組的其中一人跟隨語調輕柔的指導語向對方發問：「你失去什麼？」另一位夥伴針對這個反覆重問的問題，每次給出一個簡短回答，每次也都得到對方以停頓與一句簡單的「謝謝你」回應。不久，參與者道出失落的聲音從柔聲細語變得愈來愈清晰可聞：我爺爺……我的貓……我妹妹……我用藥過量的朋友……我的事業……離婚後的父親。回答也漸漸開始轉向比較不可見或不明顯的失落：家族傳統……家的感覺……拒絕的能力……安全……信任。參與者吐露的許多回答切身而具體：癌症後失去安全無虞的感受……我的子宮……生育孩子的能力。有些回答比較抽象，卻同樣造成重大轉變：我的語言……我的文化……我對神的信念……我的認同。淚水流淌在許多雙人小組中。而當參與者接受交換角色的邀請，以及接下來十分鐘與夥伴共同消化經驗，揭露的內容與洞見都不斷加深。活動結尾由參與者自由表達感謝，許多人互相擁抱，最後在大團體中選擇性分享收穫以作為學習總結。整體而言，這份經驗強調失落與不受歡迎的改變無所不在，更指出命名並宣告改變與失落有其實效，藉此我們得以擁抱自己哀傷的權利。

總結想法

幾乎對所有參與者而言,由一位試圖理解的夥伴反覆詢問,都能帶來不催促的單純鼓勵,讓他們說出一系列鮮少出口,甚至連自己都經常不承認的失落,從而喚起一股更深入的自我反思。結果通常是參與者感受到深刻的認可以及對自我的慈憫,有時也更清楚認識到能夠修補失落不同面向或有助於緩和連帶哀傷的當下需求或可能。多數參與者也表示這項練習使他們敞開心胸並感同身受他人的苦痛,因為他們驚訝地發現,那些痛苦常常與自己的痛苦非常相似。反覆詢問的單純與簡短回答的明快似乎能帶走必須表面安慰或仔細描述某個失落的需要,相反的,參與者可以探入反思的深流,航向先前不曾言說的經驗海洋。

應用於團體情境時,通常有效的做法是邀請一位自願者上台示範,具體呈現預期的簡短回答(而非每一輪問答都進入漫長對話),也呈現單純的反覆停頓,而說出「謝謝你」正是這項技術的力量所在。為深化與夥伴交流的意義創建,一項簡單的做法是建議參與者在雙人小組內共同消化完經驗後,將其寫進日誌,特別注意書寫時要建立安全的情境,給自己有隱私的時間與空間,同時計劃好事後如何放下日誌,主動重新踏入社交或自然世界。舉例來說,一位中年女性寫到小時候西班牙裔的祖母去世,使她失去了身分認同,而「後續接踵而來的失落更撼動我認同的根基」。她說,小組夥伴謹慎提問的結果令她「深獲啟發……我開始意識到問題不在於我失去**誰**,而是我失去**什麼**」,這個「什麼」包含她對於一份文化的認同,這份認同如今只以她的姓氏抽象地維繫,此外,她也因為不再有 *abuela*(西班牙文,指祖母)這個「黏著劑」及其對人際連結的滋養,而失去了安全感以及與家族和社群的連結。雖然日誌書寫在團體情境下可以是雙人小組對話後的選擇性活動,然而對於個別治療而言,由於沒有夥伴能提供下一輪問答的效益,在反覆回答「你失去什麼?」的問題之後,長約半小時至一小時的日誌書寫可能特別有助於鞏固意義創建的成果。

這項技術的一項延伸做法是在上述問答後開啟第二輪問答，只要將問題改為「**你想怎樣改變？**」相較於詢問失落的問題，通常能讓人看見各種撼動生命的事件、情境與後果超出參與者的掌控，而第二輪以相近形式與深度進行的重複問答則會帶來能動性與希望：**強化與親人的聯繫……原諒妹妹……退離一份我知道不適合自己的職位……更為我自己挺身而出……原諒自己並放手**。有週末靜修工作坊以「不樂見的改變」為主題，採用上述第二輪問答活動以總結啟發並激勵行動，針對該工作坊的研究顯示，即使是為期兩天相對短暫的介入也能夠減緩與哀傷相關的痛苦，並促進意義創建，增進與哀傷相關的成長（Neimeyer & Young-Eisendrath, 2015）。還有另一種替代問法是以相同結構與節奏詢問「**你獲得什麼？**」總結而言，說出並認可不只摯愛有形的死亡，還有跟隨死亡並且更凸顯其分量的無形失落，可以是案主踏出的第一步，以辨認出通往療癒可能需要擁抱的改變，以及同樣由失落帶來卻有時不被看見的成長與機會。

參考文獻

Boss, P. (2009). *Ambiguous loss: Learning to live with unresolved grief*. Cambridge, MA: Harvard University Press.

Doka, K. J. (Ed.). (2002). *Disenfranchised grief: New directions, challenges, and strategies for practice*. Champaign, IL: Research Press.

Harris, D. L. (Ed.). (2020). *Non-death loss and grief: Context and clinical implications*. New York: Routledge.

Neimeyer, R. A., & Young-Eisendrath, P. (2015). Assessing a Buddhist treatment for bereavement and loss: The Mustard Seed Project. *Death Studies, 39*, 263–273. doi:10.1080/07481187.2014.937973

Roos, S. (2018). *Chronic sorrow: A living loss* (2nd ed.). New York: Routledge.

16 寫給愛、時間與死亡的信

Robert A. Neimeyer and Kathleen Rogers

適合此技術的個案

這項技術可以幫助掙扎於死亡或非死亡失落的成人，協助他們道出憤怒、困惑、哀傷，以及其他因為預設世界遭侵害，或與曾珍愛之人或物的連結消逝而產生的動盪感受。此技術也提供媒介表達並探索由矛盾或破壞性關係所衍生的一連串次級失落。由於這項技術要寫信給愛、時間、死亡或其他抽象概念，因此不適合認知障礙或思考方式高度具體的案主，也不適合兒童與年紀較輕的青少年。對於剛經歷創傷的案主來說，這項技術可能也尚言之過早，此時情緒調節與自我照護應是更優先的事項。

技術說明

在電影《最美的安排》（*Collateral Beauty*）中，Will Smith 所飾演的 Howard 是一位曾經魅力十足的廣告公司老闆，在稚齡愛女因罕見疾病去世後，陷入長期具有滲透性且盤據心頭的哀傷，由於他抑鬱失神，也讓原本表現亮眼的公司瀕臨破產。Howard 在自我孤立與不斷反芻失落的悲苦中，提筆寫下滿腔怒火的信件，控訴死亡、時間與愛，認為它們背叛了自己，不僅奪走他

心中最愛，更許下虛假承諾，讓這些承諾連同他的美好幻想在女兒死去時同遭粉碎。隨著電影情節進展，Howard 的三位商業夥伴為了挽救他們投入大半職涯與人生的公司，無計可施之下，聘請三位演員，分別飾演死亡、時間與愛，並讓三種抽象概念面對面挑戰 Howard。然而，Howard 的這三位夥伴其實也各自面臨深刻失落：一位隱瞞自己患有絕症，第二位婚姻破裂與孩子漸行漸遠，第三位年紀漸長無法生育。最終，三人皆透過與三名演員的互動，走向承認並處理這些確實存在有時卻又模糊隱晦的失落，並與 Howard 一起為各自的失落採取建設性行動。

如同 Howard，為失落哀傷的人也可以將那些在自己獨特失落中的抽象存在擬人化，不論哀傷者面對的是終結性的死亡失落，或是由其他不樂見的改變或轉換所造成的無盡失落，都可能藉此技術獲得清明與洞見（請參見 Harris, 2020）。筆者（Neimeyer）也發現，寫信給這些擬人化的抽象概念，特別有助於人們指稱並宣告那些滲透生命卻大多被噤聲或被剝奪哀傷權利的失落（Doka, 2002），以及透過經年累月的疾病或失能所造成的慢性哀傷失落（Roos, 2017），此外，這項技術也可應用於源自喪親的失落。雖然對許多人來說，愛、時間與死亡等抽象概念適合成為自己信件的「收件人」，但實際上任何抽象存在，只要能代表預設世界失去的部分，或者被認為其應該為失落負責，都可以作為收信對象。舉例來說，一位年輕女性在住處遭人闖入之後，兩次寫下「道別」信給自己失去的安全感（Security），另一位性侵受害者則在信中安慰自己的天真（Naiveté）。此外，一名男同志寫下憤怒信件給社會（Society），抗議環境因素造成他數年來無法出櫃且自我厭惡，還有一名女性經歷一位別具意義的友人悲劇性死亡後，在靈性上幻滅，直接寫信給上帝表達自己的信仰危機。如同對話性自我理論（dialogical self theory）的其他臨床應用（Konopka, Hermans, & Gonçalves, 2019），上述抽象的原則、情感或擬人的外化「他者」，都可被視為個體內在世界的不同「自我位置」（I-positions），能在哀傷治療的脈絡下被觸及、處理並將其發聲表達出來，以促進意義重建

（Neimeyer & Konopka, 2019）。

書寫這些信件的具體指導語大致如下：

想像你曾有過的一次失落，不論是因為死亡或其他你不樂見的轉變，如分手、遺棄、創傷性事件、搬遷、自己或他人罹患嚴重疾病，或者是職涯或身分的重大改變。據此寫一封一到兩頁的信給死亡、時間、愛或其他抽象存在，彷彿它是真實存在的人，向對方表達你的感受、疑問或對於失落所理解的意義。

當然，如同其他哀傷治療技術，必須等案主表現出希望述說或整理失落強烈感受的明確**需求**，且明顯**準備好**採用這種書寫形式時，再提出這項技術（Neimeyer, 2019）。這代表提議時治療師通常會以開放試探的方式，讓案主考慮這項練習是否可能有效或有趣，又或者並不需要或時候未到。以下個案研究即可說明如何應用這項技術，案主為女性，其前任伴侶，同時也是她孩子的父親，日前驟然離世，對此她出現許多令其困擾的反應，而此刻的她顯然已準備好將其表達出來，並且在這段暴力且破壞性的關係結束過後的混亂之中，重新建構愛的意義。

個案實例

Kathleen 形同陌路的前任伴侶，同時也是她年幼孩子的父親，日前無預警死亡，幾個月後，她接受邀請，書寫一封給愛的信，寫下這份失落對她的衝擊與含義。她寫道：

噢愛，並不是你做了什麼，而是你放任他做了什麼。

你讓他將我開腸剖肚，像一條苟延殘喘瀕死彈跳的魚，我的希望如血塊般隨著噴湧的鹽水被撕扯出去。你讓他切穿我的胸腔，拆裂我的每一節肋骨，揪住我還在跳動的心臟，在我死命喘息的胸口將其撕碎。

當我發現他與一位我們婚後認識的二十二歲年輕女孩同居在附近時，我狂吐了兩個星期，體重掉了二十磅。一年下來，我哭出一片海洋，卻在我們的兒子面前藏住淚水。

然後死亡如旋風般襲來，將他吞噬，也使內在已被挖空的我完全粉碎，在冰冷金屬浴缸流淌的溫水中崩潰，因為浴室是唯一不會驚動兒子而能哭嚎出內心憤怒與刻骨之痛的地方。

愛啊，你讓我卑屈瑟縮在一個比我的整個世界都更龐大的坑洞旁，那個洞深不見底，陡峭如崖，進退無路——只有空洞、黑暗、空虛與酷寒。你讓我必須踩過鋪在黑暗之上的玻璃碎片，才能穿越生命中無限延展的時時刻刻。你讓我薄如殘布，慘白無色，再無形狀、深度或份量。你使我被空無包圍，也只能圈住空無。

愛啊，當他第一次背叛我，你恍若不見，說服我對他的謊言信以為真。愛啊，當他威脅要用那把從不離身的刀割傷我，你找盡藉口，謊稱我應該忍耐一切，謊稱你就代表對於所有事物的原諒與寬容。彷彿為了配得上你，甚至應該給予一個施加暴力的人理解與扶助。

愛啊，噢愛，你忘了需有圍籬才有善鄰，你竟融解所有界線、安全與自我保護。你吞食一切，包含每一寸皮膚、每一塊肌肉、每一根骨頭，甚至臟器囊袋。

我再也不會讓你以這種方式進入我，你將是有限度的，你將是合理而安全的。你將善良、溫柔、有禮且慈悲。你再也不會驅使因為寂

寞而幾近瘋狂的我，相信自己能夠拯救一個表現得完全不願獲救之人。我再也不會以愛之名而留在一個身心都因為對方行為或態度而面臨風險的情境之中。

我熱愛去愛——光影、顏色、形狀、我的兒子、朋友、藍綠色、陽光下的微風拂過我臉頰上的雀斑、Helvetica 字體、仿聲鳥抑揚頓挫的歌聲。我熱愛去愛，我愛這個自己活著的宇宙，以及其中那麼多生命。但是愛啊，你不會是通往墳墓的自我犧牲。

愛啊，你應該是喜悅與活水，是從我指尖流淌出創作的魔幻時刻。你應該是笑聲與喜極而泣的眼淚，是靜謐與滿足，是一整天在磊磊山澗追逐蜻蜓後所踩出緩慢悠長而濕答答的腳步。你應該是風箏與床邊故事，是爆米花與問不完的問題，是嶄新素描本第一頁上的鉛筆弧線，以及餐具輕敲半空藍色碗的脆響。愛啊，請繼續讓自己比我所想或你謊稱的更渺小吧，成為那幽微、趣味、單純與平實。

愛啊，降落到我的高度吧——來到這個仍然滿布碎片與待癒傷疤的崎嶇之地。與我一起成為微小之物——圓潤的鵝卵石、碎裂貝殼的白色渦紋、擁有生命而昂揚的身體，以及正滑入舞姿而擺動的臀部。噢愛，成為那份沉靜、默然與止息。清晨微光中柔緩的睡眠呼吸，啜到的第一口茶，閃現的第一抹笑。

愛啊，為這一切日日感到滿足吧。

——Kathleen

Kathleen 進一步反思這項練習帶來的想法，她繼續寫道：

書寫這封特別給擬人化愛情的信件在兩個主要方面非常有幫

助──除了讓造成創傷的暴力關係確實終結，也哀悼在死亡發生前的關係中與分手過後的失落。

寫信讓我可以安全地承認自己在愛情的扭曲認知中扮演何種角色，如何影響我做出一連串決定，只為了維繫與這個滿身傷痕的危險之人的關係。此外，也讓我有空間辨認那些扭曲認知的真實樣貌，轉而想像一種更健康的愛情（更忠實於我的價值觀、信念與人格）。

信件書寫安排在大量以創傷為焦點的治療之後，作為延伸練習。如果這項練習完成的時間點早於我感覺「夠安全」而能帶入深刻意圖與自我覺察之前，就不會有助於解決那份關係遺留的議題，甚至可能強化我對於愛情不健康的態度。採用這項方法可能需要透徹理解個人的生命史，並且密切追蹤信件對自己的影響。

透過將愛外化並擬人化，直接以之為書寫的對象而非主題，讓 Kathleen 能夠採取一種與自我拉開距離，而非自我沉浸或怪罪自我的觀點，來面對其複雜關係與複雜失落。藉此，她不僅肯定自己離開一段破壞性伴侶關係的自救決定，也重新建構愛的意義是作為一種提升而非撕裂生命的存在。當她進一步反思這項練習的價值，其反思結尾強調引入此種深度工作的時間點非常關鍵，尤其這類書寫通常發生在案主的私密生活而不是治療會面裡，有諮商師能支持或引導案主的歷程以確保療效，因此這項提醒更顯重要。

總結想法

如同 Kathleen 椎心刺骨的信件所示，經歷有形或無形失落之後，寫信給一個與之相關的抽象概念這項行動本身，就足以發聲表達、認可並恢復書寫者對

其經驗的意義創建，然而，還有幾種方法可以在哀傷治療中加強這項技術。例如一項可行做法是在寫信之前先進行（如本書第 15 章所述之）五分鐘「你失去什麼？」活動，以幫助案主辨識隱含在主要失落之中沉默的次級失落，藉此碰觸極具意義的內容，讓他們在撰寫給死亡、時間、愛或其他抽象存在的信件時，可以自然而然從中汲取想法。此外，如同與逝者通信的練習（Neimeyer, 2012a），也能鼓勵案主從收信對象，即抽象存在的觀點，寫一封回信給自己，為這項練習加上第二步，這麼做通常可以深化工作成果。在給這些初萌芽的對話賦予聲音時，不一定要以書寫作為媒介，案主若偏好口述信件，也可鼓勵他們借助如今容易取得的智慧型手機留下語音訊息，並自由決定是否從擬人化的收信人觀點留下語音回覆。同理，也可以採用空椅法（Neimeyer, 2012b）作為文字或語音信件的替代或補充活動，讓案主自由扮演兩種位置的角色，在治療師的協調下互相交流。最後，不妨納入視覺表達藝術，描繪案主書寫或發話對象的擬人化抽象存在，更進一步促成關於抽象角色的意義創建，以及該角色因為與案主交流可能如何改變形狀或形式。如此，視覺工作模式可以與語言工作模式互補，提升案主搭建嶄新意義橋梁的能力，連接不同的自我位置，並從這些不同位置看待痛苦的生命事件。

參考文獻

Doka, K. J. (Ed.). (2002). *Disenfranchised grief*. Champaign, IL: Research Press.

Harris, D. (Ed.). (2020). *Counting our losses*. New York: Routledge.

Konopka, A., Hermans, H. J. M., & Gonçalves, M. M. (Eds.). (2019). *Handbook of dialogical self theory and psychotherapy: Bridging psychotherapeutic and cultural traditions*. London: Routledge.

Neimeyer, R. A. (2012a). Correspondence with the deceased. In R. A. Neimeyer (Ed.), *Techniques of grief therapy* (pp. 259–261). New York: Routledge.

Neimeyer, R. A. (2012b). Chair work. In R. A. Neimeyer (Ed.), *Techniques of grief therapy* (pp. 266–273). New York: Routledge.

Neimeyer, R. A. (2019). Meaning reconstruction in bereavement: Development of a research program. *Death Studies, 43*, 79–91. doi:10.1080/07481187.2018.1456620

Neimeyer, R. A., & Konopka, A. (2019). The dialogical self in grief therapy: Reconstructing identity in the wake of loss. In A. Konopka, H. J. M. Hermans, & M. M. Gonçalves (Eds.), *Handbook of dialogical self theory and psychotherapy*. London: Routledge.

Roos, S. (2017). *Chronic sorrow: A living loss* (2nd ed.). New York: Routledge.

17 人與動物連結

Sara Gody Jackson Bybee

適合此技術的個案

可以將動物，特別是寵物與伴侶動物（companion animal）應用於各年齡層與不同功能狀態的臨終病患、其家屬或喪親者的治療互動中，甚至是會過敏的案主，都可以藉由水中動物、無體毛動物與爬蟲類得益於動物輔助治療（animal-assisted therapy, AAT）。雖然 AAT 不論案主的年齡與背景皆可適用，卻不適合重症照護患者、不喜歡動物的人、曾有關於動物的負面經驗者，或者覺得動物在場無助於療程的人。

技術說明

美國非營利組織寵物夥伴（Pet Partners）將 AAT 定義為一種「目標導向、有計畫與結構，且經研究證實的治療介入模式，由健康及人群服務（health and human service）提供者本於專業主導」（寵物夥伴組織，日期不詳）。AAT 與不需要合格執業人員即可執行的動物輔助活動（Animal-assisted activities, AAA）不同，必須由醫師、職能治療師、物理治療師、經認證的休閒治療（therapeutic recreation）專家、護理師、社工、語言治療師或心理健康專業人

員指導才能進行（寵物夥伴組織，日期不詳）。AAT 的目標是利用人與動物的連結增進案主的情緒、認知、生理與社交福祉，其中與動物互動是治療的必要部分，以協助案主達成治療目標。

決定採用 AAT 的臨床工作者需謹慎選擇一種治療動物（therapy animal），並接受教育訓練，學習如何與所選動物合作成為治療團隊。動物本身亦需定期就醫、清潔及接種疫苗，並遵守認證單位的所有規矩與規範，而且每隔一段時間得重新接受檢測，確保仍有能力執行動物輔助治療工作。

一開始，臨床工作者會先詢問案主與治療動物的合作意願。此時，可以向案主說明其他患者的經驗，他們認為治療動物如何幫助了自己。如果案主不感興趣或不覺得治療動物會有助益，則回歸標準治療方法，然而若案主表示興趣，下一步則是說明動物將如何用於幫助其達成治療目標。臨床工作者與案主會合力建構治療計畫，除了指出最重要的議題外，也會明確概述治療動物將如何協助達成這些目標。

有治療動物在場的會面過程中，臨床工作者需與案主確認動物在身邊是否感到自在，此外，也可以代替治療動物「發言」，傳達案主與治療動物關係進展的程度。舉例來說，告訴案主「毛毛在你身邊看起來平靜又放鬆」，不僅可以鼓勵對方進一步發展與治療動物的關係，也能幫助對方放鬆。會面結束前，重要的是留些時間讓案主不只與臨床工作者道別，也與治療動物說再見。在特別感受到支持的會面結束後，案主可能會對治療動物格外感到依戀與連結，應該給予空間涵容這份關係。

AAT 的當代形式起源於 1960 年代，由紐約心理學家 Boris Levinson 將自己的狗 Jingles 用於治療工作中。研究顯示，AAT 可以有效運用於年長者（Walsh, 2009），包含接受安寧照護與失去記憶的病患（Geisler, 2004），亦有研究證實，在治療中使用動物對兒童與青少年、退伍軍人、受刑人、精神病患（Walsh, 2009）、自閉症或慢性病／絕症者（Parish-Plass, 2008）以及嚴重生理障礙者（Geisler, 2004）皆有效果，受惠於這項技術的人遠遠大於上述所列

的對象。

儘管有關 AAT 的科學證據近期才日益蓬勃，然而已有研究指出其效益涵蓋生理與心理層面。學者 Parish-Plass（2008）發現與動物互動會降低焦慮、血壓與心率，進而減緩壓力並提升整體愉悅感。除了生理效益外，與動物互動帶來的數種情緒與心理效益也受到推崇。學者 McLaughlin（2015）與 Parish-Plass（2008）皆論及動物具有不批判的特質，以及這項特質如何有助於社交互動。此外，有動物在場可以灌注信任感給案主，當他們觀察到治療師與治療動物之間是以正向滋養的模式互動，會感覺比較不受威脅，也更能相信治療是一個安全場域。

另一項文獻中出現的主題為非語言溝通。在一篇由 Walsh（2009）引用的研究中，學者 Cain 以問卷調查 60 位各類型寵物的飼主，發現「大部分受試者相信，自己的寵物知道家人何時在對牠們說話或傾訴，也相信寵物會透過語調、肢體語言或眼淚敏感到自己的情緒。他們也表示寵物會『調頻接收』（tuned in to）自己的感受，不論是快樂、興奮、緊張、悲傷或憤怒」（Walsh, 2009, p. 484）。此外，動物容許案主撫摸或擁抱時，案主經常能從中得到肢體慰藉。事實上，與兒童工作時，「當案主需要透過撫觸獲得身體安慰，而此舉不適合治療師與兒童之間的互動時，即可讓動物作為一種過渡性客體（transitional object）[1]」（Parish-Plass, 2008, p. 15）。

---

[1] 譯注：過渡性客體由英國精神分析師 Donald W. Winnicott 提出，指兒童自己發現並用以安撫與母親分離焦慮的慰藉物，通常為毛毯或軟布偶等物件，代表他們從與母親融為一體的依戀狀態過渡到能夠將母親認知為分離的客體；廣義而言，過渡性個體泛指任何能提供個體安全感、情緒安定感或者與珍視對象象徵性連結的人或物。

個案實例

　　Earl 是一名越戰退伍軍人，年紀九十出頭，有著足以照亮整間屋子的笑容。他住在退伍軍人護理之家（Veterans Affairs Nursing Home），近期因診斷出慢性阻塞性肺病（chronic obstructive pulmonary disease, COPD）開始接受安寧照護。安寧團隊詢問我能否與我的治療犬 Bailey 前往探視，給予剛接獲診斷的 Earl 一些安慰。由於 Earl 成長過程中養過好幾隻狗，安寧照護單位認為讓他與治療動物接觸應該能帶來助益。

　　Bailey 和我第一次探訪 Earl 時，他對於狗兒來訪看起來既驚又喜。他笑著問了很多關於 Bailey 的問題：她是什麼狗？幾歲了？叫什麼名字？Bailey 靜靜走到他面前，直接坐在他輪椅旁邊，讓 Earl 不需費力就能摸到她。整趟探訪 Bailey 都待在他身邊，用頭向上摩娑他的手，要他繼續撫摸自己。

　　Bailey 成為我們之間對話的起點，Earl 利用與 Bailey 相處的經驗喚起自己的過往回憶。接下來幾次探訪，他開始聊自己養過的狗，以及與牠們一起長大的感覺。他告訴我跟狗在樹林裡玩耍的故事，還有他多麼想念有狗的日子。這些回憶幫助他回顧自己的一生，以及所有曾經做過的事。他開始告訴我更多有關戰爭的事、他的工作以及當時的生活。談了一陣子過往回憶後，Earl 邀請 Bailey 跟他一起參加賓果活動。Bailey 全程都坐在他腳邊，在感覺 Earl 需要的時候隨時舔舔他並讓他拍撫。Bailey 和我只去看過 Earl 幾次，我們初次前往不久後，他就去世了，而我相信這份由人與動物的連結所帶來的安慰與回顧一生的機會，幫助 Earl 接受自己的預後，平靜地離開人世。

總結想法

　　總結而言，對於改善案主生活當中的情緒、認知與生理等面向，動物都可以是強而有力的夥伴。AAT 由符合資格的專業人士執行，將使用動物納入案主的治療計畫。研究顯示在醫療照護與心理治療場域運用動物所帶來的效益中，除了降低血壓、壓力、心率與焦慮之外，甚至可以延長壽命。AAT 也有著同樣重大的心理效益，包含促進社交互動，鼓勵案主敞開情緒，幫助案主感覺安全，並提升自尊、同理與控制感。筆者希望鼓勵臨床工作者思考將動物納入治療可能以何種方式推進案主的療癒歷程。

參考文獻

Geisler, A. (2004). Companion animals in palliative care: Stories from the bedside. *American Journal of Hospice & Palliative Medicine, 21*(4), 285–288.

McLaughlin, E. E. (2015). Animal-assisted therapy as a trauma intervention. *Master of Social Work Clinical Research Papers*, Paper 496.

Parish-Plass, N. (2008). Animal-assisted therapy with children suffering from insecure attachment due to abuse and neglect: A method to lower the risk of intergenerational transmission of abuse? *Clinical Child Psychology and Psychiatry, 13*(1), 7–30.

Pet Partners. (n.d.) Terminology. Retrieved from https://petpartners.org/learn/terminology/

Walsh, F. (2009). Human-animal bonds II: The role of pets in family systems and family therapy. *Family Process, 48*(4), 481–499.

PART 5
練習自我照護

18
MyGrief.ca 線上支持資源

Shelly Cory, Christopher J. MacKinnon, Andrea Warnick and Fred Nelson[1]

適合此技術的個案

　　MyGrief.ca 與 KidsGrief.ca 是新穎的心理教育工具，適合來自多元文化的成人，包含痛失配偶、父母、手足、孩子或其他重要親友的群體，以及為哀悼中孩童提供支持的人。網站內容僅需六年級的閱讀程度，使用者只要有網路連線與基本電腦技能即可瀏覽。不過 MyGrief.ca 網站目前只處理本質上非創傷性且非複雜性的死亡，KidsGrief.ca 網站則包含突發性死亡、自殺與醫療協助死亡（MAiD）相關內容。

技術說明

　　加拿大虛擬臨終關懷中心（Canadian Virtual Hospice, CVH）（www.virtualhospice.ca）於 2004 年成立，其宗旨為策劃並傳遞實證的內容與一系列互

---

[1] 筆者希望向以下諸位專案參與者致謝：Harvey Max, Chochinov, Eunice Gorman, Darcy Harris, Robert A. Neimeyer, Susan Cadell, Marney Thompson, Nadine Gariepy-Fisk, Bev Berg, Elder Betty McKenna, Jacquie Dorge, Pam King, Sylvie Lalande, Tanny Nadon, Serena Hickes, Lisa Toye, Antonietta Petti, Camara Van Beeman, Candace Ray, C. Elizabeth Doherty, Joan Hamilton, Courtney Teetaert, Stephanie Rabenstein and Suzanne O'Brien。

動式線上支持服務，協助來日無多的病患與家屬，以及其他醫療照護網絡中的人（Chochinov et al., 2015）。幾年來 CVH 逐漸發展，包含多個新建網站與數個社群媒體頻道，內容涵蓋從患病到喪親的歷程軌跡。CVH 被認為是目前有關安寧緩和療護最完善的網路資源，其內容與資源以英語及法語呈現，反映加拿大的雙語脈絡，且於近期推出幾個新平台，其中與本章最相關的兩個平台為 MyGrief.ca 以及 KidsGrief.ca（其法語版網站為 DeuildesEnfants.ca），前者針對成人喪親挑戰，後者則提供單元課程給支持哀悼中兒童的成人。

喪親成年人經常罹患與喪親共病之健康問題，需要使用更多醫護資源，反覆住院治療，甚至可能在喪親對象死亡後的最初兩年間逝世，因此該群體健康狀況令人深感憂慮（Stroebe, Schut, & Stroebe, 2007）。向外尋求支持的喪親者經常碰到明顯的障礙，例如社會系統中的他人與哀傷知識有限的專業人員整體上缺乏理解。許多身處偏遠或鄉村地區之人難以取得專門的喪親支持服務，也有些人無法負擔向心理衛生人員諮詢的費用。CVH 執行總監 Shelly Cory 受到自身失落以及成長於衛生服務有限之鄉村的經驗所啟發，期望建構一種容易運用的工具，以吸引人且具互動性的形式呈現可信賴的內容，而且人人皆可平等取得。MyGrief.ca 是全世界第一個以證據為基礎，提供線上失落與哀傷支持的心理教育工具，該網站的開發除了藉助加拿大抗癌夥伴協會（Canadian Partnership Against Cancer）的資金，更有賴全國哀傷專家的投入。

MyGrief.ca 的資料來源除了廣泛的文獻回顧、環境掃描、準備度分析，還有由研究與臨床專家以及喪親家屬組成的開發團隊。這項資源主要採取一種建構主義或意義導向的架構理解喪親調適（Neimeyer, 2019）。網站呈現以文字為主，結合影片及互動式內容，影片中之哀傷敘事涵蓋各年齡層、各類與逝者的關係，以及多元的文化、性別與性傾向。雖然這項工具的設計是基於邏輯模式（logic model）[2]，然而網站的功能也便於自主操作瀏覽。

---

2 邏輯模式為一種規劃並評估方案實行歷程與結果的理論，主要關注方案目標／目的（goals/purpose）、輸入（inputs）、活動（activities）、輸出（outputs）、結果（outcomes）與影響力（impact）等要素。

MyGrief.ca 的九個學習單元安排如下：(1)**哀悼預期將至的失落**探討死亡發生前的那段期間，以及此時的事件、事項與特點，這些都會對喪親經驗帶來決定性衝擊；(2)**認識哀傷**涵蓋常見與不常見的喪親反應，包含生理、認知、行為與情緒反應；(3)**這份失落如何影響家人與我？**協助思考失落發生之後家庭與社會面向的改變；(4)**穿越哀傷**除了探討身分認同的變化，以促進與逝者建設性的持續連結，也討論造成哀傷停滯（grief stagnation）的因素；(5) **理解強烈情緒**觸及困難的喪親情感地景，指出回應感受的建設性方法；(6)**應對困難情境**主要描述哀傷的觸發點，提供處理複雜社交情境的想法；(7)**照顧自己**討論自我照護過程難以預期的挑戰，包含羞恥感、界線設定，以及對於自己與他人不切實際的期待；(8)**我是否需要更多協助，可以去哪裡找？**概述通常應尋求專業諮詢的嚴重哀傷反應；(9)**生活出現起色**聚焦於死亡過後投身於未來以及做出新計畫的挑戰。

加拿大維多利亞大學（University of Victoria）與第一民族大學（First Nations University）評鑑指出，MyGrief.ca 的表現超出使用者預期（Courtney, 2017）。評鑑者表示這項資源易於操作使用，資訊品質良好，並且確實能夠支持既有大學階段與志工教育課程。重要的是 MyGrief.ca 目前實際應用於喪親支持服務與醫護人員訓練，其備受肯定之處包含以簡單易懂的語言呈現複雜概念，並且呼應哀傷者需要感覺到經驗具普世性且與他人相通。

KidsGrief.ca 是 MyGrief.ca 一系列擴展計畫當中的第一項，試圖回應的現況是兒童與青少年大多時候無法取得所需的哀傷支持。喪親兒童若無法獲得充分支持，可能有更高風險面臨持續一生的各種情緒與心理負面衝擊。KidsGrief.ca 協助成年人，除了辨認出兒童與青少年的哀傷，也幫助他們準備好面對預期性死亡，給予他們資訊充分的哀傷支持。該網站包含自殺、醫療協助死亡以及幫助兒童為喪禮做準備等主題。KidsGrief.ca 的開發資金來自加拿大網際網路註冊局（Canadian Internet Registration Authority）的社群資助方案（Community Investment Program），以及位於魁北克省蒙特婁的社群支持組織盼望與調適

（Hope & Cope）。

MyGrief.ca 與 KidsGrief.ca 於全球獨樹一幟，補足既存服務缺口，並且為實體支持與教育難以抵達的角落提供容易取得的綜合性工具，從而擴展以實證為基礎的哀傷服務計畫，使其遠遠超越既有限制範圍。

個案實例

Barbara 是駐點於加拿大大西洋省份鄉村社區的社工師，在所屬公共衛生單位的工作任務包含提供當地社群喪親支持。數年來，她引導一個為期十週以喪子女哀傷為焦點的喪親支持團體，而此刻她正在尋找增進團體效果的資源。

為團體做準備時，她先從閱讀 MyGrief.ca 網站上的內容開始。她找到幾項與團體相關的內容，決定依據 MyGrief.ca 的九個單元安排每次團體會面的主題。她選擇半結構式的做法，最終仍由參與者自己將團體對話推向他們覺得最適切的方向。團體開始後，她邀請成員在幾次會面之間的時間照順序看過各單元內容，並鼓勵他們針對有感覺的地方細讀。她進一步敦促參與者指出在 MyGrief.ca 上發現而且希望帶到下次團體會面的主題或問題。

Barbara 也辨識出幾項團體成員可能會感興趣的內容，可以用來促進團體深度對話，包含：(1)單元三關於家長角色改變的部分，(2)單元五聚焦於強烈內疚與憤怒的素材，這兩種感受常見於喪親家長，以及(3)單元六部分內容針對喪子女家長如何應對充滿挑戰的社交情境。

Barbara 也決定播放幾段影片，其敘事是關於應對兒女之死的艱難。她特別選了 Aimee 與 Mishi 兩人的影片，這對伴侶經歷幼女 Stella 因為罹患極具侵襲性的腦癌而離世。幾次團體會面一開始，Barbara 都先分享三

到五分鐘 Aimee 與 Mishi 的影片片段。她設定了幾個臨床目標：首先是透過深刻且動人的生命見證，鼓勵團體交流與互動，其次是引導參與者反思失落經驗的共通點與箇中歧異，最後則是邀請成員表達對於 Aimee 與 Mishi 哀傷反應的意見，也許能夠提供參與者更多資訊以思考自己對於失落的反應。

此外，Barbara 也指出另一位社工師 Fred Nelson 談話的影片片段，Fred 是協助建構 MyGrief.ca 的一位哀傷專家，他的影片提供關於喪親的專業觀點，其中，Barbara 特別希望向成員強調的是關於何時向外尋求支持的指南。她的臨床目標是為一些團體結束後可能需要額外哀傷支持的參與者搭建向外求助的管道。Barbara 鼓勵喪親支持團體參與者以及她個別諮商的案主，在會面之間上 MyGrief.ca 網站取得支持與教育資源。她知道這麼做可以鞏固他們在會面中談及的內容，觀看影片也有助於降低孤立感，正常化許多家長痛失子女後會有的經驗。最後，她也建議家中有其他孩子的喪親者前往 KidsGrief.ca 網站探索，可以更認識孩子的哀傷經驗，並且找到有關如何對話與提供協助的指引。

總結想法

MyGrief.ca 與 KidsGrief.ca 提供可靠、完善且有效的線上支持資源，給哀傷者、支持哀傷兒童的家長、醫護人員、教育工作者與其他專業人士，以此補足既有服務的關鍵缺口。這項工具採用淺顯語言與極簡易形式，補充建構主義架構下關於喪親的詳盡描述，以及來自多元哀傷群體的因應策略與生命歷程影片。其設計目的絕非為了排除或取代專業介入模式，而是作為現有服務的補充，或者在缺乏這類服務的地方提供容易取得的工具。MyGrief.ca 網站目前亦正規劃進一步提供針對創傷性與複雜性哀傷反應的單元。

參考文獻

Chochinov, H. M., Harlos, M., Cory, S., Horst, G., Nelson, N., & Hearson, B. (2015). Canadian Virtual Hospice: A template for online communication and support. In J. C. Holland, W. S. Breitbart, P. B. Jacobsen, M. J. Loscalzo, R. McCorkle, & P. N. Butow (Eds.), *Psycho-oncology* (3rd ed., pp. 253–258). doi:10.1093/med/9780199363315.003.0033

Courtney, K. (2017, February). *Evaluation report: Methadone tool, my grief tool, living my culture & indigenous voices tools* (Unpublished Technical Report). University of Victoria, Victoria, Canada.

Neimeyer, R. A. (2019). Meaning reconstruction in bereavement: Development of a research program. *Death Studies, 43*, 79–91. doi:10.1080/07481187.2018.1456620

Stroebe, M. S., Schut, H., & Stroebe, W. (2007). Health outcomes of bereavement. *The Lancet, 370*, 1960–1973.

19
區分哀傷與憂鬱症
Elizabeth Sheppard Hewitt

適合此技術的個案

尋求治療的案主如果在面對重大失落之前已診斷出臨床憂鬱症,則需進行鑑別診斷,並且在聚焦於失落之前先治療後者病況。然而,具憂鬱症病史的患者若維持良好的控制策略,提前進行哀傷治療仍然可能有效。

技術說明

有重度憂鬱症病史的喪親案主在失落情境下面臨憂鬱症復發的高風險(Friedman, 2012, p. 1856)。曾經罹患憂鬱症的案主不論其治療歷史,通常在穩定情緒上面臨極大挑戰,有些人可能曾試圖自殺,或者對於自己心中無孔不入鼓勵自傷的念頭感到恐懼。雖然失落可能將任何人壓垮,然而,如果案主還在試圖穩定憂鬱症病情並處理其中種種複雜課題,則失落所帶來的額外重量可能會更難以承受。

即使曾診斷出憂鬱症,也不代表必須先治療憂鬱症才能處理哀傷。許多臨床憂鬱症案主發展出控制症狀的良好技能,也具備適應策略,可以在面對生命中的挑戰時維持病況穩定。對於這些人來說,討論憂鬱症如何影響他們因應失

落的能力，指出他們目前已具備的適應策略與復原力會很有幫助。此外，承認失落可能會讓即使是最好的因應策略超載，若能徵得案主作為共同奮鬥的夥伴，也有助於確保失落不會讓憂鬱症故態復萌。對於這些案主來說，認知到他們能為自己的健康做出貢獻，可有助於恢復控制信念（locus of control）並使希望茁壯。

憂鬱症症狀與失落最大的區別在於前者會出現認知上的苦痛。喪親案主的主要議題很少是低自尊與失去自我價值感（Bonanno & Kaltman, 2001; Bonanno, Wortman, & Nesse, 2004），同理，喪親案主可能希望與逝去的心愛之人重逢，卻很少發展出複雜的自殺計畫或者臨床憂鬱症診斷會出現的持續性自殺意念（Friedman, 2012）。此外，相較於喪親個案可能長時間狀態良好，只會在碰到生日或聖誕節等重大節日時才被觸發，憂鬱症通常更加無所不在（APA, 2013）。憂鬱症的特有指標還包括長期且嚴重失去日常生活能力，與失落無關的內疚，以及表示看到或聽到逝者（Auster, Moutier, Lanouete, & Zisook, 2008）。學者 Perper 的研究（2014）細部說明區分兩種情況的一些因素（請見表19.1）。

如果案主陳述的苦痛主要與憂鬱症有關，穩定既有的憂鬱症病況就是首要的治療焦點，治療方法可能包含：

- 評估案主所述議題並釐清主要議題。
- 與案主共同發展治療計畫。
- 教育案主關於憂鬱症診斷必然的挑戰，以賦能並使挑戰正常化。
- （視需要）提供藥物治療，協助恢復睡眠與食慾，提高精力並降低安全風險。
- 外化疾病，以排除案主因無法達到患病前的運作能力而產生的羞恥感。
- 行為活化，以可掌握的目標架構案主的生活。
- 個別治療以處理低落情緒對希望、個人安全、自尊、因應失落的能力以及回應外在系統要求的能力之影響。

表 19.1 哀傷與憂鬱症之鑑別診斷

典型哀傷臨床指標	重度憂鬱症臨床指標
• 可能傾向孤立，但是通常維持與他人的情緒連結。 • 希望哀傷有一天會停止（或好起來）。 • 維持整體的自我價值感。 • 如果感到內疚，會聚焦於自己以某種方式「讓逝者失望」了。 • 愉悅感的喪失來自思念已逝的心愛之人。 • 自殺想法更大程度來自渴望與逝者團聚。 • 可能接受親朋好友、音樂、文學等的安慰。	• 極度自我關注（self-focused），感覺被朋友或所愛之人摒棄或與其疏離。 • 感覺無望，認為憂鬱症永遠不會結束。 • 出現低自尊與自我厭惡。 • 內疚的核心是（與失落無關的）自覺無價值或對他人無用的感受。 • 廣泛性失樂症。 • 長期抱持輕生念頭。 • 通常無法被安慰。

- 挑戰負面想法，以利採取所有必須步驟。
- 與其他治療提供者合作，確保治療目標一致。
- 持續評估，確定憂鬱症穩定程度，以決定治療的下一個階段。

若能透過穩定原有疾病滿足生理與安全需求（Maslow, 1943），將有助於進展至更高的治療目標。憂鬱症病況穩定後，安全風險降低，此時案主可能更準備好思考該如何維持與逝者的連結而不是訴諸自殺；同樣的，此時他們較有自我覺察的能力，可以處理並探索與失落關聯的複雜情緒。在穩定病況之前碰觸並發掘與失落相關的複雜情緒不僅有風險，也可能因太難以承受而無法達到治療效果。

治療目標必須因應案主的需求，當憂鬱症顯得較為穩定，便可以讓喪親成為更主要的治療焦點。若症狀復發，則必須聚焦於安全與憂鬱控制的策略。

個案實例

　　Sarah 四十五歲，婚姻美滿，是兩個年幼孩子的繼母。十年前，她被診斷出重度憂鬱症（major depressive disorder, MDD），數年來成功以藥物治療症狀，直到三個月前突然發生變化。

　　Sarah 還是嬰兒時即被人領養，養父母據說非常聰明，但是幾乎從不表露情緒。這點與 Sarah 相反，她敏感而表達豐富。她說成長過程感覺自己像個外人，擔心父母後悔領養自己，並描述父親非常善於批判，感覺永遠無法讓他滿意。

　　Sarah 被轉診來九個月前，父親生病住院，雖然病況不嚴重，卻在某天晚上毫無預警離世，當時 Sarah 正與他獨處。他走之前對她說的最後幾句話也是批評。雖然失去父親很悲傷，接下來的六個月，Sarah 仍然能夠繼續工作，運作良好，然而就在一夕之間，她下不了床，不斷哭泣，變得煩躁、自我孤立又憤怒。她在原本的祕書工作上請了長假，醫師也嘗試各種藥物治療，卻無法解除症狀。

　　上述突發變化三個月後，她被轉介來我們的身心醫學診所進行藥物治療評估、診斷釐清與治療。精神科完成評估後，診斷出 Sarah 患有合併焦慮特徵與喪親症狀的重度憂鬱症。為治療憂鬱與哀傷，除了調整藥物，也鼓勵行為活化，並諮詢臨床社工人員。

　　我們初次會面時，Sarah 指出她的治療目標是回到工作崗位，讓自己感覺更有能力控制憂鬱症並且能調適憤怒與哀傷。她表示憂鬱與哀傷是阻止自己成功回到最佳日常運作與工作狀態的障礙。她先生很擔心，她自己也憂心忡忡。

　　經評估，我判斷 Sarah 的主要症狀是基於深刻無價值感這項滲透性

認知的憂鬱。她也表達強烈的自殺念頭，感覺自己無法對家人帶來任何貢獻，只是所有人的累贅。她呈現憂鬱症典型症狀，包含睡眠困擾、易怒、對於曾經喜歡的活動缺乏興趣、疏離感、食慾不振、難以維持日常活動以及難以下床（American Psychiatric Association, 2013）。

哀傷除了是造成情緒低落的催化劑，似乎也讓 Sarah 控制憂鬱症的因應策略不堪負荷。她表示目前的症狀很像八年前與失落無關的一次復發。我們對於治療方法達成共識，包含從處理憂鬱症開始，才能騰出精力來處理失落。Sarah 表示清楚的治療計畫可以幫助她提升掌控感。

治療一開始先處理 Sarah 面臨上述生命起伏時出現的無力感，她描述那感覺就像進入一個深深的洞裡無法逃脫。Sarah 對於敘事取向（White & Epston, 1990）的治療有所反應，開始將自己的症狀（負面思考、踏出家門便感到焦慮恐慌、易怒、孤立行為、自殺傾向）視為疾病對她的操弄，是疾病所採取的手段，以奪走其個人力量並創造無望感。第一次會面結束前，Sarah 說知道自己能夠對抗疾病並調動復原力使她重燃希望。

Sarah 每兩週接受一次治療，持續了三個月。她開始熟練地辨識出哪些想法是她的、哪些則是疾病的一部分，透過挑戰負面想法，她漸漸覺得愈來愈能掌控。藥物治療也有助於獲取更多精力，她將其導向至對抗憂鬱症以及重返職場的準備。儘管取得上述進展，憤怒與悲傷仍然存在，是時候處理哀傷了。

Sarah 表示隨著她愈來愈能控制憂鬱症，逐漸恢復日常活動並返回職場，哀傷也變得愈來愈明確。她比較能夠區別憂鬱症與哀傷的分界，而哀傷本身非常龐大。在治療當中，Sarah 原本以為是自己憂鬱症症狀的憤怒並未消失，不久便認知到自己仍然對於父親的批判以及無論怎樣取悅他都永遠不夠感到憤怒。隨著憤怒而來的是深切的內疚，她怎麼能對一

個自己所愛而且已經過世的人生氣呢？有趣的是，在憂鬱症穩定之前，Sarah 並未意識到自己對父親的憤怒與隨之而來的內疚感，這些都是在處理哀傷時才浮現。

由於無法與父親對質，我鼓勵 Sarah 採取替代做法，嘗試「與逝者通信」（Neimeyer, 2012）。我們討論是否能寫信給父親，溝通自己內心的衝突以及未解的憤怒與傷害，並在數次會面中討論 Sarah 可以如何處理這封信，最後她選擇採用儀式。Sarah 會在家中後院的火爐旁大聲讀出信，由支持她的丈夫在場陪伴，讀完之後她會將信燒掉，象徵從絕望、憤怒與傷痛中解脫。

Sarah 對於寫信抗拒了一段時間，直到她準備好的那一天。她帶著筆記本到城裡的公園，飛快寫出十頁的內容。當天晚上，她大聲向父親讀出信件，一邊哭泣嘶吼，宣洩自己在那一刻之前未曾吐露的話語，然後按照計畫將信件燒毀。她描述自己看著信件焚燒時，感覺從傷痛、憤怒與絕望中重新獲得自由，還有一股平靜像毯子般將她包裹。隔天早晨，Sarah 與丈夫從火堆中挖出信件的灰燼，小心翼翼地撒在花園的大橡樹旁，作為一種愛的表示，那是父親最心愛的樹。

儀式完成一週後，Sarah 前來與我會面，她的改變非常戲劇性，看起來像是年輕了十歲，描述儀式時，臉上綻放出從我們開始治療六個月以來首次出現的笑容。她仍然為失去父親而哀傷，同時也表示在沒有憤怒與憂鬱的複雜課題之下，她更能夠應對單純的失落。接下來我們又會面了兩次，探索失落的痛苦以及與已故父親維持連結的策略。

一年後，我在醫院停車場巧遇 Sarah，她開心分享自己成功穿越失落的痛苦，感覺自己與丈夫和孩子都更深刻連結，在工作上也取得升遷。她找到自己走出深谷的路了。

總結想法

原本就診斷出臨床憂鬱症的案主若面對重大失落,可能形成治療的重大挑戰。發展成功治療計畫的關鍵,在於更深入理解造成案主衰弱而構成診斷的主要症狀。在細部處理喪親議題前,先穩定既有疾病可以降低個人安全的風險,強化具適應性的因應策略架構,並讓案主能夠帶著希望與復原力繼續前行。

參考文獻

American Psychiatric Association. (2013). *Diagnostic and statistical manual of mental disorders* (5th ed., text rev.). Washington, DC: Author.

Auster, T., Moutier, C., Lanouete, N., & Zisook, S. (2008). Bereavement and depression: Implications for diagnosis and treatment. *Psychiatric Annals, 38*(10), 655–661.

Bonanno, G. A., & Kaltman, S. (2001). The varieties of grief experience. *Clinical Psychology Review, 21*, 705–734.

Bonanno, G. A., Wortman, C. B., & Nesse, R. M. (2004). Prospective patterns of resilience and maladjustment during widowhood. *Psychology and Aging, 19*, 260–271.

Friedman, R. (2012). Grief, depression and the DSM-5. *New England Journal of Medicine, 366*, 1855–1857.

Maslow, A. H. (1943). A theory of human motivation. *Psychological Review, 50*(4), 370–396.

Neimeyer, R. A. (2012). Correspondence with the deceased. In R. A. Neimeyer (Ed.), *Techniques of grief therapy: Creative strategies for counseling the bereaved* (pp. 259–261). New York: Routledge.

Perper, R. (2014). *Grief, depression and the DSM-5*. Retrieved from http://therapychanges.com

White, M., & Epston, D. (1990). *Narrative means to therapeutic ends*. New York: Norton.

20 專注凝視
Antonio Sausys

適合此技術的個案

　　這項技術能幫助在哀悼死亡與非死亡失落時出現睡眠障礙與預期性負面思考的（青少年與成年）喪親者。患有青光眼（glaucoma）的案主需注意過程中是否出現疼痛，並依據需求調整進行方式。

技術說明

　　Tratak──專注凝視──（梵文 त्राटक，即觀看或凝視）為古老《哈達瑜伽經》（*Hatha Yoga Pradipika*）中的第六項，也是最後一項 *Shatkarma*（淨化技巧），目的是讓心智與身體準備好開啟更高層次的意識。專注凝視也被收入哀傷緩解瑜伽計畫（Yoga for Grief Relief），這項身體心理治療（somatic psychotherapeutic）程序採用瑜伽技術處理哀傷的生理、精神與靈性症狀，以朝向重大失落後重新自我認同的過程（re-identification process）。這項計畫跟隨其固有節奏，透過一連串步驟轉化哀傷。第一個步驟先幫助我們準備好與自己各式各樣的感受同在，進而促進生命動力順暢流動，以創造療癒的最佳條件。第二步是喚起情緒心靈，深化我們與自身情緒的連結，為希望釋放的情緒提供出

口。第三步是讓我們得以部分掌控有如情緒雲霄飛車的哀傷，以達到平衡。透過放鬆，便能深度釋放內在與外在壓力源，讓心智準備好進入新的程序編寫過程。藉此，我們獲得通往自己心靈深處更直接而不受阻礙的通道，能夠創造並重新定義我們新的身分認同。

專注凝視有助於平衡在哀傷過程中經常承受巨大壓力的松果體（pineal gland）。許多哀傷者經驗到的失眠——或者與其相反的過度睡眠——是源於松果體分泌影響睡眠循環的褪黑激素（melatonin）失衡所致。由於松果體會對經視神經傳送的光做出反應，因此可以透過視神經處理這項困擾。

1. 輕鬆坐下，伸出右臂，右手握拳，讓拇指朝上且指甲朝向自己。如果這隻手臂需要支撐，可以將左手也握拳放在右腋下。你也可以彎曲右膝，以膝蓋支撐手臂（請見圖 20.1）。

圖 20.1 以右手拇指作為近處焦點，每分鐘將視線轉移至大約 10 英尺（3公尺）外的遠處焦點

2. 找一個與視線同高（至少 10 英尺或 3 公尺外）的遠處物件，然後將拇指指甲放在由雙眼與遠處焦點物件所構成的視線之間。所聚焦的物件要相當小，例如門把、石頭或一個黑點。
3. 雙眼聚焦於拇指指甲一分鐘。
4. 轉換焦點至遠處物件一分鐘。
5. 轉換焦點回到拇指指甲。
6. 重複上述焦點改變過程三次（即總共聚焦凝視六次），練習過程盡可能不要眨眼。

建議時間： 包含一分鐘聚焦以及三次焦點轉換，整段練習需時六分鐘。若希望改善睡眠，可以在就寢前半小時以及清醒後半小時進行練習。

效益： 專注凝視刺激視神經，進而促進松果體的功能。由此產生濃度平衡的褪黑激素一般來說可以調節許多生理節奏，包含睡與醒的循環。此外，藉由影響戰或逃（fight-or-flight）反應，這項做法有助於調節壓力，也調控免疫系統。其效益還包括提升神經穩定性、減緩失眠並放鬆焦慮的心智；也能改善記憶力，並有助於發展良好專注力與堅定意志力。

警告： 整段過程都避免不必要的用力，並且應包容各種體驗，例如看見兩個拇指或兩個遠處焦點——這些體驗都會隨時間改變。

禁忌： 如前所述，罹患青光眼的案主要注意是否出現疼痛，並依據需求調整進行方式，可以縮短聚焦凝視的時間或焦點轉換的次數。

　　許多實行這項技術的案主表示，在完成一整組專注凝視前就已入睡。若持續穩定練習，宇宙節奏將撫慰並幫助身體記得何時應睡、何時應醒。如何以健康的方式經歷哀傷的智慧更大程度寓於心靈而非心智。與松果體工作非常重要，因為其連結至眉心輪（*ajna* chakra）[3]，即第三眼，在此我們透過覺醒的直

---

3 譯注：眉心輪為印度瑜伽七大氣輪（chakra，或稱脈輪）中之第六輪，位於兩眉中間點，即眉心後方。此輪與透視力有關，又名「天眼」，傳統印度習俗會將顏料塗在此處，代表獲得智慧。

覺之知看見生命。人的心靈知道萬物有終，身體也習慣不斷受納結束，是我們的心智渴望與依附對象永不分離。

專注凝視練習也提供一個象徵性的機會，讓我們檢視自己希望如何過渡至生命的後續階段。一遠一近的兩個焦點分別象徵哀傷過程經歷的不同情境。當舊有現實不再，而新的現實仍然未知，我們習於控制的心智很難靜止等待，邊緣系統便透過哀傷展現為預期性的負面思考，使我們負向地看待所投射的新現實。這種思考使我們滿腦子充斥著例如不會再有人如此愛我，或者不可能再有一份工作如此合適等念頭。這些想法或許為真，也可能完全錯誤，一切仍未可知。與此同時，我們只能相信這趟旅程，接受改變終將來臨。將焦點從拇指指甲（我們當前的情況）轉移至所選的遠處焦點（尚待發現的新現實）便象徵即將迎來的旅程。

圖 20.2 完成專注凝視練習後，可以搓揉雙手，將手放在眼睛上給予撫慰，再去睡覺

決定以什麼物件作為遠處焦點非常有助於確立旅程接下來的腳步，可以選一張照片代表你希望未來能有的感受、你想擁有的屋子或希望得到的工作。將所選物件放在遠處，讓你在轉移至這個焦點時，為練習加入意圖與意義。決定從哪裡開始與到哪裡結束（要以遠處或近處焦點為起始或終點）可以為你灌注力量，使你更有能力接納當下的自我，也更精確設計自己的未來。

實行這項技術的過程中，眼睛可能感到疲憊或吃力，此時可以兩手掌心互搓，然後將雙手覆上雙眼，感受撫慰眼睛的溫暖與黑暗（請見圖20.2）。

個案實例

John四十一歲，是來自加州的消防員，曾全力參與撲滅索諾馬郡（Sonoma County）的惡火，那場大火在三日內燒毀五千棟私人住宅與其他建物。火勢剛起的幾個小時，John沒有值勤，正要逃離即將延燒至自家屋子的火焰，他打包現金與幾封文件，和妻子及兩歲的兒子跳上廂型車快速駛離屋子。一棵樹橫倒在街上擋住前路，他們下車跳過倒地的樹，John回頭看見屋子與廂型車熊熊燃燒。他失去了所擁有的一切。在此之前，他的睡眠周期原本就因為工作作息受到干擾，現在更是完全無法入睡；即使睡著，也會在不到幾個小時後醒來，無法再次入睡。我建議他睡前與清醒後半小時，以及如果半夜醒來，都可以練習專注凝視。這項技術成功幫助他穩定睡眠周期。接著我建議他剪下一張他想重建的房子圖片，選的時候盡可能考慮到房子的細節。然後我提議用剪下來的圖片取代他原本採用的遠處焦點，藉此對抗預期性負面思考，此種思考讓他無法相信新家可能如燒毀的舊家一樣美麗、寬敞又舒適。幾次練習後，他驚訝地發現自己想在圖片裡加入更多細節。我建議他創作一幅拼貼畫，不只加入雜誌上能找到的房屋細節，也藉由汲取自己的創造力以

> 及對未來的衷心渴望,畫出屬於他的物品與特色。John 欣然接受建議,以更具修復力的睡眠周期為基礎,開始具體想像一個嶄新且更滿意的未來。

總結想法

　　松果體藉由分泌褪黑激素參與人類睡眠周期的運作。由於這個腺體具感光性——會對光子或光的粒子做出反應——透過專注凝視活化視神經可以成為強而有效的助力,幫助哀傷者調整被打亂的睡眠模式。從身體心理治療的觀點而言,挑戰身體盔甲(body armor)中的雙眼可以使我們改變看待自己生命與其發展的方式(Reich, 1949),藉此轉變哀傷者經常出現的預期性負面思考。此外,基於松果體與昆達利尼瑜伽(Kundalini yoga)中所謂「第三眼」的關聯(Satyananda, 1996),代表若能對這個靈性中心工作,將能開啟直覺之知,協助哀傷者理解萬事萬物皆無常的深意,以及我們如何與這一切有所關聯。

參考文獻

Reich, W. (1949). *Character analysis*. New York: Farrar, Straus, and Giroux.

Satyananda, S. (1996). *Asana pranayama mudra bandha*. Bihar, India: Yoga Publications Trust.

Sausys, A. (2014). *Yoga for grief relief: Simple practices for transforming your grieving mind and body*. Oakland, CA: New Harbinger Publications.

21

治療師自我照顧的舞蹈與動作
Sara Gody Jackson Bybee

適合此技術的個案

　　舞蹈或動作可以有益於所有年齡、膚色與族裔的喪親者。此技術最不適合喪親最初幾天或幾週，此時直接採取支持性介入方法最有幫助，也不適合身上有傷或者肢體活動會疼痛的人。

技術說明

　　美國的舞蹈治療（dance therapy）始於 1966 年美國舞蹈治療協會（American Dance Therapy Association, ADTA）在 Marian Chace 的領導下成立。Chace 曾於華盛頓特區的聖伊莉莎白醫院（St. Elizabeth's Hospital）與退役軍人工作，這些自戰場返鄉的士兵苦於「戰爭精神官能症」（war neurosis），很可能即現今所謂創傷後壓力症候群。她試圖模仿病患的動作，希望理解他們身體姿勢可能具有的象徵意義。依據她發展的方法，團體成員會先圍圈站立，每個人輪流帶領一個即興發揮的動作並讓其他人模仿。從這項初始做法誕生以來，舞蹈／肢體活動逐漸用於幫助具有各式各樣背景與需求的對象。

　　美國舞蹈治療協會將舞蹈動作治療（Dance Movement Therapy, DMT）定

義為「於心理治療中使用動作,以促進個體情緒、認知、生理與社會性的統整」(ADTA, 2015)[4]。肢體活動可以幫助個體運用創造性基礎表達想法與感受,有時,藉由單一或一系列動作能更充分碰觸並描繪出文字難以描摹的想法或感受。事實上,透過動作可能會開啟或許不存於意識之中的內容。正如 Penfield(1992)在其有關舞蹈動作治療的章節所言:「動作能讓我們直接碰觸無意識(unconscious)」(p. 167)。

雖然結構對於治療過程十分重要,然而過度的結構,例如外加的練習,可能產生機械化動作或行為,並無益於案主的發現之旅(Payne, 1992)。舞蹈動作治療可以用於個別治療,也能應用在團體或家族情境中。團體情境除了鼓勵與他人有意義的連結,團體本身也提供情緒支持。在團體中共同聆聽音樂可以促進團結感,也可能有助於召喚回憶(Payne, 1992)。對於將動作視為自我照顧手段的個體而言,創造出一個或一系列闡明想法或感受的動作能有效幫助自己更深入理解內在掙扎。在舞蹈治療中創造的動作一般來說不會公開展現,源於當下自發性互動的動作通常也難以複製,然而若個體創造動作的目的是為了表達自我,這些動作仍然可以複製,而且與他人分享這項創作經常能帶來宣洩,使個體不再感覺孤立於自己的經驗之中。

研究顯示,舞蹈與動作對於發展性、醫療、社會、生理與心理損傷的個體有其效果。有學者針對多篇以舞蹈與動作為治療模式的研究進行後設分析(meta-analysis),其結果支持舞蹈/動作是基於證據對於以下族群或疾病的有效介入模式,包含焦慮、高風險青少年、兒童與成人自閉症、乳癌、纖維性囊腫(cystic fibrosis)、憂鬱症、失智症、飲食障礙症(eating disorder)、高齡者、纖維肌痛(fibromyalgia)、帕金森氏症(Parkinson's disease)、類風濕性關節炎(rheumatoid arthritis)、思覺失調症(schizophrenia)、身體型疾患

---

4 本章中,以 DMT 描述所有用於治療的各種型態之舞蹈或動作。筆者並非受過訓練的 DMT 治療師,但是曾經運用舞蹈與動作修通(work through)自己作為臨床工作者的感受。

（somatoform disorder）與壓力（Koch, Kunz, Lykou, & Cruz, 2014）。此外，舞蹈動作治療也被指出「對臨終與面對死亡迫近之人要超越其艱難處境非常有幫助」（Payne, 1992, p. 14）。由於臨床工作者時常處理哀傷、失落與臨終議題，透過動作探索自己對死亡的感受可作為絕佳的自我照顧活動。

個案實例

與經歷過某種形式的創傷，包含身體與性虐待的孩子工作，經常導致替代性創傷並且在短期內出現倦怠。在聽過無數案主關於童年性虐待的故事之後，我開始感覺所聽到的每一個故事都大同小異，對於那些性侵心愛家人的兄弟、表親、叔伯、父親甚至母親的厭惡與痛恨日漸累積。我知道要能繼續投入這份工作，就必須找到方法表達對自己所見所聞之事的感受。對我來說，舞蹈始終都是我能以創造性跳脫既有計畫以表達自我的途徑與方式，所以我決定一試。

首先，我坐下來，開始思索當我想到童年性虐待時腦中會浮現哪些字詞，以及有些案主在談及受虐經驗時曾用過的關鍵詞，我把這些詞彙都寫下來，其中包含**噁心、害怕、羞恥、丟臉、生氣、悲傷、侵入性、惡夢**與**瞬間重歷其境**。接著，我開始回想案主在治療過程中是如何逐步穿越性虐待經驗與隨之升起的感受，才逐漸與發生之事和解。此時，我寫下**戰士、力量、堅強、勢不可擋、堅決**與**充滿力量**。依據這兩張字詞表，我創造小的動作：害怕是轉頭看向肩膀後方；羞恥是身體蜷曲成球狀，前後搖晃；最後再將這些動作結合為序列。我將自己所見的治療進展當作故事線，據此編排舞蹈。我決定從那位害怕又羞恥，出現侵入性想法與惡夢的女孩開始，最後將她的動作轉變為堅強且充滿力量的戰士。儘管我是這些女孩的治療師，知道她們從經歷虐待至今已經變得更

> 好也更堅強，然而舞出故事遠比單純聆聽有力量得多。我可以將對於加害者的憤怒導入動作中，幫助自己不再將這份重擔背在身上。隨著舞蹈浮現的戰士不只是活在那些如今已經更堅強睿智的案主心中，也存在於我這位陪伴案主勇敢挺過的治療師的內在。

總結想法

總結而言，舞蹈作為一種治療性介入模式已有數十年，能有效應用於各年齡層以及不同問題的案主。不只案主，臨床工作者也可以運用舞蹈作為個人的藝術性表達。舞蹈是一種充滿力量的工具，可以幫助臨床工作者訴說他們的故事，並且為這些故事創建意義。儘管舞蹈動作治療必須由經認證的舞蹈動作治療師執行，然而我想鼓勵相關專業人員敞開心胸接受舞蹈有可能是一種自我照護的方法。假想這項簡易練習：你不以文字描述當下感受，而是創造一個體現此種感受的動作；你也可以試著演奏一首對於當下掙扎來說有意義的歌曲，看看是否誘發任何動作。正如美國舞蹈治療協會鞭辟入裡地指出：「不論所面對的議題是生之意志、意義或活動力的追尋，或者感受熱愛生命的能力，舞蹈／動作治療師都能調動來自內在身心合一之處的資源」（ADTA, 2015）。

參考文獻

American Dance Therapy Association. (2015). *ADTA informational brochure*. Retrieved from https://adta.org/

Koch, S., Kunz, T., Lykou, S., & Cruz, R. (2014). Effects of dance movement therapy and dance on health-related psychological outcomes: A meta-analysis. *The Arts in Psychotherapy, 41*, 46–64. Retrieved from www.sciencedirect.com/science/article/pii/S0197455613001676

Payne, H. (Ed.). (1992). *Dance movement therapy: Theory and practice*. London: Brunner Routledge.

Penfield, K. (1992). Individual movement psychotherapy: Dance movement therapy in private practice. In H. Payne (Ed.), *Dance movement therapy: Theory and practice* (pp. 163–181). London: Brunner-Routledge.

PART 6
培養慈憫心

22
寬恕治療
Judy Chew

適合此技術的個案

成年案主若希望放下對於傷害者的怨恨與憤怒之重擔，可以透過在寬恕治療（forgiveness therapy）中給予慈善、同理與利他關懷的「道德禮物」獲得助益，但這需要案主看見加害者的人性（例如個人生命史、社會文化壓力），並且將傷害行為放在脈絡中審視。然而，如果案主會混淆這項「道德禮物」與容許傷害行為兩者之間的差異，或者認為此舉即代表解除責任或達成和解，則不建議採用這項技術。

技術說明

學者 Enright 與 Fitzgibbons（2000）將寬恕定義為放下對犯行者的怨恨。依據他們的方法，侵犯者被給予一項「道德禮物」，是其不值得擁有的慈憫、慷慨或慈善。這項經典的寬恕歷程模式包含四個階段：首先，「揭露」（uncovering）階段邀請受到傷害的案主表達從經驗中自然升起的合理感受，聚焦在能逐漸洞察傷害造成的衝擊與程度。接著讓工作進入治療的「決定」（decision）階段，試圖幫助案主清楚定義寬恕的意義（也包含寬恕所**不**代表

的意思）。有此知識與認識後，案主更能夠思考寬恕的可能性。由此導向第三個「工作」（work）階段，案主藉由對於侵犯者的充分洞察或認知理解，重新框架經驗。概略理解侵犯者的生命脈絡（例如個人生命史、創傷或精神問題）可以創造出讓案主給予「道德禮物」的環境，這項舉動是工作階段的成果結晶。寬恕治療的最後階段為「深化」（deepening），將存在論（existential）主題融入治療，包括對於受苦的奧祕與意義之洞見、嶄新的生命目的、與他人更深刻的連結，以及較少的負面情感（Enright & Fitzgibbons, 2000）。四階段歷程模式的一項優點是不論侵犯者是否在場或能否參與，案主都可以給予寬恕。

這項傳統的治療模式可以透過女性主義對於寬恕的觀點（McKay, Hill, Freedman, & Enright, 2007）獲得充實。女性主義視角考慮案主的社會位置、對於憤怒與寬恕具影響力的性別角色訊息，以及案主與侵犯者之間的權力落差。此種觀點強調治療關係中合作的重要性，引入不帶偏見且非病理化（non-pathologizing）的語言，同時探索案主選擇與賦能的來源（McKay et al., 2007）。此種取向也會檢視侵犯者所蒙受的社會文化壓力（例如父權體制〔patriarchy〕），導致其較易罹患精神健康問題並傾向誤用權力。

個案實例

綾是一名二十三歲女性，近期離開家鄉展開新的工作。她前來諮商是為了處理對於母親的強烈羞恥感、怨恨與悲傷。母親的忽略、尖酸批評與暴怒行為包含嚴厲禁止綾使用熱水，不論在任何情況下，即便是拿來飲用或洗澡也不行。母親的精神問題最終讓她失去在織品設計公司的工作。綾說她除了因為母親感到羞恥，也為自己如何回應母親，包含奚落、爭執與肢體衝突等行為感到羞恥。在一次爭執中，綾打電話報警，他們護送母親到醫院，診斷出妄想型思覺失調症（paranoid schizophrenia）。出院後，母親搬到街上去住，堅稱這是「為了全家人好」。

我們的諮商工作為期一年，聚焦於解決學者 Courtois（2004）所述之「複雜性創傷」（complex trauma）。此外，綾也呈現「慢性悲傷」（Roos, 2002）的徵狀，並且表示對於正向改變的可能性感到無力又悲觀。她為了自己與母親長久以來沒有連結，無法與她分享生命的重大里程碑而悲傷。她懊悔著母親日漸衰老，自己卻無法照顧她。然而，隨著我們工作穿越寬恕治療的前三個階段，綾開始能夠原諒自己，並且決定原諒母親。

此時，綾的母親驟然離世，她中止諮商一個月處理家中事宜，再次回來時，綾下定決心繼續寬恕的歷程。作為「工作階段」的一環，我向她介紹「道德禮物」的概念。這個想法深深打動她，但是她要求將「道德禮物」一詞換成「來自內心的禮物」，後者更能反映綾的願望——對她來說，「道德禮物」感覺太像「中國女兒的義務」。

我從慈憫與好奇的角度出發，邀請綾描述她對母親童年的認識。她流淚告訴我，不久前她才從出席喪禮的親戚口中聽見過去不知道的細節。綾的母親曾遭親生父母虐待，他們覺得生下女孩使他們蒙羞，經常用滾燙熱水強迫她服從與嚴守紀律，因此，綾的母親成為一個飽受驚嚇又孤僻的孩子，追求教育與婚姻成為她通往自由的途徑。

我肯定綾在逐漸認識母親駭人童年的過程中展現的坦誠與勇氣。我們討論母親活在一個父母會施展權力並壓迫她的家中，可能感到多麼走投無路。我認可綾對於母親創傷性過往的悲傷，也看見她渴望保持開放態度思考母親作為成年人所做的選擇。我說出我的想法，覺得母親妄想症的「症狀」也可以理解為自保策略。綾也分享她的洞察，表示母親對於熱水的極端恐懼與嚴厲禁止其實是一種保護手段，同時為了「童年的

她自己」也為了讓綾不要受到傷害，綾在分享時眼中滿是淚水。母親最後決定住在街上可能是自我犧牲的表示，為了讓家人——以及綾——過得更自在。隨著綾認知到自己對於母親逐漸升起的同理與尊重，她的呼吸也緩和下來。她理解不是要為母親的行為找藉口，也不是要忘記，但是可以將其放進脈絡之中。

治療告終之際，我邀請綾回饋她對母親逐漸擴展的見解，她拿出一面當初由母親設計的織品拼布。在母親選擇住到街上之後，綾將布料縫在一起，送拼布去給母親保暖。那時過後不久，綾在唐人街的巷子裡找到母親，母親從一台生鏽的超市推車中拉出那條拼布，露出缺了一角的牙齒微笑說：「看哪，綾綾，我給妳取這個名字不是取對了嗎？妳是懂事又慈悲的女兒，這次不要再跟妳媽吵了吧。」綾帶著淚釋然嘆息：「理解與慈悲是從內心給予母親的禮物，這點毋庸置疑。」

總結想法

寬恕作為一種治療取向具有潛在效益，然而許多學者指出治療師與案主需要清楚界定並理解寬恕的意義（Enright & Fitzgibbons, 2000; Freedman & Zarifkar, 2016）。給予「道德禮物」的概念可以透過女性主義觀點進一步擴充，此種取向檢視相關的案主社會位置，例如性別、階級、靈性或宗教關聯、性傾向與族裔，此外，其所支持的治療歷程會協助案主思考權力來源、受害過程（victimization）、壓迫與邊緣化（marginalization），關鍵在於辨認並重新架構偏誤的原則與方法。後續實證研究應檢視如何整合女性主義原則與寬恕治療的模式，以達到為案主賦能的目標（McKay et al., 2007）。

諮商過程中，我們必須確保寬恕是帶來療癒的選項，而非剝奪力量的義務。

參考文獻

Courtois, C. (2004). Complex trauma, complex reactions: Assessment and treatment. *Psychotherapy: Theory, Research, Practice, and Training, 41*, 412–425. doi:10.1037/0033-3204.41.4.412

Enright, R., & Fitzgibbons, R. (2000). *Helping clients forgive: An empirical guide for resolving anger and restoring hope*. Washington, DC: American Psychological Association.

Freedman, S., & Zarifkar. (2016). The psychology of interpersonal forgiveness and guidelines for forgiveness therapy: What therapists need to know to help their clients forgive. *Spirituality in Clinical Practice, 3*(1), 45–58. doi:10.1037/scp0000087

McKay, K., Hill, M., Freedman, S., & Enright, R. (2007). Towards a feminist empowerment model of forgiveness therapy. *Psychotherapy: Theory, Research, Practice, Training, 44*(1), 14–29.

Roos, S. (2002). *Chronic sorrow: A living loss*. New York: Brunner-Routledge.

23
寫一封慰問信

Lisa L. Clark and Jessica Sawyer

適合此技術的個案

　　寫慰問信給成年喪親者幾乎在任何情況下都是令人感動的適切舉動，尤其當信件內容真摯又個人化，而非表達同情的套語，更是如此。此外，由於信件這種形式讓充滿關愛之人以感同身受的方式支持社交網絡中的其他人，此舉不僅能幫助收信者，也有益於書寫之人。然而，信件更適合用來補充而非取代面對面的具體關懷行動，特別當喪親者的失落經驗極具破壞性時，這項考量更是重要。

技術說明

　　目睹他人受苦會同時觸發兩種情緒：同理關懷（empathic concern）與情緒感染（emotional contagion）（Decety & Cowell, 2014）。基於同理關懷的情緒，我們渴望為喪親的親人、朋友或同事提供充滿慈憫的支持。這是一種「聚焦於他人」的情緒，透過目睹他人受苦而產生如同情、慈憫與心軟等感受。相反的概念是情緒感染，發生在我們因旁觀他人苦痛而經驗到個人苦痛時所驅動的自我中心（egotistical）行為，例如迴避悲傷之人以及說出為了安慰自己而非

安慰喪親者的話語。一個人若具有以語言表達支持的能力，在直接面對他人的哀傷時，比較可能觸發同理關懷而非情緒感染。

持續性連結理論將哀傷定義為一段歷程，並透過這段歷程重組與已故心愛之人的關係，讓連結綿延不斷，延續喪親者的一生（Klass & Steffen, 2017）。透過共感的慰問文字貢獻出使逝者與喪親者連結起來的回憶，可以支持喪親者並強化其建構延續不斷的連結。此外，學習並實踐有效的同理溝通技巧也能使同理溝通能力在感知與實際上皆有所提升（Winefield & Chur-Hansen, 2000; Yedidia et al., 2003）。

寫一封慰問信的練習可以應用在個別或團體情境。每位參與者選擇一張卡片，內頁空白，封面可能是一張別具意義的相片或畫作。卡片訊息需用手寫，以寫信者感覺真誠自然的語言坦然直率地溝通，內文應考慮以下七項要素：

1. **承認死亡，避免使用委婉言詞，直接稱呼逝者**。寫信者要表達與喪親者站在一起面對失落與哀傷的勇氣。
2. **表達心有所感的同情**。不要落入陳腔濫調的安慰之詞。
3. **分享足以代表逝者的特質或特點**。如果寫信者不認識逝者，可以在信中加入喪親者或其他認識逝者之人曾經分享關於這位心愛之人的特質或特點。又或者沒有關於逝者的資訊，寫信者可以在信裡肯定並認可逝者對於喪親者的意義與重要性。
4. **分享關於逝者最喜歡的回憶**。一段細膩描述與所愛之人共享時刻的文字可以強化這份已經結束的生命，不僅對於收信者，對寫信者來說也具有重要意義，藉此認可喪親者的痛苦。書寫能傳達創造回憶當下的情緒，以及想起回憶時所經驗到的情緒。如果收信人原本不知道所分享的這段回憶，則新回憶會成為給哀悼者的禮物。曾有一位哀慟的母親說：「我再也無法與孩子創造新的回憶了，但是當你分享一段你與我孩子共享的回憶，就是為我創造出一段嶄新的回憶。」
5. **提醒喪親者所具有的個人力量與特質**。寫出對方的力量與特質是在提醒

哀傷者可以汲取哪些個人資源以因應失落。
6. **提出幫助對方的具體做法。**主動承擔並決定一項給哀傷者的具體支持行動，傳達真心誠意的利他態度，而不只是願意幫忙的模糊說法。
7. **以體貼的願望、祝福或感同身受的話語做結。**

個案實例

我受邀向一間大型兒童癌症醫院的工作人員簡報，關於悲傷時刻應該說什麼或做什麼。這些工作人員經常直接面對當時或先前的病患死亡，因為不確定如何以適當方式與喪親家屬溝通而感到苦惱。簡報目的是提供工具，讓他們有能力以感同身受的方式致哀。

一小時簡報活動被稱作「午餐學習會」，透過電子郵件廣邀所有醫院同仁。活動要求參與者先登記，並請他們自備午餐。大約有八十位來自機構不同部門的員工出席，他們走進會議室就拿到一張卡片與一支筆。會議使用投影片簡報，討論表達慰問之所以困難的原因，包含需要「解決」對方的哀傷、害怕提及失落會使喪親者難過、看見他人的哀傷會感覺脆弱，以及看見對方正在哀傷自己也會感覺不適。討論過程也說明表達慰問的目標，以及適當與不適當語言及行為的例子。最後聚焦於如何撰寫慰問信，除了說明慰問信的七項要素，也針對各項要素提供實例，接著請參與者提筆練習寫信。

參與者得到的指導語如下：我們現在要進行寫慰問信的簡短練習。請想著或想像一個你認識曾經歷失落的人，無須考慮失落發生在多久以前。請你運用剛才說明的七項要素，寫一封慰問信給對方。練習過程中，會秀出這七項要素的投影片供大家參考。你有大約十到十二分鐘完成信件。

參與者完成各自的慰問信後，我們藉由一系列的問題在團體中處理剛才的經驗。這段經驗對你來說感覺如何？寫信的時候你有何種情緒？當你想起並分享關於逝者的回憶時有什麼感受？有沒有任何信件要素對你來說難以下筆？好幾位參與者對這次體驗深有所感，表示能在寫作中表達情緒讓他們鬆一口氣。我邀請自願者讀出自己的信件，有好幾個人這麼做。每讀完一封信，我都會謝謝作者，並且詢問大家以下問題：在聽完（讀信者的名字）的信之後，有沒有什麼你想跟對方分享的？信裡哪一部分觸動了你？

以下實例來自 Jessie，她曾罹患威脅生命的疾病，也是一位年輕母親，她寫道：

親愛的 Jane：

我想向妳、妳的家人以及所有愛 Emily 的人致上我最深的慰問。大家都非常想念她，Emily 將永遠是我們生命中一道美麗的光。

我永遠不會忘記那個夏日夜晚她第一次和妳一起造訪我家。一隻誤闖廚房的小蛾被卡在窗邊，Emily 和我試圖拯救牠不要被貓傷害，我記得我們一邊笑、一邊追著小蟲滿屋子跑。我至今還能看見 Emily 將牠放回院子裡時臉上美麗的微笑，她說現在小蟲可以飛回家了。未來不論在哪裡，只要看見蛾，我都會想起 Emily，也會記得小蟲飛出杯子時，她臉上的笑容如何點亮夜晚。

我很希望能請妳喝杯咖啡，聆聽妳的眼淚、力量與更多故事。我每天都想著妳。

永遠愛妳的 Jessie

Jessie 在練習結束後的反思中表示：

依據 Lisa（本章作者）的簡報，我們可以「想像」一位痛失子女的家長，這也是我做的練習。透過想像，我個人失落的比喻在信中自然而然浮現。那隻蛾代表一位年輕女孩的離世（她是我的朋友，跟我一樣會騎馬，曾在聖裘德〔St. Jude〕醫院接受治療），也代表我經歷痛失摯友的模糊性失落（對我來說非常近期也極為困難的事件）。那隻貓代表癌症，也代表家人願意從病魔手上救回自己孩子的奮鬥程度，而且帶著笑與希望奮鬥。Emily 將蛾放回夜色之中是因為蛾會再飛向光，因為光才是我們真正的歸宿。直到寫完這封想像的慰問信，我才理解信件內容隱含的深意。所以某種程度而言，我練習了某種慰問的做法，未來可能會寫給許多我生活或工作上認識的人，這是向我自己的失落致敬之外的額外收穫。

總結想法

當人們感覺被賦能寫出具個人意義的慰問信給喪親者，就比較能夠避免被情緒感染壓倒的感受，也更能透過真誠表達的同理與關懷靠近對方的痛苦。這項簡單卻發自內心的行動不僅強化哀悼者與逝者的連結，也鞏固哀悼者與一個實際體現的共感社群的連結。與此同時，這項舉動提升寫信支持者表達關心的溝通能力，有時也產生紀念書寫者自己失落的效益，包含那些與喪親者共有的失落。

參考文獻

Decety, J., & Cowell, J. M. (2014). Friends or foes: Is empathy necessary for moral behavior? *Perspectives on Psychological Sciences, 9*(5), 525–537.

Klass, D., & Steffen, E. (Eds.). (2017). *Continuing bonds in bereavement*. New York: Routledge.

Winefield, H. R., & Chur-Hansen, A. (2000). Evaluating the outcome of communication skill teaching for entry-level medical students: Does knowledge of empathy increase? *Medical Education, 34*, 90–94.

Yedidia, M. J., Gillespie, C. C., Kachur, E., Schwartz, M. D., Ockene, J., Chepaitis, A. E., . . . Lipkin, M. (2003). Effect of communication training on medical student performance. *Journal of the American Medical Association, 290*, 1157–1165.

24 主題分析
Judy Chew

適合此技術的個案

取得逝者的日誌能夠為喪親工作中的意義創建打開一扇窗。日誌可以揭示寫作者的特質、價值觀、選擇、經驗與感受，這些按時序記錄重大經驗的思考內容可以促進對逝者生命的認識，並緩和喪親者的痛苦。日誌主題分析這項技術適合擁有認知與情緒資源，並能夠探索逝者內在生命的案主。然而，如果分析與發現的過程對於案主在情緒上仍言之過早，或者會因此滿懷負面且複雜的議題，又或是在缺乏所需的情緒支持下，則不建議採用這項方法。

技術說明

主題分析的基礎預設是人會尋求意義，且希望理解生命（van Manen, 1990），此種分析最常用於檢視生活經驗（lived experience）的質性研究。表達性寫作以及將經驗化作文字可以幫助寫作者穿越創傷性或私密的痛苦（Pennebaker & Smyth, 2016），基於這點，閱讀這些文字表述也可能產生療癒功效。可以調整主題分析的方式以符合與哀傷個體工作的心理治療，以下提供有助於此種治療工作的引導與問題：

- 閱讀並重讀整本日誌以熟悉內容，同時在心中自問：「發生了什麼有意義的事情？一切的全貌是什麼？」
- 尋找有意義且有趣的面向，例如情緒、選擇或關係。提供引導的問題包含：「這個例子代表什麼？看起來發生了什麼事？所表達的是什麼？」可以在日誌頁面或告示板上貼各色便利貼，捕捉重要的句子或字詞。
- 更深入回顧與反思所選資訊，以辨認整體性或更廣泛的主題。可以用單字卡、心智圖或表格作為視覺輔助，以列出潛在主題。各項主題內容為何？反思這些發現的意義，指出衝突點、不一致或問題。
- 檢視這些主題以探索它們之間的關係，用幾句話描述每一份關係。從此種檢視中浮現的模式與關係為何？主題之間的關係是否反映整體敘事或故事線？是否有任何意外或衝突之處？詳述故事線。

依據建構主義觀點，喪親者「努力依據對個人而言有意義的想法組織生命事件，以理解、預期並且某種程度掌控自己的世界」（Neimeyer, Laurie, Mehta, Hardison, & Currier, 2008, p. 30），主題分析的引導與附帶問題正提供一種促進預期與發現而具療癒性的姿態，案主於主題分析過程中寫在日誌裡的回應也會有助於治療對話。以下個案研究即呈現此種主題分析之應用。

個案實例

研究生 Eduardo 前來諮商，希望處理生父（Geraldo）兩年前在「複雜」死亡後所出現據他所述的「道德不安」。Eduardo 嬰兒時期就因為 Geraldo 的精神問題與成癮狀況而父子分離。Geraldo 被診斷出癌症末期一年以前，從男性變性為女性（Geraldine）。Geraldine 去世前，Eduardo 曾短暫前往探視，在這場 Eduardo 描述為「痛苦的重逢與道別」之後，他開始讀 Geraldine 送給他作為「道別禮物」的日誌。Geraldine 鼓勵他

「如果哪天覺得自己準備好了」再翻開來讀。

喪禮過後，Eduardo 確信 Geraldine 的死對自己根本不會或幾乎不會有任何影響，他說自己「早就放棄擁有父親的希望」。然而他開始讀日誌，而且讀的時候出現「潮水般困惑的情緒」，促使他尋求諮商。他希望「理清楚」自己內在發生什麼事情。

我基於建構主義的觀點工作，與他建立尊重與同理的工作同盟，也導入合作取向以協助案主的意義發現（Neimeyer, 2009）。我肯定 Eduardo 對於理解與內在平靜的追求，鼓勵他信任自己生命經驗的軌跡，並且認可他此刻尋求清明洞見正是時候。

我們一開始的工作聚焦於 Eduardo 數年來對於自己被父親「遺棄並拋下」的不在乎。在閱讀 Geraldine 的日誌一週後，Eduardo 驚訝地表示他感覺悲傷上湧。他說現在很困惑，不僅無法理解，道德上也無法接受父親轉換性別的決定。他想知道父親這一生以及「死後的生命中」是否獲得平靜。Eduardo 表達他渴望認識這個「新的人」，以稍微理解一個不再是父親而是自己家長的人死去這件事，然而，隨著這份渴望而來的還有恐懼。Eduardo 表示他擔心如此探索可能衝擊自己的學業表現，並威脅其道德與靈性價值。我向他保證在他的尋索之路上給予支持，也鼓勵他要對自己有信心，他有能力明智地找到方向，抵達令他滿意的意義所在（Neimeyer, 2009）。我肯定他在 Geraldine 最後的日子裡前往探視的勇氣，也告訴他我很好奇他如何決定要讀 Geraldine 如此「嚇人又難以招架」的日誌。Eduardo 坦言，從日誌中「逐漸認識」的 Geraldine 似乎對於自己的生活與靈性生命感到滿足，她顯然接受了自己即將早逝，這點令他困惑又著迷。

隨著治療會面持續，Eduardo 分享他從我們的工作關係中所汲取的

情緒支持與日漸增長的信心，使他備受鼓舞。他繼續重讀日誌，帶著一種「更開放的心態」，不那麼害怕或批判 Geraldine。當他表示想知道如何「以更有條理的方式」理解 Geraldine 的思緒，我鼓勵他嘗試主題分析，並提供分析過程的具體做法。下次會面，他帶來一面色彩紛呈寫滿深刻主題的告示板。他說自己開始寫日誌，表達那些新發現的主題對他的影響。透過我的開放式提問，他分享自己的道德或靈性觀點如何發生變化。Eduardo 也提到 Geraldine 日誌中的一項重大主題是她一生都覺得自己活在錯的身體裡──Geraldo「與自己和世界格格不入」。決定擁抱跨性別的身分認同顯然不只是一種生活方式的選擇（Norwood, 2013）。Geraldine 的日誌也描述作為一個拋下 Eduardo 的家長所面臨的痛苦、內疚與失落的主題，而當她經歷性別轉換並面對癌症預後，浮現的主題則是新發現的平靜。她能夠愛自己並感覺完整，靈性上由充滿愛的造物者所轉化（Reinsmith-Jones, 2013）。Eduardo 含淚告訴我 Geraldine 也表達對於他們短暫重逢「無法言喻的喜悅」，自我寬恕的主題貫串最後幾篇日誌。

Eduardo 說他現在比較接受父親的性別改變，Geraldo／Geraldine 始終都是同一個人，性別轉換並沒有以一個人取代另一個人（Norwood, 2013）。Eduardo 一邊搖頭，一邊坦誠這一切仍有難解之處，但是他也微笑著說：「後會有期。好好安息吧，Geraldine。」

總結想法

失去父母經常是複雜的經驗，而失去跨性別父母更會為哀傷旅程中要梳理的敘事與將創建的意義增加挑戰。面對未知的情緒領域，經常需要建立新的概念。為了跨越不熟悉的文化範疇，需要一位同理、不帶批判且具創造力的治療

師陪伴。

　　由於 Eduardo 決心理解 Geraldine 的死，他必須思考 Geraldine 為了獲得內在平靜而為自己生命做出的選擇。Eduardo 探索 Geraldine 的日誌以及探查自己情緒的深度與意義時，展現強大的思考能力，非常適合採用反思性的主題分析方法。我們的心理治療會面便提供機會表達、回饋並認可他逐漸增長的覺察。透過這種意義創建的過程，Eduardo 表示自己在靈性上日漸清明，也獲得心理平靜。

　　主題分析適合想透過細讀日誌豐厚對逝者理解的案主。這項技術可以依據各類型哀傷經驗與案主所陳述的問題有效延伸，以取得最佳應用效果。例如檢視留下的數位影音檔案，辨識逝者生命中的顯著主題；也可以利用本章提供的引導，訪談逝者的朋友、同事或親戚並探索訪談內容。然而，決定治療會面之外的練習活動時需格外謹慎，安全感是治療倫理的必要條件，應該盡可能降低（再次）受創（[re]traumatization）的可能。同理，與逝者有關的其他素材來源，例如自殺遺書或簡訊，比較適合在慎選時間點後，納入治療會面的合作工作中。還有一些案主可以獲益於對那些與自身哀傷／失落經驗相關的書籍或電影進行的主題分析，例如有關失去嬰兒、孩子、手足、家長或配偶的作品。關鍵在於治療師給予關照，並尊重案主的節奏，建議本於合作精神，主動為案主提供不同選項以達到「適配」（goodness of fit），畢竟最終仍然是由我們的案主在失落後創建意義的追求中做出選擇，走出自己的路。

參考文獻

Neimeyer, R. (2009). *Constructivist psychotherapy*. New York: Routledge.

Neimeyer, R., Laurie, A., Mehta, T., Hardison, H., & Currier, J. (2008, Spring). Lessons of loss: Meaning-making in bereaved college students. *New Directions for Student Services* (121), 27－39. doi:10.1002/ss.264

Norwood, K. (2013). Grieving gender: Trans-identities, transition, and ambiguous loss. *Communication Monographs*, *80*(1), 24–45. doi:10.1080/03637751.2012.739705

Pennebaker, J., & Smyth, J. (2016). *Opening up by writing it down* (3rd Ed.). New York: Guilford Press.

Reinsmith-Jones, K. (2013). Transsexualism as a model of spiritual transformation: Implications. *Journal of GLBT Family Studies*, *9*(1), 65–99. doi:10.1080/1550428X.2013.748509

van Manen, M. (1990). *Researching lived experience*. London: Althouse Press.

PART 7
與情緒工作

25
平衡關懷與挑戰
Jakob van Wielink, Leo Wilhelm and Denise van Geelen-Merks

適合此技術的個案

在關懷（caring）與挑戰（daring）間取得平衡的這項技術幾乎適用於所有案主，且對於死亡與非死亡失落同樣有效。然而，如果案主經驗到的失落具創傷性，治療師不應太快推進「挑戰」的進程。

技術說明

當父母對孩子來說是可及的（available），他們便能成為孩子的「安全堡壘」（secure bases），提供安全感與溫暖，同時激發孩子探索世界，獨自踏出腳步並自己站穩。安全堡壘一詞由心理治療師 John Bowlby 取自心理學家 Mary Ainsworth 的研究，且 Bowlby 並未將其依附理論限縮於父母與子女的關係，而是擴展至包含治療師與案主的關係。後來又由學者 Kohlrieser 與其同仁（2012）在安全堡壘的構想上加入一項與實際治療情境高度相關的概念：「關懷」與「挑戰」之間的平衡。此處「關懷」的核心在於治療師提供的安全感與信任感，這是「挑戰」案主並激勵他們邁出新步伐進而成長的必要基礎。成功的治療必須在安全感與激勵之間取得適當的平衡與交替。成為安全堡壘的治療

師有能力為案主提供安全感與信任感,同時也激勵他們進一步發展自我(Wielink, Wilhelm, & van Geelen-Merks, 2020)。

治療師應該提供百分之百的關懷與百分之百的挑戰,若缺少其中一項,將導致兩種結果,第一種(在大部分關懷卻少有挑戰之下)會充滿溫度卻幾乎毫無進展,或者(在大量挑戰卻幾乎沒有關懷之下)產生許多行動卻難見真正的改變,且面臨過分超越極限的風險。

雙重歷程模式(Stroebe & Schut, 2010)描述在失落與修復兩種焦點之間的往復移動或如鐘擺的擺盪,點出處理失落的複雜性。如圖 25.1,該模式左半邊包含的面向與失落盤據心神或個體沉浸於失落有關,右半邊則聚焦於修復,所包含的面向是關於嘗試新事物、向前邁進、試圖轉移注意力等。哀傷歷程被定義為在這兩種導向之間的鐘擺式移動,只是擺盪方式因人而異,也會隨時間點變化。雙重歷程模式並未傳達對於其中一種焦點的價值判斷,沒有哪一種優於另一種,也不提出解方,或者鎖定任何一種理想的最終狀態。

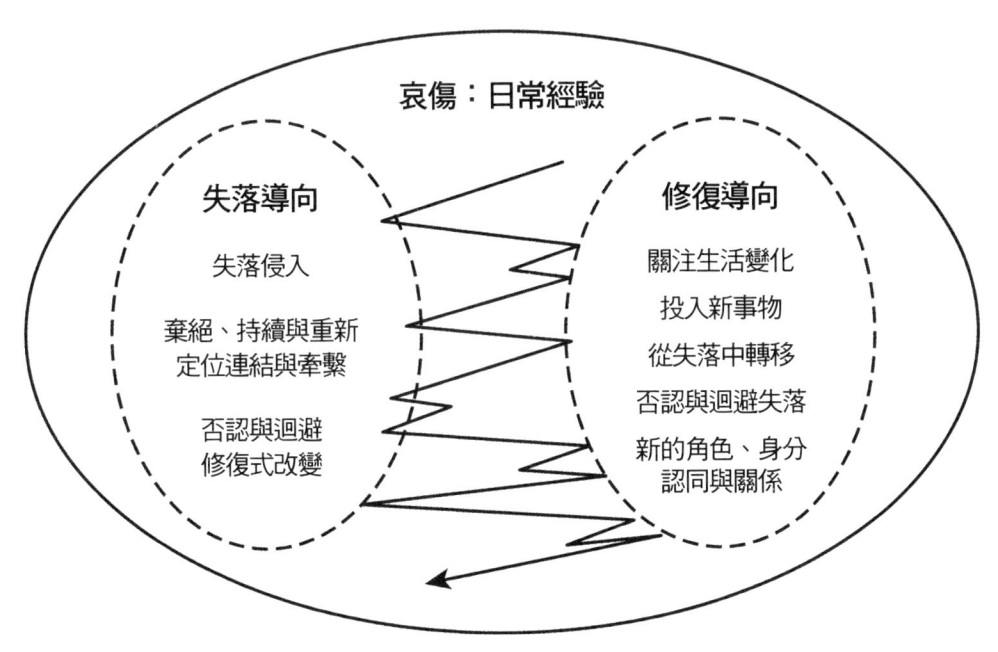

圖 25.1 雙重歷程模式

若結合關懷與挑戰的平衡以及聚焦於失落與聚焦於修復的平衡，會得到含有四個不同象限的模式，如圖 25.2。

治療師可以從這四個象限中擇一執行其介入模式。在治療關係作為安全堡壘提供安全感的前提下，只要案主的依附風格、復原力與適應狀況許可，治療師也可以激勵案主探索其他象限。

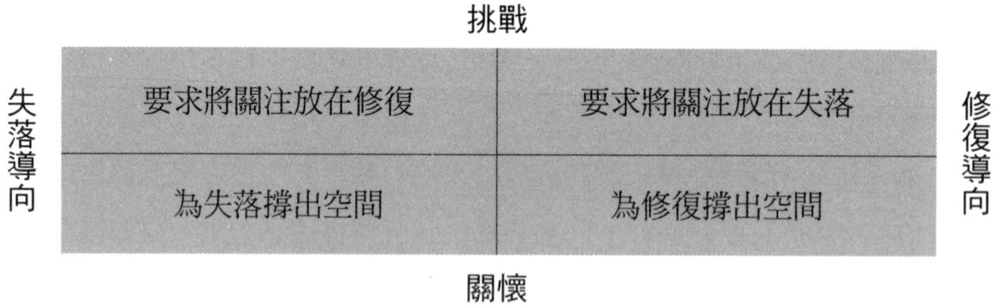

	挑戰	
要求將關注放在修復	要求將關注放在失落
為失落撐出空間	為修復撐出空間
	關懷	

失落導向　　　　　　　　　　　　　　　　　　　修復導向

圖 25.2 結合雙重歷程模式與關懷挑戰平衡的四象限

個案實例

Vera 坐在候診室，封閉進自己的世界裡。她身材嬌小，看起來很脆弱，費了一番力氣才勉強走進診間。一年半前 Vera 因為公司破產丟掉工作，從那時起，她每天的日子就是睡覺和看電視。她覺得無力起床活動、見朋友或出去找工作。「我感覺糟透了」，她說，「我在那間百貨公司服務了這麼久，從十六歲開始做初階業務助理，現在都五十六歲了。我在那裡工作四十年，待過很多不同部門，最後才成為團隊領導。我熱愛為公司效力。」談到在店裡工作的日子，Vera 雙頰泛紅，眼神發亮。「妳真的很享受在那裡工作，對嗎？我看得出來；妳提到那段經驗時整個人閃閃發光」，治療師說。她請 Vera 談談曾經如此美好的那段歲

月。Vera 很安慰自己「獲准」全然沉浸在這個她如此懷念的情境之中。透過與案主站在一起，治療師創造出一個舒適區，幫助案主感覺自己的失落與故事都會被接納。就雙重歷程模式而言，Vera 的因應歷程傾向於高度失落導向，治療目的是希望幫助她重獲新觀點並迎向未來，但是在此之前，治療師需要透過與案主站在一起，先創造投契關係（rapport）。治療師不時提問，讓 Vera 說出她的故事。她從初階業務助理做起，後來被調到女性服飾部門，在那裡終於升任資深業務助理與協調專員。多年來，她身邊的同事都是同一群人，她經常跟他們在週六晚上去跳舞。她嘆了一口氣，那是往日的美好歲月。「那段日子好在哪裡呢？」治療師問。「大夥兒共度歡樂時光很棒，除此之外，我們也都參與店面外觀和感覺的創造工作。那時候銷售團隊對於產品範疇會提供很多想法，基本上我們就代表了那家店，就是那種感覺。我們的展售櫥窗和產品項目都讓我感到驕傲……我們都是，大家共享那份驕傲。」Vera 停了下來，視線望向遠方。「是啊，那真是美好歲月。」「回顧那段時光對妳來說是什麼感覺？」治療師問。「喚起那些回憶很棒，在我腦海裡非常清晰，那是我人生中最美好的日子，後來很多事情都變了。店裡的氛圍變了，愈來愈不容許員工提出有關產品範疇的意見，好幾位同事離職。我始終確保我的部門表現得出類拔萃，但是有很多年輕同事根本不在意，他們只是做做表面功夫。」「那時候，妳從誰的身上找到力量呢？」「從誰身上找力量？沒有人，說真的。彷彿再也沒有人在意那間店的外觀和感覺了。」「妳現在回頭看有什麼感覺？」「很難置信，公司那時狀況很糟，大家都覺得店面愈來愈不吸引人。我不懂管理階層為什麼不再聽我們這些門市員工的想法了。」「所以，如果我說曾經有段時間妳真的很享受為這個單位工作，但也有一陣子情況不那麼好，這樣

描述對嗎？」「對，確實如此。已經有好一段時間都在走下坡了，很明顯。我竭盡全力維持過往的標準，但根本不可能。」

長時間只聚焦於失落的案主可能傾向於將過去浪漫化。Vera 主要想念她曾有美好回憶的元素，而未注意到其他部分。治療師沒有忘記問她那些「不記得」或「不開心」的細節，讓故事再次完整也更加真實。治療師繼續在以失落為焦點的這一邊，詢問案主經常遺漏的細節以逐漸提高挑戰強度。

透過說故事以及治療師的提問，案主學會重新檢視自己與所失去的人或事物之間的關係。探索的對象除了想念的人事物，還有曾經為之掙扎的人事物。

Vera 表示，她想念與同事的聯繫以及以店面為傲的心情，對她來說，這些是很重要的元素。她不懷念被誤解的感覺，或者通勤時間與固定工時。

治療師給的挑戰是詢問 Vera，這份失落是否帶給她任何東西，也許是給她原本沒有足夠空間容納的東西創造出空間？Vera 當下沒有答案，卻在下一次會面前找到了。喜歡動物的她一直都想養狗。

治療師接著問她，基於她想念的元素以及希望看見改變的事物，有哪些點子可以幫助她在未來找到生活的意義。雖然一開始不太確定，但是 Vera 漸漸開始喜歡發想新的可能性。

兩年後，Vera 成為動物收容所志工，近期也完成動物照護員認證課程，收容所開始為她的服務支付小額報酬。此外，她也非常驕傲自己是黑色拉不拉多犬 Murphy 的主人。

總結想法

　　案主會以自己的速度前進。有時治療師需要大量耐心與案主同在並提供關懷，尤其當案主應該前往的方向在治療師看來非常明顯時，更是如此。要放慢腳步等待空間釋出以容納觀點轉換，對於治療師與案主來說都是相當大的挑戰；然而，在案主還沒準備好接受轉變時勉強對方，則可能造成反效果，讓案主退卻。有些時候，前進的唯一辦法是進兩步退三步。治療師若能熟悉自己內在的擺盪，從自己的安全堡壘汲取力量，便更能夠把握原則堅持這段歷程。

參考文獻

Kohlrieser, G., Goldsworthy, S., & Coombe, D. (2012). *Care to dare—unleashing astonishing potential through secure base leadership*. San Francisco: Jossey Bass.

Stroebe, M. S., & Schut, H. (2010). The dual process model of coping with bereavement: A decade on. *Omega, 61*(4), 273-289.

Wielink, J. P. J. van, Wilhelm, L., & van Geelen-Merks, D. (2020). *Loss, grief and attachment in life transitions. A clinician's guide to secure base counselling*. London/New York: Routledge.

26
外化的對話
吳嫣琳（Carolyn Ng）

適合此技術的個案

　　這項技術適用於正與威脅或限縮生命之疾病掙扎的成年人或青少年，這類掙扎包含對於死亡迫近的意識，以及因此產生的死亡焦慮。然而，如果案主剛得知疾病的壞消息或經歷醫療危機，可能還沒有準備好要開啟外化的對話（externalizing conversations）。這項技術也不適合臨終且開始出現瀕死徵象之人，例如激動性譫妄（agitated delirium）形成的認知障礙。同樣的，個案若出現具風險之傾向（如自殺風險），也不適合採用這項技術，而需風險評估與方案介入。

技術說明

　　多數人將死亡視為一個沉重的話題，必然導向嚴肅或甚至恐怖的對話，然而採用外化的對話這項來自敘事治療（White, 2007）的技術，可以為重症患者賦能，使他們採取更主動的角色面對疾病甚至是迫近的死亡。這些對話創造出空間，邀請人們重新定義其身分認同及／或自己與所指認的掙扎之間的關係（Carey & Russell, 2004），雖然疾病及其威脅並未消失，個體卻能以不同的角

度看待自己，也以嶄新的方式體驗生命。有時候，特別是對於青少年或年輕人來說，外化的對話甚至可以扭轉死亡與瀕死這類沉重話題，變得可以帶著玩興（playfulness）與幽默看待，而非恫嚇與禁忌。

為了促進此種外化的對話，可以採用以下的 NETS 結構（Name, Elicit, Take a stand, Step forth）作為引導架構，邀請重症者進入對話。

1. 為掙扎命名（Name）

當重症病患在治療中提到某種掙扎（例如疾病末期所導致的無望感），我們可以邀請對方以符合自己與自身經驗的方式為這份掙扎取一個名字，或者邀請對方將所指認的掙扎擬人化，例如描述其獨一無二的特徵或性格。此種命名過程非常重要，因為這會使患者在面對當前困境時，可以讓其生命至今為止發展出來的問題解決策略、技巧與點子浮上檯面，並取得關聯（Carey & Russel, 2004）。範例問題如下：

- 如果請你為這份掙扎取一個名字，你會怎麼稱呼它？
- 你是如何決定要取這個名字的？
- 我很好奇這個名字背後的故事是什麼。

2. 探索該掙扎對人的影響（Elicit）

命名並指認出掙扎後，接下來邀請患者針對所指認的掙扎以及掙扎對於他們個人與生命的影響分享一些故事。透過將這份掙扎放進故事線中，我們可以開始闡明它是如何逐漸對案主的生命造成影響（Carey & Russell, 2004）。範例問題如下：

- 這個名字真的有傳達出它的性格嗎？
- 你什麼時候開始注意到〔掙扎的名字〕進入你的生命中？

- 到目前為止，〔掙扎的名字〕如何影響你或你的日常生活？
- 你會如何描述這些影響——正向、負向、混合，或者……？
- 有沒有什麼時候或情境讓你感謝它存在你的生命中？
- 有沒有什麼時候你希望它不要出現在你的生命中？那是什麼時候？

3. 選擇自己相對於這份掙扎的立場（Take a stand）

隨著案主愈來愈意識到自己與所指認的掙扎之間的關係與互動，還有它對自己生命的影響，我們進而邀請對方思考，希望接下來朝何種方向前進。他們可以選擇維持現狀或做出認為必要或有幫助的改變，以從該掙扎的影響中重新掌握自己的生活（Carey & Russell, 2004）。案主的觀點與決定可能會隨著治療進展改變。範例問題如下：

- 你多大程度願意允許〔掙扎的名字〕繼續像之前一樣影響你的生活？
- 那麼你希望如何定位〔掙扎的名字〕在你生命中的位置？
- 〔掙扎的名字〕對與你的這種關係，會怎麼想或怎麼說？
- 與〔掙扎的名字〕擁有這種關係如何讓你的生活有所不同？

4. 據此採取行動（Step forth）

當我們透過外化的對話使掙扎在人們生活中「不再占據中心」（Carey & Russell, 2004），就能接觸到他們生命中因為掙扎影響而蒙受遮蔽的其他面向。接下來的探索則轉向讓案主認識那些有助於處理掙扎並在生命中跨出去的生活技巧。也可以邀請對方指出能夠在此歷程中見證並支持他們的重要他人。範例問題如下：

- 你需要做什麼才能將〔掙扎的名字〕維持在這個位置？
- 你接下來會如何發展或維持與〔掙扎的名字〕的這種關係？

- 你下了多大的決心或多渴望讓這件事情成真？
- 當你能夠讓這件事情成真，這代表你是怎樣的人？
- 〔掙扎的名字〕會很驚訝看到你這麼做嗎？為什麼？
- 誰會與你同行並且見證你的努力？
- 你是否可預見前方任何可能的障礙？如果出現，你會如何處理？

個案實例

案主是二十三歲的 Nas，慢性骨髓性白血病（chronic myeloid leukemia）復發，在我們的一次對話中，她描述自己是「垂死的病人」，透露她對抗死亡焦慮的掙扎。由於這類述說經常是開啟外化對話的機會，我邀請她為其掙扎命名。她稱呼其為「輾壓」（the Crush），因為她感覺自己的內在被狠狠輾過，也在得知自己罹患不治的肺纖維化（pulmonary fibrosis）時痛哭。接著，我邀請她分享「輾壓」到目前為止如何影響她和她的生活。一開始她覺得自己成為「輾壓」的受害者，因為它造成的干擾已經到讓她「沒有生活」的程度。用 Nas 的話說，她將這種狀態描述為「我飽受折磨又情緒低落，只想睡覺。渾身無力，不想出去或跟朋友聊天，只想待在家哩，也不想去學校。完全沒有生活……我沒有任何朋友，很寂寞。」

聽著 Nas 的話，我為她感到心痛，我相信 Nas 不需要繼續活在「輾壓」的陰影下，也不認為她會想要以這種方式度過餘生。當我與 Nas 探索她有多願意讓「輾壓」繼續干擾自己，她回答：「那不是我要的……我已經厭倦一直睡覺沒有生活，我想要醒來過生活，那才是我更重視的。」於是我逐步邀請 Nas 反思先前都如何回應「輾壓」，以及希望如何重拾自己更重視的生活，她開始發想可以對付「輾壓」來臨時的不同

知識與技巧，包含採取主動行動，例如出去散步或在家裡煮自己最愛吃的東西，還有與信任的人講話，以及讓眼淚落下而不要壓抑或耽溺於「輾壓」。

有趣的是，在我們後來的一次對話中，Nas 表示不知道為什麼，自從我們開啟那段關於「輾壓」的外化對話之後，它已經一段時間沒有來找她或干擾她了。她覺得這是「令人驚訝的事」，而我也對她的經驗感到驚訝又好奇，因此邀請 Nas 進一步分享背後可能的原因。她說：「現在的我不會再費力上網搜尋肺纖維化，我只是過自己該過的生活，去工作、念書之類的。」我也與 Nas 探索她的生活沒有「輾壓」之後有何不同。讓我備感振奮的是聽到她說「沒有『輾壓』的這段日子很棒，我可以好好吃東西，不過我也胖了」，她笑著說，「我享受生活，大部分時候在笑，而不是很陰沉，也更能專注在學業上。現在我都很早起床，日常習慣也不一樣了……我最重視的是我的生活，這才是我要的人生。」

總結想法

外化的對話不只聚焦於人們的掙扎，也可以用於內化的正向特質，例如復原力。這類對話開啟空間，讓案主說出他們多面向生命的替代故事（alternative stories），拓展他們對於行動的觀點與選項，使重大改變能夠發生。尤其是當案主被貼上「垂死病人」的標籤，疾病與死亡的威脅似乎占據了他們生命舞台的中心而不僅是其中一個篇章時，更需要此種對話（Cincotta, 2004）。外化的對話並非以單薄的方式建構生命故事，讓疾病與死亡宛若生命中的唯一事件，而是幫助人們探索自己的替代故事與偏好的認同，那些人們在重大疾病侵襲生命，特別是來日無多時可能忽略的事情。不論案主的生命旅程走到哪裡、病得多麼嚴重，很多時候生命走到盡頭那一天，人們依舊想活下去並體驗人生。因

此，他們豐厚的生命故事會持續發展，也值得探索並獲得周遭支持性專業人員的見證。

參考文獻

Carey, M., & Russell, S. (2004). Externalizing: Commonly-asked questions. In S. Russell & M. Carey (Eds.), *Narrative therapy: Responding to your questions*. Adelaide: Dulwich Centre Publications.

Cincotta, N. (2004). The end of life at the beginning of life: Working with dying children and their families. In J. Berzoff & P. R. Silverman (Eds.), *Living with dying: A handbook for end-of-life healthcare practitioners* (pp. 318–347). New York: Columbia University Press.

Ng, C. (2015). Consulting young people about living with cancer. *The International Journal of Narrative Therapy and Community Work, 2*, 51–57.

White, M. (2007). *Maps of narrative practice*. New York: Norton.

27

心靈城堡

Riet Fiddelaers-Jaspers

適合此技術的個案

這項技術適合幫助那些在經歷富含意義的失落後,試圖深入理解自己生存機制的兒童、青少年、成年人與年長者。此技術也適用於團體情境,有助於示範並提出刺激思考的問題。然而,這項技術並不適合在近期甫遭遇失落的人、還沒有能力反思自己調適風格的案主,或者認為玩這類「玩具」很幼稚的成年人或年長者。

技術說明

我用城堡的隱喻幫助案主檢視他們經歷具意義的失落後所發展出來的生存策略。原本的故事「通往我心的大門」是關於我母親與我的故事(詳見第 33 章),每次我都會微調這個故事讓它更能觸及案主。本章中,我採用「通往你心的城門」這個寫給兒童與青少年的版本(詳如後述)。可以的話,我偏好坐在地上或坐墊上,我的案主也是,不過桌椅也是可行的。我們前面會放一座由木頭、紙板、紙張或塑膠蓋的城堡。此外,我手邊有:寫上象徵符號的卡片;得寶(Duplo)、樂高(Lego)或摩比人(Playmobil)人偶;守衛或騎士人

偶；一頭惡犬或三頭狗，或者類似的角色；一大串各種尺寸的鑰匙；以及一些柔軟或小巧的東西，像是羽毛、紙巾、小盒子、貝殼等。

開始心靈城堡的練習時，先為案主朗讀故事。讀完之後等待幾秒鐘，讓案主有機會將故事收進心裡，再進行下一步。透過提問開啟對話，若是在團體情境中，可以直接向參與者發問。

這項技術的目標是幫助案主指認他們因應失落的方式，理解自己的生存策略，並且接觸自己的痛苦與脆弱。

說故事：「通往你心的城門」

我有一顆心，跟你和所有人都一樣。我的心是一座像城堡的東西，正前方有一扇厚實的大門，門後是連接世界的通道。城門前面站著一個可靠的守衛，可以將城門打開或關閉，由我告訴守衛該開還是關。

最初來到這個世界時，我的門是開著的。我在母親的臂彎中感到安全，她對我笑，溫暖擁抱我。我也給了她那時候的我所能夠給予的最棒禮物：我美麗的笑容。我開始與她連結，後來也對其他人展露笑顏，讓人們進入我心裡。但是很快的，我學到有些時候為了保護自己，我必須暫時關閉我的心。我在生命中遇見一些非常糟糕的人，有了痛苦的經驗，於是叫守衛再次關上城門。

也許你也很快就知道如何關上你的門，那麼你也有過和我一樣的經驗，有人曾經在你心中帶來痛苦。也許你的父母離婚了，或是你雖然不想，卻被迫搬到另一個城市；也許你因為自己的國家不再安全而必須離開，或者你遭到霸凌；也許有一個你深愛的人生重病或死去。你心中可能有非常多感覺：或許因為發生的事情感到憤怒，因為某人離開或死去而悲傷，或是覺得想家、內疚、羞恥或被拋棄。

每當我的內在亂成一團，我的守衛就不知道該怎麼辦。也許你也

曾經像我一樣會告訴你的守衛：「把門關好；對一個人感到失望或被對方拋棄實在太痛了。」不可以再讓任何人進來，因為我再也不想感受到這種痛了！

但你知道奇怪的是什麼嗎？當你緊鎖心門，讓自己不再感覺疼痛，此時生命也不再喜悅了。因為喜悅與悲傷注定要在一起，你的悲傷絕大部分都來自你經驗過的美好與歡樂。

你可以為自己選擇：要將護城吊橋收起或放下，將通往你心的城門打開或關閉，即使可能造成刺激或帶來壓力。你可以珍惜那些回憶，想著所有曾經發生過的美好，即便其中也有爭執或悲傷。美好回憶將留存心底，沒有人可以拿走，那是你的！打開通往你心的那扇門吧，不用隨時隨地敞開，只要不時重新開啟就好（Fiddelaers-Jaspers, 2011–4; Fiddelaers-Jaspers & Kinkkelder, 2018; Fiddelaers-Jaspers & Visser, 2017; Visser & Fiddelaers-Jaspers, 2016）。

讓城堡發揮作用

當人們經歷對自己來說具有意義的失落，因此困惑於發生在自己身上的事以及為何如此時，文字絕非唯一的接觸方式，很多時候也不是最好的。透過圖像、觸覺、色彩與形狀，我們的感官更能提供通往內在歷程的途徑。城堡練習運用象徵手法呈現「通往你心的城門」這個故事，通常成年人，甚至兒童與青少年，都能認同這個圖像並感到好奇。他們能夠收起吊橋並鎖上城門嗎？換句話說，他們能夠與城堡所提供的安全與可靠的隱喻產生共鳴嗎？多數時候答案是肯定的。這使他們能夠（或許是第一次）碰觸到潛藏在內心深處的痛苦、苦惱、哀傷與寂寞。運用隱喻與圖像有助於讓案主不被情緒全面席捲，而能維持自己的界線，讓他們有機會用自己的話說出故事。

生命中的重大事件使城門猛然關閉，日後即使是假想的威脅也會讓城門重

重闔上（Fiddelaers-Jaspers & Noten, 2015），目的是保護一種通常已經不存於心靈意識中的脆弱之物。如今城門封閉，守衛緊緊看守，那個脆弱的部分或曾經有過的連結已被斬斷，安放在城堡的院子裡，而城門與守衛成為與外在世界聯繫的通道。這些防衛機制讓人假裝痛苦不存在以確保個體能夠過下去，案主從此以「生存模式」繼續度日。

城門的守衛犬

象徵性圖像讓案主在說出自己的故事時獲得保護，就像騎士戴上鎧甲與頭盔自我防衛。案主彷彿一隻站在城門前方目露凶光的守衛犬，受過要對著陌生人齜牙裂嘴的訓練，他們無法判斷靠近自己的人是否意圖良善，因此拒所有人於千里之外。案主內心深處非常清楚要怎麼做到這點：他們表現得怒氣沖沖、幽默搞笑、焦躁、興趣缺缺、忙碌不堪或永遠在照顧他人，而不是以可能受傷的方式與他人交流（參見圖 27.1）。

回到心靈城堡的練習，治療師可以將鑰匙放在城堡前面，作為與案主談論將城門上鎖或解鎖的引子（參見圖 27.2）。

- 哪一把鑰匙可以打開你的鎖？
- 誰可以用這把鑰匙？
- 你在什麼時候會解開門鎖？
- 你需要什麼才能解開門鎖？

當有人微微開啟城門，允許我們看進門內，我們會因為所見而被觸動，也會認識到關於案主內在世界的許多東西。如果案主準備好真正面對失落，治療師可以給予認可並且開始更大程度現身。此時守衛犬就能更常去旁邊休息，騎士也不再需要時時刻刻站崗戒備了。這些是通往療癒的初始步驟（參見圖 27.3）。

圖 27.1 護衛城門的惡犬　　　　　圖 27.2 開啟城門的鑰匙

圖 27.3 城堡

個案實例

　　Duke 九歲，父母正在辦理離婚。雖然 Duke 的爸媽盡可能在處理離婚流程時維持和平，老師 John 卻注意到 Duke 日漸沉默、獨來獨往，且難以面對預期之外的狀況。一天，Duke 在午餐時間與人打架，這件事對於這個男孩來說相當不尋常，老師建議 Duke 的父母為他找一位治療師。治療師知道 Duke 很愛騎士，因此在治療中運用心靈城堡這項技術。「我們來確保城堡真的安全，好嗎？我們需要哪些騎士才能讓城堡安全呢？」由於 Duke 很難過父親即將搬走，他在心中蓋了一座重重防衛的城堡，而治療師用好玩的方式碰觸這座城堡。Duke 讓騎士在城門前面排成一列，並沿著城垛放了大砲與投槍器。治療師運用以下問題：

- Duke，你要怎麼阻止人們進到城門裡面？
- 你允許誰能看進門縫裡？
- 你什麼時候會跟守衛犬說「這些是好人，可以進來」？
- 騎士會為了誰站到旁邊，讓城門打開一點點？
- 我這裡有好幾把鑰匙，有大有小，哪一支能打開你城堡的門鎖？
- 你什麼時候會將城門打開一點點？
- 你需要什麼才會將城門打開一半？
- 你願意讓爺爺或 John 進去幫忙嗎？

　　當城堡隱喻中的城門開了一條縫，治療師與 Duke 一起看見院子裡的東西。Duke 放了幾顆象徵眼淚的藍色石頭、一個象徵父親的娃娃，還有一張寫著「寂寞」的卡片。Duke 想了想，又放進一顆石頭，因為當下發生的事情如此沉重，他覺得母親無時無刻都很悲傷，自己必須安慰她，於是他也放了一張紙巾到院子裡。

- Duke，你允許誰看見你的眼淚？
- 你允許誰安慰你？

Duke 坐在那裡，一直抓著一個得寶小丑。治療師問他的時候，Duke 說小丑可以確保自己不會哭。兩人一起把小丑放在其中一座塔上，因為丑角也可以讓人不敢靠近。這項聰明的戰術讓兩個人都笑了；幽默是這項工作中非常重要的一部分。會面結束前，Duke 想為「他的」城堡拍照留念。治療師後續可以運用隱喻的語言提及小丑、鑰匙、守衛犬或騎士。

總結想法

城堡工作與「通往你心的城門」這個故事可以結合為一項容易操作又有效的方法，更深入洞察案主的生存策略。這也提供一種溫和的手段，讓生存策略顯現並試著理解其為何必要。運用鑰匙可以賦能案主，讓他們取得掌控，並嘗試檢視自己隱藏的痛苦。與創傷性失落案主工作時，好玩是非常重要的元素（Hughes, 2007）。開始的步驟包含認可並談論哀傷與痛苦，而城堡技術即提供一項絕佳工具，適合兒童、青少年，通常也適合成年人。此技術亦可用於向成年人解釋兒童與青少年的生存機制如何運作。

致謝

照片提供：Studio Chaos/Riet Fiddelaers-Jaspers。

感謝 Gijs Visser（*Practice for Young People GO!*），以「通往你心的城門」故事為基礎，發展出心靈城堡的技術。

參考文獻

Fiddelaers-Jaspers, R. (2011 - 4). *Met mijn ziel onder de arm* (Wandering with a wounded heart; Between welcoming and saying goodbye). Heeze: In de Wolken.

Fiddelaers-Jaspers, R., & Kinkkelder, R. (2018). *De prins en het kasteel* (The prince and the castle). Heeze: In de Wolken.

Fiddelaers-Jaspers, R., & Noten, S. (2015). *Herbergen van Verlies (Containing meaningful loss)*. Heeze: In de Wolken.

Fiddelaers-Jaspers, R., & Visser, G. (2017, April). Als kinderen muurtjes bouwen (When children build walls). *PraxisBulletin, 34*(8), 9 - 14.

Hughes, D. A. (2007). *Attachment-focused family therapy*. New York: Norton.

Visser, G., & Fiddelaers-Jaspers, R. (2016, September). Verscholen achter dikke muren (Hidden behind thick walls). *Pedagogiek in Praktijk (PIP), 97*, 28 - 31.

28
重新決定與重新確認
Gilbert Fan and Geok Ling Lee

適合此技術的個案

接受個別或團體治療的案主如果有自己不想要而希望釋放的感受，將最能獲益於這項體驗性治療。重新決定與重新確認（redecision and reaffirmation）這項技術尤其適合運用在當案主被痛苦的感受卡住，無法以建設性的方式前進時。然而，重點在於不可強迫案主面對他們尚未準備好要面對的負面情緒，也不應在思考目的與意義之前過早要求案主釋放這些情緒。

技術說明

學者 Lee（1995）主張每個個體都擁有「放下」執著與掙扎的內在資源，也都有控制並努力臻於和諧自我的需求，這點對於面臨死亡與喪親的人來說更是關鍵。對於中國人來說，這符合他們對於**天意**的文化信念，代表接受「上天或神明的意旨」，因此，放手所隱含的意思是在更大的架構中為自己的生命經驗創建意義；相反的，無法放手可能導致焦慮，或者如易怒等身心症表現（psychosomatic manifestation）。這項概念源於東方對於煩惱的哲學觀點，認為煩惱是由調適不良的心理執著所產生的負面情緒（Lee, Fan, & Chan,

2015）。若在疾病的脈絡下，放手則是指促進為達和諧與內在平靜所需的接受態度（Mok, Martinson, & Wong, 2004）。對喪親者而言，放手有助於他們面對未能釋然的失落時獲得解脫。學者 Field 與 Wogrin（2011）寫過一則個案研究，關於一名女性以多封信件懇求已故的父親原諒自己的不足。中國文化有一項類似的習俗是在風箏上書寫或寫在紙上再放入氣球裡，讓話語飄向天空傳給逝者（Chow & Chan, 2006）。

重新決定或重新確認治療是一項簡易的技術，只需各種顏色的色紙、色鉛筆與信封，主要目標是透過汲取案主的內在資源以放下負面經驗。治療師會請案主選擇最喜歡的色紙、色鉛筆與信封，以及最不喜歡的一支色鉛筆，接著將紙張摺成一本小冊子，如圖 28.1。

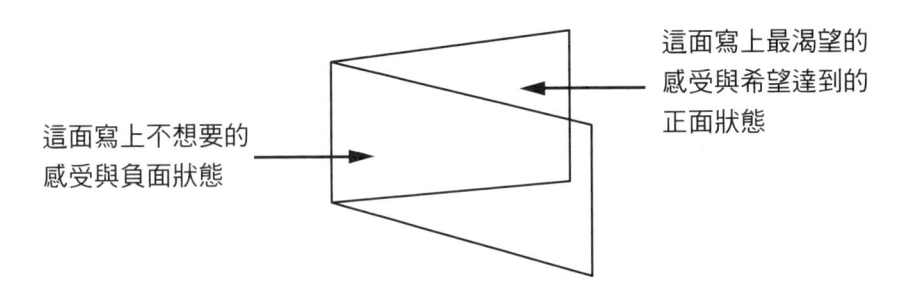

[圖：對摺的彩色紙張示意圖，左側箭頭標示「這面寫上不想要的感受與負面狀態」，右側箭頭標示「這面寫上最渴望的感受與希望達到的正面狀態」]

圖 28.1 彩色紙張對摺，寫上案主不想要的感受與渴望的感受

治療師會請案主辨認並分享他們最強烈想要釋放、更加關照或希望轉化的感受，然後請案主以最不喜歡的色鉛筆寫下這種最不想要的感受。在此過程中，治療師會協助案主，鼓勵其回想先前調適的經驗，反思是什麼使自己困擾、什麼做法有效或無效。接著，案主將自己最不想要的感受寫在對摺紙張的封面（參見圖 28.1），並寫下這種感受最常浮現的兩種或三種情況。治療師會跟案主深入討論這些情況，以確認案主找到的確實是其最不想要的感受。如果案主不知道如何稱呼這種感受，治療師會協助探索符合其描述且最為貼近的可能感受。

治療師需要評估案主有多大意願希望放下這些最不想要的感受。如果對案主來說，完全放下這些感受太過不切實際，治療師可以檢視案主有著何種內在資源足以「對付」其中最強烈的感受，而不以消除為目的。接下來治療師會詢問案主最嚮往何種感受或經驗，而且他們會希望以此取代最不想要的感受。此時，治療師也會詢問案主，哪兩種或三種情況最常為他們帶來所嚮往的感受。治療師請案主用自己最喜歡的色鉛筆寫下這種最嚮往的感受或經驗；相對的，為了幫助案主更徹底放手，治療師可以與他們核對，一旦放下不想要的感受，是否需要運用任何內在資源來保護自己（例如治療師可能詢問案主：「當憤怒不再跟著你，你希望擁有更多的什麼來取代憤怒並保護你？」案主可能會答：「原諒。」）。

　　治療師應以小冊子為喻，為案主示範他們不想要的感受（例如憤怒）如何阻礙自己獲得更想要的感受（例如原諒），做法是先請案主反覆讀出不想要的感受，直到他們開始感覺到那份情緒，然後治療師展示小冊子封面的感受如何覆蓋內頁的感受。治療師接著翻頁打開到案主更想要的情緒，強調學習去體驗這份替代的情緒（例如原諒）可以如何保護自己免於不想要的感受（例如憤怒）。治療師再將紙張反摺，讓更想要的感受在上、不想要的感受在下，提供視覺比喻，說明任何一種感覺都可以有效取代另一種。

　　如果案主開始能以符合現實的方式放下不想要的感受，可以讓他們進行一項儀式，也就是將紙張上寫著不想要感受的部分撕下來。鼓勵案主在撕紙時說出自己的感覺（例如案主可能說：「憤怒已經跟著我太久了，它不需要繼續存在。我已經不需要它來保護我了。」），這就是我們所謂的**重新決定**。

　　如果案主還需要進一步工作處理不想要的感受與想要的感受或經驗，可以請他們將色紙放入信封。鼓勵他們接下來這週至少看著紙張三次反思自己不想要的感受有何功能，並以日誌記錄自己的想法或感覺，或者與治療師約個別治療會面。

　　如果案主已經沒有不想要而希望放手的感受，可以想想自己最喜歡而希望

保留的感受,據此重複治療歷程,聚焦於後者,以及如何產生或延續此種感受,此即我們所謂**重新確認**。

個案實例

以下將透過一段經整理拼接的個案逐字稿,說明重新決定／重新確認這項技巧。案主陳先生除了怨憤小時候遭父母刻薄對待,也苦於自己保有對抗讓他失望的老師、主管與現在的醫生的態度。陳先生如今六十多歲,罹患不治的漸進式癌症,他意識到自己想釋放這份過往遺留的憤怒,讓自己在生命的最後幾個月更加安詳。

陳先生:憤怒已經跟著我非常非常久,它不需要繼續存在。我已經不需要它來保護我了。

治療師:當憤怒不再跟著你,你希望擁有更多的什麼來取代憤怒──來保護你?

陳先生:原諒的能力。如果我能原諒,憤怒就會消失。

治療師:我們來試試看。我想請你把原諒帶進這個房間。你能不能閉上眼睛然後和「原諒」連結?

陳先生:(停頓)嗯,它在這裡,它在(柔聲說)。

治療師:你能不能說說看,能夠原諒的時候有什麼感覺?

陳先生:感覺像是我飄在雲上,自由自在,同時往下看著自己,我看見自己在笑,看起來很舒服,內心感覺平靜。

治療師:你可以帶走這幅畫面,用在你希望原諒的時候嗎?

陳先生:(張開眼睛)可以。

治療師:當你能夠原諒了,現在憤怒在哪裡?

陳先生：只是站在那裡看著我。當我能夠原諒，憤怒對我來說就像是一個陌生人。

治療師指導案主在同一張對摺紙張的空白處寫下「原諒」，然後帶回家，留在身邊提醒自己擁有這項內在資源。如果陳先生的狀況是還沒有能力修通某些議題——例如原諒是他找到唯一的內在資源，卻未強大到足以取代憤怒——也可以請他將對摺紙張放入信封，帶回家幫助自己進一步反思。反思時可以借助以下指導語：找找看自己在生氣時是否有任何其他內在感受或狀態似乎同時存在，能讓自己開始遠離憤怒而進入比較好的心情（例如自我肯定、重新導引注意力的方向、聽音樂安撫自己）。找到之後，治療師可以指導他寫在幾張特別用來記錄這些做法的紙上，放進同一個包含各種未來面對憤怒的資源的信封裡。當怨憤再次出現，陳先生就可以拿出各項資源，思考如何從中汲取力量以放下憤怒，同時保留與治療師再約會面的選項，以獲得指引，或者分享與總結上述做法的幫助。

總結想法

重新決定或重新確認這項體驗性治療方法最適合運用於團體情境，讓案主在團體中共同分享、學習與成長，然而必須謹慎確保案主沒有在尚未準備好的狀況下，被迫碰觸或釋放不想要的感受，或擁抱某種想要的感受。

參考文獻

Chow, A. Y. M., & Chan, C. L. W. (2006). Bereavement care in Hong Kong: Past, present and future. In C. L. W. Chan & A. Y. M. Chow (Eds.), *Death, dying and bereavement: A Hong Kong Chinese experience* (pp. 253–260). Hong Kong: Hong Kong University Press.

Field, N., & Wogrin, C. (2011). The changing bond in therapy for unresolved loss: An attachment theory perspective. In R. A. Neimeyer, D. L. Harris, H. R. Winokuer, & G. F. Thorton (Eds.), *Grief and bereavement in contemporary society: Bridging research and practice* (pp. 37–46). New York: Routledge.

Lee, G. L., Fan, G. K. T., & Chan, S. W. C. (2015). Validation of Chinese and English versions of the Holistic Well-being Scale in patients with cancer. *Supportive Care in Cancer*, *23*(12), 3563–3571.

Lee, R. P. L. (1995). Cultural tradition & stress management in modern society: Learning from the Hong Kong experience. In T. Y. Lim, W. S. Tseng, & E. K. Yeh (Eds.), *Chinese societies & mental health* (pp. 40–55). Hong Kong: Oxford University Press.

Mok, E., Martinson, I., & Wong, T. (2004). Individual empowerment among Chinese cancer patients in Hong Kong. *Western Journal of Nursing Research*, *26*(1), 59–75.

29
形象化的故事
Riet Fiddelaers-Jaspers

適合此技術的個案

這項技術可以幫助青少年、成年人與年長者，藉由得寶或同類型人偶，以及如木製積木、玻璃珠、小型寶箱等材料，為他們視覺化呈現人格有時是如何將深刻失落中創傷性的部分割離。然而，此技術較不適合近期剛經歷失落的案主，對於兒童或認知障礙的案主可能也過於複雜。

技術說明

心理分裂（psychological splitting）是一種面對創傷性失落的自然反應，失落的形式可能是重要之人逝世、離婚、依附關係創傷或者如幼年遭忽略等童年早期創傷（Ruppert, 2011, 2012）。當案主面對具意義的失落卻無法調適，可能形成充滿無助感或無力感的狀態。完整人格因為過往現實與當下現實互相矛盾而遭撕扯，會在無意識中被分裂成不同部分，以因應混亂又駭人的經驗。然而，這類生存策略會嚴重影響受創者及其身邊的親近之人。

心理分裂讓案主從此時此地正在發生之事中解離（dissociate），也將注意力從當下使創傷感受重現的事物中移開。為了否認並迴避創傷性失落、痛苦回

憶，以及與之連結的自我受創部分（traumatized part），自我當中的生存部分（surviving part）會建構並看守被分裂出去的事件（參見圖 29.1）。這項生存機制確實曾於創傷發生當下救了案主一命，然而這些策略卻會在後續生命中造成限制、干擾，甚至自我毀滅。

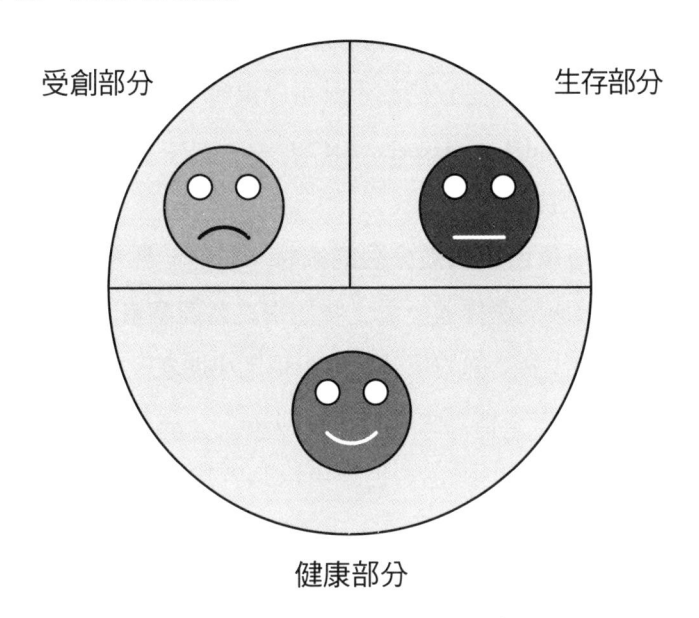

受創部分　　　　　　　　生存部分

健康部分

圖 29.1 人格的分裂（來源：Ruppert, 2011; Broughton, 2013）

治療師會看到各種因應創傷性失落的手段，例如各類成癮行為；對酒精、毒品、電玩、藥物、工作、性愛或食物上癮。案主也會採取迴避策略，例如盡可能減少人際接觸與親密關係、照顧他人卻忽略自己，以及避開會觸發難以招架的創傷相關感受的情境。

然而，童年經驗過的情緒痛苦會留在身體裡，凍結或緊鎖其中。這代表多數情況下，與失落相關的情緒需求無法在長大之後獲得滿足，我們稱之為受創的部分。這個部分可能突然毫無預警地被觸發，渴望釋放，但是生存機制卻不允許。而生存機制其實來自童年時期的需求與想望，不需要被重新經驗，只需要釋放並放下。每個人也都有一個健康的部分（healthy part），有能力自我反

思、調節情緒並尋求協助。

執行形象化故事這項技術需要放大版的圖 29.1，也就是所謂桌布版本（或者也可以畫在一張很大張的紙上）；還需要得寶、樂高、摩比人或其他人偶；幾個寶箱（或者其他象徵忠誠與寶藏／天賦的物品）；木頭戰士或其他類似人偶（象徵失落、傷害與傷痕）；以及其他用來象徵以下描述可能需要的物件。使用得寶或樂高人偶的好處是它們的手腳可以折彎，便能擺出不同姿勢以符合所描述的自我狀態（Fiddelaers-Jaspers, 2017）。

這項活動的基本規則如下：

- **藉由以下三種角色象徵被分裂的人格：**(1) 成熟的案主，擁有健全能力，會做出健康的選擇並反思，我們稱之為**觀察者**（observer）；(2) 一個兒童的角色代表受創的部分，以下稱為**小朋友**（the little one）；以及 (3) 生存策略，以下稱為**生存者**（survivor），這個角色可以透過許多方式形象化，交由案主決定。也許可以為各角色選擇一個象徵小偶或物件，例如拳擊手、小丑、醫生、小酒瓶、劍、公主、運動員、教授等。

- **以視覺方式呈現失落或傷害，以及可能被它們掩蓋的寶藏。**所謂傷害角色可能看起來像一名戰士，或者其代表物也可以是空酒瓶（家長酒精成癮）、巫婆（生氣的繼母）、棺材、骷髏或車子（意外事故所造成的死亡）等。一個小寶箱、寶石或愛心則象徵那個孩子仍然保有的天賦或力量（參見圖 29.2）。

- **避免迫使案主直接面對創傷性失落**（Levine, 1997），應以第三人稱與案主對話。例如：「這個小男孩渴望什麼？」由於觀察者可以綜覽全局，隔著距離看正在開展的圖像，因此治療師可能會問：「這位觀察者看著正在發生的事情時，看到了什麼？」、「他（或她）現在會希望改變什麼？」

- **簡單就好。**有時候，當桌上放了太多角色與象徵物，案主與治療師可能反而見樹不見林。可以詢問案主他們希望把焦點放在哪裡，並將其他東西移開。

圖 29.2 戰士與寶盒

- **拍照記錄**。鼓勵案主為場景拍照記錄，以留存排列結果（constellation），讓治療師與案主可以在下次會面中藉由照片排出相同場景，讓治療工作走得更深。
- **尊重所選用的材料**。角色一旦放上桌就有了靈魂，構成一個家族，結束時不要隨便掃進箱子裡，而是請案主自己將這些角色放進儲物箱，然而若此時案主想要一口氣將它們掃乾淨，治療師也要容許。有些時候，大動作掃空桌面可以釋放情緒，也帶進一些笑聲與幽默。
- **坐在彼此身邊**，讓自己看見與案主相同的畫面，也可以坐在與案主呈九十度角的桌子側邊，傳達出自己「站在案主這邊」，而不是在桌子對面。兩人從相同視角看見排列結果也非常重要。
- **善用沉默，不要急**。這份工作需要時間。
- **敏感體察案主的肢體動作**，藉此看見你的下一步。
- **相信這段歷程不會因為會面結束就停止**。讓時間發揮作用。

個案實例

Peter 是一名五十五歲的小學校長，因為被學校董事會停職而前來求助。校內一名教師提出申訴，表示遭 Peter 性騷擾。已婚且已是祖父的 Peter 愛上了這名教師。事情第一次發生後，Peter 就被學校警告，然而某天晚上，他又一次嘗試與對方肢體接觸。案件調查過程中，他被禁止進入學校。

Peter 無法理解自己的行為為何如此異常，他向來對妻子忠誠，也深愛著她。據他表示，當時就像被催眠一般。前幾次治療會面中，Peter 和治療師談及家族史，他的父母都是勤奮工作的零售商販，沒有多餘時間處理情緒、給予擁抱或撫慰。他也繼承了父母的零售業思維：永遠準備好為顧客服務，因此成為一個友善、樂於助人且從不拒絕他人的男性。

由於 Peter 需要綜觀這個令他深感困惑的處境，治療師準備了圖 29.1 的桌布版本以及一個裝滿人偶、寶箱與其他材料及象徵物的大碗。治療師請 Peter 選擇一個人偶，代表成年健康的自己，也就是即使痛苦也能反思的那個部分，再將這個人偶放在桌布上相應的位置。

接著治療師邀請 Peter 為小 Peter 也選一個小男孩的象徵物，放在受創的部分。Peter 將小 Peter 擺成坐在地上伸出雙臂的樣子。他為父親選擇的人偶則是手拿箱子，裡面裝滿店裡的東西，背對 Peter 站著，母親則被放在購物車後面。那間店永遠都更重要，小 Peter 感覺被忽略了。然而，在他為父母排列的畫面中還放了一個寶箱，因為 Peter 就如同多數兒童，無論如何都不離不棄。Peter 無法將視線從桌布上的場景移開，眼中滿是淚水。「發生什麼事了，Peter？」過了一會兒，他說：「碰到我心裡很深的地方。他好寂寞啊⋯⋯沒有人安慰他。」Peter 有依附的問題，

他曾向父母伸出雙臂，他們卻沒有反應。他感覺不到安全與同情，因此他做出結論：我必須自立自強。

治療師邀請 Peter 選擇一個適當的象徵性人偶放在生存的部分。Peter 選了一個醫生人偶：「這個，這是我。我是拯救者，是永遠都在幫助別人的好人。」然後他拿起一塊木頭積木，象徵他為自己打造的堅不可摧的堡壘。「這個人如果自己都渴望關注，為什麼還這麼努力幫助別人呢？」Peter 看起來很驚訝：「原來我是這樣的。」治療師連結到那個展臂希望被愛的小男孩。「除了自己之外，他已經沒有其他東西可以給了。」治療師接著指向桌上的醫生，「他也伸出雙臂，但是因為他覺得自己不夠好，所以他伸出去的是裝滿東西的手。他給予別人是為了獲得關注和愛，但是他不會展露內在，是嗎？」Peter 沉默不語，認真看著桌上的畫面，治療師也沒有說話。Peter 的身體（眼睛、呼吸、肌肉張力）都引導著排列結果。治療師告訴他為什麼人們會發展出生存者的部分，以及這些部分如何在沒有任何其他出路的情況下幫助他們活下來。小男孩都需要自己的父母，也依賴父母。「我認為生存者應該獲得一個寶箱，你覺得呢？」「這個男子小時候發生的事情造成嚴重影響，對那個小男孩的發展帶來傷害。我們是不是可以把這個木頭戰士跟創傷部分放在一起，作為象徵？」（參見圖 29.3）Peter 流淚說：「我現在真的在為五十年前發生的事情哭嗎？很難以置信，但這還是讓我好難過。」會面結束前，Peter 拍照留下排列結果。

下一次會面時，Peter 告訴治療師他想了很多，而且這次他沒有跟太太分享他的經驗，也沒有給她看那些照片，因為這一切仍然太過脆弱易碎。藉助照片，排列結果重現在桌上。治療師說：「Peter 你看，小 Peter 當時沒有其他選項，但是隨著他年紀漸增，也出現其他可能。問題是：

圖 29.3 Peter 的家庭排列

成熟的 Peter 是否有善用這些可能性，還是他自己放棄了小 Peter？」看得出來 Peter 受到觸動，治療師停下來等待。當 Peter 的目光離開排列結果，重新與治療師眼神交會時，治療師問：「是不是可以請你專注在你目前面對的狀況呢？讓我們移動到這個排列結果的外面工作，才能繼續看見全局。成熟的那個 Peter 會幫助我們。」

治療師拿起放在健康部分的 Peter 人偶，並請 Peter 為他所愛上的那位教師選擇一個人偶，再依據他對兩人關係的體驗，讓兩個人偶面對面。Peter 讓成熟自我的人偶對那位女同事伸出雙臂。治療師問他能不能試試另一種做法，他將小 Peter 拿出受創部分的格子，放在成年 Peter 人偶的前面，同樣伸出雙臂。「是誰渴望著愛與關注？是這個成年人，還是出現在此處的小男孩？」Peter 再一次落淚。「站在這裡的又是誰？是

那位同事，還是小男孩的母親？」治療師拿起母親的人偶，放在教師前面（參見圖 29.4）。此時，治療師必須等待，因為 Peter 的內在感受萬千。過了一會兒 Peter 說：「我慢慢懂了。想要獲得擁抱與溫柔撫觸的，並不是成熟理性的我，而是那個五歲小男孩。一般來說，我都能輕鬆抗拒美麗的女性，但是她會認真看著我，彷彿看見真正的我。她總會問我好不好，對我和善又溫暖，眼神充滿關愛。是啊，如果我成長過程有一個像她這樣的母親，或許我會活出不同的人生。」治療師邀請他靜下來，花點時間將那幅畫面收入腦海。這樣的進展對於一天來說已經夠了，Peter 需要時間吸收消化。

圖 29.4 Peter 的排列結果，伸出雙臂希望得到愛

總結想法

　　使用能調整姿勢的形象化人偶可以描繪分裂的人格，是一種針對創傷性失落工作的深刻方法。此技術不僅有助於難以用言語表達痛苦的案主，也能幫助使用太多語言的人。案主使用簡單的人偶時不需要太多話語，就能讓圖像發揮功效。此技術對於無法忍受長時間沉默的治療師來說也非常有用，幫助案主將心理分裂的機制圖像化，以理解正在發生之事以及自己行為的原因。案主之所以能夠審視圖像，是因為這項方法有助於預防再次受創，例如個案描述中治療師談論的是 Peter 與那個小男孩，而非「你」、「你的母親」等。這點非常有助於案主審視曾經發生之事，並承受自己眼前開展的圖像。

　　在這項工作中，療癒來自於敬重案主發展出來的生存機制，因為正是該機制在案主毫無選擇時幫助他們存活下來。在此之後，則有必要降低這些生存策略的地位，不必將它們完全消除，但是也不需要繼續如此賣力發揮。人們會將自己最優秀的特質應用在生存機制中，因此當情況許可，也可以將這些策略中好的部分重新建構為資源。Peter 同時擁有幫助他人以及設立並維持界線的優良天賦，當它們達到平衡，即界線不是用來迴避痛苦，而幫助他人也限於在必要之時，而非越過自己限制做到超乎需求的程度，這些便成為正向特質。此時所建立的界線是健康的，沒有將自己鎖在裡面或者將他人擋在外面：這是有接觸的界線。此外，療癒也代表讓所有分裂的部分聚首，並且保持著各個部分間的連結。案主會體驗到悲傷與痛苦，然後發現自己並未崩潰，隨著時間過去，他們將更能夠面對自己的失落，擁有更多屬於自己的能量。

參考文獻

Broughton, V. (2013). *The heart of things. Understanding trauma: Working with constellations*. Steyning: Green Balloon Publishers.

Fiddelaers-Jaspers, R. (2017). *Verlies in beeld (Loss in sight)*. Heeze: In de Wolken.

Levine, P. A. (1997). *Waking the tiger: Healing trauma*. Berkeley: North Atlantic Books.

Ruppert, F. (2011). *Splits in the soul: Integrating traumatic experiences*. Steyning: Green Balloon Publishers.

Ruppert, F. (2012). *Symbiosis and autonomy: Symbiotic trauma and love beyond entanglements*. Steyning: Green Balloon Publishers.

PART 8
利用圖像

30
正念攝影
Jessica Thomas

適合此技術的個案

　　這項反思性的正念攝影（mindful photography）技術有益於預期摯愛將死，以及為心愛之人提供臨終照護的成人（包含青年與青少年）。藉由正念攝影以及對自己所拍攝的影像進行反思，照顧者能夠創造空間處理並整合想法與感受，開展極為深刻的覺察、接納與意義。依據個案偏好，可以決定是否將這項技術最後的反思階段納入治療會面。然而，如果案主照顧心愛之人的過程中曾經歷重大醫療創傷（medical trauma），或者案主與預期失去的對象有過創傷性的關係，則比較不適合採用這項技術。

技術說明

　　為摯愛之死做好準備對照顧者的身心健康、喪慟過後的結果，甚至靈性成長，都會帶來重大影響。能夠覺察、接納並創建意義是獲得正向死亡經驗的關鍵，也能促成存在與靈性知覺的轉變。接受自己即將失去摯愛可以幫助個體預先為失落做準備，進入適合發展意義並獲得洞見的位置。照顧者與其瀕死摯愛所面對的是失落、痛苦與死亡的深刻靈性層面，此時，正念練習提供與個人的

靈性實踐重新連結的方式，構成新的意義，並理解自我與他人（McBee, 2009）。

攝影可以用具療癒力的方式進行，增進覺察與意義創建的機會。正念攝影的內涵在於放下期待、專注於每時每刻的覺察，並接受當下所有，過程中隨著個體受納各種感覺與感官，隨之浮現的是心理層面的影響，讓人的雙眼更完整打開並收入當前時刻（Zakia, 2013）。

隨著身心逐漸放緩，人們可以開始正視預期的死亡，更加理解自己與瀕死之人的關係，並且在心愛之人還在世時從這份經驗中創造意義。在創造畫面的動作中，人的知覺、思考與感受會互相連結。隨著案主反思自己拍攝的影像，並且透過攝影物件所代表的意涵，從影像本身連結至自己內在的經驗，意義也從中浮現，因此這項方法也被稱為**向內與向外**（Within and Without）的技術。

這種形式的療癒性攝影啟發自 Betensky（1995）以藝術為本的現象學方法（phenomenological art-based approach），採取兩種表達模式，包含四步驟。每一步驟皆奠基於前一步驟，以傳達預期死亡將至的經驗，並提升覺察與深度反思，使個體置身於適合發展意義並獲得洞見的位置。作為一項治療方法，**向內與向外**技術的根本在於透過兩種表達模式，即視覺圖像與反思日誌，以照見個體經驗的完整性。在最後的第四步驟，治療師與案主針對所拍攝的照片展開反思性對話，藉此促成現象學取向的探索，讓更深刻的意義與擴大的生命敘事得以浮現。

向內與向外這項方法能有效讓案主正視臨終照護與摯愛將死的預期想法及感受。隨著案主對於存在議題的覺察日漸增長，以及對於生命意義與目的的反思浮上檯面，此技術可以成為靈性洞察的催化劑（Thomas, 2016）。下列步驟可以提供給案主獨立練習，再於治療中共同處理，以達成最後的第四步驟。以下包含詳細指導與個案研究。

1. **開啟**。第一步驟中，案主開啟一道縫隙，透過直接的經驗並自由投入練習。案主在沒有指令或結構化指導下獨立拍攝，讓他們與此種反思媒介

連結。

案主從靜坐開始，深呼吸三次。接著以緩慢速度正念行走，特別將注意力放在（內在的）體感經驗（embodied experience）以及（外在的）視覺經驗。治療師可以鼓勵案主的直覺與玩興，在照護瀕死摯愛或預期摯愛將死的脈絡下激發反思前的體感經驗。

2. 接觸。第二步驟為一種有意識的轉換，朝向為了開展創作歷程更具目的性的手段。案主投入正念攝影，有意識地在照顧瀕死摯愛或預期摯愛將死的脈絡中，創作一幅影像。

案主從靜坐開始，深呼吸三次。接著以緩慢速度正念行走，特別將注意力放在（內在的）體感經驗以及（外在的）視覺經驗。案主對於其經驗所具有的美學特性（顏色、形狀、質地）保持視覺敏感，浮現出與環境共鳴的感覺，這種感覺會邀請他們開始創作影像。

3. 情緒共鳴。第三步驟透過投入反思並運用直覺，喚起深刻的覺察。在此階段中，創作者以彷彿初見般的嶄新眼光，細心觀察並知覺所拍攝的影像。鼓勵案主擱置先入為主的想法，單純花時間與他們的照片同在，並且將正念攝影的經驗寫進日誌，然而不要太快進入對圖像的詮釋。

案主先準備好反思要用的影像，可以將照片印出來，或者存入電腦以螢幕呈現。接著，準備好在筆記本或電腦上寫日誌。案主用心反思自己創造的影像，聚焦在情緒經驗，然後針對自己正念攝影的體驗、拍攝圖像的瞬間，以及那一刻震撼自己的東西，寫下反思日誌。

4. 真實洞察。最後的第四步驟中，治療師介入，幫助案主擴展其意義創建歷程的條件。這個階段納入 Betensky（1995）稱為「你看見什麼？」的程序，這個問題包含以下現象學面向：個體的知覺、感受與看待。治療師之所以有意識地帶入這個問題，以 Betensky 的話來說，是為了「將藝術作品與內在經驗連結，後者才是藝術創作過程的原動力（prime mover），催生了視覺藝術的表達」（p. 17）。

案主將他們的照片與日誌帶來治療會面，照片可以印出來，或以電腦螢幕呈現。案主與治療師共同瀏覽每一張照片，過程中治療師針對每一幅影像詢問**「你看見什麼？」**藉此展開反思性討論。反思完個別照片後，案主與治療師接著將所有影像視作一個整體再次觀看，治療師詢問：**現在當你將這些影像看作一個整體，你看見什麼？**

個案實例

案主 Janet 目前在家照顧結縭二十五年、罹患脊髓側索硬化（amyotrophic lateral sclerosis, ALS）[1]而邁向生命終點的丈夫。以下是 Janet 步驟二所拍的其中一張照片（圖 30.1）、步驟三的日誌內容，以及最後步驟四真實洞察的節錄內容。

圖 30.1 搖椅

---

1 譯注：脊髓側索硬化為運動神經系統的退化性疾病（俗稱漸凍症），臨床表現包含全身肌肉萎縮與無力，漸進至疾病末期的全身癱瘓、呼吸衰竭和死亡。

情感共鳴。這是什麼？我們並不是一直都有搖椅的。今年春天我們才第一次買了這兩張搖椅，它們代表了些什麼。代表互相作伴嗎？寧靜？無須言語的理解？回憶？為我們將近二十五年的歲月創造意義？事實上，當我沉思椅子向我遞出的邀請，以及我對它們的關注，我意識到它們使我感覺留戀，也容許我留戀。Dan 很堅強地撐著，我很感恩，然而很多時候我卻感覺到一股失落，儘管他仍然很能與我同在，我卻明顯感到寂寞。啊，難道這便是關鍵轉折點嗎？嶄新而不同的深處轉折點嗎？

真實洞察。看著這幅影像，那些椅子對我來說象徵一種邀請，邀請我認真看待生命，活出生命，而不是感覺自己受困其中或死路一條。我是可以坐下的，可以寧靜的，而他可以與我同坐。我進入這項練習，同時也對於與他共處的這段時間做出深思的回應。這正是搖椅的迷人之處，我獲邀踏入外面的世界，迎向即將來臨的事物。

總結想法

向內與向外是一項正念攝影反思實踐，也是一種治療方法，靈感源於我自己的經驗以及對於正念攝影與臨終照護的後續研究。**向內與向外**這項方法可以有效中介關於臨終照護與預期摯愛死亡的艱難思考與感受，並成為意義創建與靈性成長的催化劑。

此技術結合正念與創造性表達，動員案主開啟自我的能力，讓他們透過相機鏡頭，向預期失落將至的經驗敞開心扉，藉此探索並且更完整地理解這些經驗。隨著案主以直接經驗為基礎創造意義，學會如何知覺這份經驗，同時在過程中相信自己，真實的洞察也因此浮現。案主拍攝的照片會成為一面鏡子，映照出他們為了照顧瀕死摯愛所活出的經驗，然而，直到第三與第四步驟的反思，這些影像才擁有個人化而具有轉化力量的意義。

參考文獻

Betensky, M. (1995). *What do you see? Phenomenology of therapeutic art expression*. London: Jessica Kingsley.

McBee, L. (2009). Mindfulness-based elder care: Communicating mindfulness to frail elders and their caregivers. In F. Didonna (Ed.), *Clinical handbook of mindfulness* (pp. 431–445). New York: Springer.

Thomas, J. (2016). *Mindful photography and its implications in end-of-life caregiving: An art-based phenomenology* (Doctoral dissertation). Sofia University, Palo Alto, CA.

Zakia, R. D. (2013). *Perception and imaging: Photography—a way of seeing*. Burlington, MA: Focal Press.

31
失落過後的自我之屋
An Hooghe, Nele Stinckens and Nils Van Uffelen

適合此技術的個案

　　不論成人或兒童，只要能夠反思自己的身分認同與人際互動如何在失去心愛之人後發生變化，並從反思過程中獲益，就都適合這項練習。此技術需要拉開距離反思的能力，因此較不適合剛經歷失落或者難以透過隱喻思考的案主。此種對自我的反思可以用於個別治療（分散於數次會面），亦可應用於團體治療。

技術說明

　　經歷心愛之人死亡或其他重大失落（如疾病、傷害、離別、失去工作）後，大部分哀悼者描述自己在根本上改變了，失落過後的自己不再是之前的那個人，相對於他人的狀態也可能全然不同。這項反思練習邀請案主運用隱喻，以房屋代表失去心愛之人的自己（Stinckens, 2010）。房屋的內部涵蓋家裡的東西（如家具等），以及案主內在的各個「房間」（象徵自我的不同部分），而失落通常要求個體必須重新發展並重新建構這間屋子，改變「房間」的配置與設計；房屋的外部則呈現案主與環境所發生的關係。這項練習包含以下三個階段。

1. 引導反思

治療師邀請案主將注意力向內聚焦，閉上眼睛聽治療師要說的話。說話前可以安排簡短的冥想練習、詩作或歌曲。治療師告訴案主，自從失落之後，案主個人內在（情緒、想法、優先事項、敏感議題等）以及外在他人注意到的部分（外表、舉手投足等）都有所改變：「想像你是一間屋子，包含內部與外部，這間屋子會是什麼樣子？」有時需要向案主強調這不是指他們夢寐以求的屋子或現在居住的地方，而是將房屋作為代表他們這個人的隱喻。

「我們從外面開始：以房屋來象徵你一個人是如何面對你的外在世界。」治療師平靜和緩地舉例：「也許你經驗到的自己是一間小木屋、雪屋、城堡、農舍、玻璃屋、大廈或樹屋。」靜默一段時間後，治療師接著以幾個問題或例子來闡述這間房屋的四個主要面向（位置、大小、風格與可及性）：「舉例來說，你經驗到的自己是一間獨立的屋子，還是一間公寓，或是與其他屋子相連的排屋？你的家是否座落於安靜區域：在鄉下，也許在一條盡頭封鎖的路上，或是在森林裡？又或者置身於熙來攘往的城市裡？」過程中，治療師再次提醒練習的目的是以屋子代表自己這個人，因此房屋圖像無須符合現實：「可以是一間位在市中心的高腳屋，或是水上的玻璃屋。」接著治療師將焦點轉到房屋的大小：「你的家是一間小宅、一方小巧閣樓，或者氣派高雅的別墅或公寓大樓？」治療師留時間讓案主反思，再繼續引導：「可能你的腦海裡開始出現畫面，或者你對於自己是一間怎樣的屋子已經有了圖像的細節。現在請你花一點時間慢慢思索屋子的風格。你的屋子擁有古典外觀，或者它是現代化建築？是圓弧或方正？還是橫跨幾個街區？也許屋子的正面與背面風格不同。也許你的屋子還有一間獨立的避暑小屋。也許你的屋子有座花園，園裡綻放花朵，還有樹木或樹叢？屋子的外面是否有引人注目的細節？」最後，治療師聚焦於屋子的可及性：「你的家是靠近街道或是相當偏遠？屋子外是否有圍籬阻隔，或者大門是否上了密碼鎖？是否有車道可以開進去？可以讓人看進屋子裡的窗戶有

很多或者幾乎沒有？有不只一扇門嗎？有門鈴或門環，或者大門總是敞開嗎？」

在一段更長的靜默之後，治療師轉換到屋子的內部。「你的屋子是一個大房間（一眼見底的樓面或一大片空間），或者有不同房間？屋子有分層，或甚至有閣樓或地下室嗎？家裡有任何房間或空間是你接待客人，或者讓自己閉關或放鬆的嗎？屋子裡有哪個房間是你不想進入或禁止他人涉足的嗎？」接著討論屋子的裝潢擺設：「看看屋子內部的設計，你的屋子是何種風格？包含很多顏色，或者有一個主要的色調？是走極簡風格，或使用大量木材，還是表面粗糙或由金屬構成？屋裡舒適嗎？也許有壁爐。家裡是整齊有秩，還是亂成一團或堆滿東西呢？屋子裡有植物或花嗎？有照片、圖畫或鏡子嗎？有任何房間需要重新布置或裝修，或者空盪盪呢？」接著治療師聚焦於照明。「你的屋子裡有充足光線，還是相當昏暗呢？家裡是點白熾燈還是比較暖色調的燈光？」最後，治療師將焦點轉到其他感官，例如屋內的氣味——「從某個地方飄來食物或鮮花或臭烘烘的氣味」——以及可能的聲音：「屋裡或某些房間傳來音樂，或者屋裡寂靜無聲……可能是一種柔緩或鬧騰的沉默。」

2. 畫出房子

第二階段中，邀請案主畫下方才想像的房子。治療師準備幾張大張的紙以及各種繪畫材料（蠟筆、顏料和筆）。案主通常會以個別的圖畫創作屋子的外部與內部，各式各樣的細節也會在繪畫過程中加入，使畫面豐富。

3. 討論上述歷程與畫作

在與治療師或其他團體成員的對話中，邀請案主聊一聊這段自我探索的歷程。「對你來說，要開始這項練習是什麼感覺？圖像是馬上出現，還是花了一

點時間？你喜歡那些出現的畫面嗎？有沒有什麼讓你驚訝的東西？」接著轉換焦點，聚焦於案主將想像畫面畫在紙上的過程。「將畫面畫出來的感覺如何？畫畫過程有任何改變或新增嗎？」這個環節的練習重點在於治療師（與團體中其他人）也向案主分享他們對這幅畫的印象。治療師可以藉此指出對於圖畫感覺驚訝之處，並連結到先前會面討論過的主題。此階段練習若能發生在團體情境，更會有顯著的額外效益，其他團體成員可以提供他們的反思，舉出案主的描述相較於他們自己有哪些相似面向（例如屋子相對於外在環境的可及性變化、對於私密房間的需求，或家裡安全感的重要性）。最後，認可圖畫中具復原力的要素，或案主在團體中給人的印象可能如何與其屋子的外部設計相異，似乎也是重要的療癒因子。

個案實例

　　Nils 七年前失去十六歲的女兒 Charlotte。喪女之後，他走過刻骨銘心的自我反思，這段歷程一部分發生在一個由專業人士帶領的喪親家長支持團體，他也在此完成自我之屋的練習。討論他的畫作時，Nils 聚焦於過去幾年自己與環境相對關係的改變。通往屋子的出入口不再相同，現在唯有抱持真誠興趣也願意花時間的人才能造訪。看見 Nils 的作品後，我們請他寫了一段適合搭配圖畫的短文。

成為我自己

　　這是一段漫長的追索，試圖找到一處能夠符合這間屋子必須滿足的標準。水上一隅──優雅倒映出這間屋子──無盡擴圍的漣漪會帶來變化萬千的寧靜之聲。太陽會讓星子施展魔法。此地固然不近，卻也不到偏遠。它遠得足以與資訊超載又令人困惑的人類世界保持距

離，同時又近得讓前來造訪者不需過於費力。通往屋子的路徑是一條盡頭封閉的小路，從主要幹道岔出去即可走向以獨特方式揉合而成的自然之美。有意前來造訪探索者會驚異於其中的溫度、色澤與撫慰。這條路徑只為那些願意花時間、想從漫步中有所發現的人開放。

屋子位在道路旁，這是一間反映出「我」的屋子，建在有水環繞的一處開放空地。屋子由一棵百年老橡樹伸出枝葉守護著，也唯有這棵樹遮擋了水上景致與屋子的周邊地景。大片濃密的屋頂保護屋內不受日曬雨淋，需要時也提供宜人的庇護之所。撐起方形屋頂的是四根樹幹，它們的年紀與力量都散發出安全與穩固的氣息。整間屋子只有一堵牆，另外三面都開放，無窗無門，引人來訪，看進屋內或看出屋外都毫無阻礙。屋頂下放著一張大型長桌，桌腳修長，旁邊繞著多張凳子。桌子邀請來訪者一同用餐，談笑風生，互相認識。圍繞著開放爐火的座位則等候閱讀者或思想家前來，凝視閃爍的火光。唯一的那堵牆上掛有多幀素材與尺寸各異的小型相框，框裡除了富含意義的箴言，還有前來做客者留下的心理圖像，勾起回憶也喚起靈感。

這是一間每次都能經歷重新更替與驚奇時刻嶄新交會的屋子。從旁走過的人可以探索這條分支小路，為屋子的建築帶來豐富內涵。橡樹使人放鬆與覺察。

Nils 在與其他喪子女家長的對話中，為自己道出這項練習的經驗：

我很驚訝，自己不需多想，畫面就自然浮現。因此，動筆作畫的練習就展現出這幅畫面的力量，這是足以延續良久的畫面，一畫勝千言。與其他家長的交流尤其力道十足，因為那也需要想像力，透過另

一種方式創造對話。

　　我每天將這幅畫帶在身邊，它讓我更意識到自己生命的狀態。我會向他人敞開但是有所選擇，更意識到哪些東西有意義且有價值。這間屋子完全不同於先前那棟社會要求的傳統屋子：有房有花園有孩子……謝謝妳，Charlotte，為我拆除屋牆，找到更適合我的居所。妳若還在，一定能從中找到更多樂趣。

總結想法

　　依據我們與喪親者工作的經驗，自我之屋可以是一項極具力量並帶來深刻反思的練習。透過畫面、繪畫與對話，案主可以形塑失落並以語言描述自己失落過後的變化，包含與自我以及與環境的關係。這項練習的三個不同階段可說非常重要，放慢速度想像畫面的過程讓案主有時間回顧自我，以及他們與外在世界的互動。對許多案主來說，動筆繪畫這項過渡步驟使畫面更加細節可感。與治療師及其他喪親案主對話則有助於為自我探索的歷程提供依靠，使其深化，經常是向其他人，如親友，分享這些經驗所需的步驟。

　　延伸這項練習，治療師可以邀請案主反思他們希望如何改變、重建、重塑或重新裝修自己的屋子，無論是內在或是外在。例如詢問：「你希望屋子五年後是什麼樣子？你希望如何（再次）強化它，或者希望進出的大門可以有何不同？如何對於你與家人朋友的互動有更多掌控？」由此誕生的隱喻時常會在治療中再次出現，給予案主一個詞彙庫，用來討論他們的生活如何在失落過後持續重建。

參考文獻

Stinckens, N. (2010). Wat heb ik in huis? In M. Gundrum & N. Stinckens (Eds.), *De Schatkist van de therapeut, Oefeningen en strategieën voor de praktijk* [The therapist's treasury: Exercises and strategies for practice]. Leuven, Belgium: Acco.

32

無人島
Geok Ling Lee

適合此技術的個案

這項體驗性的畫面想像練習能幫助近期診斷出縮短生命疾病的患者,以及幫助他們的關鍵家庭照顧者。練習的最終目標是運用患者及其家屬(以下統稱為案主)的復原力,讓他們在面對疾病的失落或發作、失去健康的哀傷,以及隨之而來的生活改變時,能夠與之共存。此技術可以用於個別、婚姻或團體治療,然而若案主尚未準備好在他人面前深度探索情緒,或者只希望接受治療師給予關注,則較不適合團體治療情境。

技術說明

許多癌症晚期病患及家屬在接獲診斷惡耗時,都會表示震驚、否認、悲傷甚至憤怒,這些情緒表達是面對健康喪失與其他失落迫近甚至死亡時的表現。以亞洲脈絡而言,華人案主大多表示出現身心症狀(如疲勞與失眠),而非憂鬱,患者家屬則傾向於回到自己慣用卻可能導致適應不良的調適策略與風格,目的是讓內在與家庭回歸平衡狀態。

學者 Lazarus 與 Folkman(1984)經典的壓力與調適互動模型(transactional model of stress and coping）提出情緒焦點（emotion-focused）與問題焦點（problem-focused）兩類型調適策略的概念，目的在於適應重大生活壓力源（stressor），例如縮短生命的疾病。Folkman（1997）又加入意義焦點（meaning-focused）的調適方法，後續亦有文獻討論意義創建與意義重建如何作為面對失落與哀傷的調適方法（Gillies & Neimeyer, 2006; Neimeyer, 2016）。此外，關係焦點（relationship-focused）的調適方法更指出個體在壓力期間為處理關係所採取的策略類型（O'Brien & DeLongis, 1996）。這點在亞洲脈絡下尤其真實，為了管控由限縮生命之疾病所帶來的哀傷，一種並不少見的策略是對於家人也守口如瓶。簡單地說，各類理論模式皆明確指出失落與哀傷不只有一種調適方式，治療師必須去理解並形塑患者調適哀傷歷程的主要風格、人格與信念。

無人島（Virgin Island）提供一項體驗性練習，讓案主先聽一段簡短意外的情境描述，讓他們細細闡述自己偏好的調適策略，以穿越當下的「心情」板塊。在案主分享其調適方法的過程，再逐步加入障礙，以發掘他們解決困難的優勢、毅力與創造力。有時也需要讓案主去思考並擴大他們既有的調適策略，以採取更適合當前困境的方法。

治療會面的開始，通常是由治療師讀出類似以下的情節描述：

> 海水逐漸滲入小船，船夫划動船槳，靠向一座小島的沿岸。他要你自己涉過淺灘，踏上這座無人島，他則划去求援，以修復船隻。雙眼所及不見任何一個人或其他陸地，此處也沒有衛星訊號，無法進行任何形式的通訊。不知道能否成功獲得幫助，但是船夫必須向外求援，你們倆才不會困在海上或滯留在這座小島。你全身上下只有一個背包，裡面裝著一把刀、一套衣物，以及一個裝了止痛藥、止瀉錠與繃帶的醫藥箱。船夫離去前還留下他的備用手電筒。如果他在日落後才返回小島，他會使用手電筒指引你回到船上。

治療師接著請患者快速確認自己內心的心情，再與家人或團體成員互相確認，然後每個人分別以文字寫出他們所想像的無人島，並用油性粉彩筆在紙上畫出來。接下來，由治療師提問，幫助案主探索他們會如何度過在島上等待船夫返回的這段時間，同時透過以下問題將障礙物加入情境，例如：(1) 如果你飢腸轆轆要找食物，你會怎麼辦？(2) 要是你突然掉進一個深度跟你身高一樣的坑裡怎麼辦？(3) 如果你迷路，發現自己怎麼繞都回到原點怎麼辦？(4) 要是船夫一直沒有回來接你怎麼辦？

當然，案主想像的經驗情節可能有各種變化版本，但是不論如何，重點在於治療師要辨識出需要確認、探討、維持、強化或改變的調適風格。此外，可能也需要探討案主的價值觀及信念，關於他們能或不能做的事、存在與生命意義、自我掌控感以及自信。隨著會面持續進行，案主也許有能力將島上的經驗連結至他們的癌症經驗，並將船夫聯想為他們的醫生。此時，治療師會與案主探索其關鍵收穫，以及如何轉移從練習中學到的事物，找到他們後續的希望，如何與限縮生命的疾病共存。會面結尾通常會指出，與癌症共存是一趟沒有標準地圖可以依循的旅程，必須由案主自己探勘開創屬於他們的獨特歷程。

個案實例

Jenny 四十歲，John 四十三歲，兩人在一個為期三天，為與癌共存患者及其家庭照顧者所舉辦的年度靜修營中，參與了一場團體治療。他們的兩個孩子分別為十歲與十二歲。John 近期診斷出肺癌晚期，預後並不樂觀。自從得知 John 的診斷結果，Jenny 就陷入憂鬱，拒絕讓 John 離開自己的視線範圍，一分鐘也忍受不了。

治療會面中，John 鉅細靡遺地畫出無人島，色彩與內容都極為豐富，其中有溪流、魚群、椰子樹和蓊鬱森林。John 表示，現在他從家庭

責任中「獲得自由」了，很希望深入島嶼冒險探索，即使濃密森林裡有危險動物，他也會佩帶自製標槍準備好戰鬥。同一時間 Jenny 也在創作，以灰階色調畫出她的無人島，畫面左邊是一片海灘，從前景低處伸向畫面右上方形成懸崖。Jenny 表示如果沒有與家人，特別是丈夫同行，她不會和船夫展開這趟旅程。治療師請 Jenny 多說一點，如果丈夫不在島上，她會怎麼做，然而 Jenny 難以想像若 John 不在身邊她該怎麼辦，更無法想像沒有他要怎麼活下去。她進一步表示，John 始終是她的生命依託，會保護她不虞匱乏也不受傷害。聽到 Jenny 的話，John 遲疑了一下，然後同意他會陪她留在海灘，只出發去近處尋覓食物和水給她。在被問到為何皺眉遲疑時，John 說他感覺肩上負著重擔，不確定自己何時可以「獲得自由」。治療師接著詢問兩人，對於看待相同情境卻有截然不同的觀點與調適策略——John 樂於出發，四處探尋機會與資源，而 Jenny 希望留在海灘上，即使樹叢之後可能就是桃源之地——他們有什麼感覺。此時，John 回答他可以感覺到 Jenny 因為他可能被癌症帶走而焦慮與恐懼，同時他也害怕讓她失望，因為他無法改變自己當下的狀況與生活運作模式。

我接著問 Jenny 如何理解 John 所分享的內容，並鼓勵這對伴侶思考，他們需要經歷什麼才能打破慣常模式的束縛甚至交換彼此的角色。Jenny 回答說她意識到自己加在病中丈夫肩上的重擔，同時也承認這對她來說是舒服自在的角色。我同意她的看法，向兩人強調改變從來就不容易，然而調整與否取決於他們。此外我也指出，重要的是辨識、尊重並接受兩人作為伴侶在觀點與調適做法上本來就有各自的差異。會面結束前，我邀請兩人反思他們希望如何探勘開創與癌共存的這趟獨特旅程，也請他們記得自己在無人島練習中所描繪的各自位置。

總結想法

面對死亡將至仍好好生活對患者和家屬來說都是艱鉅的挑戰，然而，確實有必要好好過日子，讓患者與家屬在與疾病共存的過程中維持一定程度的生活品質，以減緩失落的負面衝擊，也讓喪親者比較能夠應對接續而來的哀傷。治療師達到新的平衡狀態，以建設性方式調適失落並且成功處理他們的哀傷歷程。無人島是一項體驗性的畫面想像練習，可以幫助難以碰觸失落與哀傷個人面向的案主。這項技術也適合用於婚姻治療工作，有助於探索、理解並欣賞伴侶之間的差異。然而，若在團體工作的情境，治療師務需謹慎，不可以在案主尚未準備好之前就開啟哀傷情緒面向的工作，特別因為團體工作屬於公眾場合，也難以細心留意到每一位參與者。

參考文獻

Folkman, S. (1997). Positive psychological states and coping with severe stress. *Social Science and Medicine, 45*, 1207–1221.

Gillies, J., & Neimeyer, R. A. (2006). Loss, grief and the search for significance: Toward a model of meaning reconstruction in bereavement. *Journal of Constructivist Psychology, 19*, 31–65.

Lazarus, R. S., & Folkman, S. (1984). *Stress, appraisal and coping*. New York: Springer.

Neimeyer, R. A. (2016). Meaning reconstruction in the wake of loss: Evolution of a research program. *Behaviour Change, 33*, 65–79. doi:10.1017/bec.2016.4

O'Brien, T. B., & DeLongis, A. (1996). The interactional context of problem-, emotion-, and relationship-focused coping: The role of the big five personality factors. *Journal of Personality, 64*, 775–813.

33
我心之門
Riet Fiddelaers-Jaspers

適合此技術的個案

這項技術可以幫助正在面對從失落（特別是創傷性失落）中倖存的青少年與成年人，藉由治療師訴說個人的故事後反覆提問，使案主開始關注自己是如何管控痛苦。有些年輕人為了迴避所有可能碰觸到傷痛或失落的事物，因此不願意被看見也不願讓人親近，這項技術特別能夠幫助他們。然而，此技術較不適合近期剛經歷失落還無法反思的案主。

技術說明

透過訴說個人故事，我溫和鼓勵案主自我反思其生命與失落經驗。這則故事可以稱為「通往我心的大門」，是關於母親與我的故事。當然，其他治療師應該修改內容，讓故事真實觸及他們身為治療師的生命。運用此技術時，如果你沒有看見自己的「大門」，故事就無法發揮作用。也許你的「大門」看起來像拉鍊、玻璃牆、磚牆、氈毯或圓頂玻璃罩；也許你思念的是父親而非母親。要讓這個故事真正屬於你才能真誠訴說，並邀請（內斂寡言的）案主也說出自己的故事。

修改成屬於你的故事之後，大聲讀出來。讀完之後等候幾秒鐘再開始問問題，讓案主有機會吸收故事。若在團體情境中，可以詢問是否有人注意到故事裡的某些東西。在伴侶治療中，請兩人分別分享並告訴彼此自己的「大門」是什麼樣子；若是個別治療，則由治療師與案主討論。

在此之後，提供本章最後有如佛教探問練習的引導，並放慢速度讓練習生效。倉促完成絕對一無所獲，保持關注力與沉默非常重要。

步驟一：說故事：「通往我心的大門」

我的心是連接世界的通道，打開或關閉心門，由我決定。

最初來到這個世界時我的心是打開的，全然脆弱，準備好與他人接觸。母親將我擁入懷中，呵護備至，我也給她那時候的我所能給予的最棒禮物：我的笑容。我開始與她及其他生命中遇見的人連結。

我讓人們進入心裡，但我也馬上學到有時需要暫時關上心門保護自己。我也發現與他們親密接觸可能使我受傷，而我學會在跌倒之後站起來，以此承擔接觸他人的風險。

還是孩子的我向他人伸出雙臂，卻經常得不到任何回應。那很痛，非常痛。我決定為大門鉸鏈上油，潤滑到可以在轉眼之間把門關上，沒有人進得來。讓別人進來代表我可能再次受傷，再被拋棄。我開始保護自己不受這種傷害，我的心成為一座堡壘。我不讓任何人靠近，即使只是隱隱約約地出現會讓我痛苦的訊號，城門也會立刻關閉。我沒有意識到大門多快關閉，或者我為了不要痛苦，讓自己變得多麼刀槍不入。這一切變得無比正常。透過這種方式，我禁絕了使生命值得一活的真心相交。後來我才慢慢意識到，唯有打開心門，接受各種體驗並且敢於冒險，才有可能活出最完整的人生。我需要有人幫忙確保我的大門能夠再次開啟。一開始門只開了一小部分，但是隨著時間過

去，它愈來愈開。有時它嘎吱作響，但是有人會幫助我為鉸鏈上油。選擇在我手中：要開啟或是關閉。為了活出最完整的人生，需要有充分潤滑的鉸鏈。我不再這麼常關閉我的心了。我會打開門，讓生命與他人進來。這扇門並非隨時敞開，卻可以不時重新開啟。

——Fiddelaers-Jaspers, 2015

步驟二：探索時間

開始深入探索前，先詢問案主的「大門」長什麼樣子，對方的隱喻可能不同於我故事中所用的鉸鏈大門。

治療師開始提問，案主放慢速度回答，不需長篇大論，只要說出浮現腦海的字詞即可。治療師用心聆聽，有如一尊坐佛，給予案主時間探尋心中的答案，而不是指導他們說出特定回答，每問完一題再接著進入下一題。以下問題重複循環三輪，每一輪都是這四題。

- 你的大門什麼時候會關上？
- 為什麼關上大門可能是件好事？
- 為什麼打開大門可能是件好事？
- 你的大門曾經在你生命中如何幫助你？

以上四題循環提問三次之後，可以問案主，此時此刻那扇門如何影響他與你或團體中其他人的接觸。

另一種用於團體情境的做法是治療師讓參與者兩兩一組，先由其中一人提問三輪，再交換角色。

運用這項技術，人們會被大門的隱喻觸動，進而分享自己的隱喻：「我的大門是一道巨大拉鍊，可以快速拉開或收合」；「我的大門看起來比較像條狀柵欄」；「我大部分時候都住在一種圓頂透明罩裡」；「我的大門是單向的篩子」。有時人們可能會說自己的大門不會關上，總是敞開，此時便應該討論能

夠關上大門的重要性，因為如果所有人事物都可以進入門內，將使人精疲力竭。為鉸鏈上油很重要，你才能自主決定門要打開或關上。

個案實例

　　Mary 是一名五十歲的教師，前來治療是因為她再也無法承受自己的生存策略。Mary 與母親的關係很糟，而她敬愛的父親則因為工作忙碌，幾乎從不在家。十五歲時，Mary 喪母，臨終前她們沒有道別。Mary 難以調適，父親也無法給予陪伴。Mary 沒有談過感情，也沒有朋友，她只為學生而活，成為一名傑出的教師，她憑直覺就知道哪些學生需要幫助。而現在，生平第一次有位叫 Sarah 的同事關心她。Sarah 建議 Mary 尋求專業協助，讓自己更敞開心胸，培養更多對人的信任。

　　一次治療會面中，治療師朗讀「我心之門」的故事，深深觸動 Mary，她認出那扇多數時候緊緊關閉的厚重大門。接著治療師開始藉由問題工作。

治療師：妳的大門什麼時候會關上？
Mary：它一直都是關上的！
治：為什麼關上大門可能是件好事？
M：因為沒有人是可以信任的。
治：為什麼打開大門可能是件好事？
M：我不覺得打開大門是好事，我喜歡讓門一直關著。
治：妳的大門曾經在妳生命中如何幫助妳？
M：幫了我很多，保護我不被這個世界傷害。
治：很好，Mary，我們再來一次。

治療師再次提出相同問題。

治：妳的大門什麼時候會關上？
M：多數時候都是關上的，我只有在跟學生工作的時候門會打開……當然，還有我跟 Sarah 接觸的時候。
治：為什麼關上大門可能是件好事？
M：保護自己，可能還有讓我感到安全。
治：為什麼打開大門可能是件好事？
M：讓一些人進來，像是 Sarah 還有我大部分的學生。我愛他們！
治：妳的大門曾經在妳生命中如何幫助妳？
M：我還是孩子跟青少年的時候，當我感覺不到母親的愛，大門幫助我在這種狀況下生存。我很想念父親，母親死的時候覺得內疚，而且我只有自己一個人。我不知道該怎麼調適。

第二輪問答結束後，治療師第三次提出相同問題，Mary 的答案暗示可能又出現一次轉變。

在這項練習後，治療師與案主一同反思。她有何種體驗？內在發生了什麼事？練習中哪些部分有幫助？

接下來，治療師可能會問：「你記得自己第一次決定關上大門是什麼時候？發生了什麼事？」治療師談到生命中的痛苦時刻讓人必須尋找生存之道。這些痛苦時刻可能是被忽略、沒有被當成孩子、從未被允許當孩子、失去心愛之人、離婚、疾病等。以 Mary 的個案來說，她這輩子都覺得自己孑然一身，不記得曾經感受到母親的疼惜、保護與連結。而且她如此深愛父親，始終守護著他，父親回家時她會朝他跑過去，在

從車子走到前門的這段路上盡可能告訴他一切,那是她與父親共有的時光。說話的時候,Mary 的語速仍然很快。

然後治療師談到案主是如何存活下來,以及為了避免瘋狂,這些方法有多麼重要。人們可能需要透過堅忍不拔、扮演丑角、聰明過人、永遠樂於助人、不與人接觸、總是和善待人或賣力工作才能存活下來,Mary 則是變成一個非常內斂的人,為學生傾盡全力,想盡方法幫助他們。為了澆熄內在的痛苦,她也喝很多酒。幾次會面後,Mary 開始看見自己過去的行事方式,以及為何必須以那些方式應對。看見潛藏的痛苦是改變行為的第一步。

總結想法

「我心之門」的故事加上後續提問是一項效果與影響力十足的練習,可以賦能哀傷案主,並深化他們對於自己生存策略的自我探索。對治療師(或團體工作中兩人小組的夥伴)來說,這是一項準確聆聽的練習,過程中要善用沉默的時刻,同時相信案主能以有益的方式運用這些時刻。關於這點,治療師要體現的關鍵差異是成為案主歷程的見證者,運用自己的肢體(呼吸、肌肉張力、眼神接觸、臉部表情)為案主舉起一面隱喻的鏡子,讓對方攬鏡自照。這將幫助案主檢視其生存策略,以及他們採取這些策略的原因:為了掩蓋深刻失落所帶來難以承受的痛苦。當案主關照其失落並且開始容受痛苦,就是通往改變的第一步。

參考文獻

Fiddelaers-Jaspers, R. (2018). *De poort van mijn hart* (The gate of my heart: surviving and coming alive again in 33 poems). Heeze: In de Wolken.

Fiddelaers-Jaspers, R. (2019). *Met mijn ziel onder de arm* (Wandering with a wounded heart; Between welcoming and saying goodbye). Heeze: In de Wolken.

PART 9
修改個人意義

34

失落過後重構自我

Agnieszka Konopka and Robert A. Neimeyer

適合此技術的個案

　　這項技術對於在艱難轉變的複雜局面中感到失落的案主來說，尤其有意義。他們需要為自己的「失落地景」繪製地圖，以綜覽全局，看見其中牽涉元素之間的關聯，並探索新的改變方向。如果案主需要指認自己受到失落影響的各種面向，並開發潛在的嶄新意義資源以重新建構身分認同，則很適合採用這項技術。此外，個案若有一些尚未以文字或話語表達卻需要關注的經驗面向，也可以運用這項技術。對於無法招架情緒的案主來說，組構工作（composition work）能加強情緒調節，幫忙創造出自己與洶湧感受之間可以工作的距離。然而，此技術不適合過度調節情緒的案主，除非治療師能夠促進案主直接感受體現經驗，否則外化可能導致他們更為疏離。

技術說明

　　儘管人們大多追求一體性，但自我是一個多重的存在，包含許多常常截然不同的自我面向，稱為**自我位置**（I-positions），這點在對話性自我理論（dialogical self theory）的模式中有詳盡闡述（Hermans, 2018; Hermans &

Hermans-Konopka, 2010）。依據這項理論，構成心智社會（society of mind）的，除了自我面向的內在位置（internal positions）（例如我是焦慮的、我是專業的），還有重要他人的外在位置（external positions）（例如我母親、某個想像的英雄），而且這些位置彼此存在不同程度的對話關係。喪親與人生變遷的經驗可能挑戰並改變各方的自我位置與其組織方式（Neimeyer & Konopka, 2019），有時甚至使這些面向之間形成有問題的關係（例如當自我的一部分拒絕另一個有需求或脆弱的部分，或者當一個母親將孩子的死怪罪於自己）。另一方面來說，人們也可能同時從廣泛多樣的自我位置回應失落。若從單一的慣性或僵化位置回應，就會限縮或阻礙自我建構的歷程，然而若能從不同位置看待相同經驗，就能開啟預期之外的可能性，讓個體以一種具有意義的嶄新方式重新組構自我與生活。作為實務工作者，我們需要刺激個案，讓他們接觸、區辨與整合廣泛多樣的自我位置，以促進重新組構自我與找尋新意義的歷程。

「組構」的工作（Konopka & van Beers, 2019; Konopka, Neimeyer, & Jacob Lenz, 2017）促進上述歷程的方式，是在一大張紙上或沙盒裡創造出由石頭或其他自然素材構成的小型地景，藉此將各式各樣的自我面向象徵化或外化，為其發聲，並予以組構。在哀傷治療的脈絡下，此象徵性地景代表一個多重邏輯且動態的失落場域，反映出個別元素的性質、差異、關係與整體模式。組構讓個體得以在一種更宏觀的脈絡中探索自我經驗裡各自分離的元素，這項技術幫助個體轉換不同的自我位置，或納入新位置，並確認這些改變所造成的情感共鳴，以探索新的組成方式。加入非語言的形象化元素有助於將注意力放在先於語言（preverbal）的身體感官意義，反映出隱藏的許多自我位置，而這些位置可能正是創新與適應的重要來源。

組構工作的實踐包含以下概述步驟，可以彈性採用或加入各種更具體的介入方式：

1. 定義與象徵自我位置

歷程之始，通常會先定義出範圍廣泛的相關自我面向，並以石頭作為代表。治療師會先解釋何謂自我與他人的面向，並舉例說明（例如我是母親、我是愛人、我的孩子），接著邀請案主辨識自己受到各式失落所影響的所有自我位置，再以石頭作為象徵。即使只是簡短討論為何選用某一顆石頭代表某個特定的自我位置（例如選擇一顆小白石代表希望，或者以一顆有稜有角的石頭代表自己是戰士），都可能帶來啟發，幫助案主命名並宣告原先不被承認的自我面向。

2. 組構所有元素

案主選定各個位置的象徵物之後，邀請他／她在一大張紙或一個沙盒裡以能夠反映這些位置間關係的方式進行組構。舉例來說，象徵物實體距離的接近可能代表自我不同面向在心理上的親近；或者在紙上將一個象徵物放在另一個象徵物上方，可能代表其中一個面向凌駕在另一個面向之上。案主也可以在紙上或沙上畫線代表城牆、橋梁、衝突或影響的關聯，或者為各式各樣的元素標注名稱。

3. 探索組構結果

組構完成後，治療師接著提出以下面向的問題，以促進對組構結果的探索：(a) 個別位置（例如有沒有哪些位置因為⋯⋯的失落而斷裂或被孤立？有沒有哪些位置獲得解放或加強？哪些部分是智慧或支持的潛在來源？）；(b) 位置之間的關係（例如位置之間是否有任何衝突？）；以及 (c) 為位置及其關係發出聲音（例如哪一個位置此刻需要被聽見？）。

4. 做出轉變

探索組構時，同樣重要的是詢問案主想要的改變方向，以促成潛在的轉變（例如組構結果需要如何改變，才能在某方面重新取得平衡，或者讓自己感覺更舒服？）。案主可以調整組構結果中某些部分的位置，並確認如此轉變所帶來的情感共鳴。若出現解脫的感覺，便是需要改變的重要指標。

5. 學習、行動與進一步處理

會面最後，治療師可以將案主的焦點轉向學習（例如你從自己的組構結果中學到什麼？）、具體行動（例如若要以你描述的方式重新平衡你的組構結果，需要採取哪些具體行動？），以及透過日誌可能採取的進一步處理（例如寫一段兩個自我位置在轉變之前與之後的對話）。

個案實例

數月前，Gene 因為公司重整失去工作而前來尋求諮商。在一次組構工作的會面中（參見圖 34.1），他描述幾個與失業轉折相關的不同自我位置，並將其組構出來。失去工作破壞 Gene 原本「我是成功的」以及「我是公司合夥人」的位置，使它們與其他角色如「我的合夥人」與「我的孩子」隔離開來，也帶來嚴苛的自我批評。Gene 的「成功」與「合夥人」位置被破壞與孤立，這點反映在當他將象徵這兩個位置的石頭拿在手中時，身體上浮現的無力感與沉重的孤寂。然而，他注意到當下自己「愛玩的孩子」這個位置最需要關注，而當治療師邀請他將這顆石頭握在手中，他出現一股想將其拋開的衝動。進一步探索這股衝動使

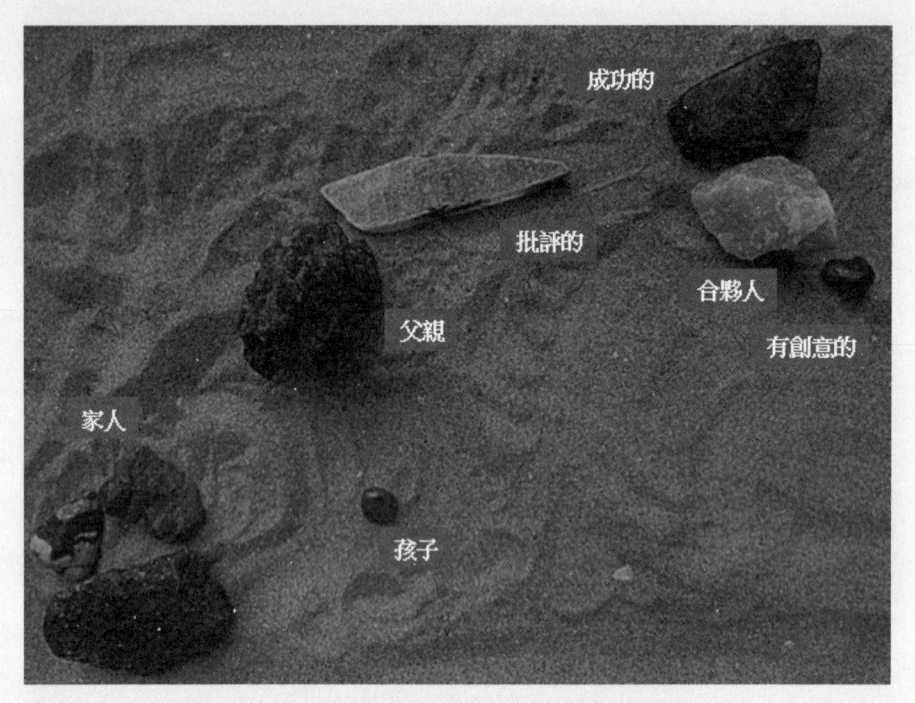

圖 34.1 Gene 一開始對於失去公司職位後的自我位置組構結果

他發現有一個聲音在說：「走開，不要這麼軟弱又要求這麼多，你的人生有更重要的事要完成。」Gene 連結到自己父親的位置，用一顆重重的暗色石頭代表他。當治療師請他用石頭呈現他們的關係，Gene 將父親放在愛玩的孩子上面。擺放的時候，他體驗到胸口有一股超出負荷的壓迫感，他用愛玩孩子的聲音說：「你給的壓力讓我窒息，我無法呼吸。我在這裡沒有空間。」當他聽到這段話，並且從愛玩的孩子視角看到組構畫面，他感覺到排山倒海的疲憊與哀傷，第一次在他人面前開始哭泣。隨著他容許自己的淚水湧流，Gene 溫柔同情地以雙手包覆住代表那個孩子的小石頭。他將石頭移近胸口，感覺一股逐漸擴張的暖意漫過心頭。他說：「我心裡有一個你的位置。」這個象徵性代替發聲的行為促使

Gene 轉變原本的組構結果（參見圖 34.2），這次他給予那個孩子更核心的角色，同時將父親與自我批評的聲音都放到遠處。隨著這份轉變，Gene 嘆了一口氣說：「現在我可以呼吸了。」會面最後，Gene 為了朝這個轉變方向再前進一小步，打算寫一封信，甚至試著以自己年幼慈憫的那一面跟父親說話，並且去追求符合自己過去被邊緣化的玩興與創造力的職涯方向。

圖 34.2 Gene 重新排列的組構結果，讓自己的孩子位置更為核心，同時離父親的聲音及批評的聲音更遠

總結想法

　　為不同的外化位置發出聲音，讓個體首次能夠聽見它們，藉此認可原本不被認可的東西。當一個人能夠接觸、認可並表達失落當中隱形沉默而受到忽略的部分時，將有助於開啟未能滿足的需求。當案主從在世或已逝的外部角色觀點表達接受或理解，運用自我另一個面向所擁有的智慧，或者實際移動石頭構成更平衡的另一種配置，便是在邀請擁有支持性資源的自我位置加入對話，是一個賦能的過程。

　　藉由明確指出失落所涉及的各種內部或外部的自我位置，即可區辨失落領域的不同部分，使案主更加意識到失落的確切內涵，甚至是穿越失落經驗後所能得到的收穫，即便後者看似矛盾。通常為案主帶來啟發的，是看見組構結果中有哪些部分被削減、打破或遺忘，哪些部分獲得解放或加強，這些都能使案主認識失落具有模稜兩可的複雜意涵，不論這份失落是源於重要他人死亡、重要關係終止、健康惡化，或者從一段足以定義自我身分認同的職業生涯中突然遭解職。

　　失落與人生變遷的地景就像日本京都著名的龍安寺庭園，可以從許多不同角度觀看，然而，從任何單一觀點都只能看見園中部分的石頭，而且總是只有其中一面。若站在地面上，沒有任何一個視角可以同時看見所有石頭，唯有當觀者從另一個觀點看出去，才會突然發現新的畫面。組構工作以三維空間的方式呈現自我的內心地景，讓案主從不同角度觀看失落與人生變遷，藉由實際旋轉桌面上的組構結果，揭開不同的面向，並體驗與各面向連結的意義。舉例來說，案主 Will 四年前經歷成年兒子自殺的喪子之痛，在那場悲劇之後，便以完全投入工作來回應。然而，當 Will 在桌面的高度，從那顆代表自己作為銷售員自我位置的石頭觀看其組構結果，他震驚地注意到自己竟無法看見那顆代表兒子的小石頭，它被放到組構畫面的遙遠邊緣，而且被其他石頭擋住，當下他感覺到一股強大的內疚與思念。當治療師邀請他重新決定配置並呈現更讓自

已滿意的安排時，Will 放入一顆原本放在遠處代表神的金屬球，將一顆心型石頭置於中心，並且將已故的兒子、現在的妻子、妻子的小孩，以及他自己先前分割出去的神祕創造性自我，安排成一個關係緊密的星座，圍繞著這個充滿愛且富含靈性之知的核心存在。

另一種替代做法是鼓勵案主採取一種後設位置（meta-position），也就是由上而下「直升機式」地觀看組構結果，藉此看見既相異卻相鄰的位置，更意識到它們之間的關係與新的意義橋梁。我們邀請案主實際從上述地面高度與後設高度觀看自己的組構結果，從不同參考點拍攝照片並加以描述。這類練習可以將案主從受限或慣性的觀點中釋放，帶來尋找新意義與新方向的可能性，幫助案主表達先前未能言表之事，區辨原本模糊同質的經驗範疇，藉此在失落過後組構自我的漫漫長路上支持案主。

參考文獻

Hermans, H. J. M. (2018). *Society in the self: A theory of identity in democracy*. New York: Oxford University Press.

Hermans, H. J. M., & Hermans-Konopka, A. (2010). *Dialogical self theory: Positioning and counter positioning in a globalizing society*. Cambridge, UK: Cambridge University Press.

Konopka, A., Neimeyer, R. A., & Jacobs-Lenz, J. (2017). Composing the self: Toward the dialogical reconstruction of self-identity. *Journal of Constructivist Psychology*. doi:10.1080/10720537.2017.1350609

Konopka, A., & van Beers, W. (2019). Compositionwork: Working with dialogical self in psychotherapy. In A. Konopka, H. J. M. Hermans, & M. M. Gonçalves (Eds.), *Handbook of dialogical self theory and psychotherapy: Bridging psychotherapeutic and cultural traditions*. London: Routledge.

Neimeyer, R. A., & Konopka, A. (2019). The dialogical self in grief therapy: Reconstructing identity in the wake of loss. In A. Konopka, H. J. M. Hermans, & M. M. Gonçalves (Eds.), *Handbook of dialogical self theory and psychotherapy: Bridging psychotherapeutic and cultural traditions*. London: Routledge.

35
重新鞏固記憶
Jakob van Wielink, Leo Wilhelm and Denise van Geelen-Merks

適合此技術的個案

　　這項技術幾乎適合所有深陷長期哀傷之苦的案主，然而若案主近期剛經歷創傷性失落，直接喚起過往經驗的圖像會造成太多苦痛，則不建議使用這項技術。此外，如果案主對抗的是普遍性的哀傷症狀，並未出現根深柢固而讓自我受限的信念或行為模式，可能也較難從這項技術中獲益。

技術說明

　　當下的失落可能（在潛意識中）觸發過往失落的記憶，範圍從實質失落，如父母逝世或者搬離與家人同住的家，到較為模糊的失落，例如失去安全的童年或者可靠的家長。為了輔助與這類記憶的治療工作，可先運用第一步驟生命歷程圖（lifeline），辨認出人生的重大轉折點，接著透過第二步驟重新鞏固記憶（memory reconsolidation），直接喚起並修改它們。以下分述此歷程的這兩個主要階段。

生命歷程圖

　　創造一條案主生命的時間軸能帶來關於這些事件的洞見（Wielink, Wilhelm, & van Geelen-Merks, 2020），其中包含失落與失敗的時刻或時期，也可能是喜悅與成功的時候。這類時間點也被稱為轉折時刻（transitional moments），亦即使案主的生命發生特殊轉折的時刻。將重大轉折點排列在時間軸上之後，案主可以接著運用加號與減號表示這些事件對於自己生命的正向或負向影響。這個過程將失落事件本身的故事以及富含案主生命脈絡的背景故事（Neimeyer, 2019）都置於一個更大的脈絡之中，使故事擁有開啟不同意義的潛力。

　　接下來為生命歷程圖加入細節，也就是指出各項衝擊事件的相對強度。先將正向事件標示於時間軸上方，負向事件則在下方，再藉由與軸線之間的距離表示相對強度。事件位置的高低呈現案主覺得它們之間衝擊程度的差異。接著畫一條線將各式各樣的事件連起來，表明它們的發生時序，創造出一幅有高峰低谷與陡峭起落的地景。

　　生命歷程圖會為那些曾經衝擊案主的事件帶來新的洞察。每段衝擊的經驗都會留下銘印（imprint），記錄成某一種肢體反應、強烈情緒、呼吸短促、焦慮、身體疼痛，或甚至某一種特定的封閉情感，這些都與該經驗一起儲存在記憶中；換句話說，每次當案主面對一段相似的經驗，就有可能再次產生相同的情緒與生理反應。結果就是案主在認知、生理與情緒上形成某種深植內心的信念與特定的觀點。舉例來說，案主可能（潛意識）相信道別非常可怕，因為他曾在無預警下面對母親對於祖母死亡的劇烈哀傷，於是每次到了即將道別的時刻，案主就會開始冒汗、渾身不自在，想盡快離開現場。形形色色的這類信念以及與其關聯的行為會在失落或即將面臨失落的脈絡下出現，即便那些最初在案主建構反應之時參與其中的重要角色早已成為過往，其影響仍然持續不輟。

```
 +    −    +  + − + +    +  − − − +    −
 ↓    ↓    ↓  ↓ ↓ ↓ ↓    ↓  ↓ ↓ ↓ ↓    ↓
─┼────┼────┼──┼─┼─┼─┼────┼──┼─┼─┼─┼────┼─
 0   10   20          30             40
```

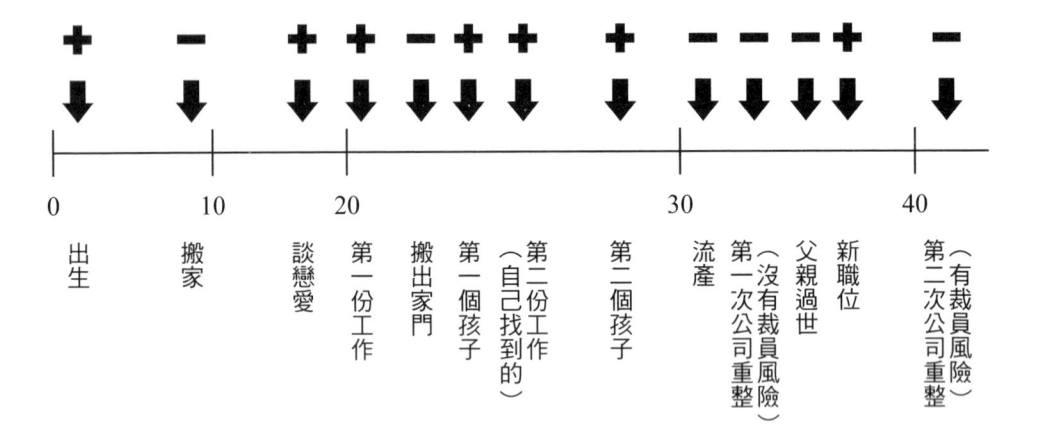

出生　搬家　談戀愛　第一份工作　搬出家門　第一個孩子　第二份工作（自己找到的）　第二個孩子　流產　第一次公司重整（沒有裁員風險）　父親過世　新職位　第二次公司重整（有裁員風險）

圖 35.1 包含個人與職涯衝擊性事件的生命歷程圖

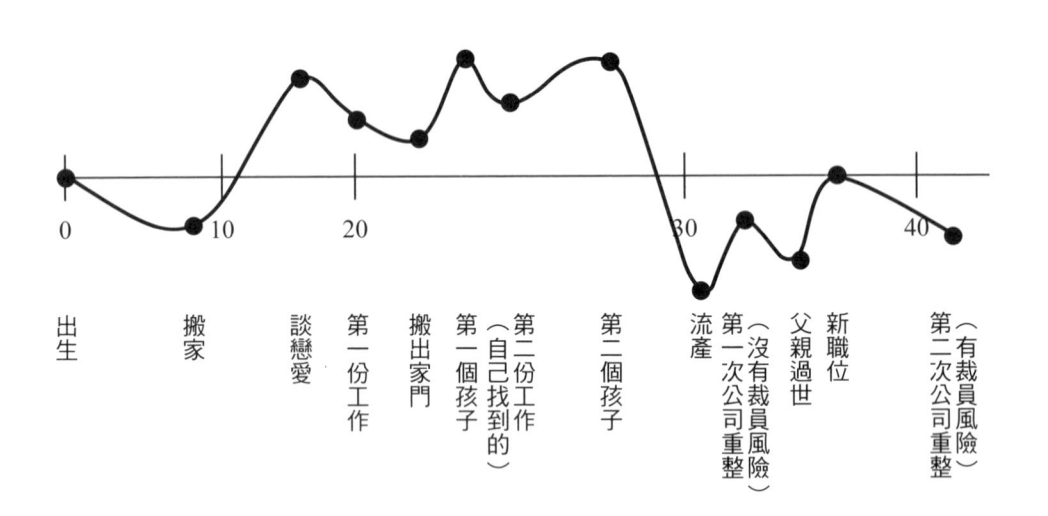

圖 35.2 加入高低起伏的生命歷程圖

重新鞏固記憶

　　重新鞏固記憶這項技術能幫助案主以有益的經驗取代上述造成限制的銘印。事實上，記錄已固化記憶的神經區域可以被覆寫（Ecker, Ticic, & Hulley, 2012）。長久以來，科學家認為大腦的神經可塑性（neuroplasticity）只用於建立新的神經路徑（neural pathways），以儲存新記憶與學習新行為，因此，過去認為心理治療必須讓案主充分意識到有益的新行為，並且不斷重複，使新的行為比潛意識中的舊有模式更為牢固。然而，個體潛意識中的這些舊經驗其實可以被重新開啟，然後以有益的經驗覆蓋與該記憶相連且於當下造成限制的銘印，藉此重新鞏固那段記憶。

　　學者 Ecker、Ticic 與 Hulley 說明為達到記憶重新鞏固，可以採取以下三個步驟以及一個確認步驟：

1. 再次活化銘印：使案主置身於那段最初經驗的相似情境，以活化相關的神經區域。
2. 挑戰銘印：以一段截然不同的經驗與之對抗，衝擊案主原先的預期，藉此開啟該神經區域的突觸（synapses），讓該大腦區域得以吸收新資訊，以修改舊資訊。
3. 刪除或覆蓋舊銘印：再次提供一段衝擊既有期待的新經驗（亦可重複第 2 步驟採用的相同經驗）。研究指出，完成第 2 步驟後，神經路徑對於新資訊會持續開啟約五小時，接著才會再次關閉固化。

　　確認步驟進行方式如下：完成上述三個步驟之後，再次給予案主第 1 步驟的相同觸發點，以確定舊銘印原本會觸發的反應與症狀確實已經消失。

　　進入上述記憶重新鞏固的三個步驟之前，必須先讓案主覺察造成限制的銘印，以及能夠用來反證經驗限制造成衝擊效果的正向經驗，否則兩者在意識層次無法調和。為了幫助案主確實獲得此種覺察，可以運用生命歷程圖上的經驗，依序採取以下三點：

1. **指認症狀**。確切而言，案主所經驗到的是什麼？發生在什麼時候？
2. **解鎖／提取先前經驗**。該症狀的核心是何種限制性銘印？
3. **指出一段具衝擊性的經驗**。除了潛意識形成具限制效果的銘印之外，案主也有其他足以證明相反結論的實例與經驗，但這些通常發生在很久之後，僅記錄於大腦的意識而非潛意識之處。雖然有作為反證的經驗，然而卻僅在意識層次，因此並不充分。

如果能在案主以情緒重溫最初經驗的過程，於其意識中同時解鎖反證經驗與限制性銘印，記憶的重新鞏固便會發生；這時，帶來正向影響的新銘印便能覆蓋先前的銘印。

個案實例

母親一年多前逝世，Irene 苦苦思念母親，難以成眠，工作狀態很差。她原本就不擅長拒絕別人交辦的任務，現在因為難以專注，更無法完成任何事情。然而 Irene 卻沒辦法告訴主管她想拒絕或放棄工作，畢竟如果她不做，誰會做呢？大家都很忙，沒有任何人還有空間接下更多工作。而那些通常由她處理的工作若沒完成，Irene 便會非常沮喪。

藉由 Irene 的生命歷程圖，隨即揭露她從小就扛起家中許多責任。Irene 有兩個弟弟，然而母親生病，因此家中事務都落在她身上，卻從來沒有人為此表達感謝。Irene 覺得由自己擔起責任是再自然不過的事，畢竟除了她，還有誰應該承擔呢？儘管 Irene 總是全力以赴，母親卻很難討好，她總是會用失望的方式表達對 Irene 的批評。面對這份失望，Irene 無路可逃，因為如果她拒絕幫忙，就要承擔遭母親厭棄的風險。

治療師請 Irene 完成這個句子：「我絕不能向人說『不』，如果說了，……」「我會讓母親失望」，Irene 接著說。明顯可見她深受撼動，

原本輕鬆放在腿上的雙手此刻不安地互握。她用衛生紙輕擦淚水，嘆了一口氣。接著，治療師與 Irene 一起造出以下句子，寫在卡片上，讓 Irene 在治療會面之間的日子裡可以每天讀幾遍給自己聽：「我必須永遠討好所有人，因為我絕對不能讓他們失望，就像我絕不能讓母親失望。」這項做法讓 Irene 意識到自己在潛意識的銘印，完成覺察準備的第 1 點與第 2 點。

再次會面時，治療師詢問 Irene 從上次會面後，每天讀出卡片上的句子結果如何。「非常衝擊」，Irene 坦承，「我現在知道自己無法設立界線……特別是如果對方在某方面會讓我想到母親。」接著她自己道出這段經歷：有位男同事請她分擔他的工作，雖然過了好一會兒 Irene 才成功開口，但她直接向對方說不。同事接受她的拒絕，表示「很合理，畢竟妳也很忙」。這段插曲正好完成準備階段的第 3 步，代表現在治療師可以啟動記憶重新鞏固的第 1 至第 3 步驟。

治療師請 Irene 回想，是否有某個她想要拒絕卻無法向上司說不的工作情境，盡量喚起情境中的生動細節，讓相應的感受浮現，這是第 1 步驟。為了重新活化滿載情緒的記憶，治療師進一步詢問：「在這個情境中，妳感覺自己年紀多大？妳可以回到童年哪一個相似情境，是和現在這個情境產生聯想的嗎？」治療師的問題馬上觸發 Irene 的反應，她先是克制地啜泣，接著才讓淚水自由流淌。治療師重新確認原始的銘印：「妳絕不能說不，因為這麼做會讓母親失望。」藉著重溫這段經驗開啟原始經驗的神經路徑，為重新鞏固記憶奠定基礎。

接著治療師啟動第 2 步驟，提到案主近期獲得的反證經驗：「現在請妳想像那位同事向妳走來，問妳能否接下一些他的工作。請妳深呼吸，然後向他說不。」藉由向案主有意識的心智呈現這兩項不可能同時

為真的矛盾經驗，會出現大約五小時可以覆蓋原始經驗的時間窗口。

治療師避免評價不同立場，交由案主決定是否真的要以新的正向經驗覆蓋舊銘印；換句話說，第 3 步驟是由案主自己執行。治療師可以從旁協助，複述互相矛盾的立場，每次都採取不同方式表達，以邀請案主持續體驗這些不同立場所觸發的多種情緒。如此，案主完成覆蓋的過程，即第 3 步驟。

回到 Irene 身上，她深深嘆息，身體放鬆陷進椅子裡，又一次啜泣；接著她擤鼻子，站起來。「是的」，她說，然後靜默半响。「是的」，她又一次說，臉上浮起一抹笑。容許這段新經驗進入內心讓 Irene 可以更輕鬆說不，更能在職場上為自己的需求發聲，拒絕工作任務，並找到新的平衡。

總結想法

由痛苦的情感銘印所造成的精神折磨可以透過記憶的重新鞏固獲得緩解，然而，如果精神折磨的核心包含多個銘印，則必須個別分開處理。

在確認銘印、其背後的限制性經驗以及適用的反證經驗時，重點在於治療師不去評價任何一種立場的可取程度。這項歷程不是為了在認知層次挑戰限制性信念，治療師的角色是支持與刺激，讓互相矛盾的經驗在案主意識當中同時解鎖。唯有如此，案主才能夠自己啟動記憶的重新鞏固，覆蓋原始經驗。有數種方法可以達成這項目標，本章僅描述其中一種，其他方式包含運用完形（Gestalt）、神經語言程式學（neurolinguistic programming）到系統取向（systemic）等各類技術。

重要的是要理解原始銘印雖然後來形成限制，其最初卻是為了保護案主不要受到更嚴重的傷害，因此銘印曾經在案主求生存的過程中滿足重要且正向的

目的。案主描述的所有症狀，若相較於沒有創造出此種生存行為可能產生的後果（例如以 **Irene** 而言就是遭核心依附對象厭棄），事實上並沒有更糟糕。

參考文獻

Ecker, B., Ticic, R., & Hulley, L. (2012). *Unlocking the emotional brain*. New York: Routledge.

Neimeyer, R. A. (2019). Meaning reconstruction in bereavement: Development of a research program. *Death Studies, 43*, 79–91. doi:10.1080/07481187.2018.1456620

Wielink, J. P. J. van, Wilhelm, L., & van Geelen-Merks, D. (2020). *Loss, grief and attachment in life transitions. A clinician's guide to secure base counseling*. London and New York: Routledge.

36
自我身分星座圖
Christopher J. MacKinnon, Dina Szynkarsky and Leigh Stephens

適合此技術的個案

這項紙上進行的心理治療練習有助於正在經歷失落或喪親等人生變遷的青少年或成人,特別是如果案主想要釐清在失落過後人際關係如何形塑與影響了個人主體的身分建構,應該會欣然採納這項技術。然而若案主比較務實或具體導向,以及面對哀傷採取偏工具性(instrumental)的調適風格,這項技術可能較難引發其興趣,或者較不適用。

技術說明

人生可以理解為一系列的失落與變遷。有些變遷,如離婚、失業、移民、診斷出疾病或死亡,通常不在計畫之內,錯綜複雜又難以跨越,帶來停滯或複雜性適應的風險,尤其若涉及個體對於自我身分的疑問,度過變遷的障礙更是構成挑戰(Neimeyer, 2009)。喪親經驗普遍讓人們因面對重大人生變化而變成一個連自己都感到陌生的人。隨著個體試圖理解如今可能無法相容或互相矛盾有關個人身分的內化敘事,將因失落促發意義的危機(Neimeyer & Sands, 2011)。以本章目的而言,值得注意的是建構主義有關個人身分的概念經常連

結社會領域，特別是身分如何由對我們而言具有意義的關係所形塑。

劇作家 Robert Anderson（1968）曾經指出，一段有意義關係的死亡本身並不會終止該關係對人的影響，他的說法預示了生死學領域關於**持續性連結**的當代研究。目前針對持續性連結的定義為生者內在與逝者間持續存在的關係（Stroebe, Schut, & Boerner, 2010）。與逝者關係的隱含或外顯影響可能衝擊哀傷者的自我感（sense of self），可以透過符合個體需求的臨床介入模式針對性處理，例如以下描述之心理治療練習。

自我身分星座圖練習（Identity Constellation Exercise）係基於 James Hollis（2015）所發展的技術，本章為修訂版，容易操作，經濟減省且具有彈性。此技術試圖橋接喪親中個人身分重新建構與持續性連結的概念，以及前者與建構主義中關於理解與創建意義的概念。因此，除了哀傷治療，亦適用於一般性心理治療，只是我們發現其於前者的脈絡下尤其有幫助。這項技術的臨床目標包含：(1) 促進主觀經驗與個人身分的理解，(2) 指認隱含而可能衝擊喪親經驗的人際關係力量，以及 (3) 為未來治療的介入設定目標。此技術需時大約五分鐘，建議採行於治療會面當中，藉由與治療師的夥伴關係獲得對排列結果更深刻的思索。

為了完成練習，案主需要一張白紙以及鉛筆或原子筆。治療師先請案主在紙上畫一個大圓，中心處畫一個圓點。大圓象徵案主人際關係的世界，也就是一個形象化的**個人太陽系**，位於中心的圓點則象徵力量核心；換句話說，圓心就是影響力最大的位置。接著請案主在這個太陽系裡畫出一系列次圓圈，依據以下因素決定它們相對的大小以及與圓心的距離。每個次圓圈都代表案主生命中的一份關係，包含與生者或逝者之間所有具意義或影響力的關係；次圓圈的大小則代表該關係在案主日常生活中所占有的量化空間，取決於與對方實際相處的時間之外，也包含想著這份關係所花的時間。各個次圓圈與中心圓點之間的距離，則是那份關係相對於其他關係作用於案主的力量多寡。舉例來說，如果一個很大的次圓圈畫在太陽系邊緣，可能代表一位在辦公室相鄰隔間但是對

案主生活幾乎毫無影響的點頭之交；相反的，若是一個小型次圓圈畫在靠近中心圓點的位置，意思是這份關係有強烈且持續的影響，卻沒有在案主生活中占據很多空間。排列時可能出現次圓圈的層疊或重合，這是應該鼓勵的做法，至於次圓圈重疊的確切意義則可以交由案主辨認。

對於最終圖像的評估與詮釋會依治療師的臨床判斷而異，但應與案主的需求同步。治療師可能會想在徵求案主同意後，於會談室將星座圖攤開，讓兩人得以同時觀看。

以下是一些臨床工作中可能引發案主更深刻反思的引導語。

- 看著星座圖，有什麼感覺？
- 現在這張星座圖呈現出你是怎樣的人？
- 這個練習當中的哪一部分讓你感到最意外、有趣或困擾？
- （如果有）重疊的次圓圈代表什麼意思？
- 如果你希望星座圖改變，會是何種改變？需要發生什麼事情才會改變？

在一開始的製圖與評估後，可以重新回到星座圖，讓案主加入從上述引導問句中找到的新銘印。有些案主可能會想加入主要情緒的次圓圈，例如羞恥、內疚、背叛或其他與失落相關的感受。也可以加入可能妨礙案主調適的問題行為（例如過度逃避的調適行為），以及足以涵蓋其他影響力領域的次圓圈，例如工作、宗教信仰或實務問題（如財務壓力）。案主可以為星座圖附上侵入式畫面或反覆出現的念頭，這些可能指向創傷或反芻性調適（ruminative coping）。最後，邀請案主或許在會面之外的時間製作另一張星座圖代表失落前的存在狀態。另一種做法是讓案主排列出自己**更想要的未來星座圖**，除了勾勒理想的存在狀態，也指出心理治療中可以強調的目標。

個案實例

　　Reginald 與父親有著特別緊密的依附關係，喪父之後，為了尋求喪親與心理支持，他自行前來就診。Reginald 表現出來的明顯感受包含焦慮、嗜睡、猶豫不決、自我批判與絕望。除了喪父，他同時面對一段無愛的婚姻，多年來，他與妻子過著幾乎毫無交集的生活。讓局面更為複雜的是 Reginald 在父親過世後幾週，開始了一段與同事的地下戀情。

　　經過進一步評估，清楚可見 Reginald 原本因應空洞婚姻的方式是向父親尋求支持，這是常見的共謀與三角關係（collusion and triangulation）模式。與父親對話成為定期的降壓閥，暫時緩解 Reginald 在婚姻中感受到的張力；如今父親逝世，這種調適方法也被帶走，Reginald 發現自己的焦慮不斷攀升，無法決定要離開這段婚姻，還是直接面對太太，指出他們的困難。「我無法控制」，他在爆發性哭泣間喊道，「我從來沒想過自己會成為這樣的人，談起這種偷偷摸摸的感情。我無法理解自己為什麼會做這些事、為什麼沒辦法前進，我就是卡住了。」

　　Reginald 性格具創造力，當治療師提出以身分星座圖來幫助他理解自己的反應時頗感興趣。他在治療會面中完成練習，將圖畫斜靠著椅背，讓他與治療師可以同時看見畫面。過了好一會兒 Reginald 才開口，治療師鼓勵他在體會圖像時慢慢來。

　　他先提到與父親的關係。儘管父親不再能實體現身，現在卻經常浮現於 Reginald 的思緒中。他更透露一些反覆出現的擾人畫面，父親死前接受安寧療護的時刻成為重複出現的惡夢。

　　治療師注意到他父親與兒子 Jeff 的次圓圈有些交疊之處。Reginald 解釋說這代表他父親在 Jeff 的生命中扮演珍貴的角色，他描述因為太太經

常不在家，父親如何發揮彌補作用。隨著引出愈來愈多細節，Reginald 分享他為了 Jeff 想維持家庭完整並避免離婚而感覺到的壓力。他還辨識出一種個人能力不足的感受，因為他無法處理這些教養問題。討論 Jeff 與父親圓圈交疊的本質為 Reginald 闢出一條蹊徑，引發他兒子如何應對祖父死亡的問題。

此外，與同事的地下戀情也以令他驚訝的方式浮現，占有比他原先意識到多出許多的空間與影響力。同事的圓圈與妻子重疊，後者的小圓圈原本放在星座圖邊緣的附帶位置。Reginald 表示，兩人重疊部分是因為有時候當他與同事在一起時會想到妻子。

透過接下來的引導語，治療師邀請 Reginald 指出這項練習產生的任何感覺，或者可以加入星座圖的情緒。「如果要我毫不留情地對自己坦誠，我想我被一種失敗的感覺徹底席捲，它在我生活中占據了超乎我願的空間。」治療師協助 Reginald 解構這種感覺，而他大致上以羞恥感稱之。據此，Reginald 加入一個淺灰色次圓圈代表自己的羞恥感，這個圓圈明顯包裹所有其他次圓圈，圍繞著與同事的戀情。他表示這是自己人生中最大的失敗，喃喃道：「要承認這件事讓我覺得丟臉透頂。」

治療師提出最後一項引導語之後，Reginald 又加入恐慌感，這是他想到同事以及與 Jeff 的關係時會出現的感受。「我似乎沒辦法做出任何前進的動作，我完全僵住，不斷重複相同的舊有模式，一遍又一遍地回去找她。我不想繼續這樣下去，活在祕密中，我甚至不確定自己是否想要這段關係。一切都很令人困惑。我對於 Jeff 有一天將發現真相也害怕得不得了，他會怎麼看待自己的父親？」一個深灰色的恐慌圓圈加入星座圖，覆蓋在羞恥感以及與兒子和同事的關係之上。

諮商結束前，治療師鼓勵 Reginald 繼續以他認為更能適切捕捉自己

情況的方式修改圖畫。Reginald 將星座圖帶回家,下次會面帶來一份修訂後的星座圖(圖 36.1)。他一開始畫的星座圖裡,代表太太的小小次圓圈以粗線繪製,占據星座圖最外圍的空間,而這個次圓圈後來被移動到現在緊鄰力量中心的位置。「我想我原本不願意向自己承認她在我生命中占有多大的空間。」他表示,儘管太太在他日常生活中占據的空間微乎其微(他們分床睡,多年沒有親密關係,也甚少交談),然而,由於他對抗這份關係對自己產生的作用,因此受其影響與定義。Reginald 陳述他對於自己是誰的認識(即其自我身分)很大部分取決於太太。「我一直認為自己是會把事情做好的人,太太和我之間的牽絆改變我的自我感。我想要回到原本的自己,那個充滿動機與能量的人。」

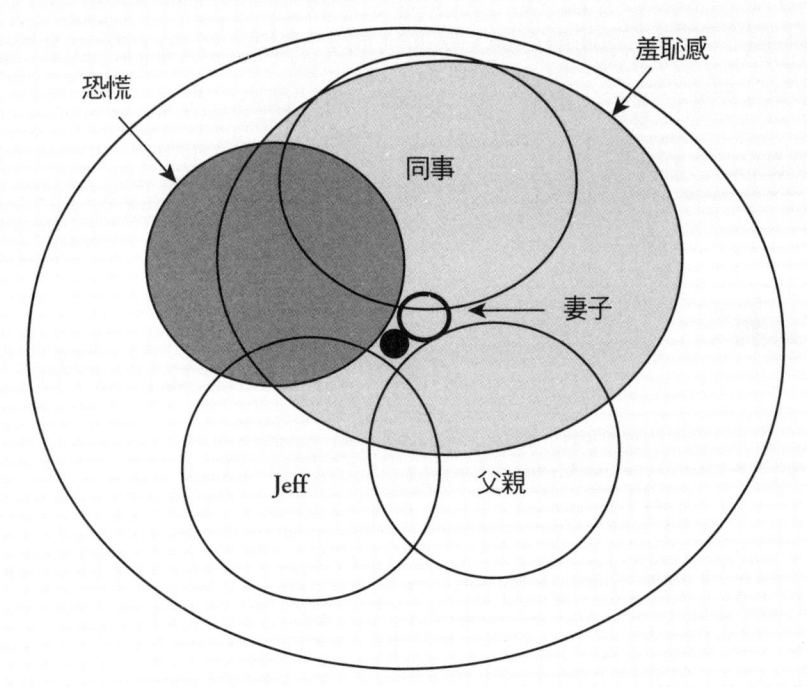

圖 36.1 Reginald 的身分星座圖

在與治療師合作之下，Reginald 同意接下來治療工作需要立即處理的優先事項是他婚姻的未來。他也同意有用的起始點是去理解它，並以有效方式回應難以招架的羞恥感與焦慮。其他治療目標包含處理父親死後可能造成的創傷性後果，以及尋找有效方法處理他與失去祖父的兒子之間的關係。

總結想法

自我身分星座圖練習是一項相對直接、有效率且強而有力的心理治療技術，透過簡易的方法明確呈現影響且形塑個體哀傷經驗與身分主觀感受的隱含力量。作為一項評估方法，這項技術可以應用於療程的各個階段，由治療師與個案共同執行，以凸顯作用於案主象徵性個人星座的各樣星體。此外，此技術也會使人更意識到重要的主題，照亮後續治療工作的道路。

參考文獻

Anderson, R. (1968). *I never sang for my father*. New York: Dramatists Play Service.

Hollis, J. (2015). *Hauntings: Dispelling the ghosts who run our lives*. Accredited workshop presented at the C. G. Jung Society of Montreal, Concordia University, Montreal, QC.

Neimeyer, R. A. (2009). *Constructivist psychotherapy*. New York: Routledge.

Neimeyer, R. A., & Sands, D. C. (2011). Meaning reconstruction in bereavement: From principles to practice. In R. A. Neimeyer, D. L. Harris, H. R. Winokuer, & G. F. Thornton (Eds.), *Grief and bereavement in contemporary society: Bridging research and practice* (pp. 9–22). New York: Routledge.

Stroebe, M. S., Schut, H., & Boerner, K. (2010). Continuing bonds in adaptation to bereavement: Toward theoretical integration. *Clinical Psychology Review*, *30*(2), 259–268.

37
多自我對話模式
Jakob van Wielink and Anita Bakker

適合此技術的個案

多自我對話模式（voice dialogue）幾乎適用於與所有正在處理各類型失落與哀傷的成年案主工作，然而對於自我反思能力較差的年幼兒童、嚴重創傷個案，以及面臨精神問題者，這項方法可能引發困惑。

技術說明

多自我對話模式是由心理學家 Hal Stone 與 Sidra Stone（Stone & Stone, 1986）所開發且效果卓著的方法，其理論基礎為榮格的發展心理學，描述人格如何透過調和個體心理諸多（有時對立的）面向而得到發展。

此對話模式又稱為**多自我心理學**（Psychology of the Selves），其基礎假設認為每個人都懷著數個不同的自我，而且每個自我都有自己的語言、意見、信念、感受與認知。其中有些自我相較於其他自我具有更高的主導性，這些更具主導性的身分即所謂**主要自我**（primary selves），通常在生命早期就發展出來，讓我們能夠避免感到痛苦或孤單，同時維護在世界上的立足之地。例如有些人可能發展出一個堅強負責的自我，或者過分積極討好他人的自我。另一方

面來說，也很容易想見人們會盡量不去接觸那些會讓自己遭遇痛苦的身分面向，這些是我們絕不允許出現或很難允許其表達的自我面向，稱之為**斷絕關係的自我**（disowned selves），通常與主要自我截然相反。

當失落發生，主要自我的生存策略有時可能不足以面對，不再能夠完全庇護我們免於哀傷經驗。人們可能經歷一種凍結般的感官體驗，無法處理新的情境，或者主要自我會更強烈地展現，促使原本的堅強、樂觀或孤僻更上層樓。主要自我可以在我們並未察覺之下取得掌控，強化過去發展出來的生存行為。帶來劇烈衝擊的失落也可能使我們展現出某些自己不知道的部分，讓我們既害怕又沒有安全感，此種過程會出現的感受可能包含憤怒、羞恥與內疚。我們的某些內在自我會更聚焦於向前邁進，也有些自我更專注於失落，正如學者 Stroebe 與 Shut（2010）的雙重歷程模式所示。

當案主原有的掌控被失落經驗徹底挑戰，治療師可以幫助對方重拾（更多）控制。在多自我對話模式中，治療師達成這項目標的方式是真的與每一個自我對話，而且說話時將他們視為個別不同的人，以協助案主整合各個面向的自己。治療師於療程當中必須以情緒參與當下，以尊重的態度歡迎露臉的每一個面向，這點極為重要。如果治療師真的能夠成為安全堡壘（參見第 25 章〈平衡關懷與挑戰〉），將為案主帶來與自己內在諸多自我真實相遇所需的安全感。

多自我對話模式指導治療師運用所謂案主的**中央位置**（central position），直接與身處這個位置的案主說話，並且在每次與案主多位自我的其中之一交談後回到此處。這提供一個獨立自主的位置以檢視案主各式各樣的自我，並將它們妥善整合。在多自我對話模式中，案主的這個面向又稱為**覺察的自我**（aware ego）。

治療會面一般而言會從中央位置開始，藉此探索案主希望聚焦的失落。身為治療師的我們可以詢問案主是以哪一個聲音或哪個自我出現，為那個自我指定一個在治療空間中的專屬位置，可能是坐在一張空椅上、站在房間角落，或

者側身蹲在一旁。給予案主充分時間，變得真正與這個部分頻率一致；以一個能獨立思考感受的個體來接觸這個新的自我，與之對話。

以下舉出幾個可以用來邀請不同自我出現的問題：
- 你內在的誰阻止你傷心？
- 你內在的誰會更希望你留在舊雇主那裡？
- 你內在的誰其實想要放棄？
- 你內在的誰覺得消沉？
- 你內在的誰想要向前邁進，看見新的機會？
- 你內在的誰仍然依戀過往，不願說再見？
- 你內在的誰看見你所遭受失落之中好的部分？
- 你內在的誰很孤單？
- 你內在的誰給予失落意義？
- 你內在的誰鬆了一口氣？
- 你願意讓我和那個氣壞了的人說話嗎？

為了展開與案主的某個部分自我的對話，一開始提出的問題要讓治療師能夠觸碰到並稍微認識那個自我。互相認識後，接下來的問題要比較聚焦於那個自我關於失落的感受與想法、對方的功能，以及之所以顯露或不顯露自己的原因。與那些自我對話時，用第三人稱稱呼案主，以強化你正在對話的對象確實只是案主的其中一部分。每探索完一個特定自我，讓案主回到中央位置，以建立與方才對話相對的距離與觀點。案主處於中央位置時，詢問他們的經驗以及對於剛才發生之事的反應。從中央位置評估完一個自我之後，便可以轉向下一個自我。

個案實例

案主 Johan 為四十五歲男性，因為公司改組失去原本的經理職位。Johan 難以接受自己面臨的新局面，自從他知道即將失業後便意志消沉，無精打采。雪上加霜的是，公司改組之後，與他同級的幾位經理接獲詢問是否要轉任公司其他職位，Johan 卻沒有得到任何替換職位的機會。Johan 告訴治療師，失去工作感覺像是某種失敗，然而他也承認不覺得經理的職位真的適合自己，其實他更想做其他事情。顯然這所有互相衝突的感受讓他非常困惑。

治療師建議透過與 Johan 內在與失落有關的各個部分對話，並進一步探索失落，Johan 也同意與治療師共同開啟這項嘗試。治療師首先詢問 Johan，當他們談到他即將失去工作，腦海中浮現的第一件事情是什麼，Johan 說他覺得丟臉到不行。當治療師請他為這個感覺非常丟臉的部分指定一個在治療室裡的位置，Johan 拉來一張椅子，放在治療室掛圖後面，讓它被遮住一半，然後應治療師要求，在那張椅子上坐了下來。

治療師透過以下句子開啟對話：「你能來參與我們真是太棒了，我很希望更認識你。」然後 Johan 代表這個部分開口說：

丟臉（輕聲說，幾乎像耳語）：沒關係，可以的話我坐後面這邊就好。
治療師：完全可以，歡迎你來。你願意告訴我對於 Johan 被解雇，你的感覺如何嗎？
丟臉：Johan 沒能表現得更好，我覺得很丟臉，我也很害怕他身邊的其他人會怎麼說。
治療師：你擔心別人的看法？

丟臉：是啊，當然。我怕他們會認為 Johan 很笨，覺得他是個失敗的人。

治療師：那是你最不想看見的，對嗎？

　　他們聊了一會兒，過程中丟臉（Shame）分享更多他也曾經在場的其他情境。治療師問他作為 Johan 的一部分已經多久，丟臉說從他有記憶以來就一直跟著 Johan，然後道出一段回憶，關於 Johan 的父親曾為了兒子在足球場上表現不佳大發雷霆。

丟臉：我想自從那天在足球場上成為 Johan 的一部分之後，我就再也沒有離開過。我確保 Johan 做的所有事情，沒有一件會讓人以某種特定方式看待他。

治療師：從你有記憶以來，你就一直照顧著 Johan。你真的很希望他留給別人好印象……你一定非常關心他。

丟臉：我不希望他被拒絕，不希望他令人失望，所以我總是在場監視一切。

　　治療師將對話聚焦於丟臉提到絕對不能讓人看見 Johan 表現出軟弱。丟臉解釋他是那麼希望 Johan 的父親能為兒子感到驕傲，而達成這點的唯一方法就是他只讓 Johan 冒極小的風險，而且永遠要注意別人的看法。

　　最後，治療師感謝丟臉現身，請 Johan 回到中央位置。Johan 坦承，丟臉的聲音聽起來竟如此似曾相識，讓他十分震撼，試圖獲得肯定的掙扎更是無比熟悉。討論他與父親的關係對他造成強烈衝擊，Johan 陷入悲傷。當治療師請他邀請這位悲傷（Sadness）也進入治療室，Johan 搬來

一張椅子，放在屋裡最遠的角落。他坐在那張椅子上，隨著他將焦點放在自己的悲傷上，一個怯生生、駝著背的形象出現了，坐在椅子最邊緣。他看起來非常年輕又脆弱，因此治療師問他今年幾歲。悲傷小心翼翼地看著治療師。很年輕，他說，淚水滑落雙頰。治療師知道這次自己不需要問太多問題，她告訴悲傷很高興見到他，想哭的話也沒有問題，如果他願意，可以分享一些事情，但是不勉強。過了一會兒，悲傷說：「可以這樣真好，因為 Johan 通常不讓我出現。我沒有太多的話想說——我只有太多的悲傷。」他又輕聲哭了一下。

當 Johan 重回中央位置與治療師談論這段經驗時，他漸漸變得有活力。Johan 似乎找到空間容納另一種更輕盈的能量，因此治療師問他，會不會有哪個人其實很開心他失去原本的工作。Johan 微笑，又拉了另一張椅子，放在中央位置的右邊。他坐上那張椅子，這次治療師談話的對象是一個感覺放鬆的自我，他不僅看見許多新的機會，而且喜歡將注意力放在這些機會而非其他事物之上。這個自我對於未來感覺樂觀許多，等不及去找一份更適合 Johan 的工作。

治療師與 Johan 最後回到中央位置進行最後一次交談。Johan 指出，被容許與自己的悲傷接觸帶來莫大安慰，他也說現在對於丟臉曾在他生命中扮演的角色有了更深刻的理解，也清楚這是他過去的一部分，而現在的他則明顯將其連結至他與父親的關係。Johan 原本完全認同他的丟臉，讓丟臉在自己不知情下完全掌控了他的生活，然而治療會面為他帶來了洞見；儘管他的丟臉不會輕易打包走人，但是 Johan 不是只有那位丟臉而已，現在的他意識到自己其實擁有選擇。

總結想法

　　多自我對話模式的力量在於讓人們意識到他們並不是只能認同自己的某些部分。我們每個人的內在都有互相對立的部分，有時會各自以其方式賦予失落意義，而且這些不同面向可以同時存在。即使消沉與悲傷是身分認同的一部分，我們同時也能觸及希望並向前邁進，以發現屬於嶄新機會的那些部分，此種體驗讓人覺得解放。多自我對話模式也讓案主得以開啟所有一直經驗到卻難以容許在日常生活中浮現的感受或想法。簡言之，以此技術工作能夠讓案主以一個較同情接納的觀點檢視各式各樣的自我。沒有詮釋或尋求解方的壓力，我們只需跟隨、等候、提供空間，同時對持續開展的對話保持靠近與專注。

致謝

　　筆者希望感謝轉化心理學機構（Institute for Transformational Psychology）主任 Ruud Zuurman。

參考文獻

Stone, H., & Stone, S. (1986). *Embracing ourselves: The voice dialogue manual*. Novato, CA: New World Library.

Stroebe, M., & Schut, H. (2010). The dual process model of coping with bereavement: A decade on. *Omega, 61*, 273–289.

38
運用象徵重新框架
Judy Chew

適合此技術的個案

在死亡相關的哀傷工作中,探索並使用與案主自身相關的象徵可以協助創建意義並調適失落,尤其當案主受到與逝者相關的未竟事宜所擾,這項技術更有助益。然而若案主認為採用這項方法言之過早,或者將其視為外部施加的要求,則不建議運用象徵介入手段作為重新框架的策略。案主對於捨棄所有物而表現的不情願,可能反映其尚未準備好修改自我身分認同。

技術說明

象徵是溝通當中不可或缺的一部分,在治療中使用象徵性聯想可以幫助案主接觸並穩定某些經驗(Combs & Freedman, 1990)。在哀傷治療工作中運用象徵能促進案主在以下四項哀傷歷程關鍵任務中的失落調適:接受失落的現實、修通哀傷、適應心愛之人離去的生活,並且創造一種在生命中前進卻與心愛之人維持連結的感覺(Worden, 2009)。案主所選的象徵會提供有關逝者生命的觀點,也為喪親者創造與逝者交流的空間。

象徵可以是任何東西(物件、概念或行動),只要能夠代表或呈現包含想

法、信念或實體的另一項事物，皆可視為象徵。此技術所需的治療技巧在於敏銳察覺案主何時可能正在運用象徵思考或行動；此時，象徵有許多可能的用途。彌爾頓‧艾瑞克森（Milton Erickson）所謂的「善加利用」（utilization）[1]是指在治療中將案主呈現的「問題」整合進對於象徵性解方的發現（Combs & Freedman, 1990），「重新框架」則是一項治療技巧，讓案主辨識出自己的知覺、行動或策略如何具有象徵意義。為了輔助象徵性重新框架，學者 Combs 與 Freedman（1990）建議運用以下問題：當前情境在哪方面可以是一項解方或部分解方的象徵？該情境反映或者可以象徵何種正向企圖或動機？目前情境除了象徵問題之外，還可以象徵什麼？運用這些問題能推進諮商師與案主合力探索、辨識並應用象徵的工作進程，開展哀傷治療前方的道路。

個案實例

Adele 的兒子 Nathan 八年前死於非命，她尋求諮商，希望處理喪子後痛徹心扉的種種情緒。喚起哀傷的是她近期需要搬出與兒子 Nathan 最後一次見面的老家。Nathan 生前出獄之後曾經回家住，卻在一次口角爭執後被 Adele「踢出家門」，不久後被發現陳屍於一間廢棄住宅。他為了點燃屋內的老舊火爐，意外死於一氧化碳中毒。

Adele 回顧過去八年，看到自己為了克服困難並適應 Nathan 離世付出許多心力，她的生命也因為一整個支持系統以及她的職涯發展與個人嗜好更加豐富，她能夠以充滿意義的方式記得兒子。儘管她相信自己挺過了兒子的悲劇性死亡，甚至變得更加茁壯，然而即將搬出老家的決定

---

[1] 譯注：Milton Erickson（1901～1980）為美國精神科醫師，被譽為現代催眠治療之父。艾瑞克森學派的一項核心精神即「善加利用」（或譯「順勢而為」），相信每個人在所面臨的問題之中必然也有相應的資源與自我療癒的能力，而治療師應準備好於治療歷程中妥善運用或回應。詳見《史詩人生：橫空出世的心理治療傳奇米爾頓‧艾瑞克森》（Jeffrey K. Zeig 著，蔡東杰、洪偉凱、黃天豪譯，台北市：心靈工坊，2023）。

依舊燃起新的哀傷火苗。刊登完房屋銷售資訊後，Adele 再次因為 Nathan 已經不在而心碎，她說未竟之事「不斷啃噬」著她。她描述自己有些調適行為「古怪荒唐」，讓她失落又害怕。她的情況令人想到 Stroebe 與 Schut（1999）所提出的「擺盪」（oscillation），也就是「在失落與修復這兩種取向的調適方法間擺盪，對於不同的喪親壓力源出現面對與迴避二者並行的過程」（p. 215）。

我認可 Adele 的經驗，告訴她很多人都會在與已故心愛之人的關係中經驗到某些未說、未完或未能解決之事（Klingspon, Holland, Neimeyer, & Lichtenthal, 2015）。我請她描述她說的未竟事宜，Adele 含淚分享她如何「執著於」在餐桌上擺 Nathan 的餐具，而且繼續為他在屋外藏一把備用鑰匙。她說這「不合邏輯」而且「他絕不可能拿鑰匙開鎖進門」，與此同時，想到自己一旦搬出那間屋子，她將「永遠拋下他」，Adele 傷心欲絕。

我們的治療工作聚焦於 Adele 的家所代表的意義與回憶，我請她詳細描述在那間屋子裡她以何種具體形式向 Nathan 表達愛。我邀請她以尊重的姿態看待自己近日的行為，並且保持好奇心看待自己透過這些行為可能有的發現。接著我援引 Combs 與 Freedman（1990）作品中所指重新框架案主象徵的效益，據此邀請 Adele 反思自己現在的作為或活動如何成為修復性象徵（即解方）。她開始看見自己行為所象徵的正向部分，不論多麼微不足道。

一次會面中，Adele 帶來一本相簿與 Nathan 的鑰匙。Adele 熱衷攝影，很願意創造一本相簿收錄屋子裡房間的相片，以及藏有 Nathan 鑰匙的前廊的相片。學者 Weiser（2004）指出，治療中運用相片能促進療癒，那是「一個剎那，被把握住，並且……永遠凍結」（p. 26）。相片

也可以用來深化治療對話與觀點，連結過去與現在，並且獲取在無意識中才能得知之事（Weiser, 2004）。

當 Adele 描述即將搬家這件事如何提醒她已經失去 Nathan 且夢想破碎時，仍然邊說邊哭，然而當提到收藏房間相片的相簿，她將其視為一種視覺提醒，喚起她確實曾與 Nathan 共享的十八個年頭。她表示自己擺放餐具的行為「並非發瘋」，而是一種「母愛的作為」。她說拿著那本相簿能讓她更輕鬆談論自己的感覺，她描述心中的痛楚，沒有機會與 Nathan 道別，再也看不到他的面容或握住他的手——那是兒子被奪走的椎心之痛。我肯認她的痛苦，同時指出這些奮鬥與反應並非她所獨有，我說其他人也會有相同感受，她的經驗合情合理。Adele 點點頭，說她不再將自己的所作所為看作「完全瘋了」。她從症狀或問題導向轉為一種更寬容的自我評估，此舉展現了象徵的潛力與力量。以上也凸顯必須將 Adele 的行為置於脈絡中理解，而且他人也有相似的經驗（Klingspon et al., 2015）。

我繼續肯認 Adele 初萌芽的（重新框架）觀點，也好奇她的心與家是否將永遠深情地為 Nathan 敞開，她熱切地表示同意。然後 Adele 露出手中的鑰匙說：「Nathan 會永遠在我心裡——不管我去哪裡。我真的需要這把藏起來的鑰匙嗎？」伴隨著她的自我詰問，湧現更多眼淚與洞見。她表示相簿與鑰匙是她堅定不移愛著 Nathan 的珍貴紀念物（象徵），留著它們有著無可衡量的價值，說話時散發出一種平和的能量。對話接近尾聲時，Adele 打開心胸接受 Nathan 之死無可動搖的事實，她說：「這一次，我漸漸能夠接受 Nathan 的死，我的心現在像是一個寬敞的大房間，充滿對他的愛。我現在大概真的可以搬家了，甚至不需要帶上整間屋子的東西！」

總結想法

象徵在哀傷工作中的探索與使用蘊含著可能性，可以藉由重新框架的策略使其更為豐富。在合作取向的脈絡下，治療問題可以促進案主發現原本主要體驗為苦惱或症狀的行為與感受其實有著嶄新（且多重）的意義，進一步為案主的生命打開失落之後新的可能與選項。

當面臨搬出老家的重大生命轉折，可以理解 Adele 的哀傷經驗以及她自述的「古怪行為」變得更尖銳也更折磨人。這項後來發生的衝擊事件撼動她已然聳立的哀傷後認同（post-grief identity）。在治療當中，Adele 願意直面對於 Nathan 再次萌生的思念，也願意投入進一步的哀傷工作，以開啟喪子過後人生的下一個章節。

哀傷工作若涉及象徵性介入手段，工作基礎在於堅定的治療同盟關係與相互尊重，且需要藉由治療師的彈性維護關係的品質。重新建構哀傷後身分認同的工作十分複雜，治療師必須評估案主的安全狀態、自我強度以及具有多大準備程度以探索哀傷反應所代表的意義。使用象徵與重新框架的方法可以幫助案主觸及自己的內在智慧，以具創造力的方式在失落過後調整、適應，並持續成長。

參考文獻

Combs, G., & Freedman, J. (1990). *Symbol, story & ceremony: Using metaphor in individual and family therapy*. New York: Norton.

Klingspon, K., Holland, J., Neimeyer, R. A., & Lichtenthal, W. (2015). Unfinished business in bereavement. *Death Studies, 39*, 387–398. doi:10.1080/07481187.2015.1029143

Stroebe, M., & Schut, H. (1999). The dual process model for coping with bereavement: Rationale and description. *Death Studies, 23*, 197–224.

Weiser, J. (2004). Phototherapy techniques in counseling and therapy: Using ordinary snapshots and photo-interactions to help clients heal their lives. *Canadian Art Therapy Association Journal, 17*, 23–53. doi:10.1080/08322473.2004.11432263

Worden, W. (2009). *Grief counseling and grief therapy: A handbook for the mental health practitioner* (4th ed.). New York: Springer.

39
硬幣療法
Gilbert Fan

適合此技術的個案

這項體驗性練習可能有助於因病而來日無多但認知清楚的患者，以及面對焦慮與憂鬱情緒的喪親者。最能獲益於硬幣療法的案主，是會不斷反芻生命處境陰暗面的視覺型學習者（visual learner）。相反的，案主若偏向語言學習者（verbal learner），或者其生理苦痛需要先獲得控制才能透過短暫的心理介入手段取得效果，則不建議使用這項技術。

技術說明

臨終病患與喪親個體經常苦於焦慮與憂鬱情緒（Boelen & Prigerson, 2007; Mitchell et al., 2011; Stroebe, Schut, & Stroebe, 2007），有鑑於此，當學者統合分析 116 篇癌症病患介入模式的研究，發現接受心理教育與心理社會介入的患者相較於未經介入的患者，其苦痛程度更低（Devine & Westlake, 1995），這點相當振奮人心。新加坡國立癌症中心（National Cancer Centre Singapore）一則關於團體心理治療的未來腫瘤學特別報告，便勾勒出體驗性心理治療對於亞洲群體的實用性與重要性，因為亞洲人通常在訴說嚴重疾病或壓力生活事件造成

的衝擊時，只具備有限的詞彙（Khng, Woo, & Fan, 2016）。

硬幣療法是一項簡單的技術，向案主呈現過度憂慮或僅聚焦於生命經驗單一面向的負面衝擊。這項療法可以用於安寧緩和療護的患者，或用於個別團體情境的喪親者（以下皆稱「案主」）。這項練習會請案主看著一枚一元新加坡幣（或者結構相似的他國常見硬幣），放在治療師掌心，然後請他們描述自己看到的硬幣其中一面（例如新加坡幣上的花朵）。

對話一開始，案主通常會給予關於他們具體所見的大量描述（例如描繪圖案並讀出硬幣上的文字或數字），接著治療師鼓勵案主說出更多細節，詢問數次：「你還看到什麼？」傾向於擔憂的案主容易遊走進抽象且評價性的思維，詳述硬幣如何作為一種全國通行的貨幣、可以購買何種產品、其購買力如何隨著時間下降等。相反的，不易擔憂的案主通常講完描述性內容就會停下來。

接著問案主：「硬幣的背面是什麼？」此時，案主可能不太確定接下來要做什麼：是假想硬幣背面的圖案？真的把硬幣翻過來？或者只需概括性描述硬幣的背面？治療師指示案主將硬幣翻面，並描述背面出現的東西。接著，邀請案主用自己的話描述這項練習對他們與疾病或失落共存帶來何種啟發或寓意。這句簡單的提示語能引導多數案主說出他們需要去看「硬幣的另一面」並去認識它，看見自己生命被困境掩蓋的正向部分。如果案主還需要進一步提示，治療師可以幫助對方注意到，有時當我們非常專注於活著的陰暗面，會錯過生命許多正向之處，因為我們幾乎不會探索這另外一面。此時，通常可以問案主：「你知道你在生命中是有選擇的，就像能把硬幣翻過來一樣，選擇去看正向的部分嗎？」

接著，治療師鼓勵案主在看見一體兩面的同時，只接收自己當下需要的資訊，也就是在清楚看見有關疾病或失落的負面特點時，不要長時間盯著這些部分。治療師回到硬幣的示範，指示案主在不用手拿硬幣或將其翻面的情況下，同時探索正反面。如果案主在這一點卡住，治療師可以協助對方，讓硬幣以邊緣直立站在水平桌面上。當硬幣站立，案主就能藉由移動自己的觀看位置而同

時看見正反面,然後治療師問案主:「要怎麼做才能同時看見硬幣的兩面呢?」案主通常會表示他們需要移動視線或改變觀點,此時治療師應強調是案主的作為使其同時看見硬幣的兩面。硬幣代表生命處境,不太可能轉變,使改變發生的作為必須來自於案主。治療師可以建議案主依據當下所需去看見硬幣的兩面。要活得符合現實,一個人必須以有意義的方式充分探索生命中陰暗與正向的部分。最後,治療師再問案主一個問題:「你看見這枚硬幣有幾面?」其實硬幣有三面,第三面就是使其平衡站立的邊緣。治療師應提醒案主,比較不顯眼的那一面經常被人忽略,需要特別費心才能以一種更立體的方式看見硬幣與人生。

個案實例

　　Roger 四十五歲,罹患結腸癌末期,過去五年來鬱鬱寡歡,因此被轉介來諮商。Roger 情緒低落,話也不多,難以進行長時間的談話治療,特別是他都只會相當短暫地造訪診所接受療程。有鑑於此,在一次會談中,我拿出一枚一元新加坡幣,放在掌心,請 Roger 告訴我他看到什麼。Roger 非常具體地描述硬幣上的微小細節,當我鼓勵他進一步闡述,Roger 進入指導模式,侃侃而談抽象知識,例如一元硬幣可以用來做什麼、可以買什麼,如今的一元已經沒有過往的價值等。

　　當我問他硬幣背面是什麼時,Roger 愣住了,沒有伸手去碰硬幣,也沒有請我翻面,只是用力盯著硬幣瞧。Roger 卡在自己解決問題的行為當中,這種固化傾向是許多憂鬱案主的典型表現。我將硬幣翻面,問他看見背面是什麼,Roger 能夠描述所見。我接著問他,過去五年是否卡在只看硬幣的其中一面。他崩潰大哭,說他已經很久都沒有看見或者將注意力移動到另外一面了。我用手勢表達他是如何聚焦於其中一面而

忽略生命的另外一面，因為當硬幣放在我掌心，便看不到它。然後我告訴 Roger，現在還來得及去看這另外一面。

我問 Roger 是否知道要如何同時看見硬幣的兩面，他茫然地看著我。我將硬幣直立在桌上，鼓勵 Roger 同時看見硬幣的兩面。他伸手想拿硬幣，被我阻止。我告訴他硬幣代表他的生命處境，難以改變。Roger 移動頭的位置，去看硬幣正反面，我問他為什麼這樣做，Roger 說為了兩面都能看見，他必須移動自己的頭，改變視野。我問他這對他來說有何隱含意義，Roger 能夠告訴我，必須由他做出努力。我同意他的論點，向他強調移動的決定在他身上，儘管他能向書本與諮商師學習，但選擇權最終仍掌握在他手中。

總結想法

硬幣療法可以調整為使用其他各種貨幣，但是建議使用硬幣而非鈔票，因為後者包含太多繁複細節，而且沒有可以平衡直立的邊緣。最重要的是，鈔票不具有「看見硬幣另一面」（looking at the other side of the coin）這則隱喻的力量，這是許多語言當中都有的說法。硬幣療法最適合專注與學習模式為視覺型及體驗型的案主，且特別能夠幫助擔憂者、有焦慮與憂鬱情緒者，以及卡在困難無解的疾病與失落情境的案主。

參考文獻

Boelen, P. A., & Prigerson, H. G. (2007). The influence of symptoms of prolonged grief disorder, depression, and anxiety on quality of life among bereaved adults: A prospective study. *European Archives of Psychiatry and Clinical Neuroscience, 257*(8), 444–452.

Devine, E. C., & Westlake, S. K. (1995). The effects of psychoeducational care provided to adults with cancer: Meta-analysis of 116 studies. *Oncology Nursing Forum, 22*(9), 1369–1381.

Khng, J. N. W., Woo, I. M. H., & Fan, G. (2016). Experiential group work for cancer patients shaped by experiences of participants during group intervention. *Future Oncology, 12*(24), 2817–2822.

Mitchell, A. J., Chan, M., Bhatti, H., Halton, M., Grassi, L., Johansen, C., & Meader, N. (2011). Prevalence of depression, anxiety, and adjustment disorder in oncological, haematological, and palliative-care settings: A meta-analysis of 94 interview-based studies. *The Lancet, 12*(2), 160–174.

Stroebe, M., Schut, H., & Stroebe, W. (2007). Health outcomes of bereavement. *The Lancet, 370*(9603), 1960–1973.

PART 10
重新確認依附

40
變遷之輪
Jakob van Wielink and Leo Wilhelm

適合此技術的個案

這項技術不僅幾乎適合所有成年與青少年案主，也能用於與面對死亡及非死亡失落的個案工作，藉由處理變遷之輪（Transition Cycle）中的多項主題，讓案主更全面而客觀地看待失落。此技術不適合年紀較小的兒童，因他們難以理解構成變遷之輪的一系列概念。

技術說明

我們與他人共創的每一場相遇、每一段關係與每一份連結，最終都會結束。我們如何說再見、如何調適失落、如何哀傷，以及能夠以何種方式賦予這些事件意義，不僅與所道別的那場相遇、那個人或那段關係有關，也關乎我們如何與人深刻連結；而且不僅僅是如何與特定這個人連結，整體而言更與我們如何形成對人的依附有關。變遷之輪使我們洞察生命中的主題如何環環相扣，這些主題例如依附、復原力、情感連結、親密體驗、失落、道別、哀傷、整合失落、重建意義以及（重新）發現我們的使命——也就是我們受到源於核心自我的驅使所為世界帶來的獨特貢獻（Wielink, Wilhelm, & van Geelen-Merks,

2020）。在宏觀層次上，變遷之輪代表生命從搖籃到墳墓的歷程：從我們出生時第一次被迎入這個世界，經歷（安全或不安全的）依附關係、情感連結與擁抱有意義（伴侶）關係當中的親密感，直至道別、失落、哀傷，晚年為生命賦予意義以及實現個人使命，由此圓滿循環回到對於下一個世代的迎接與全新開始。然而，在微觀層次上，變遷之輪也代表生命中每一次（短暫）相會的動力模式：每一場初見、每一份連結與每一次道別。與他人的每一場相遇，都會啟動我們的依附模式；每一次的失落與道別，都迴盪著我們孩提時期當依附對象不可得時曾經體驗過的分離焦慮。

變遷之輪的循環特性呈現一項事實，那就是每次失落過後，仍然可能開創更新甚至更深刻的連結。在諮商當中處理這些主題，可以讓人們深入認識自己的依附模式：這些模式整合了失落與不斷前進的生命故事，可能帶來幫助也可能帶來困難。

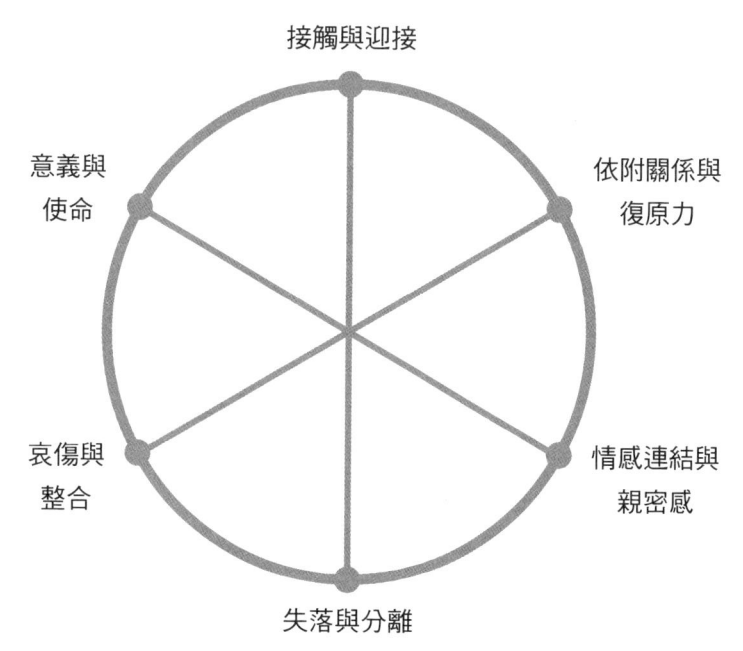

圖 40.1 變遷之輪的主題

在諮商工作中面對這些主題，學習辨認主題之間的動力模式，以及這些主題如何持續影響現在的自己，有助於讓案主將失落置於正確的脈絡之中。運用變遷之輪工作有好幾種方式，以下概述其中之一。首先，諮商師解釋各項主題，以及各主題如何互相關聯。接著將寫著各項主題的卡片圍成一圈放在地上，請案主站到自己在諮商的當下感覺最重要的主題上。案主一邊站著，一邊回顧過往生命曾經面對該主題的情境，喚起該主題引發心中格外強烈感受的情境。接著，從該實體位置與所形成的同理觀點，案主或許能夠考慮其他主題，移動到其他卡片的位置，並分別想像那些主題以及意識該主題所造成的影響。上述流程提供一種進入的途徑，除了用來選定一種診斷方式探索案主所求的協助之外，也幫助他們獲得深刻的洞見。

個案實例

為求效率，政府時常需整併不同局處，一個執行經濟分析的政府部門即面臨與另一個經濟局處的整併。對於其中的四百五十名員工來說，整併是一項重大改變，不僅立刻擁有為數眾多的新同事，更出現許多管理上的變化。此外，他們搬到一棟新的大樓上班，這個全新的開放式辦公室配置彈性工作站，還有給所有人放置個人物品的置物櫃。這項重大轉變在一個顧問團隊的指導下進行，除了針對策略過程與任用新主管提供支持，也為員工舉辦工作坊。在工作坊中，顧問幫助這些員工盡可能為變遷做好準備。他們說明所有實務內容，並讓員工表達自己的願望，以及對新的市政組織該如何打造的想法。一位藝術家在自願參與的員工協助下，創作了一幅三聯畫，各聯分別描繪各個整併單位，這個作品後來掛在新的辦公室裡。對於多數員工而言，這次變遷相當輕鬆，一旦過了剛開始的侷促不安，很快就能在新環境中找到自己的立足之地。

然而，並非所有人都能如此適應良好。以 Sharon 為例，她是人力資源主管，於部門整併幾個月後，透過職業醫學科醫師介紹初次聯繫了治療師。她在一次團隊會議中突然崩潰落淚，自此便感到焦慮、疲憊，無法執行工作。

第一次會面，治療師注意到 Sharon 非常友善，會稱讚治療師的工作空間和網站。由此清楚可見 Sharon 的行為是如何圍繞在迎接這項主題上，她傾向向人表達歡迎，確保人際接觸輕鬆自在。後來的對話談到迎接這項主題，以及該主題從小在家中扮演的角色，Sharon 表示自己是四個孩子當中的老大，父母經營一間開在家中的店面，店裡只有一扇門隔開客廳與收銀台後面的小儲藏室。「迎接」這項主題通常是為了服務顧客，只要店內門鈴響起，Sharon 的母親就會立刻跳起來，客廳裡原本發生的一切彷彿都暫停，注意力全部轉移到店裡。因此，Sharon 從很小就接收到一個概念：不論你在做什麼或有什麼需求，重要的是迎接顧客。「這項主題如何在妳現在的工作中產生作用？」Sharon 笑了笑說：「我發現自己現在的做法一模一樣，我永遠準備好服務別人。只要有人走進我的辦公室，不管我原本正在做什麼都會停下來，花時間聆聽他們。如果他們有問題需要答案，我也會立刻處理。」

下一次的會面中，治療師將變遷之輪的各項主題分別寫在幾張信封大小的紙上，在地上排成一圈。接著，治療師請 Sharon 過來站在「迎接」上面。「我們上次稍微談到這項主題，妳跟我說了一些有關的事，可以請妳回想一下嗎？」「有，我記得。對我來說，『迎接』通常是指迎接顧客。」「那對妳自己的迎接呢？」聽到這句話，Sharon 屏住呼吸，臉頰泛紅。「我不知道怎麼處理這個問題……這個念頭我好像連想都不能想。」此刻的 Sharon 正在連結迎接這項主題對她而言所包含的痛

苦。治療師向她核對想法：「那是妳一直以來對於『迎接』這項主題的體驗，對妳來說迎接別人很容易，但是要讓別人來迎接自己卻覺得不自在，對嗎？」Sharon 點點頭。治療師沒有繼續深入，而是轉向下一個主題：依附關係。「請妳站在依附關係這個主題上，這給妳什麼感覺？」Sharon 深吸一口氣，「聽起來可能很怪，但是這讓我感覺有點緊張，有點不自在，好像我應該做些什麼。」治療師複述她的話：「當妳轉向依附關係這項主題，妳覺得緊張、不自在，好像應該做些什麼。」「對，這種感覺就是必須隨時準備好，需要開始工作。彷彿我若只是在那裡並不夠，我需要為此做些什麼。」Sharon 眼中滿是淚水。

站在各項主題上不僅能活絡 Sharon 的認知能力，也讓她更能覺察自己的生理與能量反應。即使看起來沒有在認知層面可以辨認的內容，她的身體與能量狀態也顯得不自在。這讓 Sharon 覺察到自己無意識的反應並能予以檢視。以 Sharon 而言，她發展出的一項主要依附模式就是試圖討好他人，她內心深處有一項（無意識的）信念，相信自己若能討好他人，他們就會喜歡自己，留在身邊。

後來在檢視道別這項主題時，Sharon 體驗到恐懼。這項主題帶她回到年僅五歲時的一段經歷。那天早上大約七點，Sharon 醒來發現家裡一個人都沒有。她嚇壞了，爬到父母的床上。大約七點半，鄰居前來確認她的狀況。原來父母因為寶寶即將誕生去了醫院，兩歲大的弟弟在父母離開時正好醒著，所以交給鄰居照顧而獨留她在家。這次事件後來也無人提起，尤其當父母帶著剛出生的妹妹回到家中，更是輪不到關心她。

對 Sharon 來說，工作上的改變在無意識中觸發舊模式，擊中舊日痛處。數個月來，為了幫忙確保部門轉換順利，她盡心盡力：撰寫部門組織計畫、支持管理團隊、鼓勵同事、提供建立團隊的想法等。她把所有

人都擺在前面，無微不至地處理一切需要完成的事，卻太少關注自己的需求。

總結想法

就微觀而言，變遷之輪的主題也出現在諮商師與案主接觸的時時刻刻，從迎接對方、形成依附，到共享親密感，最後互相道別。這些主題於會面過程中不只影響案主，也影響諮商師，因此重要的是諮商師要能夠覺察並辨認出這些主題如何與自己共鳴。

變遷之輪的各項主題適用於整個諮商過程。舉例來說，如果案主一開始請求與失落有關的協助，諮商師單純聚焦於失落這項主題是再自然不過，然而，我們無法在脫離其他主題的脈絡之外妥善思考失落。諮商師可以選擇在諮商過程的任一時點，或者希望更深入挖掘案主所求的幫助時，邀請案主進一步探索不同主題。

參考文獻

Bowlby, J. (2005). *A secure base*. Abingdon: Taylor & Francis.

Wielink, J. P. J. van, & Wilhelm, L. (2020, May). (Re)discovering calling in the wake of loss through secure bases. *AI Practitioner. International Journal of Appreciative Inquiry, 22*(2), 13-18.

Wielink, J. P. J. van, Wilhelm, L., & van Geelen-Merks, D. (2020). *Loss, grief and attachment in life transitions. A clinician's guide to secure base counseling*. London and New York: Routledge.

41
感官傳送門
Diana C. Sands

適合此技術的個案

支持案主發展出與逝者具療癒力的持續性連結不僅適用於喪親成年人，也可以修正應用於喪親的青少年與兒童。這項技術特別能夠幫助經歷如自殺等暴力、突發且創傷性失落的案主，也有助於難以建立持續性連結的喪親個案。若案主對於持續性連結這項概念感到不舒服，則不建議採用此技術；若案主與逝者有著衝突的關係，也需要先於臨床工作中處理。感官傳送門可以用於個人與家族諮商或團體情境之中。

技術說明

哀傷歷程的核心即重新定位（realignment），讓心愛之人從活生生的個體轉變為喪親者生命中重新建構的持續性存在。這項臨床介入模式援引持續性連結理論（Klass & Steffen, 2017）、感官與身體創傷理論（sensory and body trauma theory）（Ogden, Minton, & Pain, 2006），並以表達性藝術為媒介，目的是建造出一扇感官傳送門，以支持健康的持續性連結的發展。感官記憶在心愛之人逝去很久以後，仍然以隱微的方式持續存於心靈，可以透過連結物件喚

醒，藉此打開通往廣闊回憶世界的入口。具有意義的連結物件包含逝者生前之物，或者會讓人想起逝者的東西，這些物件可以喚醒埋藏於感官知覺中熟悉與意義的深流。由物件組成的立體拼貼可以成為一座有形基石，銜接當前的失落時刻與未知的邊際空間（liminal space）[1]，支持案主建構並豐厚與逝者的持續性連結。

當哀傷者創造一種與心愛之人的內化關係，且這份關係會與哀傷者共同成長改變，建構持續性連結的複雜歷程就會隨著時間演進並深化。藉由建構持續性連結的過程，心愛之人即使實體缺席，卻繼續是喪親者生命中帶來撫慰的存在，增進運作的功能（Sands, 2014）。心愛之人最美好的特質、價值觀與信念成為了資源，在哀傷者試圖穿越隨失落席捲而來的改變時，支持著所愛做出決定並維持自我。

感官知識先於智性理解，是我們認識世界最早也最原始的方式。我們有五種感官知覺：視、聽、觸、嗅、味，此外還有光線、溫度與壓力的感官模式。連結物件能喚起曾經使用或觸摸該物件之人身上的許多幽微細節，不論是一副太陽眼鏡、一頂帽子、一個錢包或者一絲留存在衣服上的氣味。這些物件說的是心的語言，可以將哀傷者送回標記著過往自我的時空當中，它們飽含深刻的感官記憶，以及超出物件本身的意義，同時結合了感官、情緒、認知與意義的經驗。舉例而言，一隻磨損的泰迪熊可能不只讓人想起心愛的孩子在某一特定時刻的小臉，也勾起混雜的感官記憶：孩子肌膚的顏色、氣味與質感；一起開懷的笑聲；以及存在於那一刻的自己（Sands, Jordan, & Neimeyer, 2011）。

建構感官傳送門的過程始於諮商會面之前，由參與者先蒐集各式各樣小巧物件、相片、卡片或衣服。若在團體情境中，會邀請參與者反思並分享自己的哀傷，針對自己如何體驗到心愛之人的持續性存在而編織互動性敘事。法語 *sillage* 一詞是指某人曾經出現又離去之後持續徘徊於空間當中的印象，這種對

---

[1] 譯注：邊際空間（或譯為閾限空間，亦有學者譯為中介空間）指位於兩地或兩階段之間，事態不明的過渡與中間狀態。

方仍在的感覺可能出現在夢中、特定樂曲響起時，或者當羽毛、硬幣、鳥兒或其他動物出現的相同瞬間。案主的故事以溫柔的方式收攏，形成一個彈性空間，有著建造感官傳送門的可能。關於對方仍在的感覺，小說家 Gabaldon 曾寫道：

> 我們來自神祕，亦歸於神祕……而當一陣微風穿入靜室，勾動我的頭髮……帶著輕柔愛意。我覺得那是我母親……我們理性的頭腦會說：「不，那不是。」但是另外一部分，更古老的那個部分，會以始終溫柔的聲音應和道……「是啊，但那可能就是。」
>
> ——Gabaldon, 1997, p. xi

這種心愛之人仍在的感覺，正是透過建構感官傳送門的過程所希望捕捉的。

接著由參與者選擇一個可以在上面畫畫的黑色、白色或木質影盒相框，然後移除相框背板，準備放自己的物件。現場提供大量豐富的創作素材，包含彩色卡紙、顏料、色筆，以及各式各樣貝殼、羽毛、水晶、緞帶與果莢。

透過引導式視覺化練習（guided visualization），參與者進入自己的身體知覺，安撫情緒並專注於他們的心以及與心愛之人的連結。參與者排列並思考自己帶來的物品，準備好的時候，選擇一件心愛之人的衣服或者一張彩色卡紙作為背景。可以用黏土將物件黏進相框裡，擺成自己滿意的畫面。如果物件、衣服或相片需剪裁或重組才能放進相框，則可能需要提供案主情緒支持。可以使用熱融膠槍、相片膠與釘書機固定物件，因為參與者可能之後還會想要重新組合自己的作品。創作過程中，治療師提供支持，創造空間以容納寧靜而沉浸的創造力，盡量少說話，容許創作歷程開展。建造感官傳送門拼貼作品的過程大約一小時或者更久，取決於相框大小與作品複雜程度。

拼貼作品完成後，治療師可以藉由以下問題促進反思並深化敘事建構：參與者的身體內部有什麼感覺？創作過程有什麼會特別引起他們的注意力？他們

選擇的物件、擺放方式與並置方式具有何種意義？當他們敘說與心愛之人關係的故事時，是否浮現任何隨時間推移而出現的模式、先後次序或新的認識？他們會把這幅感官傳送門放在哪裡？

個案實例

以下個案實例來自一個為自殺者成年遺族舉辦的團體工作坊，參與者在創造完自己的感官傳送門之後，立刻表達他們的感想。

年輕的 Pablo 因為痛失哥哥 Luis 而哀痛不已。他運用哥哥磨損的錢包、一支雕工精細的長笛以及一本皮革旅行日誌，組成一幅立體拼貼。創作結束時，他深思表示這段歷程讓他感覺很不一樣，不再如此沉重，而且他覺得哥哥有幫助自己：

> 一開始我覺得很僵硬……但現在我在笑，感覺自己釋懷了。我感覺不一樣了，所以這個過程很棒——我本來對這整件事都滿懷疑的。現在我很滿足，感覺沒那麼沉重——原本非常沉重，毫無疑問。但當我開始動手後，一切就自然發生了，我感覺得到了一些來自 Luis 的幫忙。

Pablo 進一步分享這段過程以及他的有所保留：

> 老實說，我差點就不來了……但是當我來到這裡，坐下來準備動手，我看著 Luis 的東西，也有好一會兒像是不想去看，不知道該怎麼做。然後我開始稍微進入心流，感覺它就自己發生了……我沒有真的去想……彷彿是他在引導。

Petra 正在哀悼失去丈夫 James，她從 James 對她與孩子的愛當中汲取養分，這份愛呈現在他經年累月因勞動而磨損的手套上。

要做這件事，還有整理他的東西帶來這裡的時候，我的情緒很滿，但是當我開始把所有東西擺出來，感覺卻很平靜。我滿清楚自己想要的是什麼，我看著我要的東西，還有所有的美好時光。即使不會再發生也沒關係，因為我們曾經歷過，而那就已經足夠。James 這輩子做得夠多了，他沒有浪費過一分一秒。（指向手套，眼中含淚）他為了我們真的很努力工作，為了照顧我們；他真的很照顧我們。

Julie 痛失愛子 David，她驚訝地發現那些物品，包含兒子的吉他撥片、他生前心愛的舊 T 恤以及掛著護身符的皮革手鍊，似乎正自行完成排列。Julie 猜想是 David 幫助了她：

結果沒有如我原先的想像。我先把所有東西拿出來，全部排開，拍一張照片，覺得這樣就結束了。但最後卻變成像 David 的樣子……最後呈現的混亂讓我覺得安慰，一種半組織狀態，就像他一樣。感覺像是 David 在幫我。

Carol 正在哀悼失去弟弟 Mark，看得出來她在過程中深受感動，流下她在其他地方小心控制住的眼淚。儘管一開始有所保留，Carol 後來熱切表示：

我超愛這幅作品——這就是我們在一起的樣子。原本我還在想做

這件事好蠢⋯⋯我沒什麼藝術細胞，可以聽見 Mark 在笑。我原本有點興趣缺缺，但現在完全愛上它——這就是我們在一起的樣子，我和弟弟（落淚）。我們很親⋯⋯待會我還會放更多東西進去，我好高興有做這項練習，我愛死了。這件事完全值得，可以好好和 Mark 相處。

參與者談論他們想把作品放在哪裡時，又獲得更多洞見。Petra 想把她的感官傳送門展示在家裡最多人活動的地方，鼓勵家人對話。

我想把這幅作品放在桌子中央，這樣我們就能坐下來聊聊那些好時光，聊聊這當中的任何事。孫子、孫女可以看著它說：「這是什麼？」這樣他們可以問，而我們可以聊聊 James。我希望能這樣做，能說那些故事。每說一次，就會輕鬆一點，這樣有朝一日我能去看、去感覺，也許不再感到悲傷。

Julie 也說明她的想法：

我有想到可以掛在 David 臥房的牆上。我也是那種人——他房間裡的東西我一樣都沒清。我沒辦法。大家都說妳準備好就可以整理了，但我覺得自己永遠都不會準備好。不過我可能會把這幅作品放在外面的主要活動區域，那是大家進屋和做客的地方，就掛在那邊的牆上。對，我會這麼做的。

總結想法

　　創造感官傳送門的豐富之處在於它將無法言表之物帶入關係之中，將人們傳達愛、失落與希望的種種象徵性語言編織在一起。建造感官傳送門引領哀悼者進入自己的身體、心靈與想像，創造與心愛之人的持久連結。創作完成後的記憶收進相框中，放在家裡，可以超越死亡，為生者提供支持以及重新評價生命與關係後的體會。

參考文獻

Gabaldon, D. (1997). *The drums of autumn*. London: Arrow.

Klass, D., & Steffen, E. (Eds.). (2017). *Continuing bonds in bereavement*. New York: Routledge.

Ogden, P., Minton, K., & Pain, C. (2006). *Trauma and the body: A sensorimotor approach to psychotherapy*. New York: Norton.

Sands, D. C. (2014). Restoring the heartbeat of hope following suicide. In B. Thompson & R. A. Neimeyer (Eds.), *Grief and the expressive arts: Practices for the creation of meaning*. New York: Routledge.

Sands, D. C., Jordan, J. R., & Neimeyer, R. A. (2011). The meanings of suicide: A narrative approach to healing. In J. R. Jordan & J. L. McIntosh (Eds.), *Grief after suicide*. New York: Routledge.

42

用積木工作
An Hooghe and Peter Rober

適合此技術的個案

這項技術通常能幫助家族治療在一開始就處理許多課題，尤其是失落與哀傷。治療師以充滿玩興的方式創造一個空間，容納家族裡豐富的主題，特別是容納逝者對各家庭成員所占有的位置。透過家人擺放積木以及共同工作時的許多差異，可以給圍繞著死亡與死亡後產生的家族動力闢出空間。然而，如果案主是青少年，而且覺得這種像「小孩的遊戲」會威脅自己正在發展的成熟度，則比較不適合採用這項技術。

技術說明

積木是哀傷治療中眾多表達性藝術媒介之一（Thompson & Neimeyer, 2014），治療師會提供一片比影印紙大一點的木板，以及一整袋有著各樣稍具人形的木頭塊[2]。將袋子交給案主時，可以告訴對方：「我希望見見你們的家人，能不能請你們用這些木塊和這片木板，讓我看看你們家的樣子？」這段指導語是講給一家人而不是單一個人聽。

---

[2] 譯注：這項技術可以使用各種積木，本章所用積木購於德國公司 Praxis-Konkret（www.pk-ch.de/）。

然後治療師後退一步，觀察接下來的發展。兒童通常很好奇，想看袋子裡裝了什麼，他們大多會興致高昂地動手，而有些家長則比較遲疑。最重要的是治療師要觀察接下來發生的事情，試著注意家人此時此地的互動當中有哪些重要事件，以便在接下來的會面中討論重要主題。

特別是在哀傷工作中，這項技術提供機會檢視一個家與逝者的關聯。逝者可能擁有一個特殊的位置或者完全沒有位置，有時會出現關於逝者所占位置的討論，此時，治療師可以藉由木塊這項媒介開啟談論的對話空間。

個案實例

Stefan 擔心十歲的大女兒 Laura，因此聯絡診所。他告訴我們一年半前妻子死於乳癌，從那時起，Laura 就經常哭泣，難以入睡。他八歲的小女兒 Brit 似乎比較能夠調適母親的死。Stefan 希望約一個與 Laura 共同的治療會面，Laura 則表示她希望妹妹不要一起來。Stefan 和 Laura 抵達治療室，大家都選好椅子坐下之後，治療師馬上提議：「我想開始認識你們，而且是藉由一個具體的活動，希望你們能一起在這裡展示給我看你們家的樣子。」治療師拿出一袋積木與一片板子，放在桌子中間。「這裡的積木都可以用來代表人，讓我看看你們的家。」

Stefan 和 Laura 相視而笑，馬上一起打開袋子。爸爸對 Laura 說：「我們先來看看裡面是什麼。」他把積木倒出來，放在 Laura 面前的桌上，接著說：「有看到適合妳的嗎？哪一個會是妳呢？」Laura 從積木堆裡拿了一個，大笑說：「你看這顆怪頭！」Stefan 咯咯笑了，接著問：「我們要不要也拿一個代表 Brit 的？」Laura 說好，指著剛才拿出來的那個積木。「噢，好呀。」爸爸問：「那妳是哪一個？」Laura 拿了一個稍微大一點的積木，放在剛才第一個積木旁邊。「噢，那是妳嗎？」他

問，Laura 說：「我不知道。」她微微笑，貼近地看著那個積木。「那我是哪一個？」爸爸問，Laura 拿起一個已經在桌上更大的積木，「這個」，她說，一邊看著三塊積木，開懷大笑。

「好的」，Stefan 說，「放在桌上吧。妳想把它們擺在哪裡？」Laura 拿起積木放在板子上，並將板子與上面的積木放到一張矮桌上，跪在旁邊。她讓三塊積木站得很近，然後看著爸爸。「像這樣嗎？」爸爸問。「對嗎？很好。」接著兩人望向治療師。

治療師靠近桌子，看著板子上的積木。他問：「妳可以說說你們家人的樣子嗎？」Laura 馬上開始說明，摸著一個木塊說：「嗯，這是 Brit，我妹妹，她八歲。那是我爸。」她碰到另一個積木，不小心掉下來，爸爸笑著接話：「然後妳跌倒了！」Laura 笑了，繼續說：「然後這是我。」

治療師一語不發看向板子，然後再次開口：「好。我們有沒有漏掉什麼東西或什麼人呢？」Laura 看著父親，突然安靜下來。「有」，父親說，父女倆看著彼此。治療師接著說：「大部分小孩還會有媽咪，對嗎？媽媽在哪裡？」Laura 開始哭，父親靜靜撫摸她的頭髮。「我們需要把她加進來嗎？還是這樣做太難過了，Laura？」治療師柔聲問。Laura 看著地板落淚。「也許妳需要看看袋子裡有沒有哪個積木可以代表媽媽？」Stefan 關切地看著女兒說：「我們要這麼做嗎？」他拿起袋子，將一些木塊一個個放在桌上。Laura 馬上伸手幫忙，爸爸問她有沒有看到哪一塊合適的？父親一邊清空袋子，Laura 什麼也沒說。等所有積木都拿到桌上，治療師問：「有沒有哪一塊可以代表媽咪？」Laura 凝視眼前的積木，父親問：「我們要拿哪一塊呢？」Laura 有點遲疑地選了一塊大的積木。「這塊」，她小聲說。「這塊嗎？」父親問，「那要放在哪裡

呢？」Laura 把積木放到離其他幾塊很近的地方，父親問：「我們旁邊？」Laura 點頭，兩人再次看向治療師。

治療師看著積木說：「妳的媽咪站得離妳很近。那是她的位置嗎？在離妳很近的地方。」Laura 點頭表示同意。「比其他人還近嗎？」他問，Laura 露出困惑的表情。「也許」，治療師提議，「你們可以一起想想看？此時此刻媽咪的位置在哪裡？這是以前的位置？還是現在的位置？」Stefan 以關愛的眼神看著 Laura，靜靜等待，最後問：「妳會覺得這個問題很難嗎？」Laura 點點頭，父親表示自己可以幫忙，然後摸摸她的頭髮。治療師說：「那太好了，我覺得爸爸能幫助孩子完成像這樣困難的事情，真的很棒。」他接著說：「我聽 An（共同治療師）說媽咪最近走了，真的好讓人難過。你們來是想談談這件事情，試著找到面對的方法。我想看看你們家在媽咪走之前是什麼樣子，Laura，也許妳能幫我。可以請妳排出來給我看嗎？」父女俩在眾多積木中找了一會兒，治療師補充說：「有些也失去媽咪而來這邊的孩子會說，『對，很多事情變了，但媽媽仍然在那裡，她只是稍微遠一點。但是她還在那裡，也還是非常重要。』然後他們會把媽咪放在有時候很遠的地方──像是這裡（指向板子邊緣）──或者放在這個位置（指向稍微超出邊緣的地方），然後他們會說，『你看，這是我們家所有還活著的人，然後那是我們的媽咪，她非常重要，我們把她放在我們附近。她還在那裡，只是我們放在另一個地方。』」Stefan 與 Laura 用積木繼續找媽咪現在的位置，以及她在世時的位置。應治療師要求，他們也思考妹妹會怎麼放積木。Stefan 說他覺得 Brit 會想把媽咪放在板子旁邊，他擺出積木的位置。

圖 42.1 在木板上排出代表家庭成員的積木

圖 42.2 最終排列位置，代表母親的積木仍然離家人不遠

> 所有人都停下來看著板子上呈現的家庭組成。治療師問：「這給妳什麼感覺呢，Laura？妳也是這樣想的嗎？還是妳會想排成不同樣子？」Laura 馬上說不會，爸爸則問媽媽的位置會不會離她太遠。Laura 含著眼淚說這樣太遠了，因為媽咪還在她的回憶裡。治療師拿了一盒面紙放到桌上。會面剩下的時間裡，治療師讓積木留在桌上，然後聊關於媽媽的回憶，以及 Laura 可以透過哪些方式仍然與她靠近。

總結想法

正如 Stefan 與 Laura 這個案例所顯示，在家族治療中運用積木工作並不只是作為診斷工具，而是為了創造出關於家人、逝者與所有家庭成員哀傷歷程的對話空間。上述會面中發生的事情可以分成三個部分：第一部分運用積木讓家人用趣味的方式展現自己，藉此讓年幼的孩子馬上在家族對話中有了可以扮演的角色。第二部分，治療師很快打開談論逝者的空間，詢問「我們有沒有漏掉誰？」這個問題激起治療師以及家庭成員大量情緒，因為它凸顯不論悲傷可能多麼巨大，都不要害怕去談論，而是要認可它的存在並給予空間。在此，治療師必須有足夠勇氣談論失落與悲傷，同時也要敏感到家庭成員對談論這些議題是否會有所遲疑。治療師可以用同理的方式說出談論這些有多麼困難或痛苦，藉此表達敏感度。第三部分則將積木當作跳板，進入各種不同議題的討論，例如家庭成員哀悼或者與逝者維持連結的方式是否有任何差異。若能將這項技術順暢地編織進治療的互動，鼓勵家庭成員之間的交流，就可以運用積木鋪陳後續治療工作之路，探索並修復因死亡而緊繃或斷裂的家族情感連結。

參考文獻

Thompson, B. E., & Neimeyer, R. A. (Eds.). (2014). *Grief and the expressive arts: Practices for creating meaning*. New York: Routledge.

43
安全堡壘地圖
Jakob van Wielink, Leo Wilhelm and Denise van Geelen-Merks

適合此技術的個案

這項技術幾乎適合所有案主,不過他們必須具備抽象概念的技能,才能掌握安全堡壘相較於一般性來源的支持或慰藉所具有的更深層意義。

技術說明

> 依附行為可以是任何行為,只要能使一個人取得或維持對於另一個明確可辨認的個體之親密感,且相信對方更有能力應對這個世界……一個人如果知道有一個可及而且會給予回應的依附對象(attachment figure),便會帶來強大且具滲透力的安全感,激勵個體重視並延續這份關係。
>
> ——Bowlby, 1988, pp. 29-30

1950年代,英國精神病學家 John Bowlby 發展依附理論,成為當代理解兒童如何形成與父母及(日後)其他依附對象之關係的基礎。依附關係帶給孩子安全感與關愛,讓他們能夠逐步探索更廣大的世界。依附關係提供安全的出發

點,由此探索世界,展開探查與冒險。依附對象則是孩子的安全堡壘,永遠可以回來遮風避雨,然後重新回到世界上繼續探索。

換句話說,安全堡壘是任何可以帶來保護感、安全感與關愛(關懷〔caring〕)感受的人物、地方、物品或目標。同時,它也讓人擁有去挑戰、探索、冒險與迎向新關卡(挑戰〔daring〕)的激勵與能量來源(Kohlrieser, Goldsworthy, & Coombe, 2012, p. 8)。

安全堡壘如果是人,則為依附對象,但是安全堡壘也可以是過渡性客體:來自外在世界但對我們的內在世界具有特定象徵意義,且在我們接應挑戰時有所助益的(實體或虛擬)物件,例如童年時期的動物布偶。以下列舉安全堡壘的例子:

- **人**:父母、祖父母、伴侶、朋友、精神導師等(注:年幼的孩子不能作為父母的安全堡壘,至少以家長應該照顧孩子而非反過來的前提來說是如此)。
- **地**:國家、房屋、大自然、特定城市或村鎮等。
- **其他**:寵物、宗教人物、個人價值觀、意識形態、象徵等。

安全堡壘可能隨著生命不同階段變化。獲得有關安全堡壘及其意義的洞見,可以幫助案主在面對失落事件時汲取堡壘的資源。同樣的,儘管失去重要他人,然而與逝者的持續性連結也能提供安全堡壘。關係的具體形式或許會終止,但是提升安全感的連結卻可以持續存在,只是換了不同形式。

當我們探索在底層影響案主面對失落與哀傷的主題時,要向案主解釋安全堡壘的概念(心理教育)。接著,讓案主列出在以下三個時期的各種安全堡壘:當時(過去)、此時(現在)與之後(未來)。列舉時可以只列一份簡短清單,或是鼓勵案主發揮藝術細胞,畫出人物、地點和其他安全堡壘,或者以不同方式象徵性表達,通常都能深化活動的情感價值。

接下來,與案主共同探索在不同時期的持續性連結,找出這些安全堡壘帶來哪些啟發的面向可以整合進自己的人生與人格。這讓案主能夠內化安全堡壘,進而有可能成為其他人的安全堡壘。

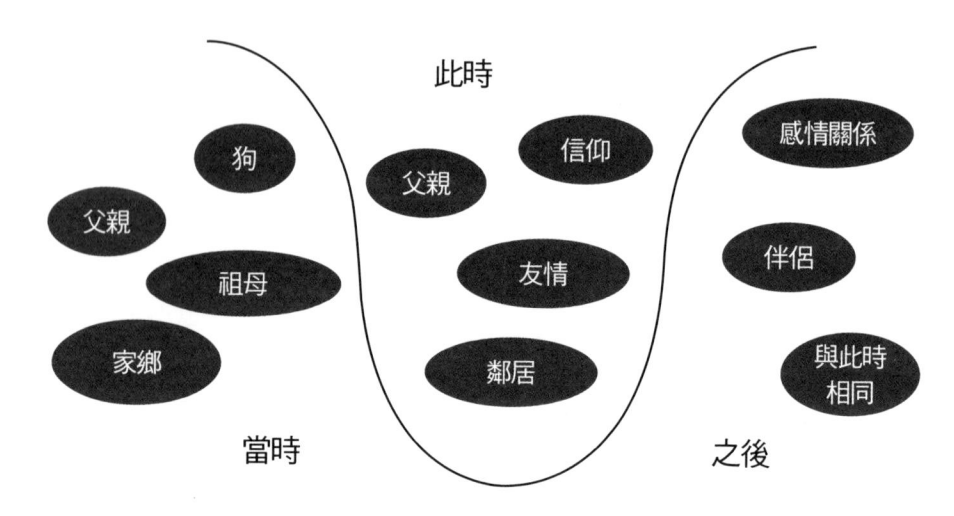

圖 43.1 安全堡壘舉例

個案實例

Alex 與 Jody 在一起三十年，彷彿一輩子。兩人從學生時期就開始交往，Alex 記得夜裡在他搖搖欲墜的單人床上暢談並交歡。他們後來同居，買下一間房子也有了孩子——回憶多不勝數。Jody 認識他多年前就已過世的父母，看過他童年的家；Alex 也見過她的祖父母。對於 Alex 來說，失去她，感覺不僅失去妻子、老友，也失去了過往。

陰影在兩年前籠罩了他們共享的美滿生活。兩人去墨西哥度假時，Jody 出現腹絞痛。一開始，他們想應該是因為吃壞什麼東西，但是症狀持續數天，當 Jody 痛到站不起身，他們在當地看了醫生。醫生開了止痛藥，建議 Jody 回到加拿大後馬上針對問題做檢查。

回家之後，一切都發生得猝不及防。Jody 去看家庭醫師，在醫院照 X 光，然後被轉診去腫瘤科。剛開始，情況似乎還在掌控之中，但是表

象欺人，Jody 罹患的癌症竟然屬於難以治療的侵襲性（aggressive）類型。從初次就醫到 Jody 過世，正好六個月。

「就像我生命的基石被徹底沖走」，Alex 說，滿臉愁容。Jody 是他的安全堡壘，他最想念的是她總是能夠看見光明面，從不同角度看待事情。如今她走了，他想念擁有歸屬的安全感受，以及她對自己與生命中美好事物的相信。

「她教會你什麼？」治療師藉由這個問題幫助案主將注意力導向自己。與其聚焦於那個已經不在自己身邊的人，Alex 現在關注的是她仍然活在他心中的部分（在他的回應、信念與行為中）。「她教會我相信美好的事物。從前每天晚上睡前，我們都會說出一件感恩的事情，我到現在還會這麼做，很不容易，但有幫助。她也很熱衷於我們兩人的健康飲食，這讓我現在願意每天晚上自己做菜。」他微微笑。「她走之前告訴我，她會不時回來看我，變成蝴蝶來跟我打招呼。以前我從來不相信這種事，但是有一年，正當寒冬，我出去散步，竟然有一隻蝴蝶向我飛來。」Jody 不再是實體可及的安全堡壘，這對 Alex 來說非常艱難，但是他曾經與她擁有的關係可以催生出新的安全堡壘。蝴蝶使現在的他感到安全且受到鼓勵，能夠踏出下一步，像是尋找新的或其他安全堡壘。

對 Alex 來說，創造安全堡壘的過程充滿情緒。許多過去的安全堡壘都已經離世，Alex 意識到自己先前透過與 Jody 聊這些人，讓他們繼續存在，但是自己從來沒有真正與他們道別過。失去的痛苦對他造成重大打擊，同時也讓他認識到自己的鄰居是很重要的新堡壘。他們常常驚喜來訪，邀請他吃晚餐，或只是簡單喝一杯。意識到這點促使他接受鄰居的邀約，參與他們的網球比賽。他原本天天打網球，但是 Jody 一直都不太投入。他重新發掘自己曾經的愛好，甚至參加網球俱樂部的錦標賽。鄰

> 居以及他一週造訪數次的網球俱樂部成為他新的安全堡壘。雖然他還是深切思念 Jody，卻也緩慢堅定地開始重拾對生命的熱愛，甚至不排斥開啟一段新戀情。

總結想法

　　創造安全堡壘地圖就某方面而言是相當簡單的活動，只需要一張比較大張的紙，以及各色彩色筆或粉蠟筆供案主選用。治療師可以讓案主全權決定自己地圖的樣子，有時案主會將地圖變成一幅藝術作品，充滿圖畫與色彩；有時只包含一些文字。這項活動具有多重目標，除了幫助案主意識到自己已經或可以從誰或何種事物當中汲取力量，也幫助他們檢視自己如何運用這份力量。繪製出地圖能讓案主意識到自己從未停下來消化過往安全堡壘的失落，也從未思考它們直至今日對於自己仍然具有的影響力，此外，更教導案主現在可以向安全堡壘尋求支持，以更合適的方法調適那些過往的失落。

　　就根本意義而言，持續性連結的本質形式在於安全堡壘的內化（Wielink, Wilhelm, & van Geelen-Merks, 2020），這點將持續性連結放進一個更大的理論架構，因為安全堡壘可能有多種樣貌，與已逝心愛之人間繼續保有的連結並不會只有單一形式。舉例來說，即使已經離去，人們仍然可能從與自己國家、曾經服務的組織，或已經結束的關係之間的持續性連結中汲取力量。這種內化的力量是正向的，能夠影響案主調適失落的能力，展開新的情感連結，甚至有助於讓案主也成為其他人的安全堡壘。

　　除了本章提及的各類型安全堡壘，某些經驗或生命目標也能成為驕傲與自尊的來源，進而提升安全感與歸屬感。尤其若案主能在更深的層次上與其產生連結並獲得啟發，更可以考慮將這些支持元素也置入自己的安全堡壘地圖中。

參考文獻

Bowlby, J. (1988). *A secure base: Parent-child attachment and healthy human development. Tavistock professional book*. London: Routledge.

Kohlrieser, G., Goldsworthy, S., & Coombe, D. (2012). *Care to dare: Unleashing astonishing potential through secure base leadership*. San Francisco: Jossey-Bass.

Wielink, J. P. J. van, Wilhelm, L., & van Geelen-Merks, D. (2020). *Loss, grief and attachment in life transitions: A clinician's guide to secure base counseling*. London and New York: Routledge.

44
生命場上的球員

吳嫣琳（Carolyn Ng）and Joanne Ng

適合此技術的個案

這項技術適合應用在團體情境，對象為七歲以上，失去父母或祖父母等主要照顧者之喪親兒童與青少年。這項技術原本是設計給主要照顧者死於癌症的喪親者，也能用於面對其他死因的個案，唯並不適合喪親才三個月的兒童，因為他們很有可能還處於失落後的急性適應期。此外，如果案主與已逝照顧者之間的關係困難（例如曾遭虐待），或者其哀傷表現有併發症跡象，在未經評估之前也不適用。至於有特殊需求的兒童，如自閉症等，則需要調整應用方式以因應其獨特狀況。

技術說明

儘管從大人的角度或者就醫學評估而言，孩子的主要照顧者死去或許是「自然」且「預期之中」的事，但是從孩子的觀點來說絕非如此，失去主要照顧者可能對孩子的生活帶來巨大壓力與重創。即便一般認為，年幼兒童面對這類壓力源更為脆弱，然而青少年也無法倖免於失去主要照顧者所造成的苦痛與掙扎。此外，沒有任何孩子會因為年紀太輕而不為此種重大失落哀傷，因為

「哀傷的關鍵不在於一個人『理解』的能力,而是『感受』的能力。因此,任何孩子只要成熟到能愛,便成熟到能感受哀傷」(Wolfelt, 1983, p. 20)。

雖然沒有任何方法能夠排除威脅,保護孩子不接觸死亡,但重要的是提供適當的心理社會支持,以協助他們緩和失落後的哀傷與適應。喪親兒童與成年人的不同之處在於,他們可能無法以理性的方式徹底探索自己的想法與感受,也難以透過文字完整表達;他們會做的是經常讓自己沉浸在活動或遊戲之中,試圖弄清楚自己的感受與焦慮(Howarth, 2011),因為遊戲是兒童的自然語言,也是自我表達的媒介。因此,當我們提供一個安全空間讓喪親兒童處理哀傷並學習調整失落後的生活,將遊戲納入治療的介入手段就非常重要。

LIFE 系列方案的服務對象是因癌症失去主要照顧者的喪親兒童,隸屬於一項以社區為基礎,提供給受癌症影響的兒童之心理社會服務。LIFE 運用遊戲與各式各樣的體驗性活動,讓喪親兒童即使在成長歲月中失去主要照顧者,仍然能夠**躍過**(Leap)失落的逆境,**點亮**(Illuminate)他們面對哀傷的內在復原力,**築起**(Foster)一張輔助成長的安全網,並且**展望**(Envision)接下來有希望的生活。每次會面皆設計不同活動,幫助喪親兒童在處理悲傷與源自失落及其餘波的各種壓力源的過程中,發現自己內在的韌性並熟練不同的調適策略。這些活動所整合的理論概念包含 Worden(2009)的哀悼任務(tasks of mourning),以及 Stroebe 與 Schut(1999)的雙重歷程模式(dual process model)。此外,也設計能夠促進與已逝照顧者持續性連結的活動(Klass, Silverman, & Nickman, 1996),因為即使死亡從這些孩子生命中奪走照顧者的實體存在,卻無法終結他們之間的關係。

生命場上的球員(Player of Life)是 LIFE 系列方案的一次會面。會面中邀請喪親兒童擔任一場室內足球賽的「球員」,將他們(依據報名人數)分成每隊包含不同性別與年齡四到六人的球隊。每位球員會在比賽開始前拿到一件球衣背心,由他們自己繪製裝飾,同時請他們選擇兩個特別的數字,一個代表自己,寫在背心的一面,另一個代表已逝的照顧者,寫在另外一面。接著,他們

穿上寫著自選數字的球衣背心上場，正面是自己的數字，背面是已逝照顧者的數字。在隊裡暖身完，並且踢過兩到三輪的十分鐘對戰之後，進入休息時間，讓各隊自己推選出一位最有價值球員（MVP）。在他們歡呼慶賀不久後，會突然接獲告知，各隊的 MVP 將被帶離球隊，由剩下的隊員繼續完成比賽。

留在隊上的人會在各自 LIFE 教練的引導下，進入處理「失落後」反應的團體；與此同時，所有獲選的 MVP，由於他們的經驗與其他球員不同，會由另一位 LIFE 教練引導，自成一個團體分開處理。參與者以色彩畫出感受，並且用一小本便利貼塗寫自己的想法或問題，貼在地上所畫的一大塊薑餅人身上的不同部位，透過這項過程留心感受自己對於壞消息及其一波波衝擊的反應。此外，團體分享也讓他們意識到彼此之間反應的共通點，有機會互相同理，在彼此身上找到認同。此種處理過程對於喪親兒童接受失落的現實並學習應對失落造成的情緒苦痛來說，非常重要，正如同哀悼任務（Worden, 2009）與雙重歷程模式（Stroebe & Schut, 1999）所闡釋的內涵。

接下來，各小隊會討論並制訂策略，思考在 MVP 離開的情況下如何繼續比賽。此情境呼應 Worden（2009）所提到的哀悼任務，也就是在沒有心愛之人的情況下調整自己因應生活，也如同 Stroebe 與 Schut（1999）雙重歷程模式所強調的，要去調適修復導向的壓力源。接著由 LIFE 教練協助參與者看見其中的類比關係，找到自己可以在繼續生命旅程以及當未來遭遇困難時做的事。此種體驗性學習對於喪親兒童來說非常重要，幫助他們在一段沒有已逝照顧者實體存在的生命當中，得以重新定義並整合自我（Howarth, 2011）。

此時，由於幾位 MVP 不能再直接參與，只能留在場邊觀看剩下的球賽，可以邀請他們討論對於球隊的期許，以及自己能如何繼續支持隊友，不管是當啦啦隊或者一起出謀劃策。過程中，LIFE 教練協助他們延伸思考有關與已逝照顧者維持連結的概念（Klass et al., 1996），照顧者的離去就如同他們自己被帶離球隊一般。回想他們已逝的照顧者曾經在自己生命中扮演要角，同時知道可以透過不同形式的持續性連結維繫彼此的關係，對於這些喪親兒童來說非常

重要。這項體驗性過程不僅帶來慰藉，也促使他們成就 Worden（2009）所描述的最後一項哀悼任務，能夠在生命向前邁進的同時找到一種與心愛之人的持久連結。

完成剩下的兩場或三場球賽後，LIFE 教練會邀請 MVP 以及留在隊上的球員回到大組裡分享。在參與者穿越各種起伏事件的過程中，LIFE 教練會提醒他們，走在這段哀傷與失落旅程上的他們並不孤單。支持性網絡對於喪親兒童來說非常重要，可以讓他們的哀傷與失落經驗獲得認可與同理；此外，這也使他們即使正面臨照顧者死亡之後的挑戰，也能從彼此身上學習並共同成長。相對來說，研究發現，缺乏此種安全網會阻礙失落後的調適，最終導致比較不良的結果（Howarth, 2011）。

會面最後，讓參與者設計這件正面是他們為自己所選數字、背面是代表已逝照顧者數字的球衣，同時鼓勵他們在球衣上寫下愛的訊息，或者用能夠緬懷已逝照顧者的方式加上裝飾。這件球衣可以作為一項連結物件（Klass et al., 1996），象徵他們與已逝照顧者之間的持續性連結。這類物件對於喪親兒童來說非常重要，能夠讓他們逐漸學會將自己與已逝照顧者之間的連結重新建構為比較不仰賴實體親密感的心智表徵（mental representation）。

個案實例

LIFE 方案作為更全面性支持服務的一環，招收 16 名父母或祖父母癌症去世的兒童與青少年，年齡介於七歲到十四歲間，為他們舉辦生命場上的球員這項活動。一開始請大家輪流介紹自己與所失去的心愛之人時，許多孩子都驚訝地發現竟然有這麼多其他人與自己有相似的失落，畢竟在他們的年紀經歷主要照顧者死亡絕非社會常態。如同七歲的 Joshua 睜大眼睛不可置信地對九歲的 Emma 說：「妳是說妳媽媽也死掉

了嗎？我也是！」發現喪親夥伴立刻為場面破冰，讓喪親兒童之間產生連結，因為在他們平常所處的環境中無法這麼輕易找到喪親同儕。在這個社群裡，他們不再是社交圈中的另類，自己作為喪親兒童的身分馬上變得正常且獲得認可。

接下來，由孩子裝飾自己的球衣背心並選擇他們的特殊號碼，此時，LIFE 教練也會請他們分享這些號碼對他們來說有何意義。在選擇已逝照顧者的號碼時，許多人是用對方最喜歡的數字或是他們生日的月份或日期，也有些人分享特定號碼所連結關於已逝照顧者的甜美回憶。接著，當他們得知會穿著這件背心參與足球賽時，也是在提醒他們，即使已逝照顧者實體上從自己的生命中缺席，卻會永遠「在背後支持他們」。聽到這項概念，九歲的 Shane 告訴雙胞胎姊姊和他的 LIFE 教練說：「我喜歡這個想法，球衣上有爸爸的名字，所以爸爸永遠在背後支持我們！」

當各小隊被告知隊上 MVP 即將被帶離球隊而球賽將繼續進行，可以理解現場會出現類別非常廣泛的各樣感受，包含震驚、悲傷、失落感甚至憤怒。許多人也會感到困惑，追問「為什麼？」也有人試著跟 LIFE 教練討價還價。例如被留在隊上的隊員 Daniel（十一歲）大喊：「噢不！這樣我們怎麼踢下一場比賽？」Megan（八歲）則嘀咕：「我們現在要怎麼辦？」在此過程中，很有意思的是看見這些孩子如何直覺地將比賽經驗類比於失落經驗。「我爸拔死掉那時候也是像這樣，很突然」，十二歲的 Nina 回想起當時的事件。然而十四歲的 Irfan 有不同想法，他說：「我那時候就知道會發生事情，因為我們在醫院的時候，我媽跟我阿姨一直竊竊私語。就像剛才我也看到那兩個（LIFE 教練）在說悄悄話，所以我知道肯定有什麼事情。」

此時，被帶離隊上的 MVP Collin（十三歲）也抱怨說：「我不喜歡這樣，都沒有照順序來。不公平！」而 Selina（十一歲）則向她的 LIFE 教練討價還價，想知道自己能不能暫停一場比賽之後再重新回到隊上。奇妙的是看見他們如何立刻親身體驗已逝照顧者有過的經驗，也就是雖然不願意也只能拋下自己，就如同他們試圖抗議自己被帶離隊上一般。這讓他們理解到已逝照顧者在生病過程中也曾做出相似的努力。此外，他們更看見照顧者所做的努力是出於對自己的愛與關懷，因為對方重視自己，就像他們也想在隊友身邊給予支持，純粹是因為自己在乎他們。

　　在接下來的比賽中，令人振奮的是看見留在隊上的球員多麼有彈性，他們調整踢球策略，甚至擴大自己原本負責的位置，以補足空缺並兼顧其他角色（例如守門員兼後衛）。還有不可思議地看見他們多麼能夠運用資源，在比賽變得更加刺激又充滿挑戰時，他們會求助於其他球隊，也願意提供對方協助。同樣令人動容的是看見在球場邊緣，那些被迫離開的 MVP 高舉著他們特別為自己球隊繪製且寫滿鼓勵話語的布條，為他們大聲歡呼。在此過程中，他們真實體驗到一種與已逝照顧者的持續性連結，相信對方一直以來也如此盼望自己一切都好，看顧著自己，從遠方為自己加油，如同 Ashley（十歲）所說：「感覺像是我媽也在為我加油！」

　　活動告終之時，這些喪親兒童不僅有機會卸下並處理足球賽與真實生命中失落經驗所造成的哀傷反應，也意識到大家擁有許多共通的感受與想法，這點反而肯認了他們所感覺到的經驗。此外，他們也認識到自己已經去世的照顧者其實「在背後支持他們」，就展現在幾場球賽都穿著的背心，以及比賽結束帶回家的個人球衣上。另外，參與者更在這個特別的同儕社群中，經驗到來自同儕與 LIFE 教練堅實的社會性支持。

總結想法

喪親兒童在失去主要照顧者的餘波裡，會經驗各種不同形式的動盪，處於有害心理後果的風險之中。因此，必須提供一個安全的空間，讓他們可以在其中透過適合其發展階段的介入方式與專業助人工作者的輔助，學習如何身處哀傷與失落之中但仍可躍過這些逆境並點亮內在復原力。此外，讓喪親兒童共聚於團體情境也促成一張安全網，讓他們在此獲得與自己有相似哀傷與失落經驗的同儕支持。總結而言，隨著他們度過哀傷的季節變遷，喪親兒童應該擁有我們最具創造力的陪伴，讓他們儘管年幼便失去主要照顧者，仍然能夠帶著希望展望生命。

參考文獻

Howarth, R. A. (2011). Promoting the adjustment of parentally bereaved children. *Journal of Mental Health Counseling, 33*(1), 21–32.

Klass, D., Silverman, P. R., & Nickman, S. L. (1996). *Continuing bond: New understanding of grief*. New York: Routledge.

Stroebe, M. S., & Schut, H. (1999). The dual process model of coping with bereavement: Rationale and description. *Death Studies, 23*, 197–224.

Wolfelt, A. (1983). Children's understanding and response to death (with caregiver behaviors). In *Helping children cope with grief* (pp. 19–50). New York: Routledge.

Worden, J. W. (2009). *Grief counseling and grief therapy: A handbook for the mental health practitioner* (4th ed.). New York: Springer.

45
心靈習慣
Joshua Magariel

適合此技術的個案

這項技術可以用於個別治療與關係治療的介入，尤其適用於喪親脈絡，然而此技術對於心愛之人甫離世而正經歷急性哀傷的案主來說，可能無法發揮功效。雖然**心靈習慣**（Habits of the Heart）是在哀傷治療的脈絡下創造出來，此種重新框架也可用於不同的治療情境。

技術說明

心靈習慣雖然只是依附導向敘事重新架構的方法之一，卻是具全面性的做法。依附導向重新架構是情緒焦點治療中的一項基礎策略，從依附關係的觀點解讀認知、情緒、行為與關係動力（Johnson, 2004）。情緒焦點治療的整體目標及運用依附導向重新架構的目的，是為了在依附傷害（attachment injuries）或需要深化連結的人之間創造聯繫或情感連結。治療師在喪親個案中開始尋找與依附關係相關的主題時，有些描述會特別觸動人心。其中一種經常聽見的喪親者敘述會是某種版本的「我伸手要拿手機打給他，才意識到他已經不在，不會接我的電話了」，或者「我還來不及阻止自己，就已經開始擺第二套準備給

她用的餐具了」。當我們請喪親案主描述像這類敘述所代表的意義時，會聽到各種類型的答案，包含指認出痛苦情緒、困惑於自己的健忘，或者因為被觸發而感到羞恥，而哀傷治療師的理論工具箱裡也有許多可能的解釋。此時，依附導向重新架構便能作為哀傷治療中一種強而有力的介入模式，將這種時刻以「心靈習慣」稱之可以同時回應其多重意義，並且開始提供使持續性連結增長的語言及架構，療癒依附傷害，並促進與依附關係相關的整體調適。

心靈習慣一詞是用來描述我們的生活在情緒、心理與行為上是如何由我們的關係以及關係所連動的心靈習慣所組織起來（參見 Panksepp, 2009; Porges, 2009; Shear, 2016）。理解**心靈習慣**最好的方式是把它想成一種銘刻於心的經驗，根植於我們原本學到如何與所愛之人連結的方式。我們之所以會經歷這些時刻，是因為曾經以這些方式與人共有過生活，我們已經學會心愛之人以可預期且真實的方式存在。這些習慣牽動愛與依附的主題，會在失落中受到深刻影響。我們在與喪親個案工作時，會經常注意到以下**心靈習慣**的主題：

- 愛的提醒。
- 朝對方而去的習慣。
- 接受愛的習慣。
- 歸屬的習慣。
- 安全感與防護感的習慣。
- 照顧與接受照顧的習慣。
- 對方在場的習慣。
- 影響的習慣。

以**心靈習慣**的概念重新架構是為了鼓勵喪親案主看見這些經驗其實是愛的提醒，而非需要克服的東西。對有些人來說，此種觀點有助於驅散與悲傷相連的羞恥與焦慮。理想上，**心靈習慣**有助於提供一種終究能促進持續性連結與依附調適的語言。

在調適造成生命變動的失落時，與依附動力相關的敘事即屬於此種調適的

本質，需要予以檢視與調整（Magariel, 2016）。將**心靈習慣**可能具有的意義連結依附理論的關係動力，對喪親者來說可以是一種有效的重新框架，也是治療師有用的工具。此外，**心靈習慣**能協助喪親者與治療師在以下三種與失落相關的根本性敘事類別中找到定位：(1) 案主與心愛之人生前關係的故事；(2) 疾病、死亡與失落的故事；以及 (3) 仍然可能以何種方式擁有並維持連結的故事（Magariel, 2016）。運用此技術的目標在於提供肯認的語言，幫助喪親者調適受到失落衝擊而變動的關係依附動力，並整合適應性與意義的關係敘事。

個案實例

案主 Barbara 為七十四歲女性，經歷結縭五十載的丈夫 James 逝世十二個月後，自行前來尋求喪親諮商。James 在獲診癌症第四期不久後便與世長辭，喪親前十二個月，Barbara 也被診斷出癌症，並為此接受治療。隨著治療告終，對 James 的思念席捲而來，她因此開始諮商尋求支持。

我們共同工作十八個月，這段期間的主要介入方法為關係回顧（relationship review）（Magariel, 2016）。換句話說，Barbara 有關其依附動力的敘事，或說她關於愛的故事需要調整，而其處遇的焦點就在於檢視上述三種與失落相關的敘事類別（即關於愛、失落與可能的持續連結的故事）。哀傷治療之初，Barbara 跟許多人一樣，分享了丈夫生病與離世的故事。接著，我們的對話開始轉向，Barbara 告訴我關於丈夫逝世前兩人的故事——他們去旅行、聽音樂、看什麼電視節目，以及兩人如何笑成一團。Barbara 說他們從來沒有孩子，這對她來說更提升了兩人共有連結的意義與感受。我們經常談論她在關係上是如何「把蛋都放在同一個籃子裡」，完全沒有分散風險，以凸顯她後來感覺到的巨大失落感與顯著孤獨感。我也聽了一個又一個的故事，歷歷在目地感受 James 逝

世後艱難的哀傷時刻。

其中一個故事在我們共同工作的過程中讓我特別印象深刻。那是春末，Barbara 在超市生鮮食品區買菜，注意到黑李正好當季。她突然想到丈夫生前最喜歡黑李，而且因為都是 Barbara 買菜，所以每年春天她都會帶黑李回家給 James 驚喜，這是她對 James 愛的行動。想到這裡，Barbara 開始無法遏止地哭泣，只好匆匆離開店裡。此時，我第一次在我們的工作中提出這項重新架構依附關係的方式，並將這個時刻標記為一項「**心靈習慣**」。這個說法深深打動 Barbara，她很快也開始以此稱呼這個時刻與其他許多點點滴滴。心靈習慣成為 Barbara 會使用的語言，作為調適 James 死亡的一部分，除了使這些憶起愛與失落的感懷時刻變得柔軟，也暗示以某種形式延續這些時刻可以強化她與 James 的連結感。值得一提的是，她又開始買黑李了，並以此緬懷 James。

總結想法

在最後，我希望指出，要在臨床實務中使創造力的潛能發揮到極致，治療師需要 (1) **同理心**與真誠的關懷，(2) 發展有關**理論與介入模式**的知識與專業，以及 (3) 接受自己在助人關係中所扮演角色的力量，培養尊重並符合倫理規範的**療癒領導力**（therapeutic leadership）。我對於**心靈習慣**的構想似乎就來自此種療癒性創造力自然生發的時刻，因此鼓勵其他治療師同仁也能以類似方式擁抱自己的創造力。

參考文獻

Johnson, S. (2004). *The Practice of emotionally focused couple therapy: Creating connection* (2nd ed.). New York: Routledge.

Magariel, J. (2016). Relationship review. In R. A. Neimeyer (Ed.), *Techniques of grief therapy: Assessment and intervention*. New York: Routledge.

Panksepp, J. (2009). Brain emotional systems and qualities of mental life: From animal models of affect to implications for psychotherapeutics. In D. Fosha, D. Siegel, & M. Solomon (Eds.), *The healing power of emotion: Affective neuroscience, development, and clinical practice* (pp. 27－54). New York: Norton.

Porges, S. (2009). Reciprocal influences between body and brain in the perception and expression of affect: A polyvagal perspective. In D. Fosha, D. Siegel, & M. Solomon (Eds.), *The healing power of emotion: Affective neuroscience, development, and clinical practice* (pp. 27－54). New York: Norton.

Shear, M. K. (2016). Grief is a form of love. In R. A. Neimeyer (Ed.), *Techniques of grief therapy: Assessment and intervention*. New York: Routledge.

PART 11
與逝者對話

46
尋求逝者的觀點
Wendy G. Lichtenthal, Aliza A. Panjwani and Melissa Masterson

適合此技術的個案

這項技術有助於希望努力維持與逝者的連結，並尋求更多自我慈憫的成年人，此外，也可以幫助因為痛失心愛之人而難以連結過往重視的活動、角色和關係的喪親者。然而，如果逝者生前並未提供喪親者情緒支持，或者對喪親者過於批判，此技術則較難發揮功效。

技術說明

在哀傷治療中，治療性書寫（therapeutic writing）有著淵遠流長的傳統，本系列「哀傷治療的技術」的前作亦描述此種書寫的幾種變化形式（Neimeyer, 2012, 2016）。對於減緩較嚴重的哀傷症狀，由理論驅動的指導性書寫練習有其特殊價值（Lichtenthal & Cruess, 2010; Lichtenthal & Neimeyer, 2012）。有鑑於此，**尋求逝者的觀點**（Consulting the Deceased）這項技術指導案主寫一封給逝者的信，道出自己是如何希望讓逝者持續參與自己的故事。此舉可以鼓勵喪親者在維持與逝者連結的同時，思考有意義的未來目標。接著請案主以逝者的身分給予回應，表達其對於哀傷者的希望，也肯認哀傷者在與哀傷共存的同時

重新投入生活的計畫。以這種方式引出來自逝者觀點的鼓勵能促進哀傷者的自我慈憫。

尋求逝者的觀點為意義中心哀傷治療（meaning-centered grief therapy, MCGT）第四次會面建議採用的技術。MCGT 共包含十六次會面，這項介入模式的設計目的在於幫助正在經驗劇烈且拖延的哀傷反應之喪親個體，並充實其意義與目的。這項練習運用 MCGT 的兩項核心原則：第一，哀傷者有能力成為自己故事的作者，並決定自己的生命敘事（Neimeyer, 2012, 2016）；第二，與逝者的連結可以持續作為哀傷者的意義根源（Lichtenthal, Lacey, Roberts, Sweeney, & Slivjak, 2017）。理想上，會讓案主在會面之外的時間寫信，如果沒辦法，也可以在治療當中完成；寫完信之後，請哀傷者朗讀這封寫給逝者的信，接著是逝者的回信。治療師應創造一種溫暖且共感的氛圍，協助哀傷的案主分享並處理信件內容。

值得注意的是，可以將這項練習理解為一個溫和的機會，以幫助哀傷者建立對苦痛的容受力。喪親個體為了克服劇烈哀傷並管理無力招架的恐懼，或許會自然而然地逃避體驗生活；然而，儘管短期而言逃避可以緩解痛苦，但長時間的逃避卻會阻礙哀傷相關情緒的處理，進而可能導致長期的哀傷反應（Eisma et al., 2013）。因此，筆者鼓勵治療師在案主書寫、分享或處理尋求逝者觀點的信件時，若哀傷浮現，可以觀察並特別指出哀傷者所具有的容受劇烈情緒的能力。

個案實例

Mark 六十七歲，已婚且退休，大約一年半前，三十七歲的女兒 Chrissy 不敵胃癌逝世，Mark 痛失與他非常親近的女兒。癌症二度復發之後，治療已不再發揮作用，醫生預估 Chrissy 的生命只剩一個星期，建

議接受安寧療護。從她轉往父母家中接受居家安寧照護開始，Mark 成為她的主要照顧者。Chrissy 後來多活了四個月，那段期間，父女倆投身於有意義的對話與活動，例如一起散長長的步，這使他們之間的連結更為強韌。Mark 描述他對於 Chrissy 選擇如何度過餘生，以及可以說對於她這一生如何活著，都由衷敬佩。

Mark 開始進行 MCGT 時，並沒有特別逃避哀傷，他描述了幾種在 Chrissy 死後用來維持兩人連結的儀式。然而，Mark 意志消沉，表示自己強烈缺乏投入生活的動機。儘管他與 Chrissy 的關係仍然具有意義，卻覺得與其他意義來源失去連結，描述自己的生活「沒有色彩」。他與治療師緊密合作，試圖理解造成這種空虛感的因素。Mark 痛苦掙扎的部分原因在於，他與妻子以非常不同的方式因應 Chrissy 的疾病與離世，導致一種與妻子進而與他們共享的活動失去連結的感覺。儘管他有關係緊密的朋友，卻發現自己愈來愈與世隔絕，而且他會在這種狀況出現時變得更加自我批判。他能夠說出 Chrissy 會希望他快樂，但這句話更像是一種理性的說法，並未連結情緒。

MCGT 第四次會面時，治療師請他寫一封給 Chrissy 的信。他讀出信件給治療師聽，讀的時候充滿情緒，非常投入。以下節錄信件內容：

早安，我美麗的女兒：

　　希望妳過了美好的一晚。妳知道我每天都想妳，我也知道妳不會再痛。我好喜歡妳向我捎來的那些跡象，表示妳始終與我同在。我和朋友出去的時候都會聊到妳，妳說過的話、做過的事，妳喜歡什麼、不喜歡什麼。我喜歡將妳保留在我的例行公事裡，讓我感覺與妳好近，雖然我知道妳其實離我好遠……失去孩子是人生最艱難的事，我

沒有力氣或意願去做那些會使我快樂的事情。我用盡全力過我的人生，將妳收在我心裡，如同妳希望我做的那樣。

愛妳的爸爸

接著，他分享 Chrissy 的回信，節錄如下：

嗨爸爸：

我在天堂真的有感覺到你的痛，我看到從你臉上滑落的眼淚。好幾次我想告訴你，「爸，別哭。」我在這裡很好，不痛了。讓我離開人世，來到這裡與上帝在一起，是最好的安排。我希望你快樂，活出完整的人生。我希望你去旅行，看看世界。去吧爸爸，不要等到一切都太遲……我就在這裡，在你身邊，守護你平平安安。請求你，爸，不要再為我哭泣一分一秒，我很好，我需要你也很好。去跟（我）可愛的小狗玩，帶牠去公園散長長的步，像我們從前那樣。牠好喜歡散步，我那時也是。爸，是時候該去活出你完整的生命了。有朝一日當上帝召喚你回家，我會在這裡張開雙臂迎接你。謝謝你，爸，謝謝你為我做的一切。我愛你，爸爸，我們很快會再聊。記得喔，我永遠在你身邊。繼續留心我回去的蹤跡吧。

愛你的 Chrissy

讀完信件後，Mark 表示這是自 Chrissy 去世以來，自己做過最艱難的事情之一，但是在「放出」情緒後他感覺好多了。這項練習也幫助 Mark 在情感上更深刻地感覺與 Chrissy 留下的訊息連結，也就是希望他重新投入生命並活得更完整。Mark 描述 Chrissy 如何以她自己把握當下的精神親身示範，經常去旅行並開啟新的冒險。引入女兒的聲音也有助

於確認她留下的精神遺產、希望 Mark 以何種方式說她故事，以及他自己的故事。

透過整段治療的過程，Chrissy 信件的主題更顯清晰，關於重新連結意義來源的討論也更充滿力量。治療師溫和地喚起 Chrissy 信中的聲音，提醒 Mark 那句女兒直到生命終點都具體實踐的箴言：活出你完整的生命。Mark 聯繫了他最好的朋友，表示對方總能逗樂自己，也開始與心愛的兒子像從前那樣去旅遊。治療工作最影響深遠的結果是，Mark 感覺到自己漸漸與妻子重新連結；為了增進兩人的關係，他開始規劃與她去度假。Mark 以這種方式實現 Chrissy 希望他活得完整又有意義的願望。

總結想法

尋求逝者的觀點善加利用與逝者「象徵性連結」的力量，以及信件書寫所廣受認可的優點（Neimeyer, 2012）。此技術有助於創建意義，幫助喪親者建構一致性的敘事，也就是將逝者生命的重要性與自己的生命故事予以整合（Lichtenthal & Breitbart, 2015）。引導案主進行這項練習時，治療師應強調哀傷者可以選擇要如何說故事，以及如何將逝者留在故事之中。藉由溫和地回頭引述信件內容，以及接下來會面中使用特定的語言（例如信件中的「現在就去吧，不要等到一切都太遲」、「是時候該去活出你完整的生命了」），可以帶進逝者的聲音以支持哀傷者對於未來的規劃。儘管喪親者對逝者實體不在而自己要活出有意義的人生可能感到裹足不前，然而若能納入逝者的聲音，可以鼓勵喪親者帶著自我慈憫與強而有力的持續連結，順利度過這段變遷。

致謝

意義中心哀傷治療研究獲得美國國家癌症研究院（National Cancer Institute, NCI）研究補助案編號 R03 CA13994 (Lichtenthal) 及 K07 CA172216 (Lichtenthal) 支持。

參考文獻

Eisma, M. C., Stroebe, M. S., Schut, H. A. W., Stroebe, W., Boelen, P. A., & van den Bout, J. (2013). Avoidance processes mediate the relationship between rumination and symptoms of complicated grief and depression following loss. *Journal of Abnormal Psychology, 122*(4), 961–970. doi:10.1037/a0034051

Lichtenthal, W. G., & Breitbart, W. (2015). The central role of meaning in adjustment to the loss of a child to cancer: Implications for the development of meaning-centered grief therapy. *Current Opinion in Supportive and Palliative Care, 9*, 46. doi:10.1097/SPC.0000000000000117

Lichtenthal, W. G., & Cruess, D. G. (2010). Effects of directed written disclosure on grief and distress symptoms among bereaved individuals. *Death Studies, 34*(6), 475–499. doi:10.1080/07481187.2010.483332

Lichtenthal, W. G., Lacey, S., Roberts, K., Sweeney, C., & Slivjak, E. (2017). Meaning-centered grief therapy. In W. Breitbart (Ed.), *Meaning-centered psychotherapy* (pp. 88–99). New York: Oxford University Press.

Lichtenthal, W. G., & Neimeyer, R. A. (2012). Directed writing to facilitate meaning making. In R. A. Neimeyer (Eds.), *Techniques in grief therapy: Creative practices for counseling the bereaved* (pp. 165–168). New York: Routledge.

Neimeyer, R. A. (Ed.). (2012). *Techniques in grief therapy: Creative practices for counseling the bereaved*. New York: Routledge.

Neimeyer, R. A. (Ed.). (2016). *Techniques in grief therapy: Assessment and intervention*. New York: Routledge.

47

與內化他者對談

Nancy J. Moules and Kenneth J. Doka

適合此技術的個案

喪親者若難以擺脫內疚或憤怒，或者仍然帶著與逝者相關且需要答案的未竟事宜，特別適合運用與內化他者對談（Interviewing the Internalized Other）這項技術。此技術可以讓喪親者表達怨憤或後悔、道別、原諒或道歉——與此同時，重新確認並未斷裂的連結。採用這項介入方式的先決條件是逝者與喪親者之間原本存在有意義的關係，因此若逝者生前與案主之間並未擁有一段真正的關係（例如逝者為手足或父母，但是在出現有意義的關係之前就已離世），則這項技術難以發揮效果。同理，此技術也不適合極為負面、涉及虐待或充滿敵意的關係，在這些情況下，喪親者更需要的是脫離逝者而非將其內化。

技術說明

與內化他者對談曾由學者 Moules（2010）描述並應用於喪親工作中，這項技術援引的理論來源包含完形治療（gestalt therapy）、敘事治療與持續性連結（Klass & Steffen, 2018），其命名歸功於加拿大婚姻與家族治療師 Karl Tomm（Tomm, Hoyt, & Madigan, 1998）。基本上，這種方法會請案主投入一場與治

療師的對話,並在對話中以某位逝者的觀點說話。一旦臨床工作者判斷與內化他者對談是適當適時的治療介入方式,通常會徵詢案主能否與逝者對談,可以簡單向案主表示:「我想問你,能否讓我訪問(逝者的名字),由你扮演(逝者的名字)。你允許我這麼做嗎?」有時案主會對這個問題感到驚訝困惑,然而即使只是出於好奇,他們大多都會同意。待案主同意之後,臨床工作者會告訴案主,自己將直接稱呼內化他者的名字跟對方說話,請案主回答時用這位他者的聲音,以第一人稱,也就是「我」來回覆。

一般來說,對談會從比較溫和無傷的問題開始,經常是將內化他者帶回關係較早的時期。例如,以喪夫的 Sandy 而言,她正在哀悼丈夫 Jim 的逝世,對談一開始可能先問:「Jim,你初次遇見 Sandy 是在什麼時候?那時的她是什麼樣子?」再漸漸轉往較具治療性的主題。舉例來說,如果有內疚或道歉的議題,臨床工作者最後可能會問:「Jim,Sandy 因為在你生命最後幾個月必須找看護協助而感到內疚,對於這件事你有什麼想法?」其他面向的問題可能是:「Jim,你現在有沒有任何想對 Sandy 說的話,如果有,那是什麼?」整段對話可能轉折數次,由治療師來分辨如何探問以發揮最大治療功效。會面最後,臨床工作者通常會問內化他者,是否想提出任何重要的問題。整段會面過程,臨床工作者應持續以內化他者的名字稱呼對方,這不僅可以持續聚焦於內化他者的聲音,也是對臨床工作者的提醒。有些問題內化他者可能當下無法回答,可以作為後續治療會面與介入模式的焦點。

與內化他者的對談結束後,臨床工作者會再次以案主的名字稱呼對方,並開始處理方才的對話。很多時候,案主會表示對於方才的某些回答感到驚訝,也對於自己竟能如此深刻地探入逝者的本質感到踏實。通常他們會表達看到了自己與逝者之間所擁有的持續性連結,並從中獲得安慰。在家族或團體治療的脈絡下,臨床工作者可以在此時邀請在場的其他人加入對話,說出他們的觀察、反思與見解。經常可見其他家庭成員也希望說出他們對相同問題所內化的答案,例如:「我覺得爸因為妳請看護來家裡而鬆了一口氣。他開始生病時就

常常說怕自己是個累贅，怕妳做太多。」這類交流的力量能夠產生足以減緩進一步痛苦的療癒性對話。

個案實例

　　Jason 是家裡的老大，原本與父母和妹妹一家四口住在一起。八歲那年，父親 George 被診斷出肺癌。這場病使整個家面臨多項困難——特別是經濟問題，George 原本任職於工程公司，但是隨著他的健康惡化，家中財務狀況也開始走下坡。Jason 的母親必須去一間當地店家協助帳款工作——留下 Jason 擔起更多照顧妹妹的責任。Jason 理解父親生病所衍生的必然，但是他對於責任增加，以及因為經濟條件受限迫使他放棄如體育等心愛的活動，仍然懷著怨憤，只是並未表達。讓他特別難受的是必須搬家，才能離母親工作地點以及該社區家族成員更近。

　　Jason 十歲那年，父親的病情進入末期，必須住院，此時 George 的身體因為飽受癌症折磨看起來就像一具骷髏。Jason 與家人固定去醫院探視爸爸，有一次離開病房前，Jason 拒絕擁抱父親，就在那天夜裡，父親走了。

　　父親去世兩年後，十二歲的 Jason 前來接受治療。這時候的他會不斷做關於父親死亡的惡夢，母親認為治療能夠幫助兒子。Jason 雖然有些遲疑，卻沒有真的抗拒，因為他也希望停止那些惡夢。

　　經歷一開始建立對於治療師的信任與投契關係後，Jason 提到他很後悔沒有在父親在世的最後一晚擁抱他。作為一個超齡的孩子，Jason 能夠表達他對於父親生病所感到的怨憤，也能說出這場病對於家人與自己的衝擊，以及看到爸爸的病容如何感到不舒服，然而，他因為自己沒能給父親最後一次擁抱深受折磨。

治療師接著問 Jason，能否讓他與父親說話——同時解釋是透過 Jason 來與他對話。Jason 對此既懷疑又好奇，但還是同意了。在此，治療師結合傳統的「空椅」法以及與內化他者對談的技術。先讓 Jason 想像爸爸坐在自己旁邊的椅子上，他開口對父親說話，哭著表示他很抱歉在那命定的最後一晚自己沒有抱他。

接著他坐到父親的椅子上，由治療師問「George」幾個問題，讓 Jason 平復心情——這些問題是關於父子倆在 George 仍然健康時曾擁有的關係與共同經歷的活動。然後治療師問 George 他現在過得如何，「George」（透過 Jason）說他過得很好，正在準備他們在天國的家，但請家人不要急，還需要一些時間才會完工。治療師接著問 George，怎麼看待 Jason 由衷的道歉，George 回答：「原來是這件事困擾著你啊，老兄！你以為我會不知道你愛我嗎？」此時，Jason 大笑說：「這完全就是我爸會說的話。」他表示爸爸經常開玩笑說等他去到天國，會重新裝修那邊的屋子——然後告訴家人，裝修工程得花上一些時間，讓他們不用急著來。

這次治療會面帶給 Jason 深度的放鬆感。在與治療師處理那場與爸爸的對話之後，Jason 能夠體會到父親的原諒，以及兩人間持續的連結。不久之後，做惡夢的情況也大幅減少。

總結想法

上述個案片段清楚呈現這項方法的多元應用。在 Jason 的案例中，此方法結合另一項常見的完形技術——空椅法；其他情況下，亦可搭配如治療性儀式（參見 Doka & Martin, 2010）等各種治療介入手段，相信讀者也能看見此技術具有的彈性。基本上，當 Jason 感覺到父親毫無疑問會原諒自己，就立刻結束

了這場對談。

　　此技術能作為有效介入手段其實並不令人意外，其援引且符合多項理論來源──最明顯的是完形治療，但也包括系統治療（systems therapy）、敘事治療、心智理論（theory of mind）與社會建構主義（參見 Moules, 2010）。此外，也有證據顯示這項技術已成功應用於其他多種情境（參見 Moules, 2010）。最重要的是，此技術肯認了持續性連結理論中最含義深遠的見解──那就是愛與連結永不止息。

參考文獻

Doka, K. J., & Martin, T. (2010). *Grieving beyond gender: Understanding the ways men and women grieve* (rev. ed.). New York: Routledge.

Klass, D., & Steffen, E. M. (2018). *Continuing bonds in bereavement: New directions for research and practice*. New York: Routledge.

Moules, N. J. (2010). Internal connections and conversations: The internalized other interview in bereavement work. *Omega: Journal of Death and Dying, 62,* 187–199.

Tomm, K., Hoyt, M., & Madigan, S. (1998). Honoring our internalized others and the ethos of caring: A conversation with Karl Tomm. In M. Hoyt (Ed.), *The handbook of constructive therapies* (pp. 198–218). Philadelphia: Brunner-Routledge.

48 誘發性死後溝通

César Valdez, John R. Jordan and Allan Botkin

適合此技術的個案

誘發性死後溝通（Induced After-Death Communication, IADC）這項技術適用於任何面臨心愛之人逝世，正經歷強烈且使人耗弱的哀傷反應者，然而，應謹慎篩選採用此療法的潛在案主。一般來說不建議用於失落剛發生的六個月內，因為哀傷的初始階段通常仍處於震驚、不可置信與情緒麻木之中，要使這項療法發揮作用，案主必須能夠也願意在治療會面中碰觸自己的悲傷，而幾乎所有人要徹底受納悲傷都會需要一些時間。

技術說明

本章描述一項以大腦為基礎且創新先進的哀傷處遇方法，稱為誘發性死後溝通（Botkin, 2014）。死後溝通（After-Death Communications, ADCs）會以隨機自然的方式出現在大約 20% 的人身上（Guggenheim & Guggenheim, 1995），且被認為能夠大幅推進哀傷歷程。ADC 出現時，哀傷者所經驗到的是感覺自己與已故的心愛之人接觸，及／或對方與自己溝通。IADC 這項技術可以減輕伴隨重要失落而來的深度悲傷，並且顯著提升個體經驗到 ADC 的機會。

有些讀者可能認為這項技術太過「非傳統」，不應該作為複雜性哀傷心理健康標準處遇的一部分。此外，這項技術也引發耐人尋味的形上學問題，關於是否存在某種死後的生命，以及是否需要以此作為哀傷治療的焦點。這些問題或許很有意思或者備受爭議，然而我們對於這項技術的興趣以及本章對此技術的陳述，其實源於臨床經驗指出，IADC 的治療程序似乎為許多案主帶來非比尋常的幫助──不論他們（或我們）選擇為該經驗的整體內涵創建何種意義，都無法抹滅這份幫助。我們鼓勵讀者以同樣「不可知的」（agnostic）立場面對這項技術引發的存有議題。關於此技術之研究，近期由美國北德州大學（University of North Texas）學者 Holden 及其同仁完成一項針對 IADC 之控制組設計研究，尚待發表（Holden，私人通訊）。

誘發性死後溝通的治療方法

只有經認證之心理健康從業人員才能接受 IADC 訓練，且需完成一整天的訓練課程，在此僅說明此種治療之整體性原則。

儘管哀傷與憂鬱症的症狀大量重疊，然而 IADC 治療師將兩者視為各有成因。哀傷是對於失落的一種心理回應，人們會在想到失落經驗時感覺悲傷，而在沒有憶起失落之時，仍然能經驗到正向情緒；然而，在憂鬱症的情況下，人們持續感覺悲傷無望，沒有正向情緒的時刻。這顯示憂鬱症的基礎為生物化學因素，而 IADC 雖然對於處理哀傷效果十分良好，對於憂鬱症則否。因此，若潛在案主除了哀傷也經驗到憂鬱症症狀，在採行 IADC 之前先針對憂鬱症治療，這點非常重要。依據我們的臨床經驗，多數個案需要的只是有效的抗憂鬱藥物。

此外，基於 IADC 的根本機制，案主必須能夠且願意先處理自己最苦痛的議題，IADC 恪守的原則是「最糟糕的優先處理」。這點雖然看似違反直覺，卻能夠讓大腦在處理哀傷時排除不樂見的複雜課題與侵入性想法。

IADC 衍生自眼動減敏與歷程更新（Eye Movement Desensitization and Reprocessing, EMDR）療法，EMDR 目前被公認為一種針對創傷後壓力症候群本於證據且確立的治療方法（Shapiro & Forrest, 2004）。在原始的 EMDR 標準程序中，會先教導案主自我安撫的技巧，接著（通常藉由將經驗視覺化）請他們回想一段創傷經驗，並且在回想的同時接受有節奏的腦部雙側刺激（bilateral stimulation）——刺激方式包含讓案主以雙眼視線跟隨移動中的物體（如治療師的手指），或者接受對左右手掌的觸覺刺激。EMDR 的主流理論相信，治療當中誘發的眼球運動使大腦進入更活躍的處理模式，類似做夢或快速動眼期（rapid eye movement）的睡眠，使創傷性記憶能夠被重新處理或整合進正常的記憶運作。

　　需注意 IADC 與標準 EMDR 之間有一項重大差異。不同於 EMDR 請案主回想一段創傷性記憶或畫面，IADC 會直接請案主專注於哀傷當中的核心情緒問題——即悲傷——同時接受雙側刺激。臨床經驗中發現，當我們以增速的大腦處理狀態來面對並成功處理此種核心悲傷，其他隨之而來的課題，如憤怒、內疚與非理性認知等，通常也會大幅消退。在 IADC 療法中，一旦悲傷獲得處理並明顯減輕，額外的眼球運動可以讓大約 75% 的個案自然出現 ADC 經驗（Botkin & Hannah, 2013; Hannah, Botkin, Marrone, & Streit-Horn, 2013）。由於 ADC 是自然產生的經驗，因此不需給予任何暗示。事實上，來自治療師的任何暗示都可能妨礙 ADC 經驗出現，因此，給案主的唯一指導語就是：「你只要敞開心胸，接受可能發生的一切。」然而也必須指出，研究分析發現，若從統計觀點而言，能處理核心悲傷就足以說明大部分的正向治療改變（Hannah et al., 2013），於治療尾聲成功誘發 ADC 是額外的治療效益。

個案實例

　　Miguel 六十四歲，在大學附設醫院擔任高階行政人員，前來接受 IADC 治療，希望處理自己結縭三十六年的妻子逝世後產生的深刻悲傷。Rose 在 Miguel 接受治療一年前死於胰臟癌。一進入診間，Miguel 就表示自己極為憤怒、內疚且悲傷，說他經驗到與 Rose 死亡有關令他痛苦的想法與畫面。Rose 不在，他感到心碎、不公平又迷失。

　　Miguel 與 Rose 原本熱切盼望兩人就要當祖父母了，Rose 卻在此時診斷出癌症，而且被告知預後並不樂觀。夫妻倆原本還期待 Miguel 快要退休，可以去世界各地長期旅遊，這是他們一直以來的夢想。Rose 在接獲診斷七個月後離世，距離他們的孫女誕生只差幾個星期。

　　Miguel 的哀傷歷程中明顯呈現憤怒與內疚，他很生氣，Rose 竟然沒有機會見到他們的孫女，而兩人退休後的夢想也被硬生生斬斷。他更質問自己是否在妻子病中沒有照顧好她，同時又對於自己竟然在她死後因為卸下照顧的重擔鬆了一口氣而感到內疚。接受 IADC 治療時，Miguel 幾乎不需要幫忙，就能將專注力從憤怒與內疚轉往悲傷。他辨認出幾個悲傷片段，其中最強烈的是自己的孫女將永遠沒有機會認識祖母，這點就作為眼球運動處理時的第一項標的。Miguel 在淚如泉湧中，有效處理了上述與其他哀傷片段，包含他們規劃已久的義大利之旅被取消，以及眼睜睜看著 Rose 的身體受到疾病侵襲日漸惡化。

　　隨著所有悲傷片段都處理完成，Miguel 進入一種平靜的狀態，這種狀態又藉由另一組眼球運動獲得鞏固。接著，治療師給予 Miguel 的指導語是保持敞開，準備接受任何發生的事情，然後再給予一組眼球運動。這組運動結束時，Miguel 閉上雙眼，再次熱淚盈眶。過了一會兒，他張

開眼睛，表示方才感覺到 Rose 親吻自己的臉頰，聽見她說：「我愛你，寶貝。」再次接受一組眼球運動後，Miguel 閉上雙眼喊道：「我看見她了！彷彿她就在這裡！」一陣子之後，Miguel 張開眼睛，微笑表示他看見 Rose 抱著他們的孫女，輕輕搖著。治療師以相同指導語，即敞開接受任何發生之事，又給予一組眼球運動。這項過程重複數次，Miguel 也持續知覺到自己看見 Rose，並感覺到一些印象，關於 Rose 始終在他生命當中充滿愛且令他心安的訊息。這些印象的其中一則，就是他應該重啟去義大利旅遊的計畫，Rose 會在旅途中陪伴他。ADC 過程中的某一刻，Miguel 也看見父親站在 Rose 身後。父親在他二十多歲時去世，在那之前兩人的關係便已疏遠，然而那一刻，他卻知覺到兩人愛著對方，也原諒對方。ADC 經驗的尾聲，Miguel 表示他看見 Rose 與父親揮手向他道別。

Miguel 接受 IADC 治療九個月後，在一通追蹤電話裡表示，自己已經沒有憤怒或內疚，連悲傷也非常輕微。他說：「當然，我會想她，也還是很難過孫女沒有機會見到她，但是我不再像以前那樣感覺被哀傷折磨。」Miguel 自述，現在當他想到 Rose，感覺到的是愛與感謝，謝謝他們共度的多年歲月，此外，他也不再經驗到 Rose 逝世過程的侵入性畫面，他甚至向我們回報近期才從義大利旅行歸來。

總結想法

IADC 提供一項強大且快速的方法，幫助個體碰觸並整合強烈（且經常使人衰弱的）悲傷。多數情況下，這項技術也會增加案主經驗到 ADC 的機會，而 ADC 本身就可以是一種強而有力的療癒經驗。人們接收到的大部分「訊息」似乎都暗示 (a) 他們的心愛之人繼續存在而且「都好」，(b) 隨著案主向前

邁進，心愛之人也與他們共度生命旅途，(c) 所有殘留的內疚、憤怒與責備等問題都已獲得「原諒」，取而代之的是無條件的愛，以及 (d) 逝者希望遺族快樂，繼續過自己的人生。不論其來源，這些訊息對於那些經歷「成功的」IADC 療法的案主似乎都具有一致的療癒力。

誠然，本章介紹的內容幾乎完全基於臨床經驗（儘管 EMDR 這項技術在隨機對照試驗中已獲得高度驗證），但我們非常鼓勵以嚴謹的研究探討這項新「發現」，更期待進一步積極探索 IADC 於臨床實務上能以何種方式對哪些喪親案主帶來幫助。

參考文獻

Botkin, A. L. (2014). *Induced after death communications: A miraculous therapy for grief and loss*. Charlottesville, VA: Hampton Roads Publishing.

Botkin, A. L., & Hannah, M. T. (2013). Psychotherapeutic outcomes reported by therapists trained in induced after death communication. *Journal of Near Death Studies*, *31*(4), 221–224.

Guggenheim, W., & Guggenheim, J. (1995). *Hello from heaven! A new field of research confirms that life and love are eternal*. New York: Bantam.

Hannah, M. T., Botkin, A. L., Marrone, J. G., & Streit-Horn, J. (2013). Induced after death communication: An update. *Journal of Near Death Studies*, *31*(4), 213–220.

Holden, J. (2017). Personal communication, Allan Botkin.

Shapiro, F., & Forrest, M. S. (2004). *EMDR: The breakthrough therapy for overcoming anxiety, stress, and trauma*. New York: Basic.

PART 12
肯定生命價值

49

尊嚴療法

Harvey Max Chochinov and Lori Montross

適合此技術的個案

參與尊嚴療法的案主必須具備能夠投入這項精神遺產創建方法的認知能力，並且具有一定程度的**存在準備度**（existential readiness），以促進個人反思與生命回顧。此技術不適合太年幼的案主、因認知障礙而無法自我反思者，以及生命充滿衝突與疏離關係的人。對於這些案主來說，本書第 52 章**人生所學**（Lessons Learned）的方法可能更加適合也更有效果。

技術說明

尊嚴療法（dignity therapy）是一種個別化的短期心理治療，其基礎為針對末期病患之尊嚴的實證研究模型（Chochinov, 2002），設計給正在面臨威脅生命且限縮生命期之疾的患者。研究人員與臨床工作者亦開始檢視這項技術如何應用於其他群體，例如虛弱的年長者、罹患神經退化性疾病（**neurodegenerative disorder**）者，以及惡性疾患早期患者。

對於這項方法最詳盡的說明請參考《尊嚴療法：獻給生命尾聲的話（暫譯）》（*Dignity Therapy: Final Words for Final Days*）（Chochinov, 2011）。運

用尊嚴療法時，會由一位受過訓練的治療師藉由開放式問題組成的架構，以引導患者討論並指出對他們來說最重要且最希望他人知道或記得的事情，同時將討論內容錄音保存。這些問題包含：

- 「和我說說你的生命史，特別是你最記得或認為最重要的部分。你在什麼時候最有活著的感覺？」
- 「有沒有什麼特定關於你的事是你希望家人知道的，有沒有什麼是你特別希望他們記得的？」
- 「你曾經在生命中扮演過最重要的角色是什麼（家庭角色、職場角色、為社區服務的角色等）？為何這些角色對你來說如此重要，你覺得自己在這些角色當中成就了什麼？」
- 「你最重要的成就是什麼？最感到驕傲的又是什麼？」
- 「還有什麼特別的事情是你想告訴心愛之人的，或者任何你想好好再說一遍的事情？」
- 「你對於心愛之人有什麼希望或夢想？」
- 「關於人生，你學到什麼？想傳遞給別人的事情？你希望傳遞何種建議或指引給你的（兒子、女兒、丈夫、妻子、父母，或其他人）？
- 「有沒有什麼話語或甚至指示是你想給家人的，幫助他們為未來做準備？」
- 「創造這份永久紀錄的此刻，你有沒有其他想加進去的事情？」

這些問題的設計不是作為結構化訪綱，而是一個極具彈性的架構，目的在於喚起有關重要時刻或事件、關係、成就、角色與人生所學的回憶。有些問題可能特別顯眼，也有些問題不太重要，抑或是案主有其他想談論的可能議題。治療師若具備敏銳的溝通技能，將能跟隨案主的暗示，持續留心並使用能尊重其理解與接受程度的語言（Chochinov, 2007; Chochinov et al., 2013）。案主的回答會錄音、轉為文字並編修整理，產出一份**傳承創新文件**（generativity document），讓他們遺贈給自己選擇的人。

尊嚴療法包含三到四次的會面，理想上安排在七至十天之間。第一次的簡短會面是為了向案主描述後續流程，回答案主的疑惑並提供一份訪問架構。治療師會在此初次諮詢中，詢問案主其傳承創新文件要留給誰，以及他們希望透過參與尊嚴療法達成什麼目的。第二次會面時，治療師會利用訪問架構引導案主，針對其生命以及對他們來說最重要的事情，進行一場三十到六十分鐘的討論。治療師也要警覺到所揭露的內容會如何影響傳承創新文件的收件人，並協助案主爬梳任何可能造成傷害的內容。

經錄音的討論內容會轉成文字，再由治療師將對話文字轉成一份結構嚴謹且可讀性高的傳承創新文件。然後在第三次會面，治療師回顧並為案主讀出整份文件。案主可以請治療師修改文件（例如改正錯誤、刪除不想保留的片段，或新增內容），直到案主滿意編修的結果再給他們最終版本，以遺贈給自己選擇的人。

個案實例

Melinda 是四十二歲的單親媽媽，在接受尊嚴療法三年前被診斷出乳癌。當時，隨著病程改變，她發現自己對於「希望」與生活目標的定義逐漸轉向。現在，預後存活期不到六個月的她開始接受安寧療護，專注於留下一份精神遺產給兩個兒子，Chad（十四歲）與 Todd（十八歲）。

在尊嚴療法訪問過程中，Melinda 一臉驕傲，因為她教養出「非常優秀的年輕人，懂得尊重他人且進退有度」。值得一提的是，Melinda 的回憶並非全部都是正向的，她坦率描述自己生命中經歷過的家中困境、離婚以及一連串的艱難犧牲。此種混合交織的情況很常見，人們經常在訪問過程中分享各式各樣的經驗。事實上，尊嚴療法的用意不只是記錄快樂時光，也希望提供一個開放且不帶批判的環境，以回顧反思生命中真

實的起起落落。例如，Melinda 分享完自己有過的一些挑戰後，也帶著微笑回想起自己曾隨興所至去遊樂園玩的時光，出席兩個兒子的足球賽（無論如何絕不缺席），以及當她知道 Chad 與 Todd 都清楚努力終有回報之時，那一刻的自己有多欣慰。

最後編修精神遺產文件時，Melinda 為自己的故事所下的標題是「母親與小熊」。她也認真思考故事的最後一頁，藉此傳達她對於兒子單純卻重要的期許，即「自在生活，與神相親」。當她看見完成的文件時，Melinda 落淚表示她安心許多，知道自己留下的文件以有形的方式傳達自己有多關愛兒子，讓她感到寬心，甚至明確表示：「我相信孩子們始終都會感覺到我還在，但是這本故事讓他們不論何時都能翻開一讀。」

雖然不是尊嚴療法制式歷程的一環，後來我們還是跟進了這個個案。四個月後，Chad 與 Todd 在 Melinda 的葬禮上發言，他們朗讀母親尊嚴療法文件的一部分，兩人都說，一開始他們對於這項做法「有點懷疑」，但現在非常感恩能有母親最後留下的話語。他們展現出 Melinda 生前備感驕傲的那份莊重與沉著，在悼詞的最後說：「希望不論她現在在哪裡，都感到平靜，知道她已經給了我們最好的。我們承諾將成為足以體現她精神的男人。」

總結想法

至今已發表超過一百份關於尊嚴療法的同儕審查論文，其中包含至少三十份提出初級資料分析的結果（Martínez et al., 2017），亦有六項隨機對照試驗已發表其研究成果，還有至少三項隨機對照試驗正在進行當中。誠然，並非所有試驗在主要衡量層面上都取得正向成果，然而多數試驗都發現案主自陳的滿意度極為正向，包含自覺尊嚴感提升、目的感增加、生之意志提高，以及相較

於只進行生命回顧的個案以及對照組，尊嚴療法參與者之傳承創新與自我整合（ego-integrity）分數提升更多；此外，自陳初始苦痛程度較高的案主也在憂鬱、焦慮與失志病況上呈現重大進展（Julião, Oliveira, Nunes, Carneiro, & Barbosa, 2017）。

一項於案主過世後九至十二個月以其家屬為樣本進行訪談的研究顯示，受訪家屬表示尊嚴療法有幫助到案主（95%），提升案主尊嚴感（78%）與目的感（72%），幫助案主為死亡做準備（65%），以及此種療法與案主照護的其他面向同等重要（65%）。多數家屬亦指出傳承創新文件在他們哀傷時帶來幫助（78%），而且未來也將是一份安慰的來源（77%）。幾乎所有喪親家屬都表示，他們會將尊嚴療法推薦給其他面對絕症的患者或家屬（McClement et al., 2007）。

尊嚴療法讓案主敘說自己的故事，並透過在他人支持下創建精神遺產的過程，將故事以超越他們有限生命的方式保存下來，藉此肯認案主的意義感、目的感與尊嚴感。雖然針對尊嚴療法如何影響喪親家屬的研究仍寥寥可數，然而現有資料顯示這項技術確實有益於傳承創新文件的收件人。期待未來會有更多尊嚴療法在此重要面向上的研究，將有助於確立尊嚴療法成為喪親工作中的一種介入模式。

參考文獻

Chochinov, H. M. (2002). Dignity conserving care: A new model for palliative care. *Journal of the American Medical Association, 287*, 2253–2260.

Chochinov, H. M. (2011). *Dignity therapy: Final words for final days*. New York: Oxford University Press.

Chochinov, H. M. (2007). Dignity and the essence of medicine: The A, B, C and D of dignity conserving care. *British Medical Journal, 335*(7612), 184–187.

Chochinov, H. M., McClement, S. E., Hack, T. F., McKeen, N. A., Rach, A. M., Gagnon, P., ... Taylor-Brown, J. (2013). Health care provider communication: An empirical model of therapeutic effectiveness. *Cancer, 119*, 1706–1713.

Julião, M., Oliveira, F., Nunes, B., Carneiro, A. V., & Barbosa, A. (2017). Effect of dignity therapy on endof-life psychological distress in terminally ill Portuguese patients: A randomized controlled trial. *Palliative and Supportive Care, 7*, 1–10.

Martínez, M., Arantzamendi, M., Belar, A., Carrasco, J. M., Carvajal, A., Rullán, M., & Centeno, C. (2017). Dignity therapy, promising intervention in palliative care: A comprehensive systematic literature review. *Palliative Medicine, 31*, 492–509.

McClement, S., Hack, T., Chochinov, H. M., Hassard, T., Kristjanson, L., & Harlos, M. (2007). Dignity therapy: Family member perspectives. *Journal of Palliative Medicine, 10*(5), 1076–1082.

50

紀念遠足

Erica D. Huber and Laurie A. Burke

適合此技術的個案

經歷各類型失落（包含暴力性死亡與自然死亡）的哀悼者如果喜歡戶外活動、健走，也願意得到與其他哀悼者共同參與團體活動的潛在好處，就可能從這項活動中獲益。然而，若案主罹患使其不良於行的疾病，或者沒有佳節期間裝飾聖誕樹的習慣，則需要將活動調整成適合的進行方式，否則不建議採行這項技術。

技術說明

當心愛之人逝世，要在沒有對方的情況下慶祝重大節日，對於哀悼者來說可能格外艱難（Burke Neimeyer, Young, Piazza Bonin, & Davis, 2014）。要能在失落過後繼續歡慶並感到喜悅可能成為一項令人卻步的任務，尤其是哀傷的強度通常會在週年或節慶等重要事件／活動之前增強（Robinaugh, Marques, Bui, & Simon, 2012）。舉例來說，當逝者不再現身家庭聚會，也無法參與節日傳統，代表哀悼者不僅被剝奪看著心愛之人打開那份完美禮物或卡片的喜悅，也無法享受有他們同在聖誕樹或佳節餐桌旁的美好。

因應這些掙扎，我們邀請現在與過去的案主參加這趟稱為紀念遠足（Hike to Remember）的活動。這項團體活動前往俄勒岡州波特蘭市（Portland）東邊的哥倫比亞河峽谷（Columbia River Gorge），從摩特諾瑪瀑布（Multnomah Falls）會館出發，走向罕為人知且遺世獨立的支線步道，最後回到會館。這條步道又被稱為裝飾小徑，沿途的樹木枝幹上有歷年來健行旅客所掛的裝飾品。藉由與一群哀傷夥伴同行於裝飾小徑，並掛上自己精心挑選的裝飾品，讓團體中的哀悼者能有一種新的慶祝節日的方式，除了思念並緬懷逝去之人，也以非常個人化的做法維持與逝者的持續性連結（Klass, 2006）。此外，對於願意分享故事的案主來說，走在步道上的數小時也創造讓他們分享關於逝者生命與死亡故事的空間，並且有機會構築新的友誼。

以下是紀念遠足的準備指引：

1. 設定一個可以讓一群人步行前往並掛上裝飾品的目的地，如果沒有既有的裝飾地點，也可以開發新地點。
2. 製作傳單，向潛在參與者宣傳遠足活動，傳單簡要說明活動內容、目的、聯絡方式、活動日期與時間、路線長度、預計時長、步道上升高度以及建議攜帶物品（例如水、食物、保暖衣物、登山杖、裝飾品）。
3. 請所有參與者簽下詳盡的知情同意書，在出發前清楚傳達責任界線。
4. 團隊中至少有兩位熟悉步道的人，以及兩位具哀傷工作知能與登山經驗的心理健康專業人員。例如筆者規劃的遠足即包含兩位專職的哀傷治療心理師，其中一位曾數次走完這條步道。團隊中還有一位哀悼者也熟知這條步道，由她作為我們主要的健行領隊。
5. 確保團隊中有足夠的帶領人（例如我們的哀悼者與帶領人比例為三比一）。
6. 提供每位參與者一份詳盡的步道介紹，可以視需要將文件護貝，避免路線指引被雨淋濕。

個案實例

Erica 的故事：「2014 年，我那健康快樂、才剛大學畢業的兒子有一天夜裡去附近社區大學操場跑步，沒有回家。隔天一大早，Griffin 被一名晨運者發現，死於先前不曾發現的心臟缺損。那一刻，我的生命天翻地覆。我花了整整一年半，而且是在我那位醫生姊姊，極力勸說之下，才接受喪親諮商。在那之前，健行是我用來調適哀傷的唯一做法。一開始是因為健走強迫我深呼吸，而步道上的深沉寧靜與美景，還有能夠與 Griffin 產生的連結，都讓我一遍又一遍重回步道。我會在小徑上與 Griffin 說話，點蠟燭並且拍照，在社群媒體上分享我的哀傷旅程。然而，就像許多其他喪親者，隨著節日將至，我比平常更憂懼那份失落感。Griffin 不會出現在家族聚會上，過節還有什麼意思？

「在尋找新的健行地點時，我發現有人寫到一條沒有標示在地圖上的隱藏步道，位於哥倫比亞河峽谷，稱為『裝飾小徑』。我決定出發去找這個奇幻之地，如果找到了，我要在那裡為 Griffin 掛一個裝飾品。第一次走完全程，步道上的雪花帶給我佳節期間特別需要的喜悅感，也讓這條步道成為一項新傳統，幫助我調適 Griffin 再也無法參與任何傳統活動的失落感。2016 年，我與我的哀傷治療師分享自己在裝飾小徑上的體驗，當時，在我喪慟歷程的那個階段，我意識到與其他重大失落經驗者連結是多麼有幫助。我提議，由我帶領其他深陷哀傷之人前往裝飾小徑遠足。我的治療師大力支持，主動表示要陪伴我們同行，並且讓她的其他案主知道有這個機會。後來我們帶了六位哀傷者與兩位治療師同行，出發前，哀傷者會挑選對自己與心愛之人來說有意義的裝飾物。我們一起欣賞步道上令人歎為觀止的美景，途中經過幾座太平洋西北地區的溫

帶雨林瀑布。大家可以自由談天，依個人意願分享到不同程度。能與其他哀傷者相遇，聆聽關於他們珍視之人的生命與失落的故事，實在意義非凡。對我來說，可以說出與 Griffin 有關的故事一直都很有幫助。抵達裝飾小徑時，我們暫時解散，去掛各自的神聖裝飾品。我帶的是一隻鷹面獅身獸玩偶[1]，把它掛在之前有一次來走步道時為 Griffin 掛的小恐龍旁邊。我在玩偶底部寫上『Griffin Huber, 1992～2014』。另一名健行者掛了一把折疊小刀，上面寫了她父親的名字，她說爸爸生前長年蒐集小刀，所以她用這個方式讓他的回憶留存人間。還有一位掛了一顆閃亮亮的紅球，她說紅色是爸爸最喜歡的顏色，閃亮亮的部分則是為了逗他開心。一名母親與女兒掛上一隻漂亮的北美紅雀，以緬懷她們的丈夫與爸爸。她們說，如果他知道太平洋西北地區的一座雨林裡掛了一隻紅雀，一定會很開心。另一個人曾在幾週內痛失兩名家庭成員，他將兩人的名字寫在裝飾物上，以此紀念。由於我已經獨行過這條小徑無數次，所以特別開心看到我們是一群人一起參與這趟遠足，可以用如此特別的方式與其他人連結非常有幫助。現在當我重回小徑，就會想起我的哀傷／健行夥伴，以及他們每一位的心愛之人。希望在接下來的日子裡，他們會因為受到啟發而自己重回小徑，或者帶來另外一群人。」

總結想法

籌劃一趟紀念遠足會是哀傷處遇中的一項有效技術，尤其當哀悼者覺得與他人共同體驗大自然是一種與逝者連結的療癒性做法時，更是如此。這項療癒活動也可以調整成同樣以團體遠足紀念案主心愛的已故之人，但不一定要在樹

---

1 譯注：Griffin 這個名字亦可指希臘神話中之鷹面獅身獸，或稱獅鷲（griffin）。

林裡掛上裝飾物。例如，遠足目的地可以改成一處令人屏息的勝景，或者對當地居民具有特殊意義的區域，或在遠足中加入野餐，讓哀傷者分享並懷念心愛之人及其最喜歡的食物。此外，如果選擇以掛裝飾品的方式進行，要注意遠足不必然要辦在冬季或佳節期間才能對哀傷者具有意義。以筆者所在區域而言，由於冬季多雨濕寒，我們好幾次重新排定遠足日期，即使如此，最後辦在六月中的遠足活動仍然面臨前所未見的大雨。我們一起在位置便利且溫暖相迎的高山俱樂部小屋躲雨，這似乎讓又濕又冷的參與者產生更深刻的情感連結。即使事情不如原先計畫，哀傷者似乎仍然可以從團體遠足經驗中有所收穫，特別是當他們選擇將這份經驗視為一種個人挑戰，擴大他們生理與心理的容受範圍，使之成為一種紀念並能維持與心愛之人緊密連結的方法。

參考文獻

Burke, L. A., Neimeyer, R. A., Young, M. J., Piazza Bonin, B., & Davis, N. L. (2014). Complicated spiritual grief II: A deductive inquiry following the loss of a loved one. *Death Studies*, *38*, 268－281. doi:10.1080/07481187.2013.829373

Klass, D. (2006). Continuing conversation about continuing bonds. *Death Studies*, *30*(9), 843－858.

Robinaugh, D. J., Marques, L., Bui, E., & Simon, N. M. (2012). Recognizing and treating complicated grief. *Current Psychiatry*, *11*(8), 30.

51 分享盤

Cynthia Louise Harrison

適合此技術的個案

　　各年齡層的哀傷與喪親個體及其家庭成員,如果希望在失落與變遷之時找到意義與目的,都能透過這項精神遺產計畫得益。作為一項象徵心愛之人生命的共享儀式,此技術給予案主空間,開啟以個人力量為基礎且以人為核心的反思歷程,也致敬逝者的價值觀與留下的影響。然而,如果案主與逝者的關係存在壓迫、虐待或深刻矛盾的痕跡,則不適合採取這項技術,這些狀況更需要啟動有助於療癒而非緬懷的治療歷程。

技術說明

　　不需要擁有任何藝術或創作經驗也能透過這項技術獲益,其價值在於創造並分享具有意義的事物,以設計紀念餐盤／大圓盤的經驗,提供喪親者一種面對挑戰情境的創造性做法,同時促成賦能的感受、持續性連結以及在失落之中懷抱希望的能力。「重建而非棄絕情感連結,可以恢復受到死亡挑戰的依附安全感」(Neimeyer, 2012)。事實上,Thompson 和 Neimeyer(2014)主張,表達性藝術歷來被用於肯認與探索哀傷及失落,現今用於協助喪親者從喪慟經驗

中重新創造意義，亦具有同等的重要性。

　　紀念盤活動運用藝術創作、手寫文字以及色彩，同時整合數種關鍵介入模式，包含意義重建、重新修通持續性連結、生命回顧、精神遺產工作、自我覺察與情緒調節、正念、與他人的連結以及行為活化。這項以人為核心的技術有益於促發案主表達在哀傷歷程中受到壓抑的普遍情緒。透過誌記逝者所遺贈的回憶、價值觀、技能與知識，紀念盤活動可以作為一種慶祝逝者生命且耳目一新的替代方式。案主創造出一項實體的精神遺產計畫，藉由賦予逝者的生命及其人生旅程重大意義，並將意義整合進喪親者於失落過後新的存有（being）姿態，得以致敬個人的哀傷以及關於逝者的回憶。喪親者可能會想在家族聚會或節日慶祝時使用這個精心裝飾的盤子，藉此將逝者納入特殊的日子裡。這類重組會員（re-membering）的做法讓逝者持續作為我們不斷邁進的生命中珍貴的存在。開創性社會工作者Michael White，同時也是家族治療師與敘事治療奠基者，曾指出重組會員對話的核心特點是「有目的地與個人生命史中的重要人物交流」（2005）。透過探索這些關係，許多領悟、偏好、身分認同的描述、價值觀以及存有姿態都可以獲得豐厚的描述，幫助個人感覺受到認可、賦能、與人重新連結，並且對如何在生命中前行充滿希望。

　　筆者有幸於近期完成以哀傷與喪慟支持為重點的社會工作碩士學業，就學期間的學習目標包含探索針對哀傷、失落與創傷的表達性藝術。經過廣泛研究與珍貴洞察，筆者發現自己深受Alan D. Wolfelt（2004）、Robert Neimeyer（2012）與Michael White（2005）啟發，激勵筆者創造一個稱為**分享盤**的精神遺產計畫，並且能夠以團體的形式推動。分享盤工作坊幫助參與者吐露情緒並分享有關他們逝去之人的回憶，同時提供不僅存於當下的支持與紀念，更藉由遺產儀式產生在未來多年都能與他人共享的成果，事後證明這場工作坊確實有益於參與者。筆者發現這項計畫不僅適合辦成獨立的工作坊，也可以納入更長期的支持團體方案，結合安寧療護、醫院或社區系統中為喪親者提供的服務。本章所描述的活動形式特別適合這類方案最後一次具致敬意義的會面。

個案實例

　　兩小時的工作坊一開始先溫暖歡迎八位參與者，讓大家圍成圈輪流自我介紹。開場之後，我們進入安頓練習（grounding exercise），藉此幫助參與者更專注當下，並創造一個安全又互相尊重的社群空間，足以容納哀傷與失落的創意表達以及對逝者的思念，以確立此次會面的目的是希望向每個人的故事致敬。暖身報到（check-in）階段讓團體成員分享一個可以描述心愛之人的詞彙。紀念盤技術特別安排大約一小時作為反思與發揮創造力的時間，接著討論向逝者遺產致敬的重要性，認可其作為哀傷工作與哀傷和解過程中的有益面向。

　　治療室裡的能量狀態是由期待、猶豫、哀傷、眼淚與苦樂交融的喜悅所構成的萬花筒，甚至有笑聲摻雜其中。哀傷工作並不容易，然而現場的社群精神很強健。參與者圍著一張桌子坐著，每個人的座位前方都放了一個白色的餐盤或大圓盤，桌上散置許多細簽字筆，顏色應有盡有，讓參與者伸手可及且方便共用，此外還有一張清單列出以下思考點，再由我逐字唸出清單內容，唸的時候會稍微停頓讓參與者反思各個項目。

- 對方的名字（或偏好的稱呼方式）。
- 你想如何記得對方——紀念對方的什麼？
- 對方最喜歡的佳句／食譜／嗜好／歌曲／地點等。
- 你欣賞對方的什麼（例如價值觀、技能、人生哲理）。
- 關於此人且讓你成為現在的自己的任何回憶。
- 你從對方身上獲得並且希望傳遞給他人的精神遺產（價值觀、技能、人生哲理）。

- 你現在想跟對方說的話。
- 對方現在可能會對你說的話。
- 任何緬懷此人時的重要回憶。

接著，參與者開始興味盎然地以心愛之人的回憶裝飾盤子；他們回想對方最喜歡的歌詞、佳句、詩作、難忘的旅行、成就與食物，也分享所有他們欣賞心愛之人的地方以及共同經歷過的時光。一位喪夫的年長女性在盤子上繪製法國國旗及艾菲爾鐵塔，作為那趟與丈夫結婚三十週年特別之旅的紀念物。一名喪母的女兒畫了一座花園，向母親一輩子對於栽種玫瑰與梔子花的熱情致敬；還有一位孫女畫了一盒食譜卡片來紀念祖母的廚藝。一名男子以音符裝飾盤子邊緣，藉此喚起父親的爵士樂手生涯；還有許多人在盤子上繪製名字、生日與忌日、綽號、愛心、蝴蝶以及表達愛與緬懷的內容。此時，屋裡充滿因情緒而顫抖的微笑，以及帶著笑聲的淚水，交織進大家互相分享的話語聲中，訴說著過往更開心的時光，以及對未來的盼望與夢想。整間屋子因為大家盡情投入而充滿生機，一群人為了遺產工作腦力激盪，並向未來世代傳承價值觀與偏好，使空氣中洋溢著活潑的氛圍。對話轉向兒孫為他們生命所帶來的喜悅，並感嘆這項創造反思活動竟然具有如此宣洩淨化的作用。活動中一旦啟動揮灑創意的能量就停不下來，創造力的流動與情緒的釋放驅使參與者繼續為作品多加入一個顏色、字詞、設計或新點子。

完成紀念盤之後，參與者輪流分享自己的藝術創作、今天從團體當中得到的收穫，以及預計如何讓這個承載精神遺產的盤子融入紀念或慶祝的儀式中。會面收尾階段，我們放慢速度銘記這個哀傷支持團體所共享的時光，以及團體成員後續的調適方式。我們也認可大家的勇氣，願意前來參與並發揮創意分享自己哀傷旅程中經驗到的激盪思緒和情感。

許多人表示會面即將結束讓他們感到悲傷，但是很感謝有機會以這種方式探索哀傷，尤其是創造出一份可以帶回家並與他人分享的具體遺產。

最後，給參與者一項回家作業，請他們接下來這週利用時間懷想並歡慶自己的回憶、與逝者共享的時光及留下的印記。這項舉動讓參與者也能看見自己對於逝者生命的影響，以及如何在自己有生之年於家族中延續這份精神遺產。另一項回家作業是將分享盤加熱以固化顏料。為了讓簽字筆顏料固定於盤面，需將盤子放在烘焙紙上，放進烤箱以華氏 150 度或攝氏 55 度烘烤三十分鐘。參與者可以自己在家利用方便的時間完成加熱固化，便可安全地使用盤子。由於剛烤完的盤子非常燙，所以如果與孩子共同進行活動，請確認有家長陪同，或者將烘烤步驟安排於團體會面當中，並預留時間讓盤子冷卻。

總結想法

總結而言，**分享盤**這項活動能夠撐出空間，有助於緬懷與銘記、哀傷支持、遠離限制性情緒、擁抱回憶，以及覺察到自己能夠重新理解與逝者的關係、意義創建與構築希望。一般來說，這項活動的體驗性本質能夠帶給參與者與領導人深刻的宣洩效果。奇妙的是參與者即使身處哀傷之中，仍然提到他們獲得方向與力量的感受，由此帶來能量的更新。而且隨著大家在治療室裡分享故事，氛圍轉為歡慶、修復以及對未來的正向期待，這股能量也在空間中迴盪不已。

參考文獻

Neimeyer, R. A. (Ed.). (2012). *Techniques of grief therapy: Creative practices for counseling the bereaved.* New York: Routledge.

Thompson, B. E., & Neimeyer, R. A. (Eds.). (2014). *Grief and the expressive arts: Practices for creating meaning.* New York: Routledge.

White, M. (2005). *Workshop Notes.* Retrieved from http://dulwichcentre.com.au/wp-content/uploads/2014/01/michael-white-workshop-notes.pdf

Wolfelt, A. (2004). *The understanding your grief support group guide.* Fort Collins, CO: Companion Press.

52

人生所學
Kenneth J. Doka

適合此技術的個案

　　生命史寫滿人際衝突或疏離關係之人，可以在將死之際，藉由回望自己的生命，反思、闡述甚至向他人分享人生中學到的重要教訓而從中獲益，然而，這項特殊形式的生命回顧技術不適合無法自我反思者、高度自戀者，或者容易將自己的行為與限制全部怪罪於他人者。

技術說明

　　長久以來人們認知到，臨終或衰老之人的一項靈性需求在於找到生命中的某種意義感（Erikson, 1963; Doka, 1988），這項認知使 Butler（1963）指出生命回顧是老化歷程中不可分割的一部分。儘管這點毋庸置疑，然而，與其說這是衰老的一個面向，不如說生命回顧的重點更在於個體意識到自己的生命即將終結——不論是因為老化或者縮短壽命的疾病。筆者於 1980 年代早期發表的研究顯示，即使是感染 HIV 的孩子的養父母——面對這些大多三歲前就會夭折的孩子——多半仍會試著在孩子往往痛苦又短暫的生命中找到某種價值。因此，懷舊療法（reminiscence therapy）與生命回顧療法長期以來都是協助面臨

死亡之人的工具（Magee, 2011）。事實上，生命回顧歷程如今已成為多項眾所周知的治療取向的核心，包含尊嚴療法（Chochinov, 2012）、生前悼文（living eulogies）與精神／道德遺囑（moral/ethical wills）（Baines, 2002）。

然而，對於以自毀方式度過一生，生命充滿問題與疏離關係之人，回顧生命可能也難以找到太多意義。事實上，此種回顧想來會很痛苦——提醒他們自己的人生荒腔走板，以及對於別人的生命造成的破壞。此時，**人生所學**這項技巧就是一項有用的替代做法，讓案主以正向的方式反思他們的經驗——不論再負面的經驗——所教會他們的事情，而且這項技術能讓他們留下一份或許可為身邊之人帶來正面影響的遺產。

採用**人生所學**這項技術之前，應該先評估案主的生命經驗是否以大量衝突且疏離的關係為主軸，因此不適合採用傳統的生命回顧策略，包含生前悼文或尊嚴療法。此外，在評估時應確認案主有能力自我反思，而且自己願意為生命中所做的選擇至少擔負部分責任。評估時，一個有益卻非必要的環節是具體指出一位或多位可能因為聽見案主的人生所學而有所收穫的人。對某些個案而言，這可能是案主如今已經疏遠的兒女或家庭成員；如果沒有具體領受者，也可以當作是「像案主一樣的個體」或「似乎正步上案主後塵的後輩」。

完成評估後，諮商師應指出，不論案主的生命曾經造成多少傷害，可能都教會案主很多事情，接著可以詢問案主，是否能依據自身經驗所得的教訓給後輩一些建言。這位後輩可能當時與案主有或沒有關係，甚至從未建立任何關係。給予建言的方式可以透過信件、錄影或錄音——任何能夠讓案主將建議留存下來的形式皆可。接著諮商師以慎思的態度聆聽——有時停下來回應案主的人生所學——包含釐清或肯定建議內容。會面尾聲，案主與諮商師應討論哪些人可以取得這份文件，以及要以何種方式分享。最後，諮商師感謝案主的參與，肯定對方分享的內容非常重要——特別表達這份文件是重要遺產，既不可或缺並且有著真正能幫助到他人的潛力。

個案實例

　　Doug 三十五歲，男性，罹患急性肝衰竭來日無多——這項疾病導因於他大半輩子濫用酒精與毒品，更因慢性肝炎與感染人類免疫缺乏病毒（HIV）雪上加霜。他成長於一個來自美國東部阿帕拉契山區（Appalachian）的白人家庭，在底特律最殘破不堪的貧民窟裡由母親獨力撫養長大，然而母親長期酒精成癮。有學習障礙的他在學校經常被嘲笑霸凌。十歲時，哥哥帶他初次體驗大麻——開啟他後來一輩子毒品與酒精濫用的模式。

　　十六歲那年，終於等到可以輟學的時候，Doug 立刻輟學，基本上都靠不正當的手段營生——扒竊、販毒，以及做同性男妓，還有一大串「旁門左道」沒有技術可言的小差事。Doug 界定自己為異性戀者，也曾與數名女性發展出關係——他認為就是其中一位使他感染 HIV。事實上，就是因為這名同為靜脈注射毒品使用者的女子告訴 Doug，她的病毒檢驗為陽性，Doug 才發現自己也被感染。他與另一位女性有一個孩子——但是對方發現 Doug 在一番承諾與機構戒毒後又重染毒癮，從此便與他斷絕往來。Doug 從未見過自己的孩子，也不知道孩子與母親住在哪裡，甚至連孩子的性別都不清楚。他因為肝病住院時，孩子應該十四歲了。

　　由於 Doug 意志消沉，我被找來協助正在輔導 Doug 的醫院牧師。Doug 曾經表示他「希望自己從來沒被生下來」，「是場徹頭徹尾的失敗」以及「這輩子一事無成——只是毀了一堆人的人生」。牧師試著採用尊嚴療法——這是他接受過相關訓練的模式——但是 Doug 很抗拒，後來又嘗試生命回顧甚至懷舊取向的做法，同樣無功而返。如同 Doug

所言,「我就沒啥值得紀念的事情」。

　　牧師在諮詢我之後向 Doug 指出,儘管他的人生備嘗艱辛,然而他或許也從自己的錯誤中學到許多。Doug 同意——表示他希望「人生能夠重來」。牧師表示如果真能重來確實很棒,但或許藉由分享自己學到的教訓,也可以幫助到其他人。Doug 對於這項可能性頗有興趣,經過與牧師進一步探索,決定要錄下自己的所見所感。

　　由於 Doug 的疾病已經進展到非常容易疲憊的階段,而分享的主題又很折磨人,我們花了數天才錄完 Doug 所回顧的一系列教訓。有些顯而易見,例如完成學業與避開毒品及酒精的重要性;但也有些收穫展現更深刻的洞見,例如 Doug 談到一個人需要找到正向的角色楷模(並且回想自己曾經試圖以老師、學校輔導員以及輔導弱勢青年的大哥計畫〔Big Brother program〕當中的成員為楷模時,如何遭到拒絕),他也談到自己如何以比較正向的方式駕馭他所面對的挑戰,例如學習障礙。錄製完成之後,Doug 看起來輕鬆許多,他表示希望將這段錄音分享給一位他少有聯絡的外甥,以及自己的孩子,如果牧師能成功聯繫到對方的話。他也給予牧師自由運用這段音檔的權限,可以分享給任何可能從中得到幫助的人。Doug 聆聽錄音,覺得心滿意足——將其描述為「簡直像重新來過一樣好」,要求牧師好好善用於「走上歪路」的其他人身上。錄音完成後不到兩週,Doug 陷入昏迷,幾天後離開人世,下葬於公墓。

　　牧師後來成功找到 Doug 的哥哥與外甥——兩人對於這項遺產都表達感激,然而似乎沒有人知道 Doug 女友與孩子的下落。

總結想法

人生所學這項技術雖然很少派上用場，卻提供一項替代做法，取代尊嚴療法以及其他生命回顧或懷舊取向的做法，因為畢竟這些療法都預設案主至少有某些正向生命經驗可以作為參考點。由於社會上確實有部分群體可能少有上述經驗，因此這項技術便可當作一項額外的有用工具，幫助這些人在比較艱辛的生命經驗中找到價值與意義。毫無疑問，這項技術經過修改後也能用於協助喪親者，讓他們為那些生前以自毀方式度日或遭受負面生命經驗的逝者，找尋意義。

參考文獻

Baines, B. K. (2002). *Ethical wills: Putting your values on paper*. Cambridge, MA: Perseus Books.

Butler, R. (1963). The life review: An interpretation of reminiscence in the aged. *Psychiatry, 26*, 65–76.

Chochinov, H. M. (2012). *Dignity therapy: Final words for final days*. New York: Oxford University Press.

Doka, K. (1988). The awareness of mortality in mid-life: Implications for later life. *Gerontology Review, 1*, 19–28.

Erikson, E. (1963). *Childhood and society*. New York: MacMillan.

Magee, J. (2011). *Paradox for life review: A guide for enhancing older adults' self-esteem*. Plymouth, UK: Jason Aronson.

PART 13
重說失落故事

53

哀傷對話
Elizabeth Coplan

適合此技術的個案

　　苦於哀傷的成年人如果能與同理又慈憫的傾聽者連結，將能藉由觀賞以哀傷與失落為主題的現場戲劇演出或短片而獲得效益。這項哀傷治療方法可以一對一進行，或者安排在團體情境或教室內。然而，如果無法確保案主身邊有關懷且細膩的傾聽者，或者其創傷性或近期失落需要高度量身打造的個人或家庭中心取向的介入模式，則比較不適合採用這項技術。

技術說明

　　運用劇場可以開啟關於失落經驗的對話，並提供一項有效的練習給學生或正在哀悼的案主。這項技術邀請參與者體驗關於死亡與哀傷的重大情緒、認知與生理轉換，並且證明接觸現場經驗，例如觀賞劇作，可以促發所謂情感的體感經驗（affective embodied experience），即感官、動作、情緒與畫面（Stanley, 2016, pp. 1-3）。這項練習能喚起幽微的感受，並提供機會直面往往與死亡相連的恐懼。

　　觀看一場十分鐘的劇作、一支短片，或一段較長影片的節錄，再加上觀看

後的問題與討論，可以為哀悼者或學生召喚進入與穿越自己恐懼的機會，回想起與哀傷相關的特定情緒、故事與個人意義。引導人藉由與案主或學生一起觀賞演出，創造一個安全的環境，以開放與同理的態度肯認他們的經驗。

哀傷對話是我們發展出來的獨特體驗性技術，其中所運用的劇作讓人親眼看見演員於特定情境中賦予角色生命，藉此讓觀眾能夠主動積極地穿越自己的恐懼。一般來說，透過演員的手勢、語調與表情，案主能與特定角色的經驗連結。演員通常會運用「方法派演技」（method acting），以一種「宛若」（as if）的方式貼近角色。人稱「美國『方法派演技』之父」（Gussow, 1982）的 Lee Strasberg 就希望演員利用自己的生活經驗更接近角色的經驗。延續這點，我們的技術也讓觀眾更接近角色的經驗。此外，這項練習中提出的問題也讓案主或學生能夠不僅憑藉直覺，甚至透過反思來表述自己的答案。有了這些對於死亡與哀傷的新見解，案主或學生就能定位自己的所在之處，開始經歷療癒的過程。當我們擁有對於情緒的覺察，就可以藉由畫面與反思，引導自己內在未解決的經驗從未知走向認識（Stanley, 2016, p. 193）。

運用這項技術時，我們偏好現場演出甚過播放影片，不過本章描述的**哀傷對話**計畫中的作品確實有幾齣不論以劇場或影片形式呈現皆可。劇場演出的關鍵特點在於其生動感。在一篇標題為「觀賞劇場演出如何有益心智」的文章中，心理學家 Glenn D. Wilson 博士解釋，「演出者與觀眾之間會形成一種連結，且研究顯示，唯有當觀者與演出者在同一個空間當中，才會產生短暫而魔法般的時刻」（Butler et al., 2014）。這項想法亦獲得研究支持，阿肯色大學（University of Arkansas）教育學系研究學生觀賞現場演出後所受到的影響，發現可見的情緒效益包含理解與同理他人感受及提升反應的能力，而這些效果在只有讀劇本或觀看改編電影的控制組學生身上則較不明顯。

哀傷對話計畫於兩年期間向當代劇作家邀稿，以精選出各式各樣死亡、臨終與哀傷的故事。所有劇本都送交諮詢委員會評審，該委員會由十五位各學科的專業人士組成，包含醫學、心理學、臨終關懷、劇場、行銷、視覺藝術、音

樂、流行文化、教育與社會工作，以及近期遭遇失落者。評審團共有十二名女性與三名男性，從 118 份準決選稿件中選出如表 53.1 當中的劇作，最終選擇係基於作品的特定主題、原創性、角色發展、對話、盡可能不依賴道具或布景，以及如何符合**哀傷對話**的願景：創造一個有慈憫心的環境，讓參與者在此分享關於自己死亡與哀傷的故事，同時幫助自我與他人。依據決選結果建構的資料庫包含十二支十分鐘的劇作（類似短片），可以在治療、教育或其他團體情境中演出。資料庫清單每半年更新一次，接受並可能納入新的投稿作品，有興趣更完整認識這項計畫的讀者，歡迎造訪 www.griefdialogues.com。

要製作其中一部或幾部劇作最簡便的方式就是聯繫當地大學或學院的戲劇系，向他們徵求演員與導演。依據我們的經驗，學生都很樂意接受演出機會。此外，建議製作人給予演員費用補助，補償他們付出的時間（至少包含一次排演與實際演出）。

表 53.1 哀傷對話資料庫中的劇作範例

劇作	角色	演員	主題	簡述
〈死亡心聲〉（Dead Giveaway）	一男／一女	不限年齡	臨終規劃	關於未雨綢繆的幽默作品。丈夫買了一個墓位給妻子，作為情人節驚喜，但是如果他比較早死，妻子就要再嫁。
〈狗狗夢〉（Dog Dreams）	二男，或一男／一女	不限年齡，不限異性戀或同性戀	迴避會想起對方的事物	一對伴侶，一個睡不著，一個已去世。逝者要求「帶狗去當初發現我屍體的那個公園」。

〈繞回原點〉（Full Circle）	二男／一女	年輕與年長	任父親死去	冷酷無情的父親二十五年來第一次獲得兒子前來探望——只是想親眼看著父親死去。
〈安寧療護：一段愛的故事〉（Hospice: A Love Story）	二女	不限年齡	我們偏誤的記憶與童年犯下的錯	以黑色喜劇的視角，看兩姊妹在母親死後隔天，對於母親的照護與臨終喚起截然不同的記憶。
〈洛杉磯上午八點〉（LA 8AM）〔亦有短片版〕	一男／一女，或二人不限性別	年輕	死亡將臨	一對年輕情侶為了小事爭執，不知道其中一人即將離世。兩個未來存有為他們的生命倒數。
〈生命線〉（Life Lines）	二男／一女	一個年輕／兩個年長	渴求、矛盾	一名母親閱讀死去兒子的日記，心裡百般折磨。
〈最後一夜〉（The Last Night）	二女	年輕與年長	猶太人／鬼魂	孕婦已故的母親前來造訪，兩人討論光明節（Hanukkah）禮物的重要性。
〈編號〉（The Number）	一男／一女	年輕	猶太人／大屠殺	兄妹倆準備與身為大屠殺倖存者的祖母道別。

　　為具體呈現**哀傷對話**中的劇本，以下節錄〈生命線〉這部作品，作者為 Donna Hoke。〈生命線〉圍繞著一位母親的喪子之慟，她在劇中整理英年早逝的兒子的遺物。母親發現兒子生前的日記，對於自己是否有權閱讀感到天人交戰。劇情在一個有壁爐的客廳裡展開，劇中角色有 Andrew（大學生年紀就過世的兒子）、Lily（Andrew 的母親）與 Mac（Andrew 的父親，也是 Lily 的丈夫）。開場時，Lily 正在把東西從箱子裡一樣一樣拿出來，有幾個 CD 盒、一

台掌上遊戲機、一個棒球帽、幾本書，還有幾本空白筆記本，她慢條斯理瀏覽這些東西，輪流將每一樣物品拿在手中，淚水漸漸上湧。Mac 走進來，Lily 無助地看著他。日前 Andrew 的女友把這些留在她公寓裡的東西送來，Lily 剛剛發現其中有兒子的日記。她想讀，但是 Mac 將日記從她手中拿走，放到客廳另一邊的桌上。Mac 離開。Lily 走過去拿起日記，開始翻閱，此時，她死去的兒子開始對她說話。

劇本節錄

Lily：你的最後一通留言，還記得說了什麼？

Andrew：「期末考輕鬆過關！要回家了。等我回去再一起去買樹！」

Lily：「真想念你們！」

Andrew：真想念你們！

Lily：我們後來沒有買樹，因為你也沒有——

Andrew：你們今年應該弄一棵樹。

Lily：我不知道，今年我也不會寄卡片。去年更是一切都措手不及，我覺得。

Andrew：但妳好喜歡樹，而且樹就可以擋住牆上嘔吐物的痕跡。

Lily：我不在意那塊痕跡。

Andrew：妳還記得我小時候，妳都會在樹裡藏一個特別的禮物讓我去找嗎？

Lily：那是聖誕老人藏的。

Andrew：我四歲起就不相信有聖誕老人了。

Lily：四歲！怎麼可能！

Andrew：我半夜起來尿尿，看到爸在組裝我的腳踏車，然後妳在吃聖誕老人的餅乾。

Lily：你從來沒跟我說過！這麼多年來。

Andrew：一開始我怕如果說了，就拿不到禮物了。（停頓）後來，我知道這樣

　　　　會讓妳開心，我想為了妳保留這份假象。

Lily：我想要更多，想得都痛了。

Andrew：那本日記沒辦法給妳更多，媽。大學生很蠢的。

Lily：你的聲音，讀那些一行一行的文字，我就可以在腦海裡聽見你的聲音，那就會是更多。

Andrew：但是妳沒辦法選擇會聽到什麼。

Lily：你日記裡還能說出什麼更嚴重的事情？！

Andrew 沉默不語。

給觀者的引導問題

　　看完劇作或電影之後，向觀眾提出以下問題。這些問題除了在個別會面中非常有效，也很適合團體或課堂情境。若在團體或課堂中，可以將參與者分成若干小組，在組內討論完答案之後，再回到大團體讓成員分享自己的想法與點子。你知道自己才是最了解案主與學生的人，因此不妨自由加入其他你想到的問題。

1. 這齣作品如何牽動你自己的失落經驗？
2. 劇中角色的心裡盤據了哪些想法？他們會自我質疑嗎？對於他們的動機你會感到疑惑嗎？
3. 你認為劇中角色在處理他們未解決的經驗時，需要何種支持？
4. 劇情是否以健康的方式收場？如果不是，你會想像什麼樣的不同結局？
5. 你與這些角色處理失落的方式有何異同？

　　這些是一般性問題，能用於任何一齣**哀傷對話**中的劇作，而每齣劇也各自有搭配的問題。舉例來說，另一齣劇〈死亡心聲〉所設計的問題包括：「你覺得這對夫妻的關係是否會因為這段經驗而成長？為什麼會？或為什麼不會？」、「你覺得這齣作品是否有讓人意識到死亡這個議題，或者從一開始就

是個胡鬧的想法？」，以及「你是否有規劃自己死後遺體要如何處理？或者是否有任何特別的臨終願望？」

如果演員願意在演出結束後加入討論，可以考慮安排一場與觀眾的互動式會面，向演員提出以下問題的其中幾個：

1. 你是否曾親身經歷過哀傷？
2. 你的個人經驗是否影響你扮演自己的角色？如果有，是如何影響？
3. 你在排演與實際演出這些作品時，出現哪些感受？
4. 如果能以一種對你來說有意思的方式即興發展情節或重寫劇本，你可能會如何發揮？

最後，在偏向校園學術的情境中，授課者可能還會提出更廣泛的態度性、社會性或歷史性問題讓學習者反思與討論，例如「你是否同意應該透過討論、聚會、創新做法或學術獎勵，以打破圍繞著死亡卻閉口不談的文化？為何同意？或為何不同意？」或者「你是否感覺不同世代之間對於死亡的認知已發生轉變？」，以及「你認為人們對於死亡的觀點在哪些方面呈現不同面貌？」、「是否有文化或社經背景的差異？」這類問題有助於從批判性分析思考銜接至更為個人化的意義，尤其如果後者正是該教育場合運用劇作所欲達成的目標。

個案實例

十歲的 Monica 喪母後，父親叫她再也不要提到媽媽。儘管帶走母親的是癌症，然而在父親眼中，死亡代表失敗：醫療專業社群的失敗，以及他自己無能保全太太的失敗。Monica 與父親幾年來同住在一間美麗的屋子裡，但是兩人除了上學上班之外幾乎足不出戶，他們活得像是被恐懼癱瘓般，Monica 的身體也不再長高發育。

三年後，Monica 的父親因為再也無法負荷哀傷，結束了自己的生

命。Monica 的世界天崩地裂，但是十三歲的她已經學會不哭，也不要表現情緒，她唯一的情緒只有對於死亡的極度恐懼。搬去與作為監護人的阿姨同住之後，她開始接受心理治療。傳統的談話治療確實能夠讓 Monica 平靜下來，但是直到她在死者之日的紀念活動上看了〈生命線〉這齣劇，她才開始表達自己真正的哀傷。

劇作觸動了 Monica，她在知覺、認知與情緒上都體驗到對於母親這個角色的感受。一開始，Monica 出現情緒反應；接著，透過與治療師合作，她能夠反思並解決問題；最後，她能夠展現對於母親角色的同情共感。〈生命線〉讓 Monica 離開自己原本的位置，從不同角度看待自己的處境。一扇門為她敞開了，讓她擁有出口可以更細節談論雙親的死與哀傷的生理影響，心情也隨之轉變。

總結想法

同理心在西方文化中是一個相對新的概念，事實上，「同理心」（empathy，或譯為「共情」）一詞——來自德文 Einfühlung[1]——才出現大約一個世紀。然而長久以來，人們對於運用感受讓自己進入（feeling our way into）他人生命的這項作為所具有的道德意涵，始終興味盎然。Paul Bloom 曾在《紐約客雜誌》（*The New Yorker*）中寫道，亞當・史密斯（Adam Smith）在《道德情感論》（*The Theory of Moral Sentiments*）（1759）中指出，人類之所以成為道德的生物，是因為我們具有想像的能力，可以「將自己置入（他者的）情境……某種程度成為與對方同樣的人，藉此形成對於對方感知的部分

---

[1] 譯注：德文 Einfühlung 一詞最早由十九世紀德國哲學家 Robert Vischer（1847～1933）所創，意指「in-feeling」（進入—感受）或「feeling-into」（感受—以進入）。詳見《同理心、情感與互為主體：人類學與心理學的對話》（劉斐玟、朱瑞玲主編，台北市：中央研究院民族學研究所，2014），第 1 頁。

理解」（Bloom, 2013）。

談到臨終、死亡與哀傷時，Bloom 表示「需要一些同頻共感的火花，才能將理解力轉化為行動」（Bloom, 2013）。藉由將**哀傷對話**的劇作觀賞整合進練習當中，臨床工作者創造出一個同理的空間，讓案主或學生不僅在劇中看見也聽到臨終、死亡與哀傷的面向，同時感受劇中情境並在其中看到自己。這項同理取向的做法從臨床工作者自身的內在世界出發，進而讓這位助人工作者能夠真正認識並陪伴他人走過不斷變動卻又具療癒性的失落、椎心、悲傷、痛苦、渴求與喜悅的經驗（Stanley, 2016, p. 193）。

某些情況下，探索這些畫面可能言之過早，或者失落的回憶可能太過鮮明。很多時候，案主可能動彈不得或卡住，而運用劇場探索是一種不具威脅性的方式，提供讓案主或學生自由表達的機會。

Barbara Thompson 與 Robert Neimeyer 在《哀傷與表達性藝術（暫譯）》（*Grief and the Expressive Arts*）（2014）一書中探討營造此種安全環境的需求，以促發情緒共鳴的反思與失落經驗的整合。運用**哀傷對話**技術幫助案主與自己的失落知覺拉開一些距離，有助於讓他們認清失落的無可避免與痛苦，透過虛構角色的觀點修訂自己原本對於臨終與死亡的預設，重建可能已經失落的關係，並藉由嘗試新的角色與身分認同，能夠承認自己的恐懼、失落、與他人的連結以及生之意志，由此重新決定自己是誰。

藉由現場的戲劇演出創造安全環境是這項技術的要點，然而治療師不需具備表演藝術相關經驗，選擇這些劇作正是因為它們單純易懂。引導者應該至少參與一場排演，確保自己對於此種藝術形式感到自在（Rogers, 2007）。另一項與案主或學生工作的重點是理解人際連結與社群之感，因為正是透過此種感受我們才會形成對於個體身處脈絡之中的尊重，而這也是建構主義療法的核心（Stanley, 2016）。哀傷對話計畫目前提供特別為健康照護專業工作者所撰寫及製作的作品，讀者如果希望更認識哀傷對話健康照護教育，歡迎前往網頁連結 https://www.griefdialogues.com/grief-education/。

參考文獻

Bloom, P. (2013, May 20). Baby in the well. *The New Yorker*. Retrieved from www.newyorker.com/magazine/2013/05/20/the-baby-in-the-well

Butler, R. A. et al. (2014). How can watching theatre benefit the mind. *Erickson Living*. Retrieved from www.ericksonliving.com/articles/2014/12/how-can-watching-theater-benefit-mind

Gussow, M. (1982, February 18). Lee Strasberg of Actors Studio dead. *The New York Times*. Retrieved from www.nytimes.com/1982/02/18/obituaries/lee-strasberg-of-actors-studio-dead.html

Rogers, J. E. (Ed.). (2007). *The art of grief: The use of expressive arts in a grief support group*. New York and London: Routledge.

Stanley, S. (2016). *Relational and body-centered practices for healing trauma: Lifting the burdens of the past*. New York: Routledge.

Thompson, B. E., & Neimeyer, R. A. (Eds.). (2014). *Grief and the expressive arts: Practices for creating meaning*. New York: Routledge.

54
回應式寫作對話
Katarzyna Małecka and Janie Taylor

適合此技術的個案

　　這項技術讓案主對已發表的哀傷回憶錄（grief memoir）書寫反思，最適合經常能透過文學與書寫在生活其他面向上找到超越失落本身意義的哀傷案主。此技術也可以作為心理學課程中的教學輔助工具，或者提供給當下沒有在為某事哀傷，但是願意為將至或未來失落預做準備的案主。然而，這項技術不適合作為與遭遇嚴重創傷的哀悼者工作時單獨採用的介入模式，對於這類案主而言，閱讀或思考死亡之必然性以及他人的失落，可能觸發強烈的情緒反應，或讓他們難以招架。

技術說明

　　在學術與文學傳統的寬廣脈絡下，文本會互相對話。1960 年代，文學研究領域創造出互文性（intertextuality）一詞，坦率承認沒有任何文本是由單一作者所創作的獨立自主產物。文學界當中，詩人艾略特（T.S. Eliot）所著之《普魯弗洛克的情歌》（*The Love Song of J. Alfred Prufrock*）與《荒原》（*The Waste Land*），即體現了既有文本可以如何形成意味深長且（自我）反思的獨

特作品。以本書而言，各章內引用的文獻清單更清楚表明，前人的想法是如何啟發、鞏固並深化哀傷研究與心理治療實務。

這項技術即進入與其他文本的對話，是撰寫**哀傷回憶錄**時重要的文學手法，過去二十年來，哀傷回憶錄持續鞏固自己的地位，成為一種特殊的文體。廣義而言，哀傷回憶錄是一種除了自我反思外，很大程度也自我療癒的敘事，不僅記錄哀傷歷程，也讓作者能夠找到失落的意義，將其整合進更大的生命故事中。哀傷回憶錄就如同個別的哀傷經驗，每一部皆不相同，然而仍會浮現固定的模式，其中一種就是藉由認同其他寫作者，將自己的情緒置於更寬廣的知識與同理的脈絡中。例如作家 Joan Didion 在詩、散文與臨床文獻中尋求對於自己哀傷的慰藉與理解（Didion, 2006, pp. 44-52），與她取徑相似的寫作者比比皆是。

本章介紹的回應式寫作技術，就是啟發自哀傷回憶錄作者與其他文本對話的做法，此種投入對話的回應式寫作不僅能當作哀傷個案閱讀治療（bibliotherapy）的一部分，也可以是心理學課程中的教學輔助工具。以下藉由一場學生與導師之間的對談具體說明這項技術，該對談來自以失落與哀傷心理為主題的大學課程，包含針對哀傷回憶錄的演講及課後作業，對談內容經過編修整理。這項練習的重點在於運用心理學教科書之外的文本，目的是讓當時正在經歷哀傷的許多學生，以及當下不在哀傷歷程中，甚至從未真正經歷哀傷的學生轉換觀點，同時擴展並深化對於失落與哀傷的思考。對於哀傷回憶錄的作者來說，與其他作者對話可以滿足以下三項主要功能：(1) 幫作者找到文字表達失落過後經常難以言表的情緒；(2) 提供無條件支持與理解的來源（畢竟再怎樣充滿關愛的家人也難免失去耐心或疲乏，但是文本不會）；(3) 促進自我反思，幫助案主在失落過後的生命中處理哀傷，並且練習覺察死亡的必然性。這些功能的適用對象不只有正在經歷哀傷的案主，也包含其他願意以回憶錄為未來的失落預做準備的讀者。

激發反思性對話的具體做法相當單純，但是需要教師或臨床工作者預先思

考準備，設計幾個可作為活動架構的問題，促進參與者深入閱讀由導師提供的一部或多部哀傷回憶錄，閱讀完整作品或者節錄皆可。接著由學生或案主寫下對於各篇章的回應，由此開啟雙方認真思考的交流。一開始提出的問題可以是面向團體的普遍性問題，也可能是個別治療或獨立研究中針對特定對象的經驗量身設計的問題。以下個案實例呈現回應式寫作應用於大學課堂的過程。

個案實例

學期進行到一半時，本文第一作者／授課者（Katarzyna Małecka）為一整班的大學生帶來三小時的演講，探討哀傷回憶錄對於寫作者與讀者雙方皆具有的潛在療癒力。與此單元搭配的非強制作業共收到十份回應，其中本文第二作者（Janie Taylor）的思考脫穎而出，原因有二：(1) 作為助理護士，她的工作任務包含患者的衛生、營養以及死後遺體的保存，而她也正在申請以老年學（gerontology）為研究重點的臨床心理學研究所；(2) Janie 字斟句酌的深刻思考自然引發授課者進一步回應，由此啟發了一段自然開展且饒富意義的電子郵件對話。以下收錄對話的幾個段落，以呈現哀傷敘事對於學生或案主以及導師來說，都可以是容易取得且別具效果的靈感來源，激發對於死亡必然性與哀傷需要認可的反思。以下個案班級在聆聽哀傷回憶錄的演講前，已經探索過幾種討論哀傷的藝術創作類型（電影、詩與回憶錄），這些作品也引述於對話當中。三個問題則是上述課後作業的一部分。

問題一：在《奇想之年》（*The Year of Magical Thinking*）一書中，Joan Didion 探究以喪慟為主題的文學素材、音樂與臨床文本，試圖理解自己在痛失丈夫之後的感受。「有些日子我依靠奧登（W. H. Auden）的

詩〈喪禮藍調〉（Funeral Blues）」，Didion 回憶道。電影《妳是我今生的新娘》（Four Weddings and a Funeral）（1994）中，Matthew 在伴侶 Gareth 的喪禮上也引用奧登的〈喪禮藍調〉來表達他的哀傷，因為正如他所言，自己已經詞窮。你是否能想到哪一首歌曲、詩作或佳句，曾在你面對哀傷或其他艱難的情緒或事件時帶來幫助？該作品是否有幫助你表達自己的情緒？或者幫助你退一步看自己的經歷？如果有，它是如何帶來幫助？

Janie Taylor（下稱 JT）：有句話向來對我很有幫助：「生之中有死，死之中有生。」我不清楚這句話的出處，但是長久以來銘記在心。我沒有太多為了親近之人死亡而哀傷的個人經驗，然而這句話仍然帶來安慰。儘管死亡這件事本質上包含諸多變化因素——時間、地點、如何死去——但不論如何，我們知道它終究會發生。死亡窮追不捨：我們活著的當下就正在死去；死亡就在生命之中。知道這點，我就不會害怕自己或親近之人的死亡，我知道他們的死會帶給我悲苦與哀傷，然而我不會逃避他們終將一死的事實。以上是這句話就事論事的角度，有助於我回應死亡時邏輯思考的部分，而這句話的後半，我覺得比較有助於情緒與意義創建的部分。死之中有生，這與一般認為經歷死亡事件後會有的感覺相反，因為不是所有東西都會隨著逝者死去。他們的回憶還活著；他們的習慣、喜好與厭惡之事也都活在生者心中。可以說他們持續活在我們與他們仍然擁有的連結，以及在生者彼此之間的連結中。要意識到這點，就必須重新建構我們對於已故心愛之人的意義與理解。有時我會擴大這句話的含義，認為它也表達能量重新配置的

概念。能量從未新生或消滅——而是轉移。我們仍然可以發現死者的能量以其他形式出現，代表他們並沒有完全死去。這種想法讓我在情緒上做好準備以因應心愛之人的死亡。

Katarzyna Małecka（下稱 KM）：生與死相互依存，它們同時存在，而非接續出現。你所引用的句子確實沒有單一出處。多年來，我看見這個句子變換說法出現在各式各樣的書寫（如惠特曼〔Walt Whitman〕[2]、里爾克〔Rainer Maria Rilke〕[3]、貝克特〔Samuel Beckett〕[4]的作品）以及墓碑上。經驗主義之父培根（Francis Bacon）曾於〈論死亡〉一文中表示：「我經常想到死亡，發現它在眾惡之中最是輕微。生命泰半在我們發現之時就已經死去；人人都會經歷的時時刻刻，從我們依偎在母親的胸脯，直到回歸大地之母的懷抱為止，點點滴滴都是正在死亡的時光……所有悲傷、心痛、疾病、災難或可能降臨在人生命中的一切……我們都不陌生，分分秒秒都承受著；因此我們日日都在死亡，從我開始確認這項事實的那一刻到現在，我已經又老了一些」（Bacon, 1625/1850, p. 334）。妳對人之必死的意識正好呼應並延續這段哲學論述，證明有些想法是我們與生俱來的，而且可以藉由各種方式表達，才能不那麼焦慮地完全理解如妳剛剛所說，對於死之必然性就事論事的態度。我想，妳選擇在生命中看見死亡的這種方式通常比較難被人們接受。一旦我們嘗過生命的滋味，特別是美好安

---

2 譯注：Walt Whitman（1819～1892），美國詩人，代表作為詩集《草葉集》（*Leaves of Grass*）。
3 譯注：Rainer Maria Rilke（1875～1926），德語詩人，著有《給青年詩人的信》（*Briefe an einen jungen Dichter*）、《時間之書》（*Das Stunden-Buch*）、《給奧菲厄斯十四行》（*Die Sonette an Orpheus*）等。
4 譯注：Samuel Beckett（1906～1989），愛爾蘭作家，以荒謬劇《等待果陀》享譽全球，1969 年獲諾貝爾文學獎。

寧的生命，就很難放手。練習對死亡必然性的意識，至少一段時間練習一下，是為哀傷預做準備的一種方法。我自己練習的方式是閱讀並分析討論死亡必然性與哀傷的文學，這不僅是一項學術上的選擇，也成為我因應生命中的失落所必須做的事。以哀傷為主題的文本讓我檢驗，而且經常是每一天都檢驗，我對於我們需要死亡在生命中才能以不同觀點看見生命的這項信念。在這點上，死亡從未讓我失望。儘管消化心愛之人的死無比艱難，然而我生命中一些最具創造力的蛻變經驗卻正是來自這些死亡。

「能量從未新生或消滅──而是轉移。我們仍然可以發現死者的能量以其他形式出現，代表他們並沒有完全死去。」類似想法也出現在美國詩人弗萊（Mary Elizabeth Frye）的作品〈別在我墳前哭泣〉（Do Not Stand at My Grave and Weep）中，這首撫慰人心的哀歌（elegy）看見死者是吹拂的風、「銀閃閃的雪」、「遍照熟穗的陽光」、「溫柔的秋雨」（Frye, 1932, lines 3-6）。我深有共鳴的想法是即使我們的心愛之人先一步離去，他們仍然活在我們部分的旅程當中。近年來，當代哀傷工作取向大量運用這項概念，讓哀傷者意識到持續擁有與逝者的連結很正常。對我來說更深具意義的是，早在心理學如此提倡之前，莎士比亞（William Shakespeare）、惠特曼、華茲華斯（William Wordsworth）[5]與狄金森（Emily Dickinson）[6]等作家就已經創作出他們自己的持續性連結理論。

JT：「我們需要死亡在生命中才能以不同觀點看見生命。在這點上，

---

5 譯注：William Wordsworth（1770～1850），英國著名浪漫主義詩人。
6 譯注：Emily Dickinson（1830～1886），美國最具代表性的女性詩人之一。

死亡從未讓我失望。」從妳這段敘述中我理解到的是，死亡可以是一種學習經驗，幫助我們準備好面對自己終將來臨的死亡。由於我自己還沒有親身經歷過重大失落，我的預設是建立在相信幾乎任何事件某方面來說都可以被視為學習，並相信這種想法對我們有益。透過真正直視我們終將一死——化去表層的糖衣、套語與避諱說詞，真真正正理解到我們都會死，我覺得我們將能活得更好。知道每一次呼吸都更接近自己的最後一口氣，可以讓我們更享受每一次吸入的甜美氣息，以及與之相伴而來的一切。我認為，面對我們終將一死不只可以幫助我們活得更好，也幫助我們建構與他人之間更好的連結，變得更能體諒，懷著更多敬意與同理心。坦率面對生命的有限性會令人感到謙卑，如果我們都能更常這麼做，將會帶來深遠的影響。這不是說我們必須想著死亡然後乾脆什麼也不做，也不代表我們應該固著於此，不斷反芻。這點與任何事情都一樣，關鍵在於適量，過度攝取或營養不足都不是健康的生活方式。

KM：英國文學理論家 Terry Eagleton 的觀點與妳不謀而合，他說：「接受死亡代表可以活得更豐富。當我們承認人的一生不過暫寓人間，就可以鬆開那隻神經質緊抓生命不放的手，反而更能品味生命。在這種意義下，擁抱死亡正好與病態耽著於死亡相反。如果我們永恆立足在死亡的那一點上，可以想見將更容易寬恕我們的敵人，修復我們的關係⋯⋯正是那份認為將永遠活著的幻覺使我們做不到這些事情。永生不死與不道德是緊密結合的盟友。」（Eagleton, 2004, pp. 210-211）J. K. 羅琳（J. K. Rowling）小說中的佛地魔（Lord Voldemort）便體現了這句話。

問題二：人生走到此處，你的哀傷回憶錄書名是什麼？

JT：就像之前提到，我並沒有或說還沒有太多與哀傷或死亡打交道的經驗。隨著我年歲漸增，我的家人也逐漸變老，我知道他們當中有些人與死亡的距離已經比我所願的更近。如果要為我的哀傷回憶錄想一個書名，我可能會叫它「銀湯匙正開始鏽蝕」（The Silver Spoon is Starting to Rust）。儘管我的生命到目前為止各方面來說並沒有真的「含著銀湯匙」享有特權，但我確實尚未經歷過重大失落，雖然我也知道失落終究會來，不用多久，我將體驗到巨大的失落，也會哀傷。

KM：Janie，妳的書名在好多面向上都別具意義——妳用的許多「s」音有漂亮的「嘶嘶聲」質地，帶來一種不祥的基調。這種堆疊「s」音的做法非常縝密、充滿洞見又情感真摯。書名隱喻與妳自己生命的對應，也讓其他可能面對相似情境的人容易產生共鳴。這個標題甚至充滿韻律感——我大聲讀了兩次——妳有試過把它讀出來嗎？這個看似簡單的書名其實藏了好豐富的內涵。如果我是妳，一定會用這個標題來作詩或寫歌！真是令人驚豔的隱喻思考，謝謝妳。

問題三：想出撰寫哀傷回憶錄的兩項好處。什麼是哀傷回憶錄？

JT：我認為哀傷回憶錄在許多方面都可以帶來巨大效益。一方面來說，它是一種比較有結構的日誌，跟隨一段旅程中哀傷軌跡的進程。我通常把日誌想成是在擁有想法與感受的當下把它們寫下來，但是回憶錄是經過整理而且有方向的反思，是有關我們如何經驗哀傷、哀傷又如何形塑或改變我們，甚至有時是在我們不知不覺當

中。這種比較結構化的自我反思書寫可能引領我們產生對於哀傷的新認識，幫助我們理解哀傷。我認為哀傷回憶錄的另一項效益是它處理非常個人而且通常是傷痛的素材，將這份經驗與他人分享。它成為一個寫作者與讀者共有的平台，從彼此對於不同經驗擁有的共通反應中找到慰藉。哀傷回憶錄拓寬我們的世界，以接納一種向來被社會視為極度個體化的經驗，但那不應該是我們必須靠自己孤單面對的經驗。哀傷回憶錄告訴大家，我們可以哀傷，也可以公開坦露那些赤裸裸情緒的時刻。

*****

思想交流又持續了幾個段落，由更多問題與回答推進，每一次問答都觸動師生兩人，走向更深刻的個人揭露、洞見與反思。在此過程中，Janie 適切地總結：

> 書寫給予我們表達感受的自由，而且不受評判，也幫助我們消化並發現痛苦的多重面向，那是若沒有透過寫作探索就不可能發現的。而閱讀則讓我們能夠在一段距離之外哀悼，知道世界上有其他人也正在經歷哀傷，有時可能用著與我們相同的方式。我認為，當我們向自己坦誠，並向他人敞開，將有助於去除死亡與哀傷的汙名。

Janie 也回顧她作為助理護士的經驗，讚揚一名回憶錄作者決定在喪禮前整理丈夫的遺容：

一開始，這種面對逝者遺體的明確實體感有時就是最難的部分。作為助理護士，我的角色就是在死亡之後馬上清潔遺體，我非常接受這個角色是因為，儘管那只是一具軀體，卻是我患者的軀體，而我在乎我的患者——就這麼簡單。我相信這些經驗特別讓我擁有對於死亡以及自己終將一死的意識與坦然。在一個將死亡深藏於厚被子底下的社會，有時我們必須將那層被子掀開來，直視死亡，而不是等到一切都已經太遲。

總結想法

對於多數人而言，在各種層面否認死亡正是讓哀傷椎心刺骨的原因。在死亡「深藏於厚被子底下」的西方文化中，哀傷回憶錄的日漸興起並非巧合，而是新的趨勢。對於死亡必然性的意識需要以某種方式重新出現在我們的私人與社會生活中，因為這就是生命無法分割的一部分。多數人與死亡最密切的接觸，就發生在自己在乎的對象死去之時，使他們面臨大多並未準備好面對的想法與感受。哀傷就如同幸福與愛，是一種透過與人分享會最有意義的經驗，然而許多西方文化排斥哀悼者，鞏固人們對於人生不過暫訪的否認。

就像許多人會規律運動以求心安，並減緩老化對於身體的衝擊，練習意識到死亡的必然性與身體的限制對我們來說應該同樣重要。一種直視生命終點相對安全的方式就是寫下類似本章描述的文字對話。善加運用以生命終點為主題的出版作品，可以幫助人們表達一開始說不出口的事情。藉由回應文學作品對於死亡必然性的處理，並且針對回應再給出回應，我們投身於一種更聚焦、自我反思性更強也更有效的談話／書寫方式，並將之作為一種學習，甚至是哀傷襲來時的療癒歷程。對於助人工作者，特別是仍在接受訓練的人來說，利用文學作品而非心理學術語所寫成的課本來啟發討論，會是效果良好的泉源，有助

於發展出更有創意的諮商技巧，在更深的層次上與案主連結。

參考文獻

Bacon, F. (1625/1850). An essay on death. In The works of Lord Bacon (Vol. 1). London: Henry G. Bohn. Didion, J. (2006). *The year of magical thinking*. New York: Vintage.

Eagleton, T. (2003). *After theory*. New York: Basic Books.

Frye, M. F. (1932). Do not stand at my grave and weep. In *Family Friend Poems*. Retrieved January 14, 2018, from https://www.familyfriendpoems.com/poem/do-not-stand-by-my-grave-and-weep-bymary-elizabeth-frye

Kristeva, J. (1969/1980). *Desire in language: A semiotic approach to literature and art* (Thomas Gora, Alice Jardine, & Leon S. Roudiez, Trans.) New York: Columbia University Press.

55 書寫療癒
Rhonda Davis

適合此技術的個案

這項充滿彈性的技術能幫助願意書寫自己哀傷歷程並且自我反思的成人。特別能從**書寫療癒**（Writing to Heal）團體中獲益的對象，是傾向避開傳統哀傷支持團體，卻仍希望在支持性社群中參與療癒性練習的喪親者。此種團體的眾多效益之一就是除了性格外向者，也能吸引性格內向之人，因為參與者沒有必須在眾人之前讀出所寫內容的壓力，團體也提供充分空間可以反思自己的哀傷歷程。這項技術不適合用於暴力性死亡之失落初期，此時，經歷創傷的哀悼者需要先穩定危機狀態，才能開始反思消化。

技術說明

Carol Henderson 在《相伴前行：十三名喪慟母親的寫作之旅（暫譯）》（*Farther Along: The Writing Journey of Thirteen Bereaved Mothers*）中寫道：

> 我的經驗告訴我：人死了，但是關係沒有……。創造一個療癒性空間有助於讓人們踏實地踩在地面，給他們一個由自己文字所搭建的

私密避風港，永遠都能返回，提醒他們即使有時與這些內在資源斷了聯繫，但是他們始終擁有自我與中心。

——Henderson, 2012, pp. 54-55

書寫療癒團體這項技巧的靈感來自 Henderson 與多位喪慟母親共同工作的成果，以及她的作品《相伴前行》。在**書寫療癒**團體中，引導人與參與者創造出神聖的療癒空間，透過創意寫作練習促成個人與集體的療癒。引導人運用來自文學、詩詞、歌曲或藝術的寫作提示，讓喪親案主展開深度療癒的創意寫作歷程，同時也會邀請團隊成員讀出他們針對創意提示所書寫的內容，其他參與者則練習尊重聆聽並見證所寫的內容。**書寫療癒**是一個謹慎架構的支持性寫作團體，與傳統哀傷治療團體大相逕庭。

團體引導人必須創造出安全的環境，讓喪親參與者在探尋其哀傷歷程與詩歌或創意寫作提示之間的交集時，能夠慢下來反思自己的內在智慧。團體成員可以選擇朗讀自己所寫的內容，藉此建立彼此間厚實的連結。提供團體指導原則有助於確立團體的期許是希望創造出一個安全空間，透過書寫、朗讀與充滿敬意而不帶評價或批評的聆聽進行自我反思。如果參與者想要分享自己的作品但是情緒過於激動，可以請其他成員代為朗讀；當然，也可以選擇不分享，只是傾聽。團體成員 Linda Miller 因為其哀傷歷程的特性而選擇完全不朗讀，她表示：

> 我無法分享自己寫的內容，但是很感激那些願意分享的夥伴，而且對他們的作品印象深刻。我也很感謝引導人明確說明分享或不分享都可以，而我最後選擇了不分享。此外，也謝謝引導人在每次寫作任務中給予的彈性，我們可以反思特定的一句話或是其他部分。這是一個完全可以稱為「沒有壓力」的活動。

另一位團體成員 Julie Lloyd 說：「有時候我覺得要大聲朗讀分享自己寫的東西太難了，但事後我總是很慶幸自己有讀出來。」

個案實例

書寫療癒團體先從傳達一系列期待開始，作為團體成員朗讀時資訊保密與尊重聆聽的基礎。團體的指導原則明確指出這是寫作團體，而非治療團體。書寫是為了每位參與者自己，因此大家可以說出真相，無須過度關注拼寫或文法。另一項明確表達的期待是成員只需朗讀自己所寫的內容，避免即興談論自己的哀傷歷程。此外，團體極力強調用心傾聽，包含傾聽自己與他人，同時有意識地停止對於寫作或傾聽歷程的內在評價或批判。團體引導人親自示範如何在成員朗讀後，給予尊重且非常簡潔的回應；因為團體時間不是為了討論哀傷歷程或個別成員分享的內容，純粹是向彼此的創意致敬，同時表達感謝並感同身受大家願意朗讀作品的勇氣。最後，引導人開放讓寫作者以幾種不同方式運用創意提示，或者如果他們對於所給的提示不感興趣，也可以採用其他詩作、佳句或點子當作寫作靈感。不論當下所用的具體寫作提示為何，**書寫療癒**的經驗最終仍需回到每一位個體身上，才能促進個別參與者的療癒。我們的團體便是依據幾項提示進行寫作，接著才停下來朗讀，用心地互相傾聽。

第一次會面，團體開始（同樣以書寫朗讀的形式）自我介紹前，就讓大家先寫下自己的特別之地——那個我們會在心中造訪的安全所在。帶領人可以運用引導式視覺化技術協助參與者在心中想像這個安全的地方，然後寫下關於此處的內容，這樣在接下來的寫作或朗讀過程中，喪慟的參與者如果覺得情緒太強烈或哀傷太痛心，便可以回到這個平靜之

地。接著，大家自我介紹，在紙上寫下逝者的姓名、年齡、生日，以及對方何時並且以何種方式去世。朗讀完自我介紹後，給參與者一段時間就他們聽到的內容寫下反思。上述自我介紹的環節結束後，我們開始暖身活動，運用未完成句與清單作為寫作提示。舉例來說，可以邀請參與者列出「我從心愛之人身上學到的三件事」、「我失去了什麼」、「我發現了什麼」，以及「此時此刻我感激的三件事物」。列完清單後，參與者可以從中選取一項來寫一段文字。團體引導人也會運用一系列詩作與具有啟發性的語錄作為寫作提示，當然，也可以選擇以藝術創作活動作為寫作觸發點。以下是筆者的詩作，靈感來自一首作者不詳的詩〈我將〉。

〈我將〉（作者不詳）
只要可以，我將代替我倆將這個世界盡收眼底。
只要可以，我將隨鳥兒引吭，
我將隨花朵展顏，
我將代替我倆向星子禱告。

〈我將〉（Rhonda Davis）
只要可以，我將珍藏你心在我心中。
只要可以，我將留意有你的徵兆；
提醒我你的美麗靈魂來到身邊擁抱我的靈魂。
我將敞開自己迎向此生的深邃奧妙
以及超越死亡的生命。
我將向繁星、大海與群花禱告——

知道一如上帝創造萬物，

祂也懷抱你，輕擁我，在永恆之中。

另一項參與者最喜歡的活動是「我心愛之人的東西」。參與者帶來一項曾屬於心愛之人的物品，並由引導人帶領大家投入關於這項特殊物品的寫作歷程。寫作者運用描述性語言形容物品外觀，及其蘊含的意義和情感。參與者可能會用明喻或隱喻來寫這項特殊物品，甚至可以從物品的視角，以及它對於自己哀傷歷程的影響來創作。小組成員 Sheila Ayers 如此描述這段寫作歷程：

對我來說，深深打動我的活動是團體請我們帶來一樣屬於心愛之人的物品。當我看著眼前的這項物品，端詳它、拿著它，真的讓我能以一種不同於以往的嶄新方式疏通並釋放情緒，大力推進了我的創作歷程。

以下是 Julie Lloyd 回想母親頭髮的例子。

〈母親的頭髮〉
朝向陽光閃閃發亮
美麗紅髮絲鬈曲在藍梳子
絲絲絡絡妳仍在人世

那場夢是我有過最超現實的體驗。夢中我摸著母親的頭髮，我們躺在童年家中那張 L 型沙發上。我想我知道她正在死去，或者已經離世卻

又回到我身邊。我問她，能不能剪下一些她的頭髮，她說「可以」，也說「我很好」。是這樣的，她去世後，我發現自己如此希望當時有剪下一綹她的頭髮做紀念。我好愛她那頭濃密火紅的頭髮……鬈鬈曲曲又略帶狂野！

夢醒之後，我有一種迫切感，覺得必須開車去母親家裡找她那把梳子。一打開她臥室櫃子的第一個抽屜，我就看到那把梳子，上面還繞著幾縷她美麗的紅色髮絲。在光線下稍微調整角度，它們便閃閃發光。我小心翼翼地將梳子收進塑膠袋，以免頭髮散落。

不知道為什麼，我又打開櫃子的第二個抽屜，發現那裡有另一把已經裝在塑膠袋裡的梳子，旁邊還有一張母親手寫的紙條，簡單寫著「母親的頭髮」，於是我將這一把也帶走。

知己呀，母親與我——我們都找到方式將一小部分的媽媽留在自己身邊。

總結想法

書寫療癒對於願意投入內在反思與創意寫作的喪親案主而言，是一種神聖且充滿力量的經驗。運用來自詩歌、藝術與日常生活點滴的創作提示提筆寫作並互相分享，對於參與者來說非常具療癒效果，因為他們鼓起勇氣參與，從內心最深處下筆。我相信我們都是經驗學習者，而最深刻的療癒，往往來自我們能在安全的社群中，以具有意義的方式經驗我們的哀傷回憶與感受。**書寫療癒**團體可以為那些勇於透過寫作、朗讀及用心傾聽自己和他人的參與者，帶來極為深刻的療癒機會。團體成員 Yvonne Stewart 曾參與過去三年所開設的全部六個團體，對於團體經驗她說出以下睿智之言：

在我帶著哀傷經驗向前邁進的過程中，參與團體不僅是一項挑戰，也是其中非常重要的一部分。我花了一些時間才讓他人聽見我內心的想法，也需要時間取得他們的信任。團體所有人都正經歷同樣的事情，只是每個人都以各自不同的方式處理自己的哀傷，而我們仍然像一家人，與彼此分享無法在其他地方吐露的思緒與感受。那段短暫的時光裡，我們可以與彼此共鳴並互相學習。雖然也有艱辛的時候，但我從其他成員身上學到，愈是讓情感浮現，這趟旅程就愈容易。感謝這門課以及因為這門課走入我生命中的人，讓我走過一趟可以容易一點的哀傷之旅。

總結而言，**書寫療癒**團體充滿潛力，為參與者提供一種運用創造力的做法，以充滿力量的方式將哀傷轉化為療癒。透過寫作、朗讀並懷著敬意地傾聽自我與他人的創作歷程，療癒逐漸開展，帶給所有投入團體歷程的人一份珍貴的禮物。

參考文獻

Henderson, C. (2012). *Farther along: The writing journey of thirteen bereaved mothers*. Chapel Hill, NC: Willowdell.

56
慈悲卡
Claudia Coenen

適合此技術的個案

慈悲卡（Karuna Cards）適合有書寫能力，並且能運用想像力來幫助自己處理哀傷的青少年與成年人，有些卡片亦可在合格治療師或哀傷諮商師的指導下用於兒童輔導，然而在死亡剛發生，赤裸裸的失落痛楚最為難熬時，不建議立即使用這些卡片。

技術說明

慈悲卡是在安寧療護的哀傷諮商工作以及私人執業的個案工作中發展出來的技術。筆者經常建議案主寫日誌，但是發現許多人一開始會需要協助，而且對寫作有興趣的人通常樂於獲得引導。這套牌卡目前除了用於哀傷治療與支持團體，也有治療師用來處理焦慮、創傷後壓力症候群、創傷，以及其他涉及失落感的心理健康問題。

牌卡名稱 Karuna 為梵文，意指「對眾生的慈悲心」，其字根 *kara* 意為行動，代表 Karuna 是採取行動的慈悲心，也就是除了同理之外也做出回應，升起一種拔除痛苦的渴望（Yogapedia, 2017）。哀痛之人常常渴求以具體行動來

幫助自己度過痛苦，卻不知從何著手，慈悲卡提供安頓自我的建議，其中的點子有助於釋放焦慮並促使案主探問自己對死亡及其影響的感受。此外，這些卡片也敦促案主慈悲對待正在走過哀傷歷程的自我，這是一項往往被忽略卻同樣重要的練習。以寫作經歷哀傷的做法讓案主有機會探索自己的內心世界，減緩痛苦的情緒，並藉由將思緒容納進日誌的過程釐清想法，有助於哀傷者發現自身經驗當中的意義與啟示。由於不同的敘事視角能使個體的感受發生變化，藉由具體的引導語可以鼓勵案主探索哀傷、釋放情緒，並重新架構其哀傷故事。

這些引導語非常簡單，參與者可以透過寫作、談話或不同類型的藝術創作來回應。以拼貼畫為例，正如藝術治療師 Sharon Strouse 在哀悼女兒自殺的過程中發現，創作拼貼藝術是一種強而有力的隱喻，象徵哀傷的修復工作（Strouse, 2013）。她運用撕裂的紙張創造出新的圖像，這使她在「無法言喻的哀傷迷宮」中找到方向，因為她發現在哀傷的第一年，談話治療並沒有幫助。這套牌卡中也有幾張提議揮灑顏色，以速寫或塗鴉的方式表現出內在感受的能量，這種做法讓哀傷者動用大腦與身體的不同部位，進而在經歷死亡撕裂的感受之後能走向重新整合。

喪慟工作是歷程的工作，這些卡片引導使用者度過各式各樣的歷程。對於偏重直覺的哀傷者來說，慈悲卡促進深思與正念，同時鼓勵表達情緒；對於喜歡實作的哀傷者來說，接觸大自然以及蒐集圖片創作等活動則鼓勵他們為自己的哀傷「做點什麼」（MacWilliam, 2017）。也有數張牌卡鼓勵使用者說出哀傷故事，回應敘說的強烈需求，讓敘事有機會移動視角，甚至深刻轉化。

如何使用慈悲卡

洗牌然後抽一張，思考並回應卡片上的引導語。如果卡片建議某項活動，代表你獲邀嘗試這項活動，注意自己在過程當中的感受，如果願意，可以將心得寫在日誌裡。這些卡片不僅是個人處理哀傷的有效工具，也可與家人或朋友

一起使用。就哀傷治療而言，如果案主是在家中使用卡片，可以請他們帶日誌前來治療會面，分享自己寫作、塗鴉或拼貼的內容，並討論他們的體驗。慈悲卡也能運用於治療會面中，或者在會面結束前讓案主選一張卡片當作「回家功課」，並於下次會面中處理案主的回應。

如果當下所選的卡片沒有引發共鳴，只要重新洗牌再抽一張即可。或者也可以探討這份抗拒感，讓案主運用這張不喜歡的卡片，這種做法在同一張卡片反覆出現時特別有效。慈悲卡可以隨著哀傷變化，重複使用多次。

牌卡內容舉例

例如有一張卡片問：「你最想念什麼？最不想念什麼？」有一張鼓勵你寫一封信，說出希望自己當初有說的話。有一張建議你去戶外慢悠悠地散一次步，彷彿沉浸在大自然裡。還有一張邀請你：「列一張愛你的人的清單，包含曾經及現在愛你的人。想著他們每一位，為每個人寫一小段內容」。

個案實例

Anna 六十三歲，從商，是兩姊妹當中的妹妹。我遇見 Anna 是在她九十三歲的母親進入安寧療護之時，我們開始工作不久後母親便去世。Anna 的姊姊 Ellen 年輕時就結婚，在家中撫養兩個如今已經長大的女兒。Anna 很喜歡自己身為阿姨可以帶給外甥女各種體驗，例如觀賞劇場與芭蕾舞。她的其中一名外甥女是同志，已經與伴侶結婚。儘管 Anna 與 Ellen 並不親密，但是姊妹倆會一起過節。Anna 自己沒有孩子，被期待要出席 Ellen 家的每一項活動。與男友同居多年的她希望佳節聚會可以由她來主辦，但 Ellen 總是反對。

兩姊妹都與母親關係緊密，而父親大約二十年前就已去世。母親性格活潑，不喜衝突，一輩子都習慣分別與姊姊或妹妹談論另外一個人。這種模式也體現在兩個女兒的關係上：Anna 會與母親聊姊姊的事，Ellen 也會與女兒談到 Anna，但姊妹倆卻不願意直接對話。

母親臨終前曾叮囑 Anna 要與姊姊親近，Anna 也答應會盡量做到。儘管喪母讓 Anna 非常難過，但我們的諮商會面大多圍繞著她與姊姊的關係。

姊妹倆無法親近的原因其實幾年前就已浮現。當 Anna 終於在六十歲那年結婚，Ellen 的反應顯得相當冷淡。Ellen 在 Anna 不知情下告訴自己身為同志的女兒，說 Anna 對於她的伴侶感到不自在。這點完全不是真的，但是 Anna 的外甥女相信了，因此沒有出席阿姨的婚禮。Anna 很受傷，認為姊姊故意提供錯誤資訊阻止外甥女前來。Anna 曾經就此事與 Ellen 談過，但是沒有直接打電話給外甥女說明自己的感受。Anna 很難過，自己的這個小家族似乎無法慶賀她擁有的幸福。

為了信守對母親的承諾，Anna 邀請姊姊與她共度週末，希望重新恢復關係。Ellen 雖然一開始藉故婉拒，最後還是同意前來，並且帶她丈夫同行。然而，Anna 與 Ellen 的丈夫相處不睦，覺得他常常干涉姊妹倆之間的直接溝通。儘管如此，三人還是一起去了市區，那個週末讓 Anna 既失望又尷尬。

諮商師請 Anna 描述她與母親及姊姊之間關係的形狀，她說是三角形，這也印證了諮商師在母女三人之間看見的典型三角關係（triangulation）[7]。Anna 開始注意到自己的家人總是以間接的方式溝通，她希望能對姊姊開誠布公，也希望姊姊給予自己更多支持。

Anna 洗完牌之後，抽到這張慈悲卡：

你生命中是否有某個人的所作所為完全不符合你所希望的樣子？
寫一則童話故事，對方在故事裡完全符合你的願望。
接著寫一個故事描述對方真正的樣子。比較以上兩個故事。
怎樣的故事是你真的可以接受的呢？寫下這個新的故事。

Anna 很喜歡這張卡片，決定作為兩次諮商會面間的回家作業。她寫下三個簡短的故事。第一個故事是一則童話，故事中她擁有一位完美的姊姊，不僅全力相挺而且永遠希望自己得到最好的，而 Anna 也報以同樣的情感。在這個幻想的故事裡，她與姊姊攜手幫助母親，Anna 結婚時 Ellen 欣喜萬分，所有家人都為她歡慶。

Anna 的第二個故事則描述她與姊姊之間無法完全坦誠的關係。她在故事中回溯自己多次嘗試與姊姊合作，共同決定有關母親入住安養中心的事，或者討論 Anna 婚禮的規劃，卻發現姊姊不願意參與。這個非常「現實」的故事充滿傷害，Anna 不禁想問：「究竟如何才能放下那段過往與包袱？」

由於童話屬於幻想，寫起來很容易，但是要寫出現實則代表 Anna 必

---

[7] 譯注：三角關係由家庭系統理論學者 Murray Bowen 所提出，指當兩名家庭成員的關係出現衝突或緊張時，其中一方或雙方往往向第三人尋求認可或支持以緩解焦慮，形成關係的三角形。此種模式固然可以暫時化解兩人之間原本的不愉快，卻也可能妨礙真正的問題解決，甚至傷害被捲入關係的第三人。詳見 Kerr, M. E., & Bowen, M. (1988). *Family evaluation: An approach based on Bowen theory*. New York: W. W. Norton & Co.。

須面對自己的某些行為模式。在她的第三個故事中，Anna 寫道，她要的不是幻想也不是現實，而是希望與姊姊建立一段更坦誠的關係。

諮商會面中，Anna 朗讀這三個故事，我們一起處理她的感受，也探討要如何發展出與姊姊之間更良好的溝通。她意識到自己延續了當初母親建立而如今不再適用的模式，我們討論到 Anna 自己可以如何改變，只是無法保證姊姊也會因此改變。但至少 Anna 能放下自己的怨恨，停止在關係中拐彎抹角甚至暗中破壞的習慣。

Anna 對於書寫這些故事的反應相當正向，這項練習讓她能夠深入審視與姊姊的關係，看見自己在這種關係動力中所扮演的角色。儘管意識到母親曾經灌輸給她的三角關係模式讓她很難受，但這也使 Anna 看見母親也是凡人。Anna 開始採取行動改變自己的行為反應，希望她的轉變能夠創造出與姊姊之間更親密的關係。

母親去世將近三年後，Anna 主動聯絡我，分享她現在與姊姊及兩名外甥女的關係都獲得改善，她覺得這是因為我們在工作中運用慈悲卡寫下了那三則故事。Anna 甚至直接打電話給外甥女，告訴她自己有多愛她，非常開心她在一段充滿愛的關係裡，不論對方是同性或異性。Anna 溫柔地告訴外甥女，自己確實因為她錯過婚禮而感到受傷，也為自己當時沒有直接打電話告訴她向她道歉。現在的 Anna 發現自己可以更坦誠地面對姊姊，兩人甚至一起去週末旅行了好幾次。

這套慈悲卡幫助 Anna 檢視與姊姊的關係，以及母親所建立反覆出現的三角模式。藉由將自己的故事寫成童話，Anna 釋放了一些未獲滿足的渴望，同時看見這些渴望不僅無法實現，甚至並不必要。重寫敘事讓 Anna 能夠創造出一種新的與姊姊及其他家人建立關係的方式。

總結想法

透過寫作穿越哀傷可以是一種很有效的做法。1980 年代，美國心理學家 James Pennebaker 以大學生為研究對象，請他們連續幾天寫下關於自己的一段創傷經歷，並且將這群學生相比於單純記錄日常事件的學生，發現在日誌中表述痛苦經驗的學生壓力狀態減緩，且免疫系統增強（Pennebaker, 1997）。1980 年代至今，已有近三百項研究證明藉由寫日誌與藝術創作來表達情感所帶來的效益，Pennebaker 更在其最新專書中指出會因情感書寫（emotional writing）而出現正向反應的特定面向（Pennebaker, 2014）。除了上述生理影響，他還發現雖然書寫過後可能會經歷短暫的心情低落，但長期而言，情感書寫顯然帶來正面效益。

> 情感書寫……可以改善人們的睡眠模式，提升工作效率，並增進人際關係。事實上，當我們將創傷經驗轉化為文字時，常常也不再如此掛懷那些曾經拖住我們的情緒事件。
>
> ——Pennebaker, 2014, pp. 3–4

慈悲卡幫助喪親者透過日誌書寫與表達性創作來處理悲傷，無論用於心理治療之內或之外，都能發揮功效。牌卡作為一項提供具體指示的工具，能幫助人們處理哀傷歷程中非線性的情緒向度，同時促進靈性連結、認知理解與意義創建。

參考文獻

MacWilliam, B. (2017). Concepts in treatment. In B. MacWilliam (Ed.), *Complicated grief, attachment and art therapy* (p. 89). London and Philadelphia: Jessica Kingsley.

Pennebaker, J. (1997). *Opening up: The healing power of expressing emotions*. New York: Guilford Press.

Pennebaker, J. (2014). *Expressive writing: Words that heal*. Eunenclaw, WA: Idyll Arbor.

Strouse, S. (2013). *Artful grief*. Bloomington, IN: Balboa Press.

Yogapedia. (2017, May 18). Retrieved from www.yogapedia.com/definition/5305/karuna

PART 14
促進支持

57

設想生活轉換

Robert A. Neimeyer and Doris Chambers Vaughans

適合此技術的個案

成年子女（或其他成年親屬）面臨需要讓長輩從家中轉換至其他住所或照護機構時，這項充滿慈憫與同理的技術將有所助益。在團體情境中應用**設想生活轉換**（Envisioning Transitions）這項技術特別有效，因為它讓參與者有機會互相分享見解並共同發想創意。然而，這項技術比較不適用的情境是當所照顧的對象是失智症晚期病患，或者是經歷突發性嚴重中風或傷害等醫療創傷（尤其是導致認知受損）而需進入技術性護理機構的患者。

技術說明

「積極因應」（proactive coping）一詞被用來描述對於未來事件或壓力源先行預想並為此做好準備（Pope & Kang, 2010）。**設想生活轉換**是一項有效幫助成年子女代替所愛的長者積極因應的技術，讓他們更能夠回應長輩面臨搬遷這項重大生活轉換，特別是從自己家中搬入照護機構時，可能因失落而產生的需求。這種人生最後階段必須改變居住環境的重大變遷，可能引發隱微又模糊的情緒，也是無盡失落與哀傷剝奪常見的情緒。依據 Harris 與 Gorman

（2011）的研究，這類無盡的模糊性失落往往不被承認也未獲處理，可能導致慢性悲傷。

Harris（2020）所描述無盡失落的本質發生於內在，包含一種持續的不確定、脆弱與無助的感受。**設想生活轉換**這項技術幫助成年子女體驗，以深刻認識自己父母或其他所愛長者在人生此一階段正如何經受這項重大變遷。此外，此技術也有助於與心愛之人展開艱難卻具有意義與療癒力的合作對話，或許能減緩長輩對於搬遷的抗拒感，給予他們有意義且感同身受的支持，並幫助他們獲得力量調整適應自己新的居住環境。具體指導語詳見以下個案實例。

個案實例

筆者（Doris Chambers Vaughans）受邀至一間長者安養機構演講，對象是一群正在考慮將年邁父母從家中遷來此處的成年子女。這場演講的明確目標是提供資訊幫助這群要和父母進行「艱難對話」的成年子女，讓他們除了說「爸／媽，我要把你們送去安養機構」之外，還有其他的溝通方式。我深知這種轉變的過程充滿失落，而且這些失落必須在即將展開的不論何種對話中獲得處理或至少納入考量，因此，我特別向Robert Neimeyer博士請益。他不僅提供建議與鼓勵，甚至設計出**設想生活轉換**這項技術，事後證明對於與會者及該機構工作人員都帶來非常大的影響。開始前先介紹活動主題，然後進入技術本身，包含三十分鐘的團體引導式冥想練習，以及角色扮演與討論。

演講當天晚上，屋裡大約有三十位成年子女及其他家庭照顧者（孫輩、手足等），其中包含數對夫妻。多數人看起來忐忑不安，我可以感覺到所有人對於即將與長輩展開這場對話都感到焦慮，甚至伴隨著挫折。演講先以投影簡報開場，說明有關長者搬遷的可能原因（例如：生

理機能衰退、健康狀況惡化、喪偶等家庭組成變化、社交活動減少／孤立狀態增加，以及希望縮減不必要的生活空間等）。為了補足背景資訊，我們也簡要介紹失落的類型、哀傷歷程、遭粉碎的預設信念、意義創建以及重說失落故事等概念（參見 Neimeyer, 2015），接著才進入有關艱難對話的主題。在 Robert Neimeyer 博士的建議下，我將焦點從「該怎麼做」以進行對話的心理教育指導，轉向具體而言他們如何以更感同身受的方式陪伴家人度過這項艱難轉變。

此時，我邀請與會者進入**設想生活轉換**的練習，逐字讀出以下的引導語：

雖然我們很少停下來想，但人生路上其實布滿失落。從我們呱呱墜地那一秒，直到撒手離世那一刻，不論是點滴流失或者悲劇性突然喪失，至少就世俗意義而言，我們最終都會失去所有心愛的人事物。這些失落有時顯而易見且深刻入骨——例如喪偶，或罹患縮短生命的疾病——但也常常隱而不顯且模糊難辨，像是隨著年紀漸長逐漸失去體力、自由與自主性。轉換居所這件事，即使是在抱持希望或必要的情境下，仍然涉及數不清如上所述的失落，將我們的情感與心靈從曾經如此珍視的家園、鄰舍、所有物與日常習慣中連根拔起，而正是這一切賦予我們的生命故事脈絡與意義。尤其是當我們並非出於自願，甚至是帶著勉強失去這些東西，代表我們連對於自己未來最基本的選擇權與聲音都被否認，只能任由珍貴過往的構成要素支離破碎或者遭到剝除。面對這類失落，不論是否有明確稱呼，哀傷是常見的反應，而我們只能希望愛我們的人在提出這些不樂見的變化時，是帶著慈憫與理解的心。

接著，我邀請聽眾閉上雙眼，引導他們進行一項練習，我會緩慢且帶著情感讀出以下腳本，在指導語之間適時停頓，讓參與者能夠將各個情境視覺化並體會該情境所造成的衝擊：

在開啟與父母的對話之前，如果可以真的讓自己置身於他們的立場，可能會對我們有所幫助。

首先，想像我們現在沒有工作，孩子也不住在家裡……接著，想想長輩健康狀況所隱含的日常現實，想像我們也在與他們相同的限制與不確定性中過日子。請閉上雙眼，花幾分鐘讓以下想像畫面變得生動真實：我沒有工作，也沒有可以賺錢的技能。我的孩子都已經長大成人，忙著各自的生活。很多我過去能做的事情，現在都已經辦不到了，而且因為……的健康問題，我也不知道自己還能過幾天有品質的生活。讀到這裡，相信大家都有畫面了。請在腦海中將這些話默唸幾次，直到它們具有真實感，然後注意內心湧現何種感受。

接下來，加入以下部分：我的配偶已經離世，現在是自己孤身一人。停在這裡，對自己覆述這句話，繼續專注冥想同時注意隨之出現的感受。

然後，再加入這個部分：現在，孩子們要我搬離自己的家，離開我的社區，放棄我所擁有的大部分物品，甚至我伴侶大部分的遺物。在此停留幾分鐘，跟隨情緒的轉折。

最後，將父母也「導引」進這段同理的心境中，拿出一張紙，寫下標題：「我將失去什麼」，列出至少十項如果你在父母的位置上，會因為搬進機構而失去對你來說（可能）很重要的東西。可以是實體物（我的床、母親的餐具、我的花園、我的工作室）、人（鄰居），

或者是你重視的生活面向（掌控自己生活的能力、安全感）。

寫完之後，你可能會想試試看以角色扮演的方式演出一段對話，由另一個人扮演你的孩子，邀請你進入十分鐘的艱難對話。接著你們共同探討對話內容，再交換角色，由你扮演對方的孩子，提出同樣的議題。若是在人數較多的團體中進行，可以回到大團體中做再進一步討論。

許多參與者在按照指示練習的過程中顯得坐立難安，有人不時調整坐姿，有人嘆氣，還有幾位參與者靜靜流淚，一、兩個人則提前睜開眼睛開始寫筆記。隨著活動進入雙人小組與大團體工作，討論進一步深化，也更充滿慈憫之情，參與者共同想像如何與心愛之人針對即將發生的生活轉換開展艱難卻必要的對話，他們也互相交換點子。講座結束後，不少人主動上前向我表達對於今日體驗的感激之情，甚至進一步與我發想更適合其獨特情境的做法。

總結想法

設想生活轉換是一項充滿力量的有效練習，讓成年子女與其他家庭照顧者對於即將經歷艱難的居住環境轉變的長輩，擁有更準確的同理心與獲得力量的感受。而機構的工作人員雖然不參與有關長者生活轉換的決策，同樣能從活動中獲益，他們表示參加完活動之後更清楚認識到機構長者所經歷的隱藏失落。雖然這項練習的核心在於深化對長者的同理心，然而在視覺化想像與角色扮演之後，可以進一步藉由以下開放式問題強化參與者情緒與實務上的學習：你在腦海中經歷練習當中的情境時，注意到自己有哪些情緒？在你的想像當中，哪一種失落最為艱難？角色扮演時，你的夥伴提出的哪些問題或做法讓你覺得最

有幫助？關於與心愛之人進入這場對話，你學到哪一項應該或不應該做的具體事項？參與者在團體中分別說出自己的答案時，可以將針對各個問題的回答摘要記錄於大張海報中，並張貼在牆上，幫助大家吸收活動收穫。同樣的，回顧大家在視覺化想像當中經歷的失落，常常會浮現數個參與者共同關切的主題，例如離開珍視的親人與物品、在特別寶貴的生命階段中失去熟悉感與安全感，以及因為輔助式生活或者照護程度更高的機構所費不貲，可能失去財務的安全感。由於上述與其他許多失落都在活動中獲得承認，參與者通常能感覺到自己在其家庭生命周期的關鍵時刻上並不孤單，也更能體會這些轉變對於相關人有多麼不容易。總結而言，**設想生活轉換**能夠賦能參與者，讓他們從更加感同身受與同理的立場開啟艱難的對話，鞏固他們與心愛之人關係核心中的那份關愛與疼惜。

參考文獻

Harris, D. L. (Ed.). (2020). *Non-death loss and grief*. New York: Routledge.

Harris, D. L., & Gorman, E. (2011). Grief from a broader perspective: Nonfinite loss, ambiguous loss, and chronic sorrow. In D. L. Harris (Ed.), *Counting our losses* (pp. 1–14). New York: Routledge.

Neimeyer, R. A. (2015). Treating complicated bereavement: The development of grief therapy. In J. Stillion & T. Attig (Eds.), *Death, dying and bereavement: Contemporary perspectives, institutions and practices* (pp. 307–320). New York: Springer.

Pope, N. D., & Kang, B. (2010). Residential relocation in later life: A comparison of proactive and reactive moves. *Journal of Housing for the Elderly, 24*, 193–207.

58

有意義的對話

Wendy G. Lichtenthal, Melissa Masterson and Aliza A. Panjwani

適合此技術的個案

成年的案主如果難以與重要之人連結或溝通，或者有機會藉由向親人表達自己的需求而獲得幫助，則可能從這項技術中獲益。適用這項技術的哀傷者也許會舉出自己在與人連結時的挑戰，但不至於孤立到無法指出任何可以共同參與這項練習的重要對象。然而，如果為高衝突的關係，或者關係中的重要他人習於批評、給予負向社會支持，或展現妨礙彈性溝通的性格特質，則這項技術就效果有限。

技術說明

多項研究發現，低度社會支持與長期哀傷之間存在關聯（Bellet, Holland, & Neimeyer, 2018; Lobb et al., 2010; Villacieros, Serrano, Bermejo, & Magaña, 2014）。與他人失去連結可能讓哀傷之人感覺自己的生命不再重要，因此，找到方法促進人際支持並耕耘有意義的關係，對於適應哀傷來說至關重要。支持性關係不僅提供消化情緒以及在失落中創建意義的機會，很多時候，關係本身就是意義的來源。

有意義的對話（Meaningful Conversation）旨在促進成年喪親者與其生命中重要之人的溝通。這項技術被用於意義中心哀傷治療（MCGT）的第九次會面，MCGT為包含十六次會面的手冊化介入模式，設計目的是為了讓長期苦於強烈哀傷症狀的喪親個體提升意義感與目的感（Lichtenthal & Breitbart, 2015; Lichtenthal, Lacey, Roberts, Sweeney, & Slivjak, 2017）。第九次會面的重點在於鞏固哀傷者生命中有意義的連結，為此，我們請案主邀請一位重要他人參與會面，除了強化MCGT主要概念在療程之外的效果，幫忙發想哀傷者可以如何與生命中其他人擁有更堅固的連結，也透過有意義的對話，增進與這位重要他人的關係。

　　這項技術的流程包含由治療師先引導一場簡短而結構化的對話，內容圍繞著哀傷者與重要他人各自的需求，最後以互相表達謝意做結。會面前的準備階段，治療師要協助哀傷者找出一位曾經支持自己，且如果能與對方進一步溝通需求將會有所幫助的對象。此外，治療師應該強調，此次會面並非邀請對方進行家族或伴侶諮商，而是提供機會讓重要他人更了解案主正在進行的治療，並且讓雙方對話以交流各自需要對方做些什麼，又感謝對方什麼。

　　在這場與兩個人的會面中，治療師應該安排時間說明人際連結對調適失落的重要性。此外，要注意到重要他人可能也正在為同一位逝者哀悼。儘管有必要認可重要他人在其身處哀傷時還要給予他人關懷著實不易，但是治療師應該注意這項活動並非作為家族或伴侶治療的介入手段。

　　採用這項技術時，為了促進溝通，並且讓參與者更有機會感覺被聽見與被支持，會運用聽一說技巧（speaker-listener technique）（Gottman, Notarius, Gonso, & Markman, 1976; Stanley, Markman, & Blumberg, 1997）。聽一說技巧是一種溝通方法，雙方在對話過程中輪流說話，其中一個人說話的時候，另一個人先聽，聽完之後重述說話者講的內容，最後才給予回應。展開有意義的對話時，治療師會先請案主向重要他人表達自己的需求，表達何種作為有助於讓案主感覺與對方擁有最深的連結。接著，治療師會請重要他人概述案主說的

話，再表達自己的需求以及對於連結有何期望。過程中，治療師的一個重要角色在於協助兩人重述對方的需求，並確保有充分時間釐清需求內容，以及思考能夠滿足需求的策略。由於這類對話經常情緒高張，治療師除了運用聽—說技巧鼓勵建設性溝通之外，也要為雙方撐起願意分享也能夠被聽見的安全空間。對話練習的最後由案主與重要他人分享自己感謝對方的地方，讓交流在正向氛圍中畫下句點。

上述結構化的對話結束後，治療師可以邀請案主與重要他人共同探討此次交流。整段過程中，治療師應確保案主與重要他人是直接對著彼此說話，而且雙方都獲得充分時間，能在不被打斷或反駁的情況下表達，此外，全程維持互相尊重與希望理解對方的氛圍。最後，治療師需點出案主與重要他人各自的強項，以及兩人搭檔合作時的強項，以此結束會面。

有意義的對話指導語

首先，向兩位參與者朗讀以下指導語，或是用自己的話自然發揮。

接下來的對話將運用我們稱作聽—說技巧的溝通方法，意思是你們會輪流發言，一個人說的時候另一個人聽，然後由聆聽者單純重述說話者講的內容，不要回應或反駁。目標是你們都能夠表達自己的想法，也感覺有被對方聽見，此時還不需要努力「解決問題」。當你是說話者時，你有權發言，可以手拿某項物品，例如一支筆，代表你此刻說話者的角色。說話時請使用「我」來陳述自己的感受與想法，接著聆聽者會重述說話者表達的內容，避免反駁或回應，只要用自己的話說出所聽見的內容就好。接下來，輪到這位聆聽者當說話者，該你表達自己的需求與想法。

現在請依據這些基本原則與你的支持者交流，告訴對方你需要什

麼、希望對方做什麼，以及如何幫助你感覺與對方的最深連結。說完之後，你的支持者要依據聆聽的基本原則回應。接下來，由你的支持者分享其需求與期待、希望你做什麼，以及如何幫助這位支持者感覺與你的最深連結。你與你的支持者要持續運用聽—說技巧交流大約五到十分鐘，讓雙方都表達出希望以何種方式改善與對方的連結。最後，說出你想感謝支持者什麼，也讓支持者說出感謝你的地方。

也可以提供一份聽—說技巧的「基本原則」（Gottman et al., 1976; Stanley et al., 1997）給兩人參考。

個案實例

Katherine 為六十一歲高加索女性，已婚，她是退休護理師也是四個孩子的母親。近五年前，大兒子 Brian 三十一歲時結腸癌去世。痛失兒子的 Katherine 開始接受治療時，經常感覺到一股想要跟著兒子離去的強烈渴望，並且一直對於他的死感到憤怒。她談到失去兒子有多麼不公平，她原本想像她和丈夫無法再照顧家庭時，Brian 將會擔起責任。Katherine 特別擔憂她的小女兒 Amelia 的未來，Amelia 因為神經認知與身體障礙而完全仰賴 Katherine 與她的丈夫照顧。Katherine 提到，Brian 是極具責任感且無比忠誠的兒子，曾明確做出承諾表示將來會照顧妹妹。這份承諾一直都是 Katherine 重大安慰的來源，因此，失去 Brian 不僅讓她渴念愛子，也讓她陷入對於 Amelia 未來的慢性焦慮中。

Katherine 經常表達想與另外兩個仍在世的孩子討論這件事，也不時提到對於帶給他們負擔感到非常不安。治療師鼓勵她邀請其中一個孩子參與治療會面，讓他們有機會深化連結並表達各自的需求。Katherine 邀

請了她的大女兒，三十四歲的 Nicole，參加這次會面。治療師首先謝謝 Nicole 願意支持母親，並邀請 Katherine 向女兒說明治療的主要目標，以及她到目前為止的治療體驗。作為 MCGT 療程的一部分，這次會面聚焦於 Katherine 與人連結時碰到的障礙，Nicole 則從旁支持母親找到解決問題的策略，以克服這些障礙。

接下來，治療師介紹有意義的對話練習。治療師先說明聽一說技巧的基本原則，接著請 Katherine 和 Nicole 面對彼此，並邀請 Katherine 向女兒表達自己需要她做什麼。Katherine 開口說：「我需要她……」但是治療師溫和打斷她的話，引導 Katherine 直接對著女兒說話，而不是透過治療師傳達。Katherine 再試一次，「我需要妳對於 Amelia 的事做出承諾。我很抱歉，但這就是我真正需要的。我很擔心她。」Nicole 毫不遲疑地回應：「當然啦，我會照顧她，也會為她的事負起責任。」Nicole 的脫口而出可說是這類交流中非常常見的反應，也就是急於給予回應或反駁。此時，理想的做法是由治療師請重要他人暫緩回應，先重述案主所表達的需求。

輪到 Nicole 發言時，她表達了自己的恐懼，擔心自己無法做得像哥哥一樣好。對此，治療師邀請 Katherine 說出她所聽到女兒的話。Katherine 複述 Nicole 所言，說她認為自己沒辦法做得那麼好，然後加上一句：「不是這樣的，她會做得更好。」由於這句話極具力量，因此治療師引導 Katherine 直接對女兒說出來。隨著結構化的對話持續開展，Katherine 說出自己很欣賞女兒身上獨一無二的特質，以及最重要的是，她相信 Nicole 的能力。Nicole 一語不發，靜靜消化母親所說的話，然後再次許下自己將照顧妹妹的承諾。這場交流中，治療師協助 Katherine 與 Nicole 表達她們對於彼此的需求，讓雙方在離開會面時需求都有被聽

見。Katherine 明確表示需要一份承諾，而 Nicole 則在話中隱含自己需要母親認可其聰明與能力，足以勝任親愛的哥哥曾肩負的重任。

接著，治療師邀請 Katherine 向女兒表達自己感謝對方之處。Katherine 含淚說：「謝謝妳每天都打電話給我，仍然會依賴我，帶我出去。代表妳念著我，想確定我都好。妳是我最好的朋友。」治療師讓對話暫停，讓 Nicole 將母親的話收進心裡，並構思她想表達的謝意。最後，Nicole 說她很感謝母親展現對自己無條件的愛。Katherine 和 Nicole 都向治療師道謝，讓她們有機會與彼此連結，也說出對於對方的需求與感謝。

此次有意義的對話之後，Katherine 與治療師又進行了七次會面，過程中探討此次對話所催化的自我反思。Katherine 回顧自己過往的暴怒狀態，意識到當時其他人要支持自己有多麼不容易。這份新的洞見，加上此次對話帶給她與 Nicole 更親密的關係，讓 Katherine 決定在治療之外與二兒子也進行一場有意義的對話。她告訴治療師，自己向兒子道歉，因為她讓憤怒與哀傷破壞了兩人的關係，並承諾她將在未來盡力維繫連結。治療師讚賞 Katherine 的勇氣，選擇正視痛苦的過往，以修復並耕耘生命中的重要關係。

有意義的對話讓 Katherine 有機會告訴女兒自己的需求，處理一項焦慮的主要來源，並且讓母女倆說出對彼此的愛與感謝。最後一次 MCGT 會面中，Katherine 反思療程中最具意義的正面影響，含淚表示：「與 Nicole 的那次會面，是我這幾年來經歷最美好的一件事。」

總結想法

理想狀態下，有意義的對話這項技術能夠創造機會，讓人明確說出經常未

能言明的需求與願望。在運作良好的關係中，這些通常都能表達出來，例如說出自己需要與重要他人談論更多關於逝者的事。而在緊張或疏離的關係中，一般是在對話結尾表達感謝時，才會浮現正向的感受。結構化的對話有助於讓可能漲滿情緒的交流不會失焦，理想上也能得到更多收穫。這項技術最終能夠鞏固關係，而這份關係所牽動的是個體所扮演之有意義的角色以及／或者是愛、友誼或陪伴的來源。當關係獲得鞏固，便能提升存在的幸福感，減少孤立感，並且讓人即便承受著哀傷仍然能找到持續投入生活的理由。

致謝

意義中心哀傷治療研究獲得美國國家癌症研究院研究補助案編號 R03 CA13994 (Lichtenthal)、K07 CA172216(Lichtenthal) 及 P30 CA008748 (Thompson) 支持。

參考文獻

Bellet, B. W., Holland, J. M., & Neimeyer, R. A. (2018). The social meaning in life events scale (SMILES): A preliminary psychometric evaluation in a bereaved sample. *Death Studies*, *43*, 103－112. doi:10.1080/07481187.2018.1456008

Gottman, J., Notarius, C., Gonso, J., & Markman, H. (1976). *A couple's guide to communication*. Champaign, IL: Research Press.

Lichtenthal, W. G., & Breitbart, W. (2015). The central role of meaning in adjustment to the loss of a child to cancer: Implications for the development of meaning-centered grief therapy. *Current Opinion in Supportive and Palliative Care*, *9*(1), 46－51.

Lichtenthal, W. G., Lacey, S., Roberts, K., Sweeney, C., & Slivjak, E. (2017). Meaning-centered grief therapy. In W. Breitbart (Ed.), *Meaning-centered psychotherapy* (pp. 88－99). New York: Oxford University Press.

Lobb, E. A., Kristjanson, L. J., Aoun, S. M., Monterosso, L., Halkett, G. K., & Davies, A. (2010). Predictors of complicated grief: A systematic review of empirical studies. *Death Studies, 34*(8), 673–698.

Stanley, S. M., Markman, H. J., & Blumberg, S. L. (1997). The speaker/listener technique. *The Family Journal, 5*(1), 82–83.

Villacieros, M., Serrano, I., Bermejo, J. C., & Magaña, M. (2014). Social support and psychological well-being as possible predictors of complicated grief in a cross-section of people in mourning. *Anales de Psicologa, 30*(3), 944–951.

59

對望凝視

Rickie Simpson and Kerry-Lyn Stanton-Downes

適合此技術的個案

對望凝視（Dyadic Eye Gazing）讓我們有機會在哀傷中獲得理解，不論這份哀傷源於死亡、離婚、派遣異地，或任何帶來失落的轉換。這項技術適用於所有成年人及年紀較大的青少年，只需具備與人深度親密交流的能力以及自我調節的能力。然而，在缺乏關係安全感的情況下，長時間互相凝視可能導致認知負荷超載，並產生強烈的無助感，因此，對於容易反應激烈的伴侶、年幼的兒童，或是患有重大神經認知疾患者，則不適合採用這項介入手段。此外，若時間有限，或者在強烈排斥眼神接觸的文化中，也不建議運用這項技術。

技術說明

> 真是個神祕的國度啊，眼淚之鄉。
> ——Antoine de Saint-Exupéry (1943), *The Little Prince*

哀傷絕大部分都埋在比語言更深之處，當它被硬生生阻隔，會穿透存有的每一個層面，使我們感到椎心的孤獨，卻又渴望被人理解。對望凝視的親密感

可以為家族或伴侶治療中的兩人搭起一座通往神祕國度的橋，在那裡，他們可以在各自的哀傷體驗中見證對方，也獲得對方見證。

有時最充滿力量的療癒發生在沉默中。正如同哀傷來自於失去連結，療癒得以開始的關鍵就是修復連結。獨自療癒哀傷可能艱難無比，因為與人隔絕對於人類而言是極為痛苦的狀態（Lieberman, 2013）。當兩人對望凝視，在靜默中親密交流，眨眼頻率往往趨於同步，此種狀態被認為能讓雙方結合為一個「互相連結的單一系統」（singular connected system）（Koike, T. et al., 2016）。因此，以這種方式結合讓我們能在失去連結的狀態下被看見也被理解，使對望凝視成為對抗孤立的有效良方（van der Kolk, 2014）。

對望凝視是一種由治療師引導的介入模式，通常安排在治療進程中，當關係的安全感已經達到適當程度之時。這點可以從案主能否維持關愛的眼神接觸、自我調節以及專注當下獲得跡象證實，再由此進展至對望凝視。如果仍然不確定，可以參考以下伴侶治療中評估關係安全感的面向：眼神柔和、身體前傾、肢體動作沉穩，以及雖然尚未肢體接觸但是會彼此靠近（Simpson & Stanton-Downes, 2017）。

任何治療會面都可能出現或長或短的眼神接觸，重點在於治療師需保持敏銳，注意這些眼神接觸是否適合深化為對望凝視的介入模式。以下個案實例中，對望凝視安排在一場兩小時的治療會面裡，執行時間將近一小時。

個案實例

Sarah 與 Jack 在獨生女兒 Elizabeth 驟逝五年後前來接受治療，此時兩人的關係已經瀕臨分居，想藉由投入治療幫助他們決定是否應該離婚。初次諮詢便清楚可見夫妻倆缺乏足以討論死亡、哀傷或失落的關係安全感，從兩人擺放椅子的相對位置，以及對於眼神接觸的迴避便能看

得出來。他們提到兩人相處時間極少，也幾乎不太與對方說話。Sarah 與 Jack 失去連結的情況顯而易見。

到第三次會面時，兩人已經能夠互相對視，維持一到兩分鐘的眼神接觸，也能以溫和的語氣交談，與彼此的眼淚在一起，傾身靠向對方，並且展現沉穩的肢體動作（Simpson & Stanton-Downes, 2017）。就治療歷程而言，此種關係變化來自每次會面中一點一滴增加互相凝視的機會，才累積至此。

基於這項轉變，我（Kerry-Lyn Stanton-Downes）認為是時候提問：「現在占據你們之間空間的是什麼？」Sarah 回答：「女兒的死。」Jack 點點頭。這表明他們已經感覺夠安全，可以在哀傷之中向彼此靠近。我希望徵得同意引導兩人對望凝視，因此詢問：「你們願不願意單純用眼睛向你的伴侶傳達此時此刻自己內心真正的感受？」當夫妻倆因為 Elizabeth 的死已經喪失太多能動性，徵求同意這個步驟可以幫助他們取得自己經驗的決定權。

聽見兩人明確表達同意後，我邀請他們閉眼深呼吸，感覺空氣從鼻子裡吸進去再呼出來，同時延長呼氣時間。接著，我請他們覺察自己的想法、情緒，以及身體如何容納或經驗到自己的失落與哀傷。兩人的眼睛仍然閉著，但是淚水開始靜靜滑落。

我持續以溫暖正向的關注面對正在經歷痛苦的 Sarah 與 Jack，我請他們慢慢睜開眼睛，讓伴侶透過自己的眼睛看進自己的世界——同時感受自己每一個當下的體驗。兩人默默坐著，空氣中凝結著悲傷與心痛，已經沒有任何話語的空間，只剩下我柔聲請他們「深呼吸」。

兩人繼續深深看進彼此的眼睛，我溫和地鼓勵他們：「讓你的伴侶看見，活在那處哀傷與失落之地是什麼感覺。」此時，Sarah 舉起手握住

Jack 的前臂，他則用拇指輕輕撫摸她的手臂。Jack 的下巴開始顫抖，Sarah 抬起手來拭去他的眼淚。我們就這樣坐在這份脆弱又坦誠的沉默之中，將近五分鐘。

擁有體感經驗後，此刻的重點顯然是讓這對伴侶開始以語言表達並整合這段經驗（Lee, 1997）。兩人想了一分鐘，都表示有話想說。Sarah 決定先開口，我則請她與 Jack 確認是否也可以聆聽，他說可以。這種與對方確認的做法給予雙方能動性，由他們選擇是否要繼續這段歷程。從治療的角度來看，若任何一方說「不」，則代表還需要更高的關係安全感才能進展到更親密的下一階段。

我先請 Sarah 和 Jack 深呼吸幾次，然後 Sarah 說：「我很抱歉，一直以來都不知道你這麼痛，我從來沒有像現在這樣看見過。我只看見你很忙，所以不曾像現在這樣看見並感覺到你的痛。我現在知道了，你是為了逃避這份痛楚才讓自己這麼忙。」當一段經驗如此深刻回到大腦的邊緣系統，語言會變得簡單、真誠又直接。Sarah 一邊敘述她的體驗，Jack 開始啜泣，她傾身向前抱住他，直到他的身體漸漸平靜下來。

由於我知道讓 Jack 也有機會整合他的體驗非常重要，因此我問他：「此時此刻，有沒有任何你想告訴 Sarah 的話？」Jack 說：「我真的好痛，痛到沒辦法與自己在一起，更無法與妳在一起。但我愛妳，勝過一切。」那一刻，彷彿防洪閘門完全打開般，他們緊抱痛哭──那種從心靈最深處湧上來足以撼動全身的痛哭。我靜靜坐在旁邊，保持全然專注。

我支撐著這段歷程，並涵容兩人時刻流轉的體驗，待他們停止哭泣後，才向他們確認是否還有任何想說的話。Jack 說有，所以我再一次提供支持，請他向 Sarah 確認是否可以聆聽自己，她說可以。

接著，我引導他們進行一次簡短的呼吸練習，然後 Jack 說：「當我

看進妳的眼睛，只看見一片空白。我找不到妳，好像妳已經隨著 Elizabeth 死去了。」在靜靜流淌的淚水中，Jack 繼續說：「妳有可能回到我身邊嗎？我愛妳。」Sarah 幾乎不假思索地說：「我的內在確實已經麻木，一片死寂。我不知道該怎麼回到你身邊，但請你不要離開我。」Jack 毫不猶豫地回答：「我永遠不會離開妳，我就在這裡。」這是一個意義非凡的時刻，他們在哀傷之中透過對彼此的需要與對方深刻連結。

過了一會兒，我稍做停頓後請他們分享對於這段經驗的感受。Jack 回顧表示這段經驗「讓我很驚訝而且情緒激動，我很高興我們做了這件事」，Sarah 則說「先前我完全不知道我們兩人都承受這麼多痛苦，更不知道該如何靠近他，或讓他看見我」。

總結想法

夫妻共同面對死亡時，各自都帶著一座遺憾的墓園（Leriche, 1951）。這段描述對於苦苦掙扎於 Elizabeth 之死的 Sarah 與 Jack 來說，再貼切不過。儘管兩人共同經歷女兒的死，但是他們對於這段經驗所感覺到的遺憾卻各不相同，也涵蓋不同的畫面、言語、情緒與感官，而對望凝視這項技術能讓他們在差異之中看見彼此。Sarah 與 Jack 可以汲取自己擁有的資源（Lieberman, 2013），藉此能夠在這段沉痛的經驗中開啟他們從失去走向連結的歷程。

參考文獻

Koike, T., Tanabe, H. C., Okazaki, S., Nakagawa, E., Sasaki, A. T., Shimada, D., . . . Sadato, N. (2016, January 15). Neural substrates of shared attention as social memory: A hyperscanning functional magnetic resonance imaging study. *Neuroimage*, *125*, 401–412. Retrieved September 4, 2016, from www.ncbi.nlm.nih.gov/pubmed/26514295

Lee, M. (1997). *Phoenix rising therapy: A bridge from body to soul*. Jacksonville, FL: HCI.

Leriche, R. (1951). La philosophie de la chirurgie. In H. March (Ed.), *No harm done*. New York: Picador.

Lieberman, M. D. (2013). *Social: Why our brains are wired to connect*. New York: Crown.

Saint-Exupéry, A. (1943). *The little prince*. New York: Harcourt, Brace & World.

Simpson, R. T., & Stanton-Downes, K. L. (2017). From me to we: The transformative nature of couples' yoga therapy. *Yoga Therapy Today*, *13*(2), 26–30.

van der Kolk, B. A. (2014). *The body keeps the score: Brain, mind, and body in the healing of trauma*. New York: Viking.

國家圖書館出版品預行編目(CIP)資料

重新建立依附：哀傷治療的新技術／羅伯特・奈米爾（Robert A. Neimeyer）編；何雪菁譯.
-- 初版. -- 新北市：張老師文化事業股份有限公司, 2025.07
528面；17×23公分. --（教育輔導系列；N163）
譯自：New techniques of grief therapy: bereavement and beyond
ISBN 978-626-99237-3-1（平裝）

1.CST: 心理治療 2.CST: 悲傷 3.CST: 失落 4.CST: 依附行為

178.8　　　　　　　　　　　　　　　　　114006621

教育輔導系列 N163

重新建立依附：哀傷治療的新技術
New Techniques of Grief Therapy: Bereavement and Beyond

編　　者／羅伯特・奈米爾（Robert A. Neimeyer）
譯　　者／何雪菁
中文版審閱／翁士恆
總 編 輯／萬　儀
特約編輯／李美貞
封面設計／李東記
行銷企劃／呂昕慈

發 行 人／葛永光
總 經 理／涂喜敏
出 版 者／張老師文化事業股份有限公司 Living Psychology Publishers Co.
　　　　　100003臺北市中正區重慶南路一段66-1號3樓
　　　　　郵撥帳號：18395080　電話：(02)2369-7959　傳真：(02)2311-5368
　　　　　讀者服務E-mail：sales@lppc.com.tw
　　　　　網址：https://www.lppc.com.tw（張老師文化雲平台）

Ｉ Ｓ Ｂ Ｎ／978-626-99237-3-1
定　　價／950元
初版1刷／2025年7月

法律顧問／林廷隆律師
排　　版／菩薩蠻電腦科技有限公司
印　　製／大亞彩色印刷製版股份有限公司

New Techniques of Grief Therapy: Bereavement and Beyond
Copyright@2022 Robert A. Neimeyer
Authorised translation from the English language edition published by Routledge (or CRC Press), a member of the Taylor & Francis Group; All rights reserved;
本書原版由Taylor & Francis出版集團旗下，Routledge (or CRC Press)出版公司出版，並經其授權翻譯出版。版權所有，侵權必究。
Living Psychology Publishers Co. is authorized to publish and distribute exclusively the Chinese (Complex Characters) language edition.
No part of the publication may be reproduced or distributed by any means, or stored in a database or retrieval system, without the prior written permission of the publisher.
本書繁體中文翻譯版授權由張老師文化事業股份有限公司獨家出版。未經出版者書面許可，不得以任何方式複製或發行本書的任何部分。
Copies of this book sold without a Taylor & Francis sticker on the cover are unauthorized and illegal.
本書封底貼有Taylor & Francis公司防偽標籤，無標籤者不得銷售。

＊如有缺頁、破損、倒裝，請寄回更換＊版權所有・翻印必究　Printed in Taiwan